Variable Vergütung aus Zielvereinbarungen

Europäische Hochschulschriften

European University Studies

Publications Universitaires Européennes

Reihe II **Rechtswissenschaft**

Series II Law

Série II Droit

Band/Volume **5884**

Georg Alexander Ulrich Dombrowsky

Variable Vergütung aus Zielvereinbarungen

PL ACADEMIC RESEARCH

Bibliografische Information der Deutschen Nationalbibliothek
Die Deutsche Nationalbibliothek verzeichnet diese Publikation in der Deutschen Nationalbibliografie; detaillierte bibliografische Daten sind im Internet über http://dnb.d-nb.de abrufbar.

Zugl.: Osnabrück, Univ., Diss., 2016

D 700
ISSN 0531-7312
ISBN 978-3-631-70004-4 (Print)
E-ISBN 978-3-631-69894-5 (E-PDF)
E-ISBN 978-3-631-69895-2 (EPUB)
E-ISBN 978-3-631-69896-9 (MOBI)
DOI 10.3726/978-3-631-69894-5

PL Academic Research ist ein Imprint der Peter Lang GmbH.
Peter Lang – Frankfurt am Main · Bern · Bruxelles · New York · Oxford · Warszawa · Wien

Diese Publikation wurde begutachtet.

www.peterlang.com

Inhaltsverzeichnis

A. Einleitung

Variable Vergütung aus Zielvereinbarungen hat sich in ihren rechtlichen Rahmenbedingungen und ideellen Betrachtungen in den Jahren seit Beginn der Finanz- und Wirtschaftskrise ab 2008 stark verändert. Zunächst waren zielvereinbarungsbasierte Vergütungssysteme mit großem Enthusiasmus eingeführt worden. Nachdem sich in der Krise im Bankenbereich gezeigt hat, dass sich das in der Delegation von Zielen auf einzelne Mitarbeiter liegende Risiko mit erheblichen Folgen für das gesamte Unternehmen realisieren kann, ist die Bewertung nicht mehr rein positiv. In der allgemeinen Öffentlichkeit hat diese Entwicklung vermehrt zu einer kritischen, die Begrenzung variabler Vergütung fordernden, Betrachtung des Konzepts variabler Vergütung aus Zielvereinbarungen geführt[1]. Die internationalen, europäischen und nationalen Vorgaben zu variabler Vergütung aus Zielvereinbarungen im Banken- und Versicherungsbereich werden restriktiver und gleichzeitig beginnt die Rechtsprechung der Verwendung variabler Vergütung aus Zielvereinbarungen engere Grenzen zu setzten. Vor dem Hintergrund dieser neuen rechtlichen Entwicklungen, sowohl im legislativen, als auch im Bereich der Rechtsprechung, soll hier eine arbeitsrechtliche Aktualisierung des Themas unter Einbeziehung neuer Elemente, vor allem im Bereich der individualarbeitsrechtlichen Seite der Variabilität von Vergütung aus Zielvereinbarungen vorgenommen werden. Im kollektiv-arbeitsrechtlichen Bereich sollen vor allem die betrieblichen Regelungen im Vordergrund stehen.

1 Siehe beispielsweise *FAZ* Artikel „Banker unter Beobachtung“ vom 06.01.2013, FAZ Artikel vom 05.03.2009, vom 05.01.2013, 24.03.2014, *Handelsblatt* Artikel vom 11.11.2012, Artikel vom 06.04.2014, (http://www.faz.net/aktuell/wirtschaft/wirtschaftspolitik/kompromiss-in-bruessel-eu-begrenzt-erstmals-banker-boni-12097376.html; http://www.faz.net/aktuell/wirtschaft/unternehmen/managergehaelter-unternehmen-bauen-verguetung-um-1919080.html; http://www.faz.net/aktuell/wirtschaft/unternehmen/sonderpruefungen-geplant-die-aufsicht-kontrolliert-die-boni-banker-12015334.html, http://www.handelsblatt.com/politik/international/erfolgspraemien-eu-schlaegt-grosszuegige-regelung-fuer-banker-boni-vor/7374764.html, am 11.03.2013; http://www.faz.net/aktuell/wirtschaft/wirtschaft-in-zahlen/managergehaelter-deutschland-einig-bonus-land-12861624.html; http://www.handelsblatt.com/unternehmen/banken/commerzbank-und-dz-bank-banken-muessen-bonus-regeln-verschaerfen/9724196.html am 09.04.2014).

I. Entwicklung variabler Vergütung aus Zielvereinbarungen

1. Grundlagen

Ursprünglich entstammen entgeltrelevante Zielvereinbarungen der Experimental- und Organisationspsychologie (sog. „goal-setting-theory“[2]) und dem betriebswirtschaftlichen „management by objectives“-Konzept[3]. Diese theoretischen Grundlagen wurden bereits im Amerika der 1950er Jahre entwickelt und durch verschiedene neue Managementkonzepte fortgebildet[4]. Dabei wird regelmäßig eine Zielvereinbarung mit einem variablen Vergütungsbestandteil als Anreiz gekoppelt.

Diese Managementkonzepte fanden seit den 1970er Jahren Eingang in die Unternehmenspraxis in Amerika sowie Japan und sorgten dort für eine erhebliche Verbreitung von variabler Vergütung auf Zielvereinbarungsbasis[5]. Seit den 1990er Jahren wurde auch in Deutschland im Rahmen der Einführung von neuen Managementstrategien, wie z.B. der „balanced scorecard“[6] (einem Kennzahlen basierten Führungs- und Vergütungssystem), verstärkt mit Zielvereinbarungen gearbeitet[7]. Dabei handelte es sich zunächst um ein Konzept, das vor allem bei Führungskräften im Management Anwendung fand[8]. Nach und nach wurde das System „kaskadenförmig“[9] auf die unteren Führungsebenen ausgeweitet und schließlich auch auf einzelne Tarifmitarbeiter erstreckt. Somit verbreitete sich variable Vergütung auf Zielvereinbarungsbasis immer weiter. Mit der Einführung moderner Entgelttarifverträge, wie z.B. dem ERA-Tarifvertrag in der Metall- und Elektroindustrie von 2003, fand das Zielvereinbarungskonzept dann allgemeine Verbreitung und wurde vielfach durch Betriebsvereinbarungen auf die jeweiligen Unternehmen angepasst. Auch im Bankenbereich wurden seit 2002 großflächig Zielvereinbarungen durch Tarifverträge eingeführt[10].

---

2 *U. Krause*, Zielvereinbarungen und leistungsorientierte Vergütung 2002, S. 17 unter Verweis auf *Latham/Locke*, Zielsetzung als Führungsaufgabe 1995, Sp. 2222.

3 *U. Krause*, Zielvereinbarungen und leistungsorientierte Vergütung 2002, S. 15 ff.; *Drucker*, The Practice of Management 1955, passim.

4 *U. Krause*, Zielvereinbarungen und leistungsorientierte Vergütung 2002, S. 17.

5 *Geffken*, NZA 2000, S. 1033.

6 *Deich*, Die rechtliche Beurteilung von Zielvereinbarungen im Arbeitsverhältnis 2004, S. 16; *Kaplan/Norton*, Harvard Business Review 1/1992, 71, 72.

7 *G. Müller*, Die Mitbestimmung 7/2000, S. 62; *Deich*, Die rechtliche Beurteilung von Zielvereinbarungen im Arbeitsverhältnis 2004, S. 16.

8 *Trenk-Hinterberger*, Vorwort zu *U. Krause*, Zielvereinbarungen und leistungsorientierte Vergütung 2002.

9 *Breisig*, Zielvereinbarungen 2013, S. 46.

10 *Deich*, Die rechtliche Beurteilung von Zielvereinbarungen im Arbeitsverhältnis 2004, S. 2; Tarifvertrag für das private Bankgewerbe und die öffentlichen Banken (LEV-TV) vom 01.09.2006.

Dort begann 2007 mit der sog. „Subprime-Krise“[11] auf dem amerikanischen Immobilienmarkt die Finanzkrise. Ihren Höhepunkt erreichte sie mit dem Zusammenbruch der US-Investmentbank Lehman Brothers am 18.09.2008 und wirkte sich in der Folge auch auf die Realwirtschaft stark aus. Diese Finanz- und Wirtschaftskrise hat auch zu einer geänderten Betrachtung der variablen Vergütung aus Zielvereinbarungen geführt. Im Bankenbereich wurden erstmalig deutlich restriktivere gesetzliche Vorgaben auf allen Ebenen eingeführt. Die dort gegebene exzessive Bonusvergütungspraxis, zu der auch variable Vergütung aus Zielvereinbarungen missbraucht wurde, wird mittlerweile als erhebliches Risiko für die Finanzstabilität von Banken gesehen[12]. Dies wird zum Beispiel an einer Verurteilung der Commerzbank zu einer Zahlung von mehr als 50 Millionen Euro Bonuszahlungen durch ein Londoner Gericht deutlich[13]. Diese zeigt nämlich, dass es bei der Auszahlung von extrem hohen Boni zu erheblichen Verlusten des Instituts kommen kann, die dessen Risikobilanz verschlechtern und seine Liquiditätsbasis erheblich belasten können.

Die Kapitalvorgaben des Baseler Ausschusses für Bankenaufsicht, in dem die Zentralbanken aller wichtigen Industriestaaten vertreten sind, wurden durch die sog. „Basel III Regulierung“[14] restriktiver gestaltet. Auch die daraus entwickelten Prinzipien für solide Vergütungspraktiken des Financial Stability Board (FSB) sollen Fehlentwicklungen vorbeugen[15]. Die Umsetzung dieser Beschlüsse erfolgt auf europäischer Ebene durch die Neugestaltung der EU-Mindestkapitalrichtlinie (CRD IV). Die Kommission hatte zunächst am 20.07.2011 einen Entwurf der CRD IV vorgelegt, der das Ziel vorgab „ungeachtet der Vorgaben des nationalen Vertrags- und Arbeitsrechts“[16] die variable Vergütung restriktiver – auch durch Malus- und Rückforderungsvereinbarungen – zu gestalten. Auf nationaler Ebene wurde durch die Institutsvergütungsverordnung (InstitutsVergV) vom 06.10.2010 ebenfalls restriktiv in die variable Vergütung bei finanziellen Institutionen eingegriffen. Eine parallele Regelung besteht für Versicherungen in der Versicherungsvergütungsverordnung (VersVergV). Mittlerweile ist die neue Richtlinie 2013/36/EU über den Zugang zur Tätigkeit von Kreditinstituten und die Beaufsichtigung von Kreditinstituten und Wertpapierfirmen (kurz CRD IV-Richtlinie) vom 26.06.2013 in Kraft getreten. Durch das Gesetz zur Umsetzung der Richtlinie 2013/36/

11 *FAZ* vom 30.08.2007, http://www.faz.net/aktuell/finanzen/fonds-mehr/strategie-vorschlaege-zur-bewaeltigung-der-subprime-krise-1236418.html, am 04.12.2012.

12 *Schuster* in Festschrift Bauer 2010, S. 973.

13 *Handelsblatt* vom 09.05.2012, http://www.handelsblatt.com/unternehmen/banken/urteil-zu-dresdner-kleinwort-commerzbank-muss-bankern-millionen-boni-zahlen/6609588.html, am 04.12.2012.

14 Diese besteht im Kern aus den Beschlüssen des Baseler Ausschusses BCBS 188 abrufbar unter http://www.bis.org/publ/bcbs188_de.pdf am 01.05.2014 und BCBS 189 abrufbar unter http://www.bis.org/publ/bcbs189_de.pdf am 01.05.2014.

15 Siehe die FSF und FSB Principles for Sound Compensation Practices, abrufbar unter http://www.financialstabilityboard.org/publications/r_0904b.pdf und http://www.financialstabilityboard.org/publications/r_090925c.pdf am 18.01.2013.

16 Art. 90 Abs. 1 Buchst. l CRD IV Kommissionsentwurf vom 20.07.2011.

EU über den Zugang zur Tätigkeit von Kreditinstituten und die Beaufsichtigung von Kreditinstituten und Wertpapierfirmen und zur Anpassung des Aufsichtsrechts an die Verordnung (EU) Nr. 575/2013 über Aufsichtsanforderungen an Kreditinstitute und Wertpapierfirmen (kurz: CRD IV-Umsetzungsgesetz) vom 28.08.2013 sowie die aktuelle Fassung der InstVergV vom 19.12.2013 wurde die Richtlinie ins nationale Recht mit Wirkung ab dem 01.01.2014 umgesetzt.

Insgesamt ist diese Entwicklung von dem Gedanken getragen, variable Vergütung nachhaltiger zu gestalten und restriktiver zu handhaben, um Risiken im Finanzsektor zu vermeiden[17]. Der Fokus der Betrachtung von Zielvereinbarungen und ihrer Einführung verschiebt sich dabei hin zu der Frage, inwieweit der Arbeitgeber auf die (bereits erworbene) variable Vergütung aus Zielvereinbarungen zugreifen kann und die Auszahlung extrem hoher Boni vermieden werden kann. Auf europäischer und internationaler Ebene ist dabei eine Tendenz zur Ausweitung des Zugriffs zur Risikosenkung gegeben. Auch zeigt sich ein Einfallstor für einen europarechtlichen Eingriff ins deutsche Arbeitsrecht in der CRD IV, weil sich dort explizit über das nationale Arbeitsrecht hinweggesetzt wird[18]. Die Rahmenbedingungen für variable Vergütung – einschließlich derjenigen aus Zielvereinbarungen – sind also im Bankenbereich strenger und zugriffsorientierter geworden. Diese Entwicklung stellt die erste gesetzgeberische Befassung mit variabler Vergütung aus Zielvereinbarungen dar und könnte sich auch auf variable Vergütung aus Zielvereinbarungen im Allgemeinen durchschlagen, denn deren Rahmenbedingungen werden hierdurch in einem wichtigen Wirtschaftsbereich maßgeblich verändert. Diese Arbeit soll einen Beitrag zur Einschätzung dieser Änderung und Auswirkungen leisten.

2. Rechtswissenschaftliche Rezeption

Die rechtswissenschaftliche Literatur hat sich dem Thema Zielvereinbarung erst relativ spät nach seiner betrieblichen Einführung in den 1990er Jahren gewidmet[19]. Anfangs gab es überwiegend praxisbezogene Beiträge[20] und dem Thema wurde insgesamt wenig Beachtung geschenkt, da man vermutete, dass Zielvereinbarungen an sich rechtsförmig ausgetragene Konflikte vermeiden[21]. Denn flankierend wurden in der Praxis oft betriebliche und überbetriebliche Vermittlungsinstanzen

17 Art. 90 CRD IV Kommissionsentwurf vom 20.07.2011; § 3 Abs. 3 InstitutsVergV *Dzida/Naber*, BB 2011, S. 2613ff; *Simon/Hidalgo/Koschker*, NZA 2012, S. 1071ff.; *Insam/Hinrichs/Hörtz*, DB 2012, S. 1568ff.; Klasen/Krebs/Michel/Weber, Personalmanagement und InstitutsVergV – *Klasen*, S. 91 ff.

18 So bereits sehr deutlich der Art. 90 Abs. 1 Buchst. l CRD IV des Kommissionsentwurfes vom 20.07.2011.

19 *Geffken*, NZA 2000, S. 1033.

20 Z.B. *Loritz*, AuA 1997, S. 224ff; *Tondorf*, AiB 1998, S. 322ff.; *Pfisterer*, AiB 1999, S. 375ff.; *Rieger*, blickpunkt personal 1/2002, S. 22.

21 Z.B. *Geffken*, NZA S. 2000, 1033ff.; *Mauer*, NZA 2002, 540ff.; *Riesenhuber/v. Steinau-Steinrück*, NZA 2005, S. 785ff.

eingeführt[22]. Auffällig ist, dass sich vor allem Wirtschaftswissenschaftler mit den rechtlichen Aspekten in der Anfangszeit befassen[23].

Nachdem jedoch – mit zunehmender Ausbreitung des Zielvereinbarungssystems und der Verbreitung um den Ausfall variabler Vergütung kreisender Konflikte – vermehrt Spannungspunkte sichtbar wurden, kam Bewegung in den rechtswissenschaftlichen Diskurs. Dabei finden sich zunächst umfassende Stellungnahmen zu Zielbonussystemen und Zielvereinbarungen in eher allgemeiner Form[24]. Sodann wurden einzelne Problemstellungen der Einführung von Zielvereinbarungssystemen[25] und der notwendigen Beteiligung des Betriebsrates[26] herausgegriffen. In dieser Phase verfestigte sich der rechtstechnische Begriff der „Zielvereinbarung"[27], nachdem zuvor zahlreiche andere Begriffe[28] Verwendung fanden. Dabei lag der Fokus der Betrachtung jedoch auf den Problemen der Einführung solcher Systeme[29]. Ein Thema war die für eine Sittenwidrigkeitsprüfung maßgebliche Grenze, die rund um einen Aufsatz von *Brors* diskutiert wurde[30]. Verschiedene Dissertationen befassten sich in der Folgezeit mit dem arbeitsrechtlichen Thema „Zielvereinbarungen" im Allgemeinen[31]. Erst seit 2005 begann eine Auseinandersetzung

22 *Geffken,* NZA 2000, S. 1033.

23 Z.B. *Breisig,* AiB 2004, S. 389ff.; *U. Krause,* Zielvereinbarungen und leistungsorientierte Vergütung 2002.

24 *Geffken,* NZA S. 2000, S. 1033ff.; *Trittin,* NZA 2001, S. 1003ff.; *Mauer,* NZA 2002, S. 540ff.; *Sievers,* NZA 2002, S. 1182ff.; *Bauer/Diller/Göpfert,* BB 2002, S. 882ff.; *A. Lindemann/Simon,* BB 2002, S. 1807ff.; *Köppen,* DB 2002, S. 374; *Rieger,* blickpunkt personal 1/2002, S. 22ff.; *Berwanger,* BB 2003, S. 1499ff.; *Göpfert,* AuA 2003, S. 28ff.; *Berwanger,* BB 2004, S. 551ff.; *Riesenhuber/v. Steinau-Steinrück,* NZA 2005, S. 785ff.

25 *Schmiedl,* BB 2004, 329ff.;

26 *Däubler,* AiB 2001, S. 208ff; *Rieble/Gistel,* BB 2004, S. 2462ff.; *Däubler,* NZA 2005, S. 793ff.; *Trittin/Fischer,* AuR 2006, S. 261ff.; *Olbert,* AuA 2006, S. 84ff.

27 *Geffken,* NZA S. 2000, 1033; *Riesenhuber/v. Steinau-Steinrück,* NZA 2005, S. 785.; *Däubler,* NZA 2005, S. 793; *Behrens/Rinsdorf,* NZA 2006, S. 830; *Annuß,* NZA 2007, S. 290.; *Berwanger,* BB 2003, S. 1499; Küttner, Personalbuch – *Griese,* Zielvereinbarung; Preis, Der Arbeitsvertrag – *Preis/V. Lindemann,* Zielvereinbarungen; *U. Krause,* Zielvereinbarungen und leistungsorientierte Vergütung 2002; *Deich,* Die rechtliche Beurteilung von Zielvereinbarungen im Arbeitsverhältnis 2004; *Heiden,* Entgeltrelevante Zielvereinbarungen 2007.

28 *Hidalgo/Rid,* BB 2005, S. 2686; *A. Lindemann/Simon,* BB 2002, S. 1807; *Mauer,* NZA 2002, 540; *LAG Hamm* vom 26.11.2004, 10 Sa 2236/03, AuA 2005, S. 240f.

29 Etwa *V. Lindemann,* Flexible Gestaltung von Arbeitsbedingungen 2003; *U. Krause,* Zielvereinbarungen und leistungsorientierte Vergütung 2002; *Deich,* Die rechtliche Beurteilung von Zielvereinbarungen im Arbeitsverhältnis 2004.

30 *Brors,* RdA 2004, S. 273ff.; *Riesenhuber/v. Steinau-Steinrück,* NZA 2005, S. 785ff; *Heiden,* DB 2006, S. 2401ff.

31 Eher am Rande *V. Lindemann,* Flexible Gestaltung von Arbeitsbedingungen 2003; umfassender dann: *U. Krause,* Zielvereinbarungen und leistungsorientierte Vergütung 2002; *Deich,* Die rechtliche Beurteilung von Zielvereinbarungen im

mit Teilelementen der Zielvereinbarungen. Diese erfolgten zu den Themen „Probleme mit der Zielvereinbarung nach einer Kündigung[32], „Bonusanspruch trotz unterlassener Zielvereinbarung“[33], „Anspruch auf variable Vergütung trotz abredewidrig unterbliebener Vereinbarung konkreter Ziele?“[34], „Variable Vergütung trotz fehlender Zielvereinbarung“[35], „Unterjährige Zielanpassung und Feststellung der Zielerreichung“[36], „Inhaltskontrolle von Zielvereinbarungen“[37], „Stichtagsregelungen in Bezug auf Bonusansprüche“[38]. Dabei fällt auf, dass sich die Beiträge auf das Fehlen einer konkreten Zielvereinbarung, die Inhaltskontrolle allgemeiner Geschäftsbedingungen und Stichtagsregelungen konzentrieren.

In der allgemeinen juristischen Literatur fanden Zielvereinbarungen – jedoch nur kurz – Beachtung[39]. Mittlerweile findet sich das Thema jedoch in den meisten arbeitsrechtlichen Kommentaren und Handbüchern, wenngleich die Terminologie noch nicht ganz vereinheitlicht ist[40].

Der Aspekt der Rechtsnatur variabler Vergütung aus Zielvereinbarungen ist bisher eher am Rande erörtert worden[41]. Auch die Tatsache, dass viele rechtliche Streitigkeiten tatsächliche Schwierigkeiten des allgemeinen Zielvereinbarungskonzeptes und der Betrachtungsweise der Rechtsnatur von Vergütung widerspiegeln, tritt oft nicht deutlich hervor. Ferner sind Zugriffsmöglichkeiten in variable Vergütung aus Zielvereinbarungen schwerpunktmäßig bisher nur vereinzelt und isoliert voneinander bearbeitet worden[42]. Interessant ist auch, dass Malus- oder Rückforderungsvereinbarungen (sog. „Clawback-Klauseln“), wie sie durch die europäische und internationale Bankenregulierung gefordert werden, in der arbeitsrechtlichen Literatur nahezu einhellig als unzulässig bewertet und auch nicht vertieft besprochen werden[43]. Auch die Änderungen durch die Einführung der internationalen Regelungen

---

Arbeitsverhältnis 2004; *Mohnke,* Zielvereinbarungen im Arbeitsverhältnis 2006; *Heiden,* Entgeltrelevante Zielvereinbarungen 2007.

32 *Behrens/Rinsdorf,* NZA 2006, S. 830ff.

33 *Gaul/Rauf,* DB 2008, 869ff.

34 *Klein,* NZA 2006, S. 1129ff.

35 *Schmiedl,* BB 2004, 329ff.

36 *Heiden,* DB 2009, S. 2714ff.

37 *Horcher,* BB 2007, S. 2065ff.

38 *Pelzer,* Lohn+Gehalt 3/2012, S. 58ff.

39 Etwa *Hümmerich,* NJW 2006, S. 2294ff; *Reiserer,* NJW 2008, S. 609

40 Etwa in Küttner, Personalbuch – *Griese,* Zielvereinbarung; Preis, Der Arbeitsvertrag – *Preis/V. Lindemann,* Zielvereinbarungen; Kittner/Zwanziger/Deinert, Arbeitsrecht – *Lakies* § 23, Rn.7ff., Kittner/Zwanziger/Deinert, Arbeitsrecht – *Schoof,* § 32, Rn. 15ff.;

41 *Hidalgo/Rid,* BB 2005, S. 2686ff; *Deich,* Die rechtliche Beurteilung von Zielvereinbarungen im Arbeitsverhältnis 2004; S. 96f.; *Heiden,* Entgeltrelevante Zielvereinbarungen 2007, S. 49ff.

42 *Hoß,* in Verantwortlichkeit im Wirtschaftsrecht 2002, S. 301ff.;

43 *Simon/Hidalgo/Koschker,* NZA 2012, S. 1071, 1075; *Annuß,* NZA 2007, S. 290, 294; *Hidalgo/Rid,* BB 2005, S. 2686, 2690; *A. Lindemann/Simon,* BB 2002, S. 1807, 1813; a.A: *Dzida/Naber,* BB 2011, S. 2613, 2615f; *Schuster* in Festschrift Bauer 2010, S. 973ff.

und der Vergütungsverordnungen im Finanzbereich sind bislang wenig diskutiert, wobei hauptsächlich die Auswirkung auf den Finanzbereich besprochen wird[44]. Diese Arbeit soll neben einem Beitrag zu dieser Diskussion auch die Auswirkungen auf den allgemeinen Bereich variabler Vergütung aus Zielvereinbarungen untersuchen und allgemeingültige Variabilisierungsmaßstäbe erörtern.

3. Rechtsprechung

In der Rechtsprechung gab es seit Anfang der 2000er Jahre vereinzelte Entscheidungen, die sich ausdrücklich mit dem Thema der variablen Vergütung aus Zielvereinbarungen beschäftigen. Zunächst entschieden verschiedene Landesarbeitsgerichte 2002 zu Unklarheiten bei der Auslegung von Zielvereinbarungen[45], der Erforderlichkeit einer Abmahnung bei einem Zielerreichungsgrad von 102,5%[46] und zur (gerichtlichen) Bemessung der variablen Vergütung bei fehlender Zielvereinbarung[47]. Das Bundesarbeitsgericht entschied erstmalig 2003, dass dem Betriebsrat ein Auskunftsrecht bei der Einführung von Zielvereinbarungssystemen auch dann zusteht, wenn ein Tarifvertrag dieses explizit ausschließt[48]. Weitere landesarbeitsgerichtliche Entscheidungen befassten sich mit den Fragen, ob der Arbeitgeber eine eidesstattliche Erklärung über die Richtigkeit der Zielfeststellung abzugeben hat[49], der Konsequenzen einer unterlassenen Zielvorgabe und der Bemessung der variablen Vergütung durch das Gericht[50]. 2007, noch vor der Finanzkrise, beschäftigte sich das Bundesarbeitsgericht in mehreren Entscheidungen erneut mit der Frage nach variabler Vergütung aus Zielvereinbarungen. Es ging um einen auf den §§ 280 Abs. 1, Abs. 3, 283 S. 1 BGB beruhenden und nach § 252 BGB bemessenen Schadenersatzanspruch auf variable Vergütung bei unterbliebener Zielvereinbarung[51]. Ebenfalls noch 2007 begann die Auseinandersetzung des Bundesarbeitsgerichtes mit der Frage der Zulässigkeit von Freiwilligkeitsvorbehalten bei variabler Vergütung aus Zielvereinbarungen, die letztlich zu einer Unwirksamkeit zahlreicher derartiger Vereinbarungen führte[52]. Auch das Bundessozialgericht beschäftigte sich mit unterbliebenen Zielvereinbarungen

---

44 Z.B. durch *Dzida/Naber*, BB 2011, S. 2613ff. oder *Insam/Hinrichs/Hörtz*, DB 2012, S. 1568ff.

45 *LAG Hessen* vom 29.01.2002, 7 Sa 836/01.

46 Leitsatz *LAG Köln* vom 23.05.2002, 7 Sa 71/02.

47 *LAG Hessen* vom 29.01.2002, 7 Sa 836/01; *LAG Köln* vom 23.05.2002, 7 Sa 71/02.

48 *BAG* vom 21.10.2003, 1 ABR 39/02.

49 *LAG Hamm* vom 26.11.2004, 10 Sa 2236/03, AuA 2005, S. 240f.

50 *LAG Düsseldorf* vom 28.07.2006, 17 Sa 465/06; *LAG Köln* vom 22.08.2007, 3 Sa 358/07.

51 *BAG* vom 12.12.2007, 10 AZR 97/07; *BAG* vom 10.12.2008, 10 AZR 889/07.

52 *BAG* vom 28.03.2007, 10 AZR 261/06; *BAG* vom 18.03.2009, 10 AZR 289/08; *BAG* vom 14.09.2011, 10 AZR 526/10; *Simon/Hidalgo/Koschker*, NZA 2012, S. 1071, 1073.

und der Berechnung der ausgefallenen variablen Vergütung durch das Gericht hinsichtlich eines Ausgleichs durch Insolvenzgeld[53].

Nach Beginn der Finanzkrise rückten dann (durchaus widersprüchliche) Entscheidungen zu sog. „Stichtagsklauseln", bei denen die Auszahlung der variablen Vergütung aus Zielvereinbarungen an das Bestehen des Arbeitsverhältnisses zu einem bestimmten Stichtag gekoppelt ist, in den Vordergrund. Diese Klauseln wurden im Verlauf der gerichtlichen Auseinandersetzung schließlich als unzulässig bewertet.[54]

Durch viele dieser Entscheidungen der Arbeitsgerichte zu Stichtagsklauseln, Freiwilligkeitsvorbehalten und unterbliebenen Zielvereinbarungen sind die Eingriffsmöglichkeiten des Arbeitgebers in variable Vergütung aus Zielvereinbarungen eingeschränkt worden. Es zeigt sich dabei eine klare restriktive Tendenz die variable Vergütung zum einen anteilsmäßig zu reduzieren und zum anderen nur in wenigen sehr genau auszugestaltenden Fällen eine Variabilisierung durch den Arbeitgeber zuzulassen.

4. Fragestellungen

Zwischen der strengen ersten gesetzlichen Regulierung der variablen Vergütung im Bankenbereich – mit erweiterten Zugriffsmöglichkeiten des Arbeitgebers – einerseits und der gerade diesen Eingriff erschwerenden Rechtsprechung andererseits, besteht ein Spannungsfeld. Beiden Entwicklungen ist gemein, dass variable Vergütung aus Zielvereinbarungen stärker reglementiert und restriktiver gehandhabt werden soll, allerdings stehen die Mittel beider Entwicklungen in einem starken Gegensatz zueinander. Während die bankenaufsichtsrechtliche Entwicklung das vom Bankengeschäft ausgehende Risiko verringern und eine erweiterte Zugriffsmöglichkeit des Arbeitgebers will, steigert die Auffassung der Rechtsprechung dieses Risiko geradezu, indem sie eine solche Variabilisierung begrenzt. Insbesondere auch dann, wenn auf Grund der Begrenzung der feste Anteil der Vergütung sogar noch erhöht wird. In diesem Spannungsfeld zwischen dem gesteigerten Bedürfnis nach einem Zugriff des Arbeitgebers auf variable Vergütungen aus Zielvereinbarungen und der diesbezüglich restriktiven Rechtsprechung des Bundesarbeitsgerichts sollen Variabilisierungsmöglichkeiten in dieser Arbeit umfassend untersucht werden. Dabei soll geklärt werden, auf welchen Ebenen der Arbeitgeber in welcher Form auf variable Vergütung aus Zielvereinbarungen zugreifen kann: Bereits durch Gestaltung der Zielvereinbarung und auch nach dem Erwerb der variablen Vergütung. Im Fokus stehen daher vor allem die durch die veränderten bankenaufsichtsrechtlichen Rahmenbedingungen aufgegriffenen Instrumente also Widerrufs-, Rückforderungs- oder

---

53 *BSG* vom 23.03.2006, B 11 aAL 29/05 R, NZA-RR 2007, S. 101ff.

54 Zum ganzen Abschnitt *BAG* vom 06.05.2009, 10 AZR 443/08; *BAG* vom 12.04.2011, 1 AZR 698/09; *BAG* vom 12.04.2011, 1 AZR 412/09; *BAG* vom 05.07.2011, 1 AZR 94/10; *BAG* vom 07.06.2011, 1 AZR 807/09; *BAG* vom 18.01.2012, 10 AZR 612/10; *BAG* vom 18.01.2012, 10 AZR 667/10.

„Clawback"-Klauseln sowie eine Fälligkeitsverschiebung. Es fragt sich, wie sich die gegensätzlichen Entwicklungen auswirken und wie es dem Arbeitgeber in welchen bestimmten Fällen möglich ist, die variable Vergütung zu kürzen. Damit geht es letztlich um die Frage, der Variabilität von Vergütung aus Zielvereinbarungen und ihrer rechtlichen Zulässigkeit. Bestünde eine solche nämlich nicht, so würde die variable Vergütung zur festen Vergütung und damit überflüssig. Ziel der Arbeit ist es also zu untersuchen mit welchen Mitteln der Arbeitgeber in welchen bestimmten Fällen die Vergütung aus Zielvereinbarungen variabilisieren kann.

II. Schwerpunkte und Gang der Untersuchung

Angesichts des dargestellten Spannungsfeldes zwischen einem Bedürfnis nach mehr Zugriff auf Variable Vergütung aus Zielvereinbarungen und gleichzeitiger Kürzung von Möglichkeiten eine solche vorzunehmen, stellt sich die Frage, ob und wie der Arbeitgeber auf variable Vergütung aus Zielvereinbarungen zugreifen kann.

Dabei gibt es verschiedene Ebenen, in denen ein Zugriff des Arbeitgebers denkbar ist: Zum einen kann bereits bei der Zielvereinbarung ein Zugriff für bestimmte Konstellationen geregelt werden. Andererseits kann ein Zugriff auch in bereits erworbene variable Vergütung erfolgen. Dabei stehen zahlreiche Variabilisierungsinstrumente zur Verfügung deren Zulässigkeit und Wirksamkeit fraglich sind. Sie können vor allem auf individueller, aber auch zum Teil auf kollektiver Ebene geregelt werden und sind auch vor dem Hintergrund der neuen bankenaufsichtsrechtlichen Regulierung zu beurteilen. Dementsprechend wird auf diese verschiedenen Eingriffsebenen einzugehen sein.

Von entscheidender Bedeutung sind dabei Hintergrund und Rechtsnatur der variablen Vergütung aus Zielvereinbarungen, denn davon hängt vielfach die Zulässigkeit von Zugriffen ab. Denn je nachdem, ob man die variable Vergütung für eine Gratifikationsleistung, eine synallagmatische Entgeltleistung oder eine wie auch immer geartete Mischform hält, gelten unterschiedliche Maßstäbe für eine einseitige Variabilisierung durch den Arbeitgeber. Auch ist die Grundkonzeption des Zielvereinbarungskonzeptes entscheidend für die Betrachtung vieler Streitpunkte und bietet damit auch Anhaltspunkte für die arbeitsrechtliche Bewertung. Dabei spielt auch die geänderte Gesetzeslage eine wichtige Rolle, denn sie lässt Rückschlüsse auf die Rechtsnatur der variablen Vergütung aus Zielvereinbarungen zu. Diese grundsätzlichen Einordnungen bilden deshalb einen ersten Schwerpunkt und werden in Kapitel B. der Arbeit behandelt[55].

Nach dieser Betrachtung soll auf die Variabilisierungsmöglichkeiten im Rahmen der Zielvereinbarung eingegangen werden. Eine Frage wird dabei die Behandlung der sog. Rückforderungs- oder „Clawback"-Klauseln sein. Bei diesen wird bereits in der Zielvereinbarung geregelt, dass in bestimmten vereinbarten Fällen der Arbeitgeber auch nach dem Ablauf der Zielperiode noch auf die variable Vergütung aus der

55 Siehe Kapitel B.

Zielvereinbarung zugreifen kann[56]. Somit bildet die Frage der Inhaltskontrolle von solchen Klauseln im Arbeitsvertrag, der Rahmenvereinbarung und der konkreten Zielvereinbarung einen weiteren Schwerpunkt. In diesem Zusammenhang sollen die verschiedenen Kürzungsmöglichkeiten durch Widerrufsvorbehalte, Freiwilligkeitsvorbehalte, Befristungen und bei Krankheit sowie sonstigen Fehlzeiten geprüft werden. Anschließend sollen auch Möglichkeiten in die bereits erworbene variable Vergütung aus Zielvereinbarungen einzugreifen untersucht werden. Hierbei wird eine nachträgliche Rückforderungsvereinbarung eine maßgebliche Rolle spielen. Besonders wichtig ist zudem die Behandlung von Kürzungsmöglichkeiten im Rahmen der Zielfeststellung am Ende der Zielperiode. Eine weitere wichtige Konstruktionsmöglichkeit ist eine Fälligkeitsverschiebung bei der Auszahlung der variablen Vergütung aus Zielvereinbarungen, wobei auch verlängerte Zielperioden und eine Auszahlungsverzögerung behandelt werden sollen. Diesen Schwerpunkten widmet sich das dritte Kapitel der Arbeit.[57]

Anschließend soll im vierten Kapitel auch die Frage nach einer Variabilisierung durch kollektive Vereinbarungen wie Betriebsvereinbarungen und Sprecherausschussvereinbarungen untersucht werden. Tarifverträge werden dabei nur insoweit betrachtet, als sie für die betriebliche Ausgestaltung relevant sind. Dabei sollen – neben der Vorstellung einiger Beispiele aus für Zielvereinbarungen bedeutsamen Wirtschaftsbereichen – die besonderen Voraussetzungen einer Inhaltskontrolle solcher Kollektivvereinbarungen im Vordergrund stehen. Auch die Frage, inwieweit durch eine kollektive Regelung ein erweiterter Variabilisierungsspielraum entsteht, soll thematisiert werden.[58]

In einem abschließenden Kapitel sollen die Ergebnisse der vorangegangenen Kapitel zur rechtlichen Regelung, der Rechtsnatur sowie der individuellen und kollektiven Variabilisierung von Vergütung aus Zielvereinbarungen zusammengefasst werden.

56 *Dzida/Naber*, BB 2011, S. 2613, 2615f.
57 Siehe Kapitel C.
58 Siehe Kapitel D.

B. Variable Vergütung aus Zielvereinbarungen

Wesentliche Basis der Untersuchung von Variabilisierungsmöglichkeiten des Arbeitgebers bei variabler Vergütung aus Zielvereinbarungen ist die genaue Bestimmung der theoretischen Grundlagen des Zielvereinbarungskonzeptes und seiner praktischen Entwicklung sowie die Einordnung und Abgrenzung des arbeitsrechtlichen Begriffs variabler Vergütung aus Zielvereinbarungen. Im Anschluss ist auf die erste gesetzliche Regelung der variablen Vergütung aus Zielvereinbarungen durch die bankenaufsichtsrechtlichen Regulationen seit der Finanzkrise einzugehen. Von zentraler Bedeutung ist zudem die sich aus vorangegangenen Punkten erklärende Rechtsnatur der aus Zielvereinbarungen gewonnenen variablen Vergütung. Bereits aus dieser Grundfrage ergeben sich wesentliche Weichenstellungen für die Bewertung der Variabilität von variabler Vergütung aus Zielvereinbarungen. Dabei finden je nachdem, zu welchem Ergebnis die grundsätzliche Einschätzung kommt, unterschiedliche Maßstäbe auf die Bewertung der Zulässigkeit von Eingriffen Anwendung. Zudem sollen aufgrund der Vielfalt der unterschiedlichen Bezugspunkte bei der Bewertung von variabler Vergütung aus Zielvereinbarungen in diesem Kapitel einheitliche Maßstäbe entwickelt werden. Dies betrifft neben der Abgrenzung zu anderen Formen der Leistungsvergütung auch die Frage nach der zulässigen Maximalhöhe und das Verhältnis zur festen Grundvergütung.

I. Herkunft und Hintergrund von Zielvereinbarungen

Bei der Frage nach der Herkunft von Zielvereinbarungen und der konkreten Entwicklung von variablen Vergütungssystemen auf Basis von Zielvereinbarungen ist zum einen auf die theoretischen Wurzeln der wissenschaftlichen Entwicklung des Zielvereinbarungskonzeptes einzugehen und zum anderen zu betrachten, wie die Einführung in der Praxis sich gestaltet hat. Dabei sollen hier zunächst die theoretischen Grundlagen vorgestellt werden, bevor die Einführung von zielvereinbarungsbasierten Systemen variabler Vergütung in den Betrieben beleuchtet werden soll. Anfangs soll die allgemeine Entwicklung der Einführung von Zielvereinbarungen in Deutschland dargestellt werden. Anschließend sollen kurz einige Tarifverträge mit Regelungen zur variablen Vergütung aus Zielvereinbarungen angesprochen werden. Auch rechtstatsächliche Untersuchungen zur Einführung und Verbreitung von Zielvereinbarungen sollen im Überblick gezeigt werden. Schließlich soll im Rahmen einer Zusammenfassung bereits ein Ausblick auf die mit der Grundkonstruktion variabler Vergütung aus Zielvereinbarungen verbundenen arbeitsrechtlichen Streitigkeiten und Ansatzpunkte für Argumente und Lösungsstrategien gegeben werden.

1. Theoretische Grundlagen von Zielvereinbarungen

Die theoretischen Grundlagen des Führens durch Ziele und damit auch der Zielvereinbarungen lassen sich auf die Zielsetzungstheorie („goal setting theory[59]") und die Managementkonzeption des „management by objectives[60]" (MbO) zurückführen. Die Zielsetzungstheorie ist durch die Experimentalpsychologie geprägt und wird insbesondere mit den beiden Wissenschaftlern *Locke* und *Latham* in Verbindung gebracht. Zentrale Aussage der Zielsetzungstheorie ist, dass spezifische Ziele zu einer höheren Leistung und Motivation führen, als vage „Versuch dein Bestes"-Ziele.[61]

Die Managementkonzeption des MbO entstammt hingegen der Betriebswirtschaftslehre und der praktischen Betriebswirtschaft. Sie basiert auf den Anwendungserkenntnissen des General Motors Managers *Sloan* seit den 1920er Jahren und deren wissenschaftlicher Einfassung durch *Drucker* im Jahre 1954[62]. Zentraler Inhalt des MbO ist das „Führen mit Zielen"[63], wobei die Ziele kaskadenförmig von der Unternehmensspitze auf die einzelnen Untergliederungen mittels Zielvereinbarungen heruntergebrochen werden[64].

Eine maßgebliche Rolle spielen zudem sukzessive Fortentwicklungen des MbO-Ansatzes durch neue Managementkonzepte, vor allem die sog. „balanced scorecard" und aus ihr entwickelte Strategiemodelle[65]. Sie versuchen, bestehende Schwachstellen des Ursprungsmodells MbO auszumerzen oder legen ihre Schwerpunkte auf die Ausgestaltung bestimmter Elemente des MbO-Prozesses[66]. Dabei steht meist ein System betriebswirtschaftlicher Kennzahlenermittlung im Vordergrund. Dessen Zweck ist es, für mitarbeiterorientierte Zielbildung und einzelne Zielvereinbarungen messbare Größen zu entwickeln, um daraus Anhaltspunkte für die Bemessung variabler Vergütung zu gewinnen[67].

---

59 *Locke/Latham*, A theory of goal setting and task performance, 1990, passim.
60 *Drucker*, The Practice of Management, 1955, passim.
61 Zum ganzen Abschnitt *U. Krause*, Zielvereinbarungen und leistungsorientierte Vergütung 2002, S. 15.
62 *U. Krause*, Zielvereinbarungen und leistungsorientierte Vergütung 2002, S. 16; *Heiden* Entgeltrelevante Zielvereinbarungen 2007, S. 6, 7; *Drucker*, The Practice of Management 1955, passim.
63 *U. Krause*, Zielvereinbarungen und leistungsorientierte Vergütung 2002, S. 15; *Deich*, Die rechtliche Beurteilung von Zielvereinbarungen im Arbeitsverhältnis 2004, S. 11; *Heiden* Entgeltrelevante Zielvereinbarungen 2007, S. 6.
64 *Breisig*, Zielvereinbarungen 2013, S. 46.
65 *Becker/Hering*, Leistung und Lohn, 2/2014, S. 6; *U. Krause*, Zielvereinbarungen und leistungsorientierte Vergütung 2002, S. 17; *Kaplan/Norton*, Strategy Maps 2004, passim.
66 *U. Krause*, Zielvereinbarungen und leistungsorientierte Vergütung 2002, S. 17.
67 *Breisig*, Zielvereinbarungen 2013, S. 52.

a) *Die Zielsetzungstheorie („goal setting theory")*

Die Zielsetzungstheorie bietet die motivationstheoretische bzw. verhaltenswissenschaftliche Begründung für den MbO-Ansatz, indem sie die Bedeutung von Zielen für die Leistungsbereitschaft der Arbeitnehmer besonders hervorhebt[68]. Ansatzpunkte der Zielsetzungstheorie lassen sich bis zum Anfang des 19. Jahrhunderts zurückverfolgen[69]. Grundlegende Annahme dieser Theorie ist, dass Ziele die unmittelbaren Regulatoren des menschlichen Handelns darstellen[70]. Ziele entfalten ihre Steuerungsfunktion durch Aufmerksamkeitslenkung, Anstrengungsmobilisierung und Erhöhung der Ausdauer[71]. Daneben gehen die Vertreter der Theorie davon aus, dass von Zielen eine gewisse Sogwirkung („traction") ausgeht, die dazu führt, dass die Betroffenen bestrebt sind, jede Störung bzw. Unterbrechung im Hinblick auf die Zielerreichung abzuwehren[72]. Entgegen traditioneller Motivationstheorien, wie z.B. der Bedürfnishierarchie von Maslow, die Bedürfnisse und unbewusste Motive als Ausgangspunkt von Verhaltenserklärungen nutzen, setzt die Zielsetzungstheorie direkt am Handeln an[73]. Dabei versucht die Zielsetzungstheorie die unterschiedlichen theoretischen Erklärungsansätze der Einflussfaktoren der Erwartungstheorie[74] und des Elementes der Zielbindung (oder „commitment") auf die Arbeitsmotivation und -zufriedenheit zu integrieren und zu einem ganzheitlichen Ansatz zusammenzufassen[75]. Anders als das Konzept des MbO, das einen umfassenden ganzheitlichen Managementansatz darstellt, beschränkt sich die Zielsetzungstheorie jedoch ausschließlich auf die Untersuchung und Erklärung der Zielsetzung[76]. Die „goal setting theory" ist mit über 500 Studien einer der am besten empirisch abgesicherten Ansätze der (Experimental-) Psychologie[77].

68 *Heiden*, Entgeltrelevante Zielvereinbarungen 2007, S. 7.

69 *U. Krause*, Zielvereinbarungen und leistungsorientierte Vergütung 2002, S. 15; *Locke/Latham*, A theory of goal setting and task performance, 1990, S. 11f.

70 *Deich*, Die rechtliche Beurteilung von Zielvereinbarungen im Arbeitsverhältnis 2004, S. 13; *Breisig*, Zielvereinbarungen 2013, S. 50; *U. Krause*, Zielvereinbarungen und leistungsorientierte Vergütung 2002, S. 17 unter Verweis auf *Latham/Locke*, Zielsetzung als Führungsaufgabe 1995, Sp. 2222.

71 *Breisig*, Zielvereinbarungen 2013, S. 50.

72 *Deich*, Die rechtliche Beurteilung von Zielvereinbarungen im Arbeitsverhältnis 2004, S. 13 unter Verweis auf *Lang*, Das flexible Unternehmen, in *Antoni/Eyer/Kutscher*, Gainsharing, Zielvereinbarung, Balanced Scorecards, Abschn. 06.04, S. 2.

73 *U. Krause*, Zielvereinbarungen und leistungsorientierte Vergütung 2002, S. 17; *Maslow*, Motivation und Persönlichkeit 1954, passim.

74 *U. Krause*, Zielvereinbarungen und leistungsorientierte Vergütung 2002, S. 17 unter Verweis auf *Vroom*, Work and motivation 1964.

75 *U. Krause*, Zielvereinbarungen und leistungsorientierte Vergütung 2002, S. 17.

76 *U. Krause*, Zielvereinbarungen und leistungsorientierte Vergütung 2002, S. 18.

77 *Breisig*, Zielvereinbarungen 2013, S. 50 unter Verweis auf *Bungard/Kohnke* Zielvereinbarungen erfolgreich umsetzen 2002, S. 9.

Das der Zielsetzungstheorie zugrunde liegende theoretische Modell ist der sog. „high performance cycle"[78], den man auch als zyklisches Modell für eine möglichst hohe Arbeitsleistung bezeichnen kann. Es beginnt mit der Festlegung der Zielinhalte, erfasst sodann die Erbringung der Arbeitsleistung und vor allem deren Rahmenbedingungen, beschäftigt sich anschließend mit der Belohnung und der daraus resultierenden Arbeitszufriedenheit, die sich wiederum auf die neue Festlegung der Zielinhalte positiv auswirkt[79]. Durch diesen Zyklus soll eine kontinuierlich möglichst hohe Arbeitsleistung erzielt werden[80].

aa) Festlegung der Zielinhalte

Ausgangspunkt ist die Festlegung der Zielinhalte, die maßgeblich durch die Zielschwierigkeit, Zielspezifität und Zielintensität geprägt ist[81]. Grundannahme ist, dass ein Ziel sich umso schwerer erreichen lässt, je größer die Zielschwierigkeit ist, jedoch bei zunehmender Zielschwierigkeit auch das Leistungsergebnis ansteigt[82]. Schwierige Ziele haben danach eine größere Wirkung auf Motivation und Leistung, als leichte oder mittelschwere Ziele, wobei die Zielhöhe als Herausforderung („Challenge") empfunden werden soll[83]. Ein Rückgang des Leistungsergebnisses ist nur zu erwarten, wenn die Zielbindung gering ist oder der Arbeitnehmer an die Grenzen der persönlichen Leistungsfähigkeit stößt[84]. Die Zielspezifität bringt zum Ausdruck, inwieweit ein Ziel hinsichtlich Inhalt, Ausmaß und zeitlichem Bezug konkretisiert ist; durch hohe Zielspezifität steigt die Möglichkeit der Erstellung von zielfördernden Handlungsplänen und damit auch die Wahrscheinlichkeit der Zielerreichung an[85]. Allerdings können zu strikte Vorgaben auch kontraproduktiv wirken, wenn gerade bei innovativen und komplexen Aufgabenstellungen persönliche Handlungsalternativen eingeschränkt werden[86]. Bei einer Kombination der beiden Merkmale

78 *U. Krause,* Zielvereinbarungen und leistungsorientierte Vergütung 2002, S. 18ff. unter Verweis auf *Locke/Latham,* A theory of goal setting and task performance, 1990 S. 253.

79 *U. Krause,* Zielvereinbarungen und leistungsorientierte Vergütung 2002, S. 18ff. unter Verweis auf *Locke/Latham,* A theory of goal setting and task performance, 1990 S. 253.

80 *Breisig,* Zielvereinbarungen 2013, S. 46.

81 *U. Krause,* Zielvereinbarungen und leistungsorientierte Vergütung 2002, S. 19.

82 *Breisig,* Zielvereinbarungen 2013, S. 50; *U. Krause,* Zielvereinbarungen und leistungsorientierte Vergütung 2002, S. 19.

83 *Deich,* Die rechtliche Beurteilung von Zielvereinbarungen im Arbeitsverhältnis 2004, S. 15; *Latham/Locke,* Zielsetzung als Führungsaufgabe 1995, Sp. 2227; *Breisig,* Zielvereinbarungen 2013, S. 50.

84 *U. Krause,* Zielvereinbarungen und leistungsorientierte Vergütung 2002, S. 19 unter Verweis auf *Locke/Latham,* Self-regulation through goal setting, in Organisational Behaviour an Human Decision Process 1991, S. 215; *Hollenbeck/Klein,* JAP 1987, S. 212ff.

85 *U. Krause,* Zielvereinbarungen und leistungsorientierte Vergütung 2002, S. 19, 20.

86 *U. Krause,* Zielvereinbarungen und leistungsorientierte Vergütung 2002, S. 20 unter Verweis auf *Gebert,* Führung im MbO-Prozeß in Kieser/Reber/Wunderer, Handbuch der Führung 1995, Sp. 428.

Zielspezifität und Zielschwierigkeit zeigt sich, dass schwierige aber spezifische Ziele zu einem höheren Arbeitsergebnis führen, als vage „Versuch dein Bestes"-Ziele[87]. Die Zielintensität umschreibt schließlich den kognitiven Aufwand, den ein Arbeitnehmer im Rahmen des Zielsetzungs- und Lösungsprozesses aufwenden muss, um das entsprechende Ziel zu erreichen[88]. Die Zielintensität steigert also die Zielschwierigkeit und ist damit eine wesentliche Voraussetzung der Zielbindung des Arbeitnehmers[89].

bb) Einflussfaktoren auf die Arbeitsleistung

Einen Schwerpunkt der Betrachtungen der Zielsetzungstheorie bilden die Rahmenbedingungen, die durch besondere Einflussfaktoren bestimmt werden. Diese Einflussfaktoren oder Moderatoren wirken sich indirekt auf die Arbeitsleistung im „high performance cycle[90]" aus und umfassen die individuellen Fähigkeiten, die Zielbindung, die Selbstwirksamkeit, das Feedback, die Komplexität der Aufgabenstellung und situative Faktoren. Sie bilden dabei den Rahmen, innerhalb dessen die Arbeitsleistung vom Arbeitnehmer erbracht wird. Dabei erfasst die individuelle Fähigkeit vor allem die persönliche Leistungsfähigkeit des Arbeitnehmers bis zu der Grenze, an der eine Leistungssteigerung auch durch Ziele nicht mehr erreicht werden kann. Die Zielbindung wird durch die Identifikation des Arbeitnehmers mit dem Ziel, die Zielintensität und das durch die Führungskraft, Kollegen und die Gestaltung der Belohnungen gebildete Umfeld bestimmt.[91]

Diese Faktoren bewirken also, dass sich der Arbeitnehmer mehr oder weniger an die Erreichung des Zieles gebunden fühlt. Dabei spielt die Gestaltung der Belohnungen eine zentrale Rolle[92]. Finanzielle Belohnungen können die Zielbindung erhöhen, wobei der Erfolg jedoch maßgeblich von der Höhe der Belohnung und der Art des variablen Vergütungssystems abhängig ist[93]. Eine Leistungssteigerung wird

---

87 *U. Krause,* Zielvereinbarungen und leistungsorientierte Vergütung 2002, S. 20 unter Verweis auf *Erez/Zidon,* JAP 1984, S. 69ff.

88 *U. Krause,* Zielvereinbarungen und leistungsorientierte Vergütung 2002, S. 20 unter Verweis auf *Locke/Latham,* Self-regulation through goal setting, in Organisational Behaviour an Human Decision Process 1991, S. 216.

89 *U. Krause,* Zielvereinbarungen und leistungsorientierte Vergütung 2002, S. 20.

90 *Locke/Latham,* A theory of goal setting and task performance 1990, S. 257ff.

91 Zum ganzen Abschnitt *U. Krause,* Zielvereinbarungen und leistungsorientierte Vergütung 2002, S. 20f. m.w.N.

92 *U. Krause,* Zielvereinbarungen und leistungsorientierte Vergütung 2002, S. 22 unter Verweis auf *Locke/Latham,* A theory of goal setting and task performance 1990, S. 257ff.; *Hollenbeck/Klein,* Goal Commitment and the Goalsetting Process 1987, S. 213ff.

93 *U. Krause,* Zielvereinbarungen und leistungsorientierte Vergütung 2002, S. 24 unter Verweis auf *Locke/Latham,* A theory of goal setting and task performance 1990, S. 139ff.

nämlich erst ab einer bestimmten Höhe des Bonus erreicht[94]. Also kann bei einem zu geringen Bonus keine Leistungssteigerung erzielt werden[95].

Die Selbstwirksamkeit des Arbeitnehmers ist eine besondere Form der Selbsteinschätzung, die auch als aufgabenbezogenes Selbstvertrauen bezeichnet wird[96].

Das Feedback dient dazu, die Zielbindung des Arbeitnehmers über den Zielzeitraum hin durch Rückmeldungen über die erzielten bzw. aktuellen Ergebnisse zu erhalten[97]. Es erleichtert zudem die kontinuierliche Fokussierung der Ziele. Denn das Feedback ermöglicht einen Soll-Ist-Vergleich und als Konsequenz daraus korrigierende Maßnahmen seitens der Parteien[98]. Auch kann bereits die Komplexität der Aufgabenstellung an sich Einfluss auf die Arbeitsleistung ebenso nehmen, wie externe situative Faktoren, auf die der Arbeitnehmer keinen Einfluss hat[99].

cc) Belohnung und Arbeitszufriedenheit

Besonders wichtig ist schließlich die Belohnung, bei der es sich um variable Vergütung handeln kann. Die variable Vergütung ist dabei als direkte Form der Vergütung zu klassifizieren, denn sie resultiert unmittelbar aus der Zielerreichung. Daneben gibt es noch andere direkte Belohnungen, wie eine gesteigerte Selbst- und Fremdwahrnehmung und auch indirekte Formen, wie Arbeitsplatzsicherheit oder den Zugang zu bestimmten Sozialleistungen. Infolge der direkten und indirekten Belohnung und mit steigendem Zielerreichungsgrad, also höherem Leistungsergebnis steigt auch die Zufriedenheit des Arbeitnehmers an, was sich wiederum in einer Motivationssteigerung für die kommende Zielperiode und die damit verbundene Festsetzung von Zielinhalten auswirkt. Damit beginnt der Zyklus erneut.[100]

dd) Grundlegende psychologische Struktur für arbeitsrechtliche Bewertung

Die Zielsetzungstheorie beschreibt zum einen bereits die psychologischen Anforderungen an ein funktionierendes Zielvereinbarungssystem. Damit legt sie die Grundlage für die arbeitsrechtliche Struktur des Ablaufs der Zielvereinbarungsprüfung. Zum anderen enthält sie die wesentlichen psychologischen Grundlagen und

---

94 *U. Krause*, Zielvereinbarungen und leistungsorientierte Vergütung 2002, S. 24, 25 unter Verweis auf *Pritchard/Curts*, OBHP 1973, S. 175ff. m.w.N.

95 *U. Krause*, Zielvereinbarungen und leistungsorientierte Vergütung 2002, S. 25.

96 *U. Krause*, Zielvereinbarungen und leistungsorientierte Vergütung 2002, S. 25 m.w.N. und unter Verweis auf *Locke/Latham*, Self-regulation through goal setting, in Organisational Behaviour an Human Decision Process 1991, S. 220.

97 *Breisig*, Zielvereinbarungen 2013, S. 51; *U. Krause*, Zielvereinbarungen und leistungsorientierte Vergütung 2002, S. 27.

98 *Deich*, Die rechtliche Beurteilung von Zielvereinbarungen im Arbeitsverhältnis 2004, S. 15.

99 *U. Krause*, Zielvereinbarungen und leistungsorientierte Vergütung 2002, S. 28.

100 Zum ganzen Abschnitt *U. Krause*, Zielvereinbarungen und leistungsorientierte Vergütung 2002, S. 30, 31.

Motivationselemente für arbeitsrechtliche Streitigkeiten im Bereich des Zielvereinbarungskonzepts. Dabei wird bereits deutlich, dass insbesondere der Zielfestlegung aufgrund der damit verbundenen psychologischen Komplexität eine erhebliche Bedeutung zukommt. Werden dort Fehler gemacht, so ergeben sich – über kurz oder lang – auch arbeitsrechtliche Streitigkeiten, was sich unter anderem an den zahlreichen – noch aufzuzeigenden – Problemen der Inhaltskontrolle nach §§ 242, 307 Abs. 1 BGB zeigt. Die Berücksichtigung externer Einflussfaktoren spielt ebenfalls eine wichtige Rolle bei der Gestaltung der Zielvereinbarungen und einer eventuellen sog. „unterjährigen"[101] Anpassung bzw. der Berücksichtigung von Fehlzeiten im Rahmen der Zielkontrolle. Auch der Zusammenhang zur Belohnung ist ganz deutlich, denn die Tatsache, dass die Motivationswirkung entfällt, wenn die Belohnung zu niedrig ist, ist ein Aspekt, der für die Festlegung der Höchstgrenzen variabler Vergütung bei Widerrufsvorbehalten entscheidend ist. Damit sind in der Zielsetzungstheorie zahlreiche Argumentationsansätze, welche die grundlegende Konfliktsituation bei variabler Vergütung aus Zielvereinbarungen betreffen, enthalten.

b) Management by objecitves (MbO)

Weiterer maßgeblicher Ursprung der Zielvereinbarungen ist das Konzept des MbO, d.h. des „Führens mit Zielen"[102]. Geprägt wurde der Begriff des MbO durch *Drucker* in seinem Buch „Die Praxis des Managements" im Jahre 1954[103]. Grundlegende Elemente des Modells finden sich in der betriebswissenschaftlichen Literatur aber bereits zu wesentlich früheren Zeitpunkten, wie z. B. in den Überlegungen von *Taylor* in seinem Buch „Principles of Scientific Management" aus dem Jahre 1911, in dem er das Ziel und den Bonus als die grundlegenden Motivationsfaktoren bezeichnet[104]. In der betrieblichen Praxis wurden die Ideen des MbO ebenfalls weitaus früher – insbesondere bei General Motors bereits seit 1920 – angewendet[105]. Grundlagen wurden zudem durch Studien an der Ohio-State-University in den USA durch die Begründung einer neuen Organisationspsychologie in den 1940er Jahren gelegt[106]. Eine wichtige Ergänzung

---

101 Klasen/Krebs/Michel/Weber, Personalmanagement und InstitutsVergV – *Klasen*, S. 91, 120; m.w.N.

102 *Deich*, Die rechtliche Beurteilung von Zielvereinbarungen im Arbeitsverhältnis 2004, S. 11; *Odiorne*, Management by Objectives 1980, S. 85ff.

103 *U. Krause*, Zielvereinbarungen und leistungsorientierte Vergütung 2002, S. 16; *Drucker*, The Practice of management, 1955, passim.

104 *U. Krause*, Zielvereinbarungen und leistungsorientierte Vergütung 2002, S. 16 unter Verweis auf *Greenwood*, Management by objectives: As developed by Peter Drucker 1981, S. 225 und *Taylor*, The Principles of Scientific Management 1911, passim, der aber grundlegend andere Konsequenzen daraus zog und den eng geführten Arbeitnehmer im sog. „Taylorismus" prägte.

105 *U. Krause*, Zielvereinbarungen und leistungsorientierte Vergütung 2002, S. 16; *Odiorne*, Management by Objectives 1980, S. 13ff, 14, 85ff; siehe auch *Becker/Hering*, Leistung und Lohn, 2/2014, S. 6ff.

106 *Geffken*, NZA 2000, S. 1033, 1034.

erfuhren die Studien durch die Theorien von McGregor über die „Human Side of Enterprise“, wonach keine angeborene Abneigung des Menschen zur Arbeit besteht[107].

Das MbO stellt zum einen ein Planungs- und Kontrollinstrument, zum anderen aber auch ein leistungs- und zufriedenheitsorientiertes Führungsmodell dar[108]. Danach sollen die Arbeitsziele der Arbeitnehmer – unter Mitwirkung der über- und untergeordneten Ebenen – von ihnen selbst gesetzt und ihre eigenverantwortliche Verwirklichung vom Beschäftigten selbst kontrollierbar sein[109]. Darin liegt eine radikale Abkehr vom bis dahin weit verbreiteten, nach seinem Begründer *Taylor* benannten Managementkonzept des „Taylorismus“, nach dem den Arbeitnehmern im Sinne einer vollkommenen Arbeitgeberkontrolle des Produktionsprozesses aufgrund umfassender Arbeitsanalyse und unter Minimierung jedes eigenverantwortlichen Handlungsspielraumes die zu leistende Arbeit genauestens vorgegeben wird[110]. Neben der höheren Motivation, Eigeninitative und Verantwortungsbereitschaft der Arbeitnehmer soll auch eine kontinuierliche Verbesserung der Produkte und Dienstleistungen, der Prozessergebnisse, Kontrolle der Arbeitnehmer und bessere Nutzung und Weiterentwicklung ihrer Arbeitskraft erreicht werden[111]. Auch das MbO erfasst ein Kreislaufmodell, dessen Prozess sich in drei Phasen gliedern lässt: Zielbildung inklusive Zielvereinbarung, Zielrealisierung und Zielerreichungskontrolle[112].

aa) Die Zielbildung

Im Rahmen der Zielbildung wird im ersten Schritt eine Zielhierarchie im Unternehmen gebildet, bevor anschließend die gefundenen Ziele vereinbart werden[113]. Auf der obersten Ebene dieser Zielhierarchie werden ausgehend von der Unternehmensphilosophie die strategischen Unternehmensziele durch die Unternehmensleitung definiert[114]. Ausgehend von der Unternehmensführung, die Rahmenziele und strategische Pläne festlegt, werden die Ziele kaskadenförmig auf die untergeordneten Organisationseinheiten „heruntergebrochen“[115]. Die Ziele auf den untergeordneten Ebenen müssen mit denen der jeweils übergeordneten Ebene

---

107 *Geffken*, NZA 2000, S. 1033, 1034; *McGregor*, The Human Side of Enterprise 1960; 33ff. 45ff.

108 *U. Krause*, Zielvereinbarungen und leistungsorientierte Vergütung 2002, S. 35, 36 unter Verweis auf *Wunderer/Grunwald*, Führungslehre – Band 1: Grundlagen der Führung 1980, S. 306.

109 *Heiden*, Entgeltrelevante Zielvereinbarungen 2007, S. 7; *Drucker*, The Practice of Management 1955, S. 126ff.

110 *Heiden*, Entgeltrelevante Zielvereinbarungen 2007, S. 7.

111 *Becker/Hering*, Leistung und Lohn, 2/2014, S. 6ff.

112 *U. Krause*, Zielvereinbarungen und leistungsorientierte Vergütung 2002, S. 36, 37.

113 *U. Krause*, Zielvereinbarungen und leistungsorientierte Vergütung 2002, S. 37.

114 *Becker/Hering*, Leistung und Lohn, 2/2014, S. 12; *U. Krause*, Zielvereinbarungen und leistungsorientierte Vergütung 2002, S. 38; *Stroebe* Führungsstile: Management by Objectives und situatives Führen 1999, S. 26ff.

115 *Breisig*, Zielvereinbarungen 2013, S. 46.

zwingend harmonieren; sie müssen aus ihnen ableitbar sein[116]. Die Zielvereinbarung bildet sodann das Kernelement des MbO-Prozesses: Mit Hilfe klar formulierter quantifizierbarer Leistungsziele soll der Arbeitnehmer die Schwerpunkte seiner Arbeit für die nächste Periode erkennen können, wobei auch persönliche Entwicklungsziele des Arbeitnehmers zu berücksichtigen sind[117]. In Bezug auf diese Entwicklung von Zielen lassen sich zwei Vorgehensweisen unterscheiden. Bei einer sog. „Zielvorgabe" legt die Unternehmensführung in alleiniger Kompetenz ohne direkte Einbeziehung des Mitarbeiters Zielgrößen fest und gibt sie in einer Form einer Anordnung als „verbindliche Richtschnur" vor (autoritäre Variante)[118]. Bei der eigentlichen Zielvereinbarung soll dagegen die Festlegung der Zielgrößen in einem kooperativen Prozess zwischen der Unternehmensführung und dem einzelnen Mitarbeiter erfolgen (kooperative Variante)[119]. Überwiegend wird die kooperative Zielvereinbarung der autoritären Zielvorgabe vorgezogen[120]. Gerade dieser Partizipation der Arbeitnehmer an der Zielfestlegung wird im MbO eine stark motivierende Wirkung zugeschrieben, die eine stärkere Realitätsnähe, aber auch eine höhere Identifikation der Beschäftigten mit den Zielen auslösen soll[121]. Die Beschäftigten sollen sich „in die Pflicht genommen" fühlen und gegenüber der fremdbestimmten Variante der Zielvorgabe ein stärkeres Verantwortungsbewusstsein für die Realisierung der Ziele entwickeln[122].

bb) Die Zielrealisierung

Es folgt die Zielrealisierung, bei der regelmäßig durch informelle Rückmeldungen eine Leistungskontrolle durchgeführt werden soll. Dieses Feedback soll eine eventuell erforderliche Korrektur bei Veränderung der Erreichbarkeit der Zielvereinbarung ermöglichen.[123]

---

116 *Breisig*, Zielvereinbarungen 2013, S. 46.

117 *U. Krause*, Zielvereinbarungen und leistungsorientierte Vergütung 2002, S. 39.

118 *Breisig*, Personalbeurteilung 2012, S. 93; *Deich*, Die rechtliche Beurteilung von Zielvereinbarungen im Arbeitsverhältnis 2004, S. 12.

119 *Deich*, Die rechtliche Beurteilung von Zielvereinbarungen im Arbeitsverhältnis 2004, S. 12.

120 *U. Krause*, Zielvereinbarungen und leistungsorientierte Vergütung 2002, S. 40 unter Verweis auf *Wunderer/Grunwald*, Führungslehre – Band 1: Grundlagen der Führung 1980, S. 305, *Bungard*, Zielvereinbarungen 2000, S. 16ff., u.a.

121 *Breisig*, Zielvereinbarungen 2013, S. 47.

122 *Deich*, Die rechtliche Beurteilung von Zielvereinbarungen im Arbeitsverhältnis 2004, S. 13.

123 Zum ganzen Abschnitt *U. Krause*, Zielvereinbarungen und leistungsorientierte Vergütung 2002, S. 41.

cc) *Die Zielerreichungskontrolle*

Die Leistungsbewertung in Form der Zielerreichungskontrolle stellt neben der Zielvereinbarung das wichtigste Element des MbO-Prozesses dar[124]. Sie erfolgt im Rahmen eines Soll-Ist-Vergleichs[125]. Die Vergütung kann in der Regel direkt an den Zielerreichungsgrad gekoppelt werden und steht im unmittelbaren Zusammenhang mit der erbrachten Leistung[126]. Im Rahmen einer Abweichungsanalyse (Ziel-Ergebnis-Analyse), erörtern Führungskraft und Mitarbeiter mögliche Ursachen eventueller Abweichungen von vereinbarten Leistungsstandards und eventuelle Maßnahmen zur Behebung dieser Ursachen[127]. Die Erkenntnisse der Zielerreichungskontrolle können unmittelbar in den Zielbildungsprozess für die nächste Periode einfließen, wodurch sich der MbO-Zyklus schließt[128].

dd) *Betriebswirtschaftliche Grundstruktur der arbeitsrechtlichen Bewertung*

Auch das MbO-Konzept enthält die wesentliche Dreiteilung der arbeitsrechtlichen Zielvereinbarungsprüfung. Zusätzlich spricht es die Abgrenzung zwischen der Zielvereinbarung und der Zielvorgabe mit ihren unterschiedlichen arbeitsrechtlichen Konsequenzen an. Es enthält bereits den im Gegensatz von Zielhierarchie und gleich geordneter Zielvereinbarung angelegten Zwiespalt. Aus der konzeptionellen Konstruktion der Zielhierarchie kann man gerade eine persönliche Abhängigkeit herleiten, die gegen eine eigenständige Erfolgsvereinbarung spricht. Auch die Informationspflichten und Anpassungserfordernisse des Arbeitgebers – etwa bei Fehlzeiten – und die rechtlichen Schwierigkeiten bei der Zielerreichungsanalyse und ihrer arbeitsrechtlichen Gestaltungsvoraussetzungen sind in ihren Grundlagen präsent. Damit zeigt auch das MbO-Konzept vielerlei Anhaltspunkte, die in die arbeitsrechtliche Diskussion um Variabilisierungen des Arbeitgebers bei variabler Vergütung aus Zielvereinbarungen einfließen.

c) *Neue Management- und „Controlling"-Konzepte*

Das ursprüngliche MbO-Konzept wurde in den 1980er Jahren in den USA harsch kritisiert und infolge dieser Kritik durch neue Managementkonzeptionen, wie z. B. die „balanced scorecard", „management by results", „total quality management" oder „management by policy" fortgebildet[129]. Diese Konzepte richten sich vor allem an

---

124 *U. Krause,* Zielvereinbarungen und leistungsorientierte Vergütung 2002, S. 41.
125 *Breisig,* Zielvereinbarungen 2013, S. 47.
126 *U. Krause,* Zielvereinbarungen und leistungsorientierte Vergütung 2002, S. 41.
127 *U. Krause,* Zielvereinbarungen und leistungsorientierte Vergütung 2002, S. 42 unter Verweis auf *Fuchs-Wegner,* Management-by-Konzepte in *Kieser/Reber/Wunderer,* Handwörterbuch der Führung 1987, Sp. 1370.
128 *U. Krause,* Zielvereinbarungen und leistungsorientierte Vergütung 2002, S. 42.
129 *Becker/Hering,* Leistung und Lohn, 2/2014, S. 6; *U. Krause,* Zielvereinbarungen und leistungsorientierte Vergütung 2002, S. 17, 43ff.

betriebswirtschaftlichen Kennzahlen aus, da mittels dieser Zahlen strategische Ziele und Pläne veranschaulicht und messbar gemacht werden können. Kennzahlensysteme sind „Controlling"-Instrumente, welche den strategischen Führungsprozess im Unternehmen flankieren sollen, indem sie den wirtschaftlichen Erfolg eines Unternehmens, aber auch die Arbeitsleistung der Mitarbeiter durch Kennzahlen fassbar zu machen suchen[130]. Ein Kennzahlenkonzept, das unmittelbar für Zielvereinbarungen funktionalisiert werden kann, ist die sog. „balanced scorecard" (BSC) nach *Kaplan/Norton*[131]. Nach diesem Konzept werden die Unternehmensziele (Top-Level-Ziele) zunächst den vier Kriterien „Finanzen", „Kunden", „Interne Prozesse" sowie „Lernen und Innovation" zugeordnet[132]. Durch Kennzahlen sollen eine konkrete Übersetzung der strategischen Ziele von Unternehmen oder Organisationseinheiten nach unten hin gewährleistet werden[133]. Die Kennzahlen wiederum können dann als Maßstab für andere Messungen herangezogen und so „nach unten" (sog. „Top-down-Umsetzung") in relevante Einzelziele und Maßgrößen übersetzt werden[134]. Somit helfen Kennzahlensysteme bei der Umsetzung des MbO-Ansatzes zur abgestimmten Auflösung der Unternehmensziele in Bereichs- und Individualziele, indem sie die abstrakte „Unternehmensvision" in Zahlen abbilden und damit fass- und messbar machen[135]. Das Besondere ist, dass dabei eine ausgewogene („balanced") Mischung von Ergebnis-Kennzahlen, die sich in der Vergangenheit bewährt haben und zukunftsorientierten Leistungsfaktoren entwickelt werden soll[136]. Es wird also ein messbares und damit auch im Rahmen einer Zielvereinbarung einzuordnendes Ergebnis erzielt, das eine ideale Grundlage zur Ermittlung der variablen Vergütung aus der Zielvereinbarung ergibt. Dabei besteht eine besondere Beziehung zwischen der Umsetzung der „Balanced Scorecard" Systeme mittels sog. „Strategy-Maps", die persönlichen Ziele der Mitarbeiter an den Gesamtzielen des Unternehmens ausrichten sollen[137]. Hierbei wird die Wechselbeziehung zwischen den Zielen des Unternehmens und den individuellen Zielen des Arbeitnehmers deutlich.

Diese Konzepte sind die aktuellen Erscheinungsformen und deshalb für die arbeitsrechtliche Diskussion von Bedeutung, weil sie die Anknüpfung an Kennzahlensysteme

---

130 *Heiden*, Entgeltrelevante Zielvereinbarungen 2007, S. 8; *Müller*, Die Mitbestimmung 7/2000, S. 62.

131 *Breisig*, Zielvereinbarungen 2013, S. 52; *Kaplan/Norton*, Balanced Scorecard, 1997, passim.

132 *Becker/Hering*, Leistung und Lohn, 2/2014, S. 19; *Deich*, Die rechtliche Beurteilung von Zielvereinbarungen im Arbeitsverhältnis 2004, S. 16; *Kaplan/Norton*, Harvard Business Review 1/1992, 71, 72.

133 *Breisig*, Zielvereinbarungen 2013, S. 52.

134 *Deich*, Die rechtliche Beurteilung von Zielvereinbarungen im Arbeitsverhältnis 2004, S. 16; *Kaplan/Norton*, Harvard Business Review 1/1992, 71, 72.

135 *Heiden*, Entgeltrelevante Zielvereinbarungen 2007, S. 8.

136 *Breisig*, Zielvereinbarungen 2013, S. 52.

137 *Kaplan/Norton*, Strategy Maps 2004, S. 226.

und die damit verbundenen Schwierigkeiten bei der Festlegung und Bewertung von Zielvereinbarungssystemen aufgreifen.

d) Grundlagen arbeitsrechtlicher Streitpunkte

Bereits im Rahmen der Zielsetzungstheorie werden zahlreiche grundsätzliche Konstruktionen für spätere arbeitsrechtliche Streitigkeiten deutlich, denn die vielen Einflussfaktoren, die sich im „high performance cycle" auswirken, schaffen ein sehr differenziertes Umfeld, das für Störungen sehr anfällig ist. Bereits die erste Stufe, nämlich die Festlegung der Zielinhalte weist einen hohen Komplexitätsgrad auf und wirft dabei für die arbeitsrechtliche Gestaltung der Zielvereinbarungen zahlreiche Fragen und Anforderungen auf. Diese tatsächlichen Umstände wirken sich dann auf die rechtliche Überprüfung von Klauseln und Gestaltungsmöglichkeiten nach den §§ 307 Abs. 1, 242 BGB aus[138]. Außerdem bilden sie den Ansatzpunkt einer Auslegung der Zielvereinbarung nach den §§ 133, 157 BGB[139].

Auch die psychologischen Einflussfaktoren, die über das reine Leistungserbringungsverhältnis zwischen Arbeitgeber und Arbeitnehmer hinausgehen, zeigen zahlreiche Ansatzpunkte für unterschiedliche Sichtweisen und damit arbeitsrechtliche Streitigkeiten. Gerade die Berücksichtigung von Fehlzeiten, die sich auf die Zielerreichung auswirken und die Frage, wie bei Zielerreichung trotz Fehlzeiten zu verfahren ist, sind ausgehend von dieser Grundkonstruktion zu klären[140]. Schließlich ist der besondere Belohnungseffekt und dabei vor allem die Tatsache, dass ein nur kleiner Bonus keinen solchen Effekt hat, ein wichtiger Anhaltspunkt für die Bewertung von zielvereinbarungsbasierter variabler Vergütung, ihre Rechtsnatur und den Umfang von Variabilisierungsmöglichkeiten[141]. Damit werden bereits durch die Zielsetzungstheorie Ansatzpunkte für die arbeitsrechtliche Interessenbewertung und die Einschätzung der verschiedenen arbeitsrechtlichen Streitigkeiten geschaffen.

Auch das MbO-Konzept zeigt einige Ansatzpunkte für solche Streitigkeiten. Ebenso wie bei der Zielsetzungstheorie stellt die Komplexität der Zielbildung eine erhebliche Herausforderung dar, die wie schon bei der Zielsetzungstheorie gezeigt arbeitsrechtliche Fragen im Rahmen der §§ 242, 307 Abs. 1 BGB aufwerfen kann. Während der Zielrealisierung wird sodann das Bedürfnis des Arbeitnehmers nach Informationen aufgegriffen bzw. umgekehrt die Pflicht des Arbeitgebers anzusprechen, diese zu erteilen. Eine Verletzung dieser Pflicht kann sich auf eine Zugriffsmöglichkeit in die variable Vergütung negativ auswirken. Im Rahmen der Zielkontrolle und der Ermittlung der Kennzahlen zeigt sich dann beim MbO und den darauf basierenden Managementkonzepten wie der „balanced scorecard" auch erhebliches Konfliktpotential. Dieses ergibt sich nicht nur aus dem Umstand, dass eine konsensuale Zielkontrolle unterschiedliche Sichtweisen und Auslegungsvarianten

138 Näheres siehe Kapitel C. II. ff.
139 Siehe Kapitel C. I. und C. X.
140 Siehe Kapitel C. I.
141 Siehe Kapitel B. IV. und C. II. ff.

im Sinne der §§ 133, 157 BGB ermöglicht. Vielmehr existiert auch bei der Bemessung der variablen Vergütung im Anschluss an die Zielkontrolle erhebliches Konfliktpotential.

Damit zeigt bereits die theoretische Grundkonstruktion von variabler Vergütung auf Zielvereinbarungsbasis beträchtliche Komplexität, die auf arbeitsrechtlicher Seite eine differenzierte Betrachtung erfordert. Eine solche ist nämlich erforderlich, um die aus der Komplexität resultierenden Streitfragen einzufangen und in ihrem Interessenumfeld angemessen zu gewichten. Bereits hier kommt auch die umfassende Interessenabwägung, die zwischen Flexibilisierungs- und Stabilitätsinteresse des Arbeitgebers und Sicherheitsinteresse des Arbeitnehmers andererseits vorzunehmen ist, zum Ausdruck[142]. Denn in variable Vergütung kann nur dann eingegriffen werden, wenn bereits ihre Grundkonstruktion so gestaltet ist, dass ein Zugriff noch möglich ist.

2. Praktische Einführung von variabler Vergütung aus Zielvereinbarungen

Die praktische Einführung zielvereinbarungsbasierter variabler Vergütung kennt mehrere Elemente. Einerseits ist die Entwicklung des Führungsinstrumentes „Zielvereinbarung“ im Rahmen neuer Managementkonzepte, wie der „balanced scorecard“[143] in den deutschen Betrieben zu betrachten. Diese ist von einer „Top-Down“[144]-Bewegung von den Führungskräften des Managements hinunter zu den einzelnen Tarifarbeitnehmern gekennzeichnet. Andererseits ist die Einführung von Tarifverträgen und daran anknüpfenden Betriebsvereinbarungen insbesondere zur Umsetzung von Zielvereinbarungen in den unteren Hierarchieebenen anzusprechen. Schließlich ist auch die durch verschiedene rechtstatsächliche Untersuchungen ermittelte Verbreitung zielvereinbarungsbasierter Vergütungssysteme im Überblick darzustellen.

a) Einführung der Zielvereinbarungen in deutschen Betrieben

Ausgehend von den theoretischen Grundlagen der Zielsetzungstheorie und des MbO-Konzeptes fanden seit den 1970er Jahren neue zielorientierte Managementkonzepte Eingang in die Unternehmenspraxis in den vereinigten Staaten von Amerika und Japan und sorgten dort für eine erhebliche Verbreitung von variabler Vergütung auf Zielvereinbarungsbasis[145]. Seit den 1990er Jahren wurde auch in Deutschland im Rahmen der Einführung von neuen Managementstrategien, wie z. B.

142 Siehe Kapitel B. IV. und C. II. ff.

143 *Deich*, Die rechtliche Beurteilung von Zielvereinbarungen im Arbeitsverhältnis 2004, S. 16; *Kaplan/Norton*, Harvard Business Review 1/1992, 71, 72.

144 *Deich*, Die rechtliche Beurteilung von Zielvereinbarungen im Arbeitsverhältnis 2004, S. 16; *Kaplan/Norton*, Harvard Business Review 1/1992, 71, 72.

145 *Geffken*, NZA 2000, S. 1033.

der bereits angesprochenen „balanced scorecard“[146], verstärkt mit Zielvereinbarungen gearbeitet[147]. Zunächst fanden diese neuen Strategien nur bei Führungskräften im oberen Management Anwendung[148]. Zu einer Ausweitung des Einsatzes von Zielvereinbarungen auch auf die mittleren und unteren betrieblichen Hierarchieebenen ist es erst seit Ende der 1990er Jahren gekommen[149]. Die Unternehmen sahen sich seitdem durch die Globalisierung des Handels einem verstärkten Wettbewerbsdruck und dem Erfordernis rascher Reaktionen auf sich verändernde Marktbedingungen ausgesetzt[150]. Dabei sollen Zielvereinbarungen eine höhere Produktivität und Flexibilität der Personal- und Organisationsstruktur bewirken[151]. Die gleichzeitig erfolgte Rückbesinnung auf den Menschen als wichtigstes Kapital eines Unternehmens hat ebenso zum weiteren Erfolg von Zielvereinbarungen als Führungs-, aber auch als Entgeltinstrument beigetragen[152]. Durch individuelle Absprache der Arbeitsziele und einer an den individuellen Ergebnissen ausgerichteten Entlohnung sollen die Ressourcen der Arbeitnehmer optimal genutzt und Leistung stärker honoriert werden[153]. Bezugseinheit ist zumeist das Individuum, mit dem die Zielvereinbarungen abgeschlossen werden; häufig werden aber auch teambezogene Varianten praktiziert[154].

b) Tarifverträge und Betriebsvereinbarungen

Angesichts der sich verändernden Rahmenbedingungen wurde bereits während des letzten Jahrzehnts offenbar, dass die klassische Dreiteilung der tariflichen Entgeltmethoden in Zeitlohn, Akkordlohn und Prämienlohn – bei denen auf „harte“ Faktoren, wie Stückzahl, Zeitaufwand oder Abschlussanzahl abgestellt wird – nicht mehr zeitgemäß war. In den Jahren 2002/2003 kam es erstmalig zu einer Verankerung von variabler Vergütung aus Zielvereinbarungen in großen Flächentarifverträgen.[155]

Im Tarifvertrag zur leistungs- und/oder erfolgsorientierten variablen Vergütung für das private und öffentliche Bankgewerbe (LEV-TV), im Tarifvertrag zur leistungs- und/oder erfolgsorientierten variablen Vergütung für die Volksbanken

---

146 *Deich,* Die rechtliche Beurteilung von Zielvereinbarungen im Arbeitsverhältnis 2004, S. 16; *Kaplan/Norton,* Harvard Business Review 1/1992, 71, 72.

147 *Deich,* Die rechtliche Beurteilung von Zielvereinbarungen im Arbeitsverhältnis 2004, S. 16.

148 *Trenk-Hinterberger,* Vorwort zu *U. Krause,* Zielvereinbarungen und leistungsorientierte Vergütung 2002.

149 *Heiden,* Entgeltrelevante Zielvereinbarungen 2007, S. 9 unter Verweis auf *Breisig,* Personalbeurteilung 2003, S. 93f.

150 *Heiden,* Entgeltrelevante Zielvereinbarungen 2007, S. 9.

151 *Heiden,* Entgeltrelevante Zielvereinbarungen 2007, S. 9.

152 *Heiden,* Entgeltrelevante Zielvereinbarungen 2007, S. 9; *Geffken,* NZA 2000, S. 1033, 1035.

153 *Heiden,* Entgeltrelevante Zielvereinbarungen 2007, S. 9.

154 *Breisig,* Zielvereinbarungen 2013, S. 55.

155 Zum ganzen Abschnitt *Heiden,* Entgeltrelevante Zielvereinbarungen 2007, S. 9, 10.

und Raiffeisenbanken sowie die genossenschaftlichen Zentralbanken (LEV-TV Geno) und im Tarifvertrag öffentlicher Dienst für den Dienstleistungsbereich Sparkassen (TVöD-S) wurde jeweils die Möglichkeit der Einführung eines variablen Vergütungsanteils vorgesehen, der auf einer Zielvereinbarung beruhen kann bzw. beruhen muss[156]. Auch im Bereich der Metall- und Elektroindustrie wurde im Rahmen der umfassenden Neuregelung der Tarifvergütung durch Einführung des Entgeltrahmentarifvertrages (ERA) die Möglichkeit, variable Vergütung auf Zielvereinbarungsbasis zu nutzen eingeführt[157]. Diese tarifvertraglichen Vorgaben wurden dann auf Betriebsebene durch Betriebsvereinbarungen umgesetzt.

c) Rechtstatsächliche Untersuchungen zur Verbreitung und zu den Auswirkungen zielvereinbarungs-basierter variabler Vergütung

Die weite Verbreitung von zielvereinbarungsbasierten Systemen variabler Vergütung wird durch einige Studien belegt.

Nach einer Untersuchung einer privaten Beratungsfirma, die schon Mitte der 1990er Jahre bei 85 deutschen Großunternehmen durchgeführt wurde, verfügten bereits 73% der Unternehmen über Zielvereinbarungssysteme, davon aber der „Löwenanteil" nur für die Führungskräfte[158].

Nach einer Erhebung von *Bahnmüller* für den Bereich der Metall- und Elektroindustrie, der Textilindustrie und der Banken arbeiteten schon um die Jahrtausendwende 10–20 % der gewerblichen Beschäftigten, ca. 40 % der Angestellten und etwa 67 % der Führungskräfte auf der Basis von Zielvereinbarungen[159]. Nach diesen Befunden war in zwei Dritteln der Betriebe in denen das Instrument Zielvereinbarung eingeführt wurde, eine Verknüpfung mit dem Entgelt gegeben[160].

Im Rahmen der dritten Betriebs- und Personalrätebefragung des Wirtschafts- und Sozialwissenschaftlichen Instituts in der Hans-Böckler-Stiftung (WSI) aus dem Jahr 2002 gaben 57 % der Betriebsräte an, dass es in ihrem Betrieb leistungsabhängige

---

156 Klasen/Krebs/Michel/Weber, Personalmanagement und InstitutsVergV – *Klasen*, S. 91, 97ff.; *Heiden*, Entgeltrelevante Zielvereinbarungen 2007, S. 10; Tarifvertrag zur leistungs- und oder erfolgsorientierten variablen Vergütung für das private und öffentliche Bankgewerbe vom 01.09.2006 (erstmals vom 13.12.2002) und Tarifvertrag zur leistungs- und/oder erfolgsorientierten Vergütung für Genossenschaftsbanken vom 28.05.2003.

157 Klasen/Krebs/Michel/Weber, Personalmanagement und InstitutsVergV – *Klasen*, S. 91, 97ff.; §14 Entgeltrahmentarifvertrag der Metall- und Elektroindustrie in Nordbaden und Nordwürttemberg (ERA-TV NB/NW) aus dem September 2003.

158 *Breisig*, Zielvereinbarungen 2013, S. 23; Watson Wyatt, Maßstäbe für Vergütung und Leistungsbeurteilung, Personalwirtschaft 10/1997, S. 34ff.

159 *Bahnmüller*, WSI-Mitteilungen 7/2001, S. 426ff.; *Breisig*, Zielvereinbarungen 2013, S. 23 unter Verweis auf *Bahnmüller*, Stabilität und Wandel der Entlohnungsformen 2001.

160 *Breisig*, Zielvereinbarungen 2013, S. 23.

Entgeltbestandteile gibt. Führender Bereich für die Leistungsvergütung ist demnach der Bereich der Kreditinstitute und des Versicherungsgewerbes mit 74 %.[161]

Eine neuere Untersuchung, die Rückschlüsse auf die Verbreitung von Zielvereinbarungen zulässt, ist die bundesweite PARGEMA-WSI-Betriebsrätebefragung aus den Jahren 2008/2009 zum Thema „Arbeitsbedingungen und Gesundheit im Betrieb"[162]. Danach werden Zielvereinbarungen in 53% der Betriebe eingesetzt; in 42 % der Unternehmen werden leistungsabhängige Entgeltbestandteile umgesetzt, allerdings ohne dass aus den Ergebnissen ersichtlich ist, wie viele Systeme davon mit Zielvereinbarungen operieren[163]. Interessant ist auch die Einschätzung, dass in Betrieben, die mit Zielvereinbarungen arbeiten, die Arbeitsbelastung höher ist[164].

Nach einer Untersuchung von *Breisig* werden Zielvereinbarungen im Vertriebsbereich von Banken sogar in 91 % der Institute angewandt[165]. Dabei fällt der provokante Titel der Untersuchung ins Auge: „Sie müssen es nicht verstehen, Sie müssen es nur verkaufen!". Darin zeigt sich ebenso wie in der PARGEMA-WSI-Betriebsrätebefragung aus 2008/2009 eine zunehmend kritische Betrachtungsweise.

Zusammenfassend lässt sich also sagen, dass Zielvereinbarungen insgesamt eine starke Verbreitung gefunden haben. Besonders im Bereich der Angestellten und Führungskräfte wird das Instrument flächendeckend genutzt. Es fällt auf, dass der Bereich der Finanzwirtschaft, also Banken- und Versicherungswesen das Instrument variabler Vergütung aus Zielvereinbarungen am extensivsten nutzt. Es ist also anzunehmen, dass sich Veränderungen in diesem wichtigen Bereich auf die Verwendung zielvereinbarungsbasierter Vergütung in den anderen Wirtschaftsbereichen auswirken.

d) Bewertung der praktischen und rechtstatsächlichen Entwicklung

Zielvereinbarungen durchdringen in immer stärkerem Maße die Betriebe in Deutschland. Dabei hat diese Entwicklung, die mit der Einführung neuer Managementkonzepte in den 1990er Jahren begann, heute viele Bereiche der Wirtschaft erfasst. Besonders im Bankensektor und im Bereich der Metall- und Elektroindustrie ist variable Vergütung aus Zielvereinbarungen ein wichtiges, nicht mehr hinwegzudenkendes Personalführungs- und Vergütungselement geworden. Gerade in diesen

---

161 Zum ganzen Abschnitt *Bispinck/Schulten*, WSI-Mitteilungen 2003, S. 157ff.; *Heiden*, Entgeltrelevante Zielvereinbarungen 2007, S. 11.

162 *Breisig*, Zielvereinbarungen 2013, S. 23.

163 *Breisig*, Zielvereinbarungen 2013, S. 23, 24; *Ahlers*, Belastungen am Arbeitsplatz und betrieblicher Gesundheitsschutz vor dem Hintergrund des demographischen Wandels, WSI-Diskussionspapier Nr. 175 2011, S. 16.

164 *Ahlers*, Belastungen am Arbeitsplatz und betrieblicher Gesundheitsschutz vor dem Hintergrund des demographischen Wandels, WSI-Diskussionspapier Nr. 175 2011, S. 18.

165 *Breisig*, Zielvereinbarungen 2013, S. 24, unter Verweis auf *Breisig/König/Rehling/Ebeling* Vertriebssteuerung in Banken 2010, S. 141.

beiden Bereichen gibt es – wie gezeigt – auch detaillierte tarifliche Regelungen, die über die Betriebsvereinbarungen in den konkreten Zielvereinbarungen mit den Tarifmitarbeitern umgesetzt werden. Dies zeigt, dass die rechtliche Rezeption dieses Personalführungs- und Vergütungselements bereits fortgeschritten ist. Zudem bestehen zwischen den Wirtschaftsbereichen recht unterschiedliche individuelle Ausgestaltungen eines Systems mit gleichen Grundlinien. Allerdings zeigt sich auch, wie die Ergebnisse der PARGEMA-Umfrage belegen, dass dieses Element der Vergütungsmethodik vermehrt kritisch betrachtet wird. Die mit der zusätzlichen Belastung der Arbeitnehmer durch Zielvereinbarungen gegebenen Gesundheitsrisiken können dabei auch im Bereich der betrieblichen Mitbestimmung eine Rolle spielen.

3. Zwischenergebnis und Überblick

Betrachtet man sich die theoretische und praktische Entwicklung zielvereinbarungsbasierter Vergütungssysteme, so fallen bestimmte Entwicklungsstränge auf. Bei der Entwicklung der theoretischen Grundlagen von zielvereinbarungsbasierten variablen Vergütungssystemen und ihrer flächendeckenden Einführung in der Praxis zeigen sich deutlich die unterschiedlichen Entwicklungsstadien.

Ausgangspunkt sind erste praktische Erprobungen und Experimente von Zielvereinbarungen in Unternehmen in den USA. Dabei fließen bis dahin aus der Wirtschaftswissenschaft bekannte Grundsätze in diese praktischen Anwendungen ein. Diese praktischen Erkenntnisse werden dann durch die Betriebswirtschaftswissenschaft in Form von Modellkonzepten aufgegriffen, generalisiert und strukturiert. Parallel nimmt sich die Psychologie des Phänomens an und entwickelt ihrerseits Modellstrukturen. Diese betriebswissenschaftlichen und psychologischen Modelle werden dann in der Praxis in Unternehmen eingeführt. Es folgt eine Phase, in der die neuen Konzepte kritisiert werden und deswegen in beiden Wissenschaftsgebieten überarbeitet und angepasst werden müssen. Neue Modelle werden entwickelt. Diese wiederum werden von der betrieblichen Praxis aufgegriffen und umgesetzt. Nach dieser Anpassungsphase folgt die zunehmende Einführung des Modells variabler Vergütung auf Zielvereinbarungsbasis und dessen umfassende Verbreitung in nahezu allen Bereichen der Wirtschaft. Dabei arbeiten einige Bereiche mehr, andere weniger mit dem neuen Instrument. Zunächst verbreiten sich so diese Modelle in ihrem Ursprungsland, den USA. Dann finden auch in Deutschland entsprechende Umsetzungen statt. Ausgehend von den oberen Führungsebenen des Managements werden die zielvereinbarungsbasierten Vergütungssysteme dann über das mittlere Management bis hin zu den einzelnen Tarifarbeitnehmern ausgeweitet. Mit zunehmender Verbreitung beginnt eine erste rechtliche und erfolgt eine neuerliche wirtschaftswissenschaftliche Befassung mit dem Thema. Mit zunehmenden Konflikten verstärkt sich die rechtspraktische und rechtswissenschaftliche Rezeption der Idee und schafft neue Anpassungskriterien, die wiederum in der Praxis Anwendung finden. Beispiele dafür sind in zwei für den Bereich der Zielvereinbarungen wichtigen Bereichen die Tarifverträge zur Leistungsvergütung im Bankenbereich und im Bereich der Metall- und Elektroindustrie zu finden. Schließlich führen wiederum neue

Konflikte im Zuge der Finanz- und Wirtschaftskrise zu einer ersten gesetzlichen Regelung, welche die neuen Erkenntnisse für zunächst einen wichtigen Bereich umsetzt.

Dabei beinhalten die Konzepte zur variablen Vergütung aus Zielvereinbarungen bereits wesentliche Elemente der arbeitsrechtlichen Konfliktpunkte. Diese kann man auch deutlich in den tarifvertraglichen und betrieblichen Umsetzungen wiederfinden, wo sie nach dem jeweiligen Wirtschaftssektor unterschiedlich geprägt hervortreten. Gerade durch diese Hintergründe und Herkunft wird der Begriff der variablen Vergütung aus Zielvereinbarungen geformt, denn dadurch zeigen sich seine zahlreichen Facetten auf.

II. Arbeitsrechtlicher Begriff der „Zielvereinbarungen"

Nachdem nun die betriebswirtschaftlichen, psychologischen und tatsächlichen Hintergründe der Einführung variabler Vergütung aus Zielvereinbarungen dargestellt wurden, geht es nun um die arbeitsrechtliche Rezeption und Prägung des Begriffs der „Zielvereinbarungen". Für die Bewertung der Rechtsnatur variabler Vergütung aus Zielvereinbarungen ist es wichtig, deren Herkunft, nämlich die „Zielvereinbarung" im arbeitsrechtlichen Sinne definitorisch zu bestimmen. Der arbeitsrechtliche Begriff der Zielvereinbarungen hat eine gewisse Zeit gebraucht, um sich zu verfestigen. Es kommt daher darauf an, die Entwicklung dieses „Schlagwortes" darzustellen, um seinen Inhalt zu erfassen. Hat man den Begriff eingegrenzt, ist er in einer umfassenden Betrachtung zu anderen verwandten Rechtsinstituten abzugrenzen. Wichtig ist außerdem die genaue Abgrenzung zwischen der einseitigen Zielvorgabe und der konsensualen Zielvereinbarung. Schließlich kann man noch die verschiedenen Ebenen der Zielvereinbarung, nämlich die fortlaufende Rahmenvereinbarung und die individuelle Zielvereinbarung für den jeweiligen Zielvereinbarungszeitraum unterscheiden.

1. Entwicklung des arbeitsrechtlichen Begriffs der Zielvereinbarung

Der arbeitsrechtliche Begriff der Zielvereinbarungen brauchte eine gewisse Zeit, um sich zu entwickeln. Anfangs gab es mehrere andere Begrifflichkeiten, etwa „Zielbonussystem"[166], „Zielbonusvereinbarung"[167], „Bonusregelungen"[168] oder „Zielprämie"[169], die synonym oder auch mit anderen Inhalten besetzt in diesem Bereich Anwendung fanden. Manche Autoren gingen zunächst davon aus, dass der Begriff der Zielvereinbarung sich gewissermaßen selbsterklärend aus dem Wortlaut

166 So noch *Hidalgo/Rid*, BB 2005, S. 2686.
167 *Mauer*, NZA 2002, 540.
168 *A. Lindemann/Simon*, BB 2002, S. 1807.
169 *LAG Hamm* vom 26.11.2004, 10 Sa 2236/03, AuA 2005, S. 240f.

ergebe, denn umgangssprachlich seien die den Gesamtbegriff ausmachenden Teilbegriffe "Ziel" und "Vereinbarung" als jedermann verständlich und nicht definitionsbedürftig anzusehen[170]. Sie besagten schlicht, dass zwischen mindestens zwei Beteiligten die Erreichung eines (beliebigen) Zieles vereinbart wird[171]. Teilweise wurde auch angenommen, Zielvereinbarungen seien lediglich ein untergeordnetes Mittel zur Einführung ergebnisorientierter Arbeit[172]. Dabei wurde recht undifferenziert auch auf die Begriffe „Management by Objectives", „Zielsetzungsgespräch" und „Personalgespräch" Bezug genommen, ohne näher auf sie einzugehen[173]. Früh jedoch erkannten andere Autoren, dass eine Begriffsbestimmung im Arbeitsrecht zunächst nur unter Rückgriff auf nichtjuristische, also vor allem betriebswirtschaftliche und psychologische Quellen, möglich war[174]. Trotz eines Aufzeigens dieser Problematik erfolgte eine konkrete Begriffsbestimmung – entgegen der Ankündigung – nicht[175]. Auch nahm die Begriffsvielfalt erneut zu[176].

Dabei wurden die Beiträge differenzierter und grenzten nunmehr die Zielvereinbarungen auch zum Werkvertrag, zu Prämien-, Provisions- oder Akkordsystemen ab[177]. Es zeigt sich insgesamt die Tendenz, den Begriff der Zielvereinbarung nicht definitorisch zu erfassen, sondern durch eine Erläuterung des betriebswirtschaftlich-psychologischen Hintergrundes und einer Abgrenzung zu anderen Rechtsinstituten näher zu bestimmen. Somit wurde lediglich auf indirektem Wege beschrieben, woher der Begriff der „Zielvereinbarung" stammt und wie er sich von anderen Rechtsbegriffen unterscheidet.

2. Abgrenzung zu anderen Rechtsinstituten

Der Zielvereinbarung verwandte Rechtsinstitute sind der Werkvertrag, der Akkordlohn, der Prämienlohn, die Provisionsvereinbarung und die Tantieme, von denen es die variable Vergütung aus Zielvereinbarungen abzugrenzen gilt.

Die Verwandtschaft zum Werkvertrag ergibt sich daraus, dass auch bei der Zielvereinbarung ein bestimmter Erfolg vereinbart wird und zudem in der wirtschaftswissenschaftlichen Literatur und in Teilen der rechtswissenschaftlichen Literatur

170 *Rieger,* blickpunkt personal 1/2002, S. 22.
171 *Rieger,* blickpunkt personal 1/2002, S. 22.
172 *Trittin,* NZA 2001, S. 1003, 1006.
173 *Rieger,* blickpunkt personal 1/2002, S. 22ff, *Trittin,* NZA 2001, S. 1003, 1006.
174 *Geffken,* NZA 2000, S. 1033.
175 *Geffken,* NZA 2000, S. 1033ff.
176 Etwa „Zielbonusvereinbarung" bei *Mauer,* NZA 2002, S. 540; „Zielbonussystem bei *Hidalgo/Rid,* BB 2005, S. 2686; „Flexible Bonusregelung" bei *A. Lindemann/Simon,* BB 2002, S. 1807; oder „Zielprämie" bei *LAG Hamm* vom 26.11.2004, 10 Sa 2236/03, AuA 2005, S. 240f.
177 *Mauer,* NZA 2002, S. 540ff; *Riesenhuber/v. Steinau-Steinrück,* NZA 2005, S. 785ff.

bei der Zielvereinbarung zunächst ein separater eigenständiger Werkvertrag abseits des Arbeitsvertrages angenommen wurde[178].

Akkord- und Prämienlohn sowie die Provision stellen andere, „klassische“ Formen der Leistungsvergütung dar[179]. Zu diesem Oberbegriff gehört auch die variable Vergütung aus Zielvereinbarungen, wobei sie sich aufgrund ihrer erheblich gesteigerten Flexibilität von diesen „klassischen“ Formen unterscheidet.

Die Tantieme – oder Erfolgsbeteiligung – ist schließlich ein ebenfalls modernes Entlohnungsinstrument, das oft in Kombination mit Zielbonussystemen verwendet wird, aber anders als diese nicht am individuellen Leistungsergebnis, sondern am leistungsunabhängigen Unternehmensergebnis anknüpft. Im Folgenden sollen nun die wesentlichen Unterschiede zwischen der Zielvereinbarung und diesen verwandten Rechtsinstituten dargestellt werden.

a) Abgrenzung zum Werkvertrag

Die Abgrenzung zum Werkvertrag ist erforderlich, weil der Arbeitsvertrag im Rahmen der Zielvereinbarung einen „Erfolgsbezug“ erhält[180]. In der betrieblichen Praxis fällt die Unterscheidung von Arbeits- und Werkvertrag immer schwerer[181]. Zugleich ist es wichtig, sich die Werkvertragsähnlichkeit der Zielvereinbarungen zu vergegenwärtigen, denn diese ist bei der Auslegung derartiger Vereinbarungen von Bedeutung. Die notwendige Abgrenzung beruht auf dem Umstand, dass der Mitarbeiter, mit dem die Zielvereinbarung getroffen wird, keinen feststehenden Entgeltanspruch für die von ihm geleistete Arbeit(-szeit) erwirbt, sondern die Zahlung, bzw. die Höhe des Zielbonusses vom Erfolg bei der Arbeit abhängen soll[182]. Zudem ersetzen Zielfestlegungen zu einem gewissen Grad die gerade für das Arbeitsverhältnis typischen Weisungen des Dienstberechtigten[183], so dass Zweifel an der den Arbeitsvertrag charakterisierenden persönlichen Abhängigkeit[184] des Dienstverpflichteten entstehen können[185]. Teilweise wird sogar davon ausgegangen, dass sich eine Mischform von Arbeits- und Werkvertrag entwickle[186]. Es besteht aufgrund der Vertragsfreiheit im Privatrecht grundsätzlich auch keine Pflicht der Vertragsparteien, einen der im BGB normierten Vertragstypen zu wählen[187]. Vielmehr können die

---

178 So etwa *Tondorf*, WSI-Mitteilungen 1998, 387.

179 *Deich*, Die rechtliche Beurteilung von Zielvereinbarungen im Arbeitsverhältnis 2004, S. 237.

180 *Riesenhuber/v. Steinau-Steinrück*, NZA 2005, S. 785, 786.

181 *U. Krause*, Zielvereinbarungen und leistungsorientierte Vergütung 2002, S. 253.

182 *Heiden*, Entgeltrelevante Zielvereinbarungen 2007, S. 45.

183 *Maschmann*, Arbeitsverträge und Verträge mit Selbstständigen 2001, S. 24.

184 MüKo – *Müller-Glöge*, § 611 BGB Rn. 169ff.

185 *Heiden*, Entgeltrelevante Zielvereinbarungen 2007, S. 45.

186 *Köppen*, DB 2002, S. 374, 375 unter Verweis auf Tondorf, WSI-Mitteilungen 1998, 387.

187 *Heiden*, Entgeltrelevante Zielvereinbarungen 2007, S. 44.

Parteien bei der inhaltlichen Ausgestaltung ihres Vertragsverhältnisses die BGB-Vertragstypen – soweit deren Normierung dispositiv ist – abändern, Mischformen bilden oder von diesen losgelöste, gänzlich andere Vertragsformen vereinbaren (atypische Verträge)[188]. Wird das Vertragsverhältnis jedoch so ausgestaltet, dass es einem bestimmten gesetzlichen Vertragstypus entspricht, so sind Abweichungen von den für diesen Vertragstyp zwingenden Gesetzesregeln der Inhaltskontrolle unterworfen[189]. Für die Frage, ob ein Werk- oder ein Arbeitsvertrag vorliegt, kommt es folglich entscheidend darauf an, ob die Tätigkeit dem gesetzlichen Vertragstypus des Arbeitsvertrages nach den §§ 611ff. BGB entspricht. Nach der von Rechtsprechung und herrschender Lehre vertretenen Abgrenzung ist Arbeitnehmer, wer aufgrund eines privatrechtlichen Vertrages im Dienste eines anderen zu fremdbestimmter Arbeit in persönlicher Abhängigkeit verpflichtet ist[190].

Es werden zur Abgrenzung verschiedene Parameter – im Wesentlichen „Erfolgsbezogenheit", „persönliche Abhängigkeit", „Abrechnungsart" und „Risikozuteilung" – herangezogen und in einer Gesamtschau gewürdigt[191]. Bei der Abgrenzung zum Werkvertrag ist zu prüfen, ob es bei Zielvereinbarungen nach wie vor um unselbstständig zu erledigenden Arbeitseinsatz geht oder ob ein Arbeitserfolg ähnlich dem des Werkunternehmers geschuldet wird[192]. Der Werkvertrag ist der Prototyp eines ergebnisorientierten Vertrags durch selbstständige Herstellung oder Lieferung eines Arbeitsergebnisses[193]. Dienst- und Werkvertrag unterscheiden sich im Prinzip nur danach, ob lediglich das Bemühen, das bloße Wirken, die Arbeitsleistung als solche oder das Erzielen eines bestimmten Ergebnisses selbst geschuldet wird[194]. Der Arbeitnehmer schuldet nicht die Erbringung von einzelnen Tätigkeiten oder ein in Stückzahl ausgedrücktes Arbeitsergebnis, sondern eine bestimmte Arbeitszeit[195]. Das gilt auch für Leistungslohnsysteme, wie etwa dem Akkord, bei dem lediglich die Vergütung der pflichtgemäß erbrachten Arbeitszeit sich nach dem vom Arbeitnehmer erzielten Arbeitsergebnis richtet[196]. Im Zweifel hilft die Frage nach der Risikoverteilung weiter, also danach, wer die wirtschaftlichen Folgen zu tragen hat, wenn die zu erbringende Dienstleistung ihren Zweck verfehlt[197]. Entscheidend ist

---

188 MüKo – *Emmerich*, § 311 BGB Rn. 25; *Heiden*, Entgeltrelevante Zielvereinbarungen 2007, S. 44; Motive, Band 2, S. 472.

189 Erfurter Kommentar – *Preis*, § 611, Rn. 47ff.; *Heiden*, Entgeltrelevante Zielvereinbarungen 2007, S. 44.

190 Erfurter Kommentar – *Preis*, § 611, Rn. 37ff; *Hromadka/Maschmann*, ArbR I, § 3 Rn. 1; *Heiden*, Entgeltrelevante Zielvereinbarungen 2007, S. 44; *BAG* vom 22.03.1995, 5 AZB 21/94.

191 *Berwanger*, BB 2003, S. 1499, *BGH* vom 16.07.2002, X ZR 27/01, NJW 2002, 3323, 3324.

192 *Berwanger*, BB 2003, S. 1499.

193 *Trittin*, NZA 2001, S. 1003, 1004.

194 *Trittin*, NZA 2001, S. 1003, 1004.

195 *Köppen*, DB 2002, S. 374, 375.

196 *Köppen*, DB 2002, S. 374, 375.

197 *Trittin*, NZA 2001, S. 1003, 1004.

nach den Merkmalen des § 85 HGB, ob der Dienstverpflichtete eine selbstständige Tätigkeit schuldet oder eine unselbstständige[198]. Werkvertragliche Selbstständigkeit setzt immer voraus, dass Vertragspartner in eigenem Namen und auf eigene Rechnung Verträge abschließen und damit auch wirklich eigene Chancen am Markt für sich selbst wahrnehmen können[199].

Zwar sprechen sowohl das Erfolgsmerkmal, als auch die Vergütungsart dafür, dass es sich im Hinblick auf die variable Vergütung um einen Werkvertrag oder doch um etwas strukturell Ähnliches handeln könnte[200]. Denn anknüpfend an den Rechtsbindungswillen der Beteiligten kann man im Rahmen der Zielvereinbarung die Leistungspflicht des Arbeitnehmers in der Herbeiführung des Erfolgs sehen[201]. Andererseits kann man aber eine solche Pflicht auch verneinen, indem man darauf abstellt, dass der Arbeitsvertrag als Basis der Leistungspflicht des Arbeitnehmers diesen gerade nicht dazu verpflichten soll, mit seiner Arbeit ein bestimmtes Ergebnis zu erreichen[202]. Auch das Risiko-Abgrenzungsmerkmal scheint zunächst für die Annahme eines Werkvertrags zu sprechen[203].

Indes ist der Leistungserfolg beim Arbeitsvertrag mit Zielvereinbarung nicht als Hauptleistung im Sinne von § 631 BGB geschuldet[204]. Zwar bindet die Zielvereinbarung den Arbeitnehmer durchaus, die Zielerreichung anzustreben, aber doch nicht im Sinne einer erfolgsbezogenen Pflicht gem. § 631 BGB[205]. Zwar soll ein Ziel erreicht werden und insofern ein bestimmter Erfolg eintreten, aber es wird die Bemühung um den Erfolg geschuldet. Allerdings soll der Arbeitnehmer nicht über die Minderung des Leistungsentgelts hinaus für den Erfolg einstehen oder gar der Arbeitgeber den Erfolg einklagen können[206]. Noch weniger ist in den Zielvereinbarungskonzepten eine Gewährleistungspflicht der Mitarbeiter angestrebt[207]. Der Arbeitnehmer will weder einen Erfolg – die Zielerreichung – garantieren, noch hierfür – werkvertragliche – Erfüllungs- oder Gewährleistungspflichten übernehmen[208].

---

198 *Riesenhuber/v. Steinau-Steinrück*, NZA 2005, S. 785, 786.
199 *Trittin*, NZA 2001, S. 1003, 1004.
200 *Berwanger*, BB 2003, S. 1499, 1500.
201 *Berwanger*, BB 2003, S. 1499. 1500.
202 *Heiden*, Entgeltrelevante Zielvereinbarungen 2007, S. 47; *Plander*, ZTR 2002, S. 155, 161; *U. Krause*, Zielvereinbarungen und leistungsorientierte Vergütung 2002, S. 255; *Riesenhuber/v. Steinau-Steinrück*, NZA 2005, S. 785, 786; *Schaub*, Arbeitsrechts-Handbuch, § 30, Rn. 6.
203 *Berwanger*, BB 2003, S. 1499. 1500.
204 *Riesenhuber/v. Steinau-Steinrück*, NZA 2005, S. 785, 786.
205 *Riesenhuber/v. Steinau-Steinrück*, NZA 2005, S. 785, 786.
206 *Köppen*, DB 2002, S. 374, 376.
207 *Köppen*, DB 2002, S. 374, 376.
208 *Heiden*, Entgeltrelevante Zielvereinbarungen 2007, S. 48; *Deich*, Die rechtliche Beurteilung von Zielvereinbarungen im Arbeitsverhältnis 2004, S. 157; *U. Krause*, Zielvereinbarungen und leistungsorientierte Vergütung 2002, S. 255; *Köppen*, DB 2002, S. 374, 376; *Däubler*, ZIP 2004, 2209, 2211.

Die Weisungsabhängigkeit des Arbeitnehmers besteht regelmäßig auch bei Zielvereinbarungen[209]. Dies wird insbesondere dadurch verdeutlicht, dass im Rahmen der Zielhierarchie die Unternehmensziele von der obersten Ebene bis zur einzelnen Zielvereinbarung „heruntergebrochen" werden sollen[210]. Die partielle Überbürdung des Wirtschaftsrisikos macht den Arbeitnehmer nicht zum Werkunternehmer[211].

Denn auch, wenn der Arbeitgeber auf Weisungen hinsichtlich der Art und Weise der Zielerreichung verzichtet oder sein Direktionsrecht diesbezüglich möglicherweise eingeschränkt ist, wird der Arbeitnehmer dennoch nicht frei in der Wahl von Zeit und Ort der Arbeitsleistung sein. Typischerweise wird er vielmehr seine auf die Zielerreichung gerichtete Arbeitsleistung im Rahmen der betrieblichen Organisation des Arbeitgebers, mit dessen Betriebsmitteln und im Verbund mit anderen Arbeitnehmern zu erbringen haben.[212]

Auch behält der Arbeitnehmer den Zugang zu betrieblichen Sozialeinrichtungen und -veranstaltungen. Die Tatsache, dass es sich beim Zielvereinbarungssystem um ein vom Arbeitgeber initiiertes Vergütungs- und Führungssystem handelt spricht zudem gegen einen Werkvertrag. Dabei geht es gerade um die individuelle Leistung des Arbeitnehmers, die er persönlich und ohne Hilfskräfte zu erbringen hat.[213]

Somit ist festzustellen, dass der Arbeitnehmer sowohl in örtlicher, als auch in persönlicher sowie weißungsmäßiger Hinsicht weiter in die Organisation des Arbeitgebers eingebunden und persönlich zur Arbeitsleistung verpflichtet ist.

Deshalb ist abschließend festzuhalten, dass es sich bei der Zielvereinbarung um eine besondere Vergütungsvereinbarung im Arbeitsvertrag und nicht um einen gesonderten Werkvertrag handelt. Allerdings ist nach hier vertretener Auffassung bei der Auslegung der Zielvereinbarung die Nähe zum Werkvertrag angemessen zu berücksichtigen. Dies ist vor allem anzunehmen weil im Rahmen der Zielvereinbarung nicht irgendeine Bemühung, bzw. ein reines Tätigwerden, erforderlich ist, sondern eine auf ein spezielles Ziel hin ausgerichtete Zielerreichungsbemühung. Die Auslegung der Zielerreichungsbemühung im Rahmen der Zielvereinbarung nach den §§ 133, 157 BGB muss also das jeweilige, von den Parteien vereinbarte, Ziel berücksichtigen. Hierdurch unterscheidet sich die Auslegung zum einen von der rein erfolgsbezogenen Auslegung beim Werkvertrag und zum anderen von der allgemeinen Auslegung der Arbeitsleistung beim Arbeitsvertrag. Es verschiebt sich also die Perspektive der Auslegung von einer allgemeinen Bewertung der Arbeitsleitung, hin zu einer separaten Betrachtung eines individuell festgelegten Zieles, auf das sich die Erreichungsbemühungen des Arbeitnehmers richten. Dieser Fokus stellt den wesentlichen Einfluss der Werkvertragsähnlichkeit auf die Auslegung dar, der eine separate Betrachtung bei der arbeitsvertraglichen Auslegung nötig

---

209 *Lischka,* BB 2007, S. 552, 553.
210 Siehe oben Kapitel B. I. 1. b).
211 *Berwanger,* BB 2003, S. 1499. 1500.
212 Zum ganzen Absatz *Heiden,* Entgeltrelevante Zielvereinbarungen 2007, S. 46.
213 *Heiden,* Entgeltrelevante Zielvereinbarungen 2007, S. 46.

macht. Wegen der Zielanbindung dieser Perspektive genügt die allgemeine arbeitsrechtliche Auslegung nicht, sondern es bedarf einer separaten Auslegung unter Einbeziehung dieser Perspektivanbindung.

b) Abgrenzung zum Akkordlohn

Zunächst soll hier zur altbekannten und bewährten variablen Vergütungsform des Akkordlohns[214] abgegrenzt werden. Der Akkordlohn ist eine der „klassischen" Formen des Leistungslohns, bei dem sich die Höhe der laufenden Vergütung unmittelbar aus der geleisteten Arbeitsmenge als Arbeitsergebnis des Arbeitnehmers ergibt[215]. Für die Arbeitnehmer besteht ein großer Anreiz, die Arbeitszeit optimal zu nutzen und quantitativ ein möglichst hohes Produktionsergebnis zu erzielen[216].

Akkordlohn gibt es als Geldakkord und als Zeitakkord[217]. Beim Geldakkord wird für eine genau definierte Leistung, etwa die Herstellung oder Bearbeitung eines Werkstücks, eine bestimmte Vergütung geschuldet[218]. Beim Zeitakkord erhält der Arbeitnehmer für eine genau definierte Leistung eine Zeitvorgabe, wobei sich aus dem dafür bestimmten Geldfaktor der Verdienst je Zeiteinheit ergibt[219]. Als Bezugsleistungen kommen im Akkordlohn die Anzahl der gefertigten Stücke (Stückakkord), das Gewicht der produzierten Arbeitsmenge (Gewichtsakkord), die Größe einer bearbeiteten Fläche (Flächenakkord), die Berücksichtigung einer Maßeinheit, z.B. die Länge eines Produktes (Maßakkord) und, wenn eine Arbeitsaufgabe aus unterschiedlichen Tätigkeiten besteht, ein Pauschalakkord in Betracht[220].

Damit handelt es sich beim Akkordlohn um ein sehr starr festgelegtes Instrument, das an rein messbaren Größen ansetzt. Hierin zeigt sich der wesentliche Unterschied zu Zielvereinbarungen, bei denen auch die Vereinbarung sog. „weicher" Ziele[221] möglich ist.

Es ist also festzuhalten, dass der Akkordlohn ebenso wie die variable Vergütung aus Zielvereinbarungen eine Unterform des Leistungslohnes ist. Der wesentliche Unterschied ist, dass der Akkordlohn an „harte" Ziele gekoppelt ist und auch in seiner Struktur deutlich unflexibler ist als die variable Vergütung aus Zielvereinbarungen.

---

214 *Mauer,* NZA 2002, S. 540.

215 *Hromadka/Maschmann,* ArbR I, § 7, Rn. 17ff.; Erfurter Kommentar – *Preis,* § 611 BGB, Rn. 391ff.; Schaub, AR-HB – *Vogelsang,* § 64, Rn. 1ff; *U. Krause,* Zielvereinbarungen und leistungsorientierte Vergütung 2002, S. 237.

216 MüHB zum Arbeitsrecht – *R. Krause,* § 57, Rn. 18.

217 *Hromadka/Maschmann,* ArbR I, § 7, Rn. 17.

218 *Hromadka/Maschmann,* ArbR I, § 7, Rn. 18.

219 *Hromadka/Maschmann,* ArbR I, § 7, Rn. 19.

220 Erfurter Kommentar – *Preis,* § 611 BGB, Rn. 391ff.; ebenso *U. Krause,* Zielvereinbarungen und leistungsorientierte Vergütung 2002, S. 237.

221 *Hümmerich,* NJW 2006, S. 2294, 2296; *Horcher,* BB 2007, S. 2065.

c) *Abgrenzung zum Prämienlohn*

Eine weitere Form der „klassischen" Leistungsvergütung ist der Prämienlohn, bei dem die Leistung des Arbeitnehmers zu unterschiedlichen Bezugsleistungen – z. B. Qualität, Betriebsnutzungszeiten, Kostenaspekte – ins Verhältnis gesetzt wird[222]. Als Bezugsgröße kommen dabei grundsätzlich alle betriebswirtschaftlich relevanten Kennzahlen in Betracht[223]. Gegenüber dem Akkord bietet der Prämienlohn daher eine größere Flexibilität hinsichtlich der Bestimmung der Leistungsbemessungskriterien[224]. Es existiert weder eine verbindliche Definition noch ein einheitlicher Gebrauch des Begriffs Prämienlohn[225]. Die Höhe des Prämienlohnes muss damit nicht auf der Mengenleistung des Arbeitnehmers beruhen, sondern kann auf weitere oder andere Größen, insbesondere Qualitätskennziffern, abstellen[226]. Der Prämienlohn kann auch in der Form des sog. „Zeitlohns mit Leistungsprämie" vorliegen, bei dem für die Erbringung einer gewissen in Einheiten bemessenen Zeit eine Prämie gezahlt wird[227]. Die Entlohnung nach Zielvereinbarungen erfolgt im Prinzip wie eine Prämienentlohnung und wird teilweise als ein Spezialfall hiervon angesehen, denn es handelt sich auch um eine am Leistungsergebnis orientierte Entgeltbemessung[228]. Die Anknüpfungskriterien sind jedoch bei weitem nicht so vielschichtig wie diejenigen bei der Zielvereinbarung[229].

Der entscheidende Unterschied liegt aber darin, dass beim Prämienlohn die Kriterien für die Zahlung der Prämie im Voraus zentral und abschließend bestimmt werden, während bei der Zielvereinbarung eine individuelle Bestimmung der Leistungsbemessungskriterien auf der Ebene des einzelnen Mitarbeiters, bzw. der einzelnen Mitarbeiter-Gruppe – unter Einbeziehung eines Steuerungselements – erfolgt[230]. Zudem ergeben sich auch die Möglichkeit steter Anpassung und dadurch eine große

---

222 *Hromadka/Maschmann,* ArbR I, § 7, Rn. 17ff.; Erfurter Kommentar – *Preis,* § 611 BGB, Rn. 391ff.; Schaub, AR-HB – *Vogelsang,* § 64, Rn. 1ff; *U. Krause,* Zielvereinbarungen und leistungsorientierte Vergütung 2002, S. 237.

223 Schaub, AR-HB – *Vogelsang* § 65, Rn. 1; *Heiden,* Entgeltrelevante Zielvereinbarungen 2007, S. 51.

224 *Heiden,* Entgeltrelevante Zielvereinbarungen 2007, S. 51, 52.

225 *Breisig,* Entgelt, S. 102; MüHB – *R.Krause* § 57 Rn. 31ff., *Heiden,* Entgeltrelevante Zielvereinbarungen 2007, S. 51.

226 Erfurter Kommentar – *Preis,* § 611 BGB, Rn. 391ff.; Schaub, AR-HB – *Vogelsang,* § 64, Rn. 1ff; *U. Krause,* Zielvereinbarungen und leistungsorientierte Vergütung 2002, S. 238.

227 *Hromadka/Maschmann,* ArbR I, § 7, Rn. 17ff.; Erfurter Kommentar – *Preis,* § 611 BGB, Rn. 391ff.; Schaub, AR-HB – *Vogelsang,* § 64, Rn. 1ff; *U. Krause,* Zielvereinbarungen und leistungsorientierte Vergütung 2002, S. 238.

228 *Heiden,* Entgeltrelevante Zielvereinbarungen 2007, S. 51, 52; *V. Lindemann,* Flexible Gestaltung von Arbeitsbedingungen 2003, S. 319.

229 *A. Lindemann/Simon,* BB 2002, S. 1807.

230 *Heiden,* Entgeltrelevante Zielvereinbarungen 2007, S. 51, 52; *Ehlscheid/Meine/Ohl,* Handbuch, S. 254f.

Flexibilität in zeitlicher Hinsicht, da die Leistungskriterien für jede Zielvereinbarungsperiode erneut individuell festgelegt werden[231]. Der individuelle Maßstab der Leistungsbemessung stellt den wesentlichen Unterschied zwischen Zielvereinbarung und der Leistungsbeurteilung beim „Zeitlohn mit Leistungsprämie" dar[232]. Auch hierbei sind in der Regel die der Beurteilung zugrunde zulegenden Leistungsmerkmale im Voraus für alle dem System unterfallenden Mitarbeiter festgelegt und nicht, wie prinzipiell bei der Zielvereinbarung, zwischen Vorgesetztem und Mitarbeiter frei ausgehandelt[233].

Schließlich kann man sagen, dass Prämienlohn und variable Vergütung aus Zielvereinbarungen zwei nah verwandte Instrumente der Leistungsentlohnung sind, wobei sie sich jedoch maßgeblich durch die Festsetzung des erforderlichen Leistungsmaßstabes und das Maß an individueller Gestaltung unterscheiden. Die große Nähe beider Instrumente wird noch eine Rolle für die Ermittlung der Rechtsnatur der variablen Vergütung aus Zielvereinbarungen spielen[234].

d) Abgrenzung zur Provision

Auch bei der Provision handelt es sich um ein klassisches ergebnisorientiertes Leistungsentgelt[235]. Mit einer Provision wird der Arbeitnehmer anteilig am Wert von Geschäften beteiligt, die auf seine (Vermittlungs-) Tätigkeit zurückzuführen sind[236]. Mit ihr wird der Arbeitnehmer mit einem bestimmten Satz an dem von ihm vermittelten oder getätigten Geschäften beteiligt[237].

Die Abschlusserfolge stehen in engem Zusammenhang zur Leistung eines Mitarbeiters im Vertrieb. Das Provisionsentgelt ist jedoch auch stark von den Marktverhältnissen abhängig, weshalb es also nur zu einem gewissen Grad erfolgsbezogen im Sinne des hier zugrunde gelegten Begriffsverständnisses ist.[238]

---

231 *Heiden,* Entgeltrelevante Zielvereinbarungen 2007, S. 52.

232 *Heiden,* Entgeltrelevante Zielvereinbarungen 2007, S. 52; *Breisig*, Entgelt 2003, S. 217, 392ff.

233 *Breisig*, Entgelt 2003, S. 217, 393f.; *Heiden,* Entgeltrelevante Zielvereinbarungen 2007, S. 52; *Ehlscheid/Meine/Ohl*, Handbuch, S. 297ff.; *Klein-Schneider*, Entgelt, S. 52, § 17.4–5 ERA-TV NB/NW, diese Aussage wird auch durch den Blick auf die Betriebsvereinbarung der Commerzbank AG über die Leistungsbeurteilung vom 01.08.2001 und die Betriebsvereinbarung der Commerzbank AG über die Ziel- und Leistungsbewertung in der Zentrale Frankfurt vom 20.12.2006 bestätigt.

234 Siehe Kapitel B. IV.

235 *Mauer*, NZA 2002, S. 540; MüHB zum Arbeitsrecht – *R. Krause*, § 58, Rn. 1; *Heiden,* Entgeltrelevante Zielvereinbarungen 2007, S. 53; Staudinger – *Richardi*, § 611 BGB, Rn. 696.

236 Erfurter Kommentar – *Preis*, § 611 BGB, Rn. 493; *Heiden,* Entgeltrelevante Zielvereinbarungen 2007, S. 53.

237 *Horcher*, BB 2007, S. 2065.

238 Zum ganzen Absatz *Breisig*, Entgelt 2003, S. 180; *Heiden,* Entgeltrelevante Zielvereinbarungen 2007, S. 53; *Klein-Schneider*, Entgelt, S. 21.

Nach dem *BAG* wird bei dieser unmittelbar leistungsbezogenen Vergütungsform in der Regel ein standardisiertes Geschäft abgewickelt werden, dessen Zustandekommen der Arbeitnehmer weitgehend in der Hand hat[239]. Als individuell leistungsabhängige Vergütung scheidet die Provision aber für all die Angestellten, leitenden Angestellten und – außerhalb von Arbeitsverhältnissen – Organmitglieder aus, die nicht oder nicht primär im Vertrieb eingesetzt werden oder bei denen jedenfalls überwiegend eine nicht umsatz- /gewinnbezogene Arbeitsleistung geschuldet wird[240]. Von einem Zielvereinbarungssystem unterscheidet sich die Provisionsvereinbarung dadurch, dass bei dieser grundsätzlich kein Zielwert festgelegt wird, sondern der Mitarbeiter – ggf. bei Überschreitung eines bestimmten Gehaltssockels – an allen Geschäftsabschlüssen beteiligt wird[241]. Auch sind die Anknüpfungskriterien bei weitem nicht so vielschichtig wie diejenigen beim Zielbonus[242]. Zudem ist bei den Provisionen die Verpflichtung auf den Erfolg deutlich abgeschwächter als bei der Zielvereinbarung. Das Arbeitsergebnis bzw. der Arbeitserfolg, ausgedrückt in der Zahl der getätigten Abschlüsse, wird also nicht zur Anspruchsvoraussetzung[243]. Anders als die Provision wird dagegen die zielbezogene Vergütung – rein tatsächlich – aber nicht nur für Arbeitnehmer vereinbart, die im Vertrieb tätig sind oder eine andere unmittelbar umsatz- bzw. gewinnbezogene Tätigkeit ausüben[244].

Somit ist die Provision zwar ebenfalls als Leistungsvergütung einzuordnen, die aber auf den Vertriebsbereich begrenzt ist und zudem einen unterschiedlichen – wesentlich begrenzteren – Modus zur Leistungszielermittlung enthält.

e) Abgrenzung zu Tantieme und Erfolgsbeteiligung

Vielfach werden Zielvereinbarungssysteme auch gemeinsam oder in Kombination mit Tantiemeregelungen oder Erfolgsbeteiligungen eingeführt, womit sich auch hier die Frage nach einer Abgrenzung stellt. Auch der Begriff der Tantieme ist „schillernd“[245] und nicht immer einheitlich, denn er wird recht unterschiedlich für Erfolgsbeteiligungen diversen Inhalts gebraucht. Im Unterschied zum Bonus sind Tantiemen reine Gewinnbeteiligungen, in seltenen Fällen Umsatzbeteiligungen[246]. Sie wird meist in Höhe eines bestimmten prozentualen Anteils am Jahresgewinn

239 *BAG* vom 03.05.2006, DB 2006, 1499, 1501; *Horcher,* BB 2007, S. 2065.

240 *Mauer,* NZA 2002, S. 540.

241 MüHB zum Arbeitsrecht – *R. Krause,* § 58, Rn. 1; *Heiden,* Entgeltrelevante Zielvereinbarungen 2007, S. 54.

242 *A. Lindemann/Simon,* BB 2002, S. 1807.

243 *Heiden,* Entgeltrelevante Zielvereinbarungen 2007, S. 54.

244 *Riesenhuber/v. Steinau-Steinrück,* NZA 2005, S. 785.

245 *Plander,* ZTR 2002/4, S. 155.

246 *A. Lindemann/Simon,* BB 2002, S. 1807. Auch sind die Programme oft als Aktienoptionen oder am Aktienkurs orientierten Anteilssystemen (sog. „phantom shares“) ausgestaltet, siehe hierzu beispielsweise *Ege,* AuA 2010, S. 574ff.; *Hüffer,* Aktiengesetz, §193, Rn. 7ff.; MüKo-AktG – *Fuchs,* § 192, Rn. 85ff., m.w.N.

vereinbart[247]. Nach dem *BAG* ist die Tantieme eine Gewinnbeteiligung, also eine zusätzliche Vergütung, die prozentual nach dem Jahresgewinn des Unternehmens berechnet wird[248]. Sie wird in der Regel nur Organmitgliedern gewährt, wobei dann das Arbeitsverhältnis vom Gesellschaftsverhältnis überlagert wird[249]. Anders als bei der Tantieme müssen die vorgegebenen Ziele für den Arbeitnehmer bei der Zielvereinbarung aber durch sein Zutun zumindest beeinflussbar sein[250].

Soweit die Zielvereinbarung als Führungsinstrument sinnvoll eingesetzt werden soll, ist es wichtig, dass die Arbeitnehmer ihre Vorstellungen über die zu erreichenden Ziele einbringen können, so dass ein Abgleich zwischen den individuellen Bedürfnissen und den Unternehmenszielen gewährleistet ist und nicht der Unternehmer lediglich seine Vorstellungen diktiert. Hierin liegt auch ein Unterschied zur Gewinnbeteiligung, bei der ein solcher Abgleich der Interessen nicht vorgenommen wird.[251]

Es ist also schließlich festzustellen, dass es sich bei der Tantieme nicht um eine Form der Leistungsvergütung handelt, denn sie knüpft nicht an das Leistungsergebnis des Arbeitnehmers an. Darin unterscheidet sie sich also grundsätzlich von der variablen Vergütung aus Zielvereinbarungen.

f) Zusammenfassung zu Zielvereinbarungssystemen als neuester Form der leistungs- und erfolgsorientierten Vergütung

Zusammenfassend ist festzuhalten, dass es sich bei den Zielvereinbarungen um eine eigenständige Form von mehreren Möglichkeiten zur Gestaltung von variabler Leistungsvergütung handelt, weil sie sich wesentlich von sämtlichen klassischen Formen der leistungs- und erfolgsorientierten Vergütung unterscheidet[252]. Sie stellt die „neueste" Form der variablen Leistungsvergütung dar und wird oft mit der Tantieme oder Erfolgsvergütung kombiniert. Dabei ist gerade die Zielvereinbarung besonders durch werkvertragsähnliche Elemente geprägt, was bei ihrer Auslegung und Betrachtung stets zu berücksichtigen ist, obwohl es sich nicht um einen Werkvertrag handelt. Die klassischen Formen der Leistungsvergütung hingegen sind in ihrem Leistungsfestlegungsmodus wesentlich unflexibler und festgelegter und unterscheiden sich dadurch von der Zielvereinbarungsvergütung. Am nächsten kommt dieser dabei der Prämienlohn in Gestalt des „Zeitlohns mit Leistungsprämie[253]". Die häufig mit Zielvereinbarungen kombinierte Tantieme hingegen ist keine Form der

---

247 *Horcher,* BB 2007, S. 2065, Erfurter Kommentar – Preis, § 611 BGB, Rn. 494.
248 *BAG* vom 03.05.2006, DB 2006, 1499, 1501; *Horcher,* BB 2007, S. 2065.
249 *A. Lindemann/Simon,* BB 2002, S. 1807; *Riesenhuber/v. Steinau-Steinrück,* NZA 2005, S. 785; *Rieble/Gutzeit,* JArbR 2000/37, S. 41, 43.
250 *Horcher,* BB 2007, S. 2065.
251 Zum ganzen Absatz *Mauer,* NZA 2002, S. 540, 541.
252 Ebenso *Deich,* Die rechtliche Beurteilung von Zielvereinbarungen im Arbeitsverhältnis 2004, S. 89; *Heiden,* Entgeltrelevante Zielvereinbarungen 2007, S. 54.
253 *Heiden,* Entgeltrelevante Zielvereinbarungen 2007, S. 52.

leistungsorientierten Vergütung und unterscheidet sich somit grundlegend von der Zielvereinbarung.

3. Abgrenzung zur Zielvorgabe

Bei der Zielvereinbarung ist zu berücksichtigen, dass es sich um ein konsensuales Führungsinstrument handelt, dass unter Einbeziehung des Mitarbeiters und dessen Vorstellungen eine Vereinbarung unter Gleichberechtigten darstellen soll. Damit ist die Zielvereinbarung von der bloß einseitig durch den Arbeitgeber erfolgenden Zielvorgabe zu unterscheiden. Bedeutsam ist diese Abgrenzung, weil das Ableiten der Ziele aus den übergeordneten Unternehmenszielen in der Praxis oft dazu führt, dass trotz vertraglich vorgesehener Zielvereinbarung dem Arbeitnehmer keine echte Verhandlungs- und Entscheidungsfreiheit eingeräumt wird oder der Arbeitgeber seine Überlegenheit ausnutzt, um dem Arbeitnehmer seine Vorstellungen aufzuzwingen[254]. Die Abgrenzung zur Zielvorgabe spielt für die Frage, wie bei unterlassener oder nicht abgeschlossener Zielvereinbarung zu verfahren ist, eine zentrale Rolle[255].

a) Struktur der Zielvorgabe

Bei der Zielvorgabe handelt es sich um die einseitige Festlegung der Ziele für den Arbeitnehmer durch den Arbeitgeber. Dies geschieht nach einer Auffassung durch einseitige Ausübung des Weisungsrechts aus § 106 GewO[256], nach anderer – im Ergebnis gleicher – Sichtweise durch ein einseitiges Leistungsbestimmungsrecht aus § 315 BGB[257].

Fraglich ist, ob das Recht zur Zielvorgabe rechtlichen Schranken unterliegt. Geht man davon aus, dass es sich bei der Zielvorgabe um ein einseitiges Leistungsbestimmungsrecht nach § 315 BGB handelt, so muss man folgerichtig auch die dafür geltenden allgemeinen Schranken beachten. Bei formularvertraglicher Vereinbarung ist die entsprechende Bestimmung an § 307 Abs. 1, Abs. 2 BGB zu messen. Es handelt sich nicht um einen Änderungsvorbehalt im Sinne von § 308 Nr. 4 BGB, sondern

---

254 *Heiden,* Entgeltrelevante Zielvereinbarungen 2007, S. 228, 229.

255 *Bauer/Diller/Göpfert,* BB 2002, S. 882, 883f.

256 So etwa *Lischka,* BB 2007, S. 552, 553; *Reiserer,* NJW 2008, S. 609; *Riesenhuber/v. Steinau-Steinrück,* NZA 2005, S. 785, 786; *von Steinau-Steinrück/Ziegler,* NJW-Spezial 2008, S. 722; Klasen/Krebs/Michel/Weber, Personalmanagement und Instituts-VergV – *Klasen,* S. 91, 95; MüHB zum Arbeitsrecht – *R. Krause,* §57, Rn. 37; *Deich,* Die rechtliche Beurteilung von Zielvereinbarungen im Arbeitsverhältnis 2004, S. 95.

257 So etwa *LAG Hessen* vom 29.01.2002, 7 Sa 836/01; *Bauer/Diller/Göpfert,* BB 2002, S. 882, 884; *Brors,* RdA 2004, S. 273, 276; *Göpfert,* AuA 2003, S. 28; *Heiden,* DB 2009, S. 2714; *Schmidt/von Hören,* AuA, 2008, S. 726, 728; Klasen/Krebs/Michel/Weber, Personalmanagement und InstitutsVergV – *Klasen,* S. 91, 95; Schaub, AR-HB – *Vogelsang,* § 64, Rn. 1ff.; *Heiden,* Entgeltrelevante Zielvereinbarungen 2007, S. 228 ff.

um ein allein an § 307 Abs. 1, Abs. 2 BGB zu messendes Recht zur ursprünglichen Leistungsbestimmung.[258]

Eine Inhaltskontrolle nach § 307 Abs. 1 BGB kommt jedoch vor dem Hintergrund von § 307 Abs. 3 BGB nur dann in Betracht, wenn nicht die eigentliche Tätigkeit des Arbeitnehmers als kontrollfreie Hauptabrede darin erfasst ist[259]. Bei das Direktionsrecht betreffenden Klauseln, bzw. dieses modifizierenden Klauseln, ist jedoch keine kontrollfreie Hauptabrede anzunehmen, wenn diese rein deklaratorisch das allgemeine arbeitgeberseitige Weisungsrecht wiedergeben[260]. Klauseln, welche die zugesagte Vergütung modifizieren sind jedoch in gleicher Weise kontrollfähig, wie sogenannte Preisnebenabreden[261]. Auch hier wirkt sich aus, dass die Zielvereinbarungssysteme nicht Teil der Hauptleistungsbeziehung, sondern gerade nicht vom arbeitgeberseitigen Weisungsrecht erfasst sind. Indem sich beide Parteien auf die Vereinbarung von Zielen in der Zielvereinbarung einigen, treffen sie eine separat von der Hauptleistungspflicht bestehende Vereinbarung, die sodann auch nach § 307 Abs. 1 BGB kontrollierbar ist und nicht über § 307 Abs. 3 BGB von der Inhaltskontrolle ausgenommen ist. Demgegenüber ist die Zielvorgabe eine einseitige Leistungsbestimmung des Arbeitgebers.

Um den Anforderungen zu genügen, muss daher der zielvorgabebezogenen Entgeltabrede klar zu entnehmen sein, dass allein dem Arbeitgeber die Bestimmung der für die Bemessung des zielvorgabebezogenen Entgeltbestandteils heranzuziehenden Ziele obliegt[262]. Zudem muss die Entgeltabrede nach Möglichkeit bereits Angaben darüber enthalten, in welchem Rahmen sich die Zielvorgabe halten und woran sie sich orientieren wird[263]. Bei der Ausübung des Rechts zur Zielvorgabe ist der Arbeitgeber jedenfalls an billiges Ermessen gebunden[264].

b) Abgrenzung von Zielvorgabe und Zielvereinbarung

Bei der Zielvereinbarung handelt es sich hingegen um eine einverständliche Nebenabrede zum Arbeitsvertrag[265]. Im Vereinbarungscharakter besteht der wesentliche Unterschied der Zielvereinbarung zur Zielvorgabe. Zielvorgaben werden durch den

---

258 Zum ganzen Abschnitt *Heiden*, Entgeltrelevante Zielvereinbarungen 2007, S. 235.

259 Ulmer/Brandner/Hensen, AGB-Recht – *Fuchs/Bieder*, Anhang zu § 310 BGB, Rn. 24; Erfurter-Kommentar – *Preis*, §§ 305–310 BGB, Rn. 55; *Preis*, NZA-Beil. 2006, 114, 115; BAG vom 25.08.2010, 10 AZR 275/09, NZA 2010, 1355.

260 Erfurter-Kommentar – *Preis*, §§ 305–310 BGB, Rn. 55; vertiefend Ulmer/Brandner/Hensen, AGB-Recht – *Fuchs/Bieder*, Anhang zu § 310 BGB, Rn. 26, 61ff.

261 Ulmer/Brandner/Hensen, AGB-Recht – *Fuchs/Bieder*, Anhang zu § 310 BGB, Rn. 25.

262 Schaub, AR-HB – *Linck*, § 77, Rn. 9; *Heiden*, Entgeltrelevante Zielvereinbarungen 2007, S. 235, 236.

263 *Heiden*, Entgeltrelevante Zielvereinbarungen 2007, S. 236.

264 *Bauer/Diller/Göpfert*, BB 2002, S. 882, 884; ebenso auch *LAG Hessen* vom 29.01.2002, 7 Sa 836/01; *Berwanger*, BB 2004, S. 551, 553; *Brors*, RdA 2004, S. 273, 276; *Göpfert*, AuA 2003, S. 28; *Heiden*, Entgeltrelevante Zielvereinbarungen 2007, S. 236.

265 MüHB zum Arbeitsrecht – *R. Krause*, §57, Rn. 37.

Arbeitgeber auf Grundlage des Direktionsrechts einseitig dem Arbeitnehmer auferlegt[266]. Diese Alternative entspricht jedoch nicht dem Grundgedanken des Zielvereinbarungskonzepts, da danach die Festlegung zwischen der Unternehmensführung und dem einzelnen Mitarbeiter erfolgen soll[267]. Als Gegenstand des Direktionsrechtes unterfallen Zielvorgaben der vollen gerichtlichen Überprüfbarkeit, während Zielvereinbarungen als freie Entgeltvereinbarungen nur in eingeschränktem Maße der gerichtlichen Kontrolle unterliegen[268]. Für die Inhaltskontrolle von Zielvereinbarungen, als neben der Hauptleistungsbeziehung stehenden, die Vergütung modifizierenden Vereinbarungen[269], nach den §§ 307 Abs. 1, 242 BGB gelten lediglich die allgemeinen Grenzen der Vertragsfreiheit[270]. Die einvernehmlich gesetzten Ziele sind also prinzipiell bis an die Grenze der Sittenwidrigkeit und der Kontrolle allgemeiner Geschäftsbedingungen kontrollfrei[271]. Sofern der Arbeitsvertrag festlegt, dass eine Zielvereinbarung zu treffen ist, genügt die Zielvorgabe dieser Anforderung nicht[272]. Sehen die Parteien der zielvereinbarungsbezogenen Entgeltabrede allerdings vor, dass die konkrete Zielfestlegung im Wege der Vereinbarung zwischen Arbeitgeber bzw. seinem Vertreter und dem Arbeitnehmer bzw. einer Arbeitsgruppe erfolgen soll, so wird zulässigerweise ein Teil der vertraglichen Regelung der späteren einvernehmlichen Konkretisierung durch die Arbeitsvertragsparteien vorbehalten[273].

Betrachtet man sich konkrete Regelungen zum Zielfestlegungsverfahren, so sprechen für Zielvereinbarungen die Formulierungen „vereinbaren", „aushandeln" oder „eine Einigung darüber treffen", sowie die Aussage, dass die Zielvereinbarung „freiwillig" erfolge. Gegen eine Vereinbarung – und damit für eine Zielvorgabe – spricht, wenn lediglich passivisch vorgesehen ist, dass Ziele „festgesetzt" oder „vorgegeben" werden, und keine Spezifizierung erfolgt, durch wen dies geschehen soll. Für die

---

266 *LAG Baden-Württemberg*, Urteil vom 18.10.2006, 13 Sa 55/05; Klasen/Krebs/Michel/Weber, Personalmanagement und InstitutsVergV – *Klasen*, S. 91, 95; *Lempke*, NJW 2010, 321, 325; MüHB zum Arbeitsrecht – *R. Krause*, §57, Rn. 37.

267 *Deich*, AuA 2004, S. 8.

268 Klasen/Krebs/Michel/Weber, Personalmanagement und InstitutsVergV – *Klasen*, S. 91, 96; MüHB zum Arbeitsrecht – *R. Krause*, §57, Rn. 37; a.A. *Behrens/Rinsdorf*, NZA 2003, S. 364, 365, die davon ausgehen, dass die tatbestandlichen Voraussetzungen der Zielvereinbarung bei „weichen" Zielen vollständig gerichtlich überprüfbar sind; a.A. auch *Hümmerich*, NJW 2006, S. 2294, 2297, der davon ausgeht, dass auch Zielvereinbarungen einer umfassenden Inhalts- und Transparenzkontrolle nach den §§ 305c, 307 Abs. 1, Abs. 2 BGB unterworfen sind.

269 S.o. im voranstehenden Abschnitt a); Ulmer/Brandner/Hensen, AGB-Recht – *Fuchs/Bieder*, Anhang zu § 310 BGB, Rn. 24, 25, 61 ff. Erfurter-Kommentar – *Preis*, §§ 305–310, Rn. 55.

270 *Heiden*, DB 2009, S. 1705.

271 *Annuß*, NZA 2007, S. 290.

272 *LAG Baden-Württemberg*, Urteil vom 18.10.2006, 13 Sa 55/05; Klasen/Krebs/Michel/Weber, Personalmanagement und InstitutsVergV – *Klasen*, S. 91, 96.

273 *LAG Hessen* vom 29.01.2002, 7 Sa 836/01; *Heiden*, Entgeltrelevante Zielvereinbarungen 2007, S. 227.

Möglichkeit von Zielvorgaben spricht auch, wenn der Arbeitgeber die Zielbonuszahlung als freiwillig bezeichnet und auch die Festlegung der Bonushöhe seiner einseitigen Leistungsbestimmung unterwirft.[274]

Daneben soll bereits der Name der jeweiligen Systeme ein schwacher Indikator zur Abgrenzung sein; so betone „Führen mit Zielen" oder „MbO" eher den Vorgabecharakter, während „Zielvereinbarungssystem" eher den dialogischen Ansatz anspreche.[275]

Auch die Methode der Konfliktlösungsvereinbarung lässt Rückschlüsse auf die Abgrenzung von Zielvereinbarung und -vorgabe zu. Soll die Zielfestlegung beim Arbeitgeber verbleiben, so handelt es sich um eine Zielvorgabe. Trifft hingegen eine paritätisch besetzte Kommission („Clearingstelle") oder ein anderes, nicht vom Arbeitgeber beherrschtes Organ oder ein Gericht die Entscheidung, so ist eine echte Zielvereinbarung gewollt.[276]

Ob tatsächlich eine Zielvereinbarung getroffen wurde oder nicht, ist im Wege der Auslegung zu ermitteln. Ergibt die am Empfängerhorizont orientierte Auslegung der schriftlich, mündlich oder konkludent geäußerten Willenserklärungen nach §§ 133, 157 BGB, dass zwischen Arbeitgeber und Arbeitnehmer eine Vereinbarung über die im Rahmen der zielvereinbarungsgestützten Entgeltabrede relevanten Ziele getroffen worden ist, so vermögen hieran weder die vertragliche Regelung eines Zielvorgaberechts des Arbeitgebers noch die sonstigen Umstände der Einigung etwas zu ändern. Ergibt die Auslegung dagegen, dass es an einer Einigung, also insbesondere an einer auf Rechtsfolgen gerichteten Willensäußerung des Arbeitnehmers fehlt, so liegt keine Zielvereinbarung vor. Dies kann auch dann der Fall sein, wenn der Arbeitnehmer eine Zielvorgabe lediglich widerspruchslos entgegennimmt, es sei denn, dass er konkludent ein nachträgliches Einvernehmen über die Zielfestlegung signalisiert.[277]

Die Zulässigkeit einer derartigen konkludenten Willenserklärung wird zum Teil mit dem Argument abgelehnt, auch die widerspruchslose Entgegennahme bzw. Zustimmung zur Kündigung bewirke keine einvernehmliche Auflösung des Arbeitsverhältnisses im Wege eines Aufhebungsvertrages[278].

Indes unterscheidet sich diese Situation von der hier interessierenden dadurch, dass die vom Arbeitgeber bei der Kündigung abgegebene Willenserklärung auf ein einseitiges Rechtsgeschäft zielt und daher gar keine vervollständigende Willenserklärung des Arbeitnehmers erwartet wird. Daher kommt auch dem Verhalten des Arbeitnehmers, wenn er nicht eindeutig eine auf Abschluss eines Aufhebungsvertrages gerichtete

---

274 Zum ganzen Absatz *Deich*, Die rechtliche Beurteilung von Zielvereinbarungen im Arbeitsverhältnis 2004, S. 57; *Heiden*, Entgeltrelevante Zielvereinbarungen 2007, S. 230, 231.

275 *Schmidt/von Hören*, AuA, 2008, S. 726, 728.

276 Zum ganzen Absatz *Breisig*, Entgelt 2003, S. 632; *Heiden*, Entgeltrelevante Zielvereinbarungen 2007, S. 231 unter Verweis auf § 17.4.3 ERA TV NB/NW.

277 Zum ganzen Abschnitt *Heiden*, Entgeltrelevante Zielvereinbarungen 2007, S. 233, 234.

278 *Heiden*, Entgeltrelevante Zielvereinbarungen 2007, S. 234; *Plander*, ZTR 2002, 155, 157.

Willenserklärung abgibt, kein entsprechender Erklärungswert zu. Dagegen ist bei in der Entgeltabrede vorgesehener Zielvereinbarung gerade eine hierauf gerichtete Erklärung des Arbeitnehmers zu erwarten. Somit kann dem zustimmenden Verhalten des Arbeitnehmers ein entsprechender Erklärungswert zugewiesen werden.[279]

c) Zusammenfassung und unterschiedliche Kontrollmaßstäbe

Die Zielvorgabe ist also eine einseitige Zielfestlegung durch den Arbeitgeber im Rahmen eines Leistungsvergütungssystems. Die Abgrenzung zur Zielvereinbarung erfolgt wesentlich nach dem Wortlaut der jeweiligen Vereinbarung und der tatsächlichen Durchführungspraxis. Wird im Rahmen einer konsensualen Vereinbarung gehandelt, so liegt eine Zielvereinbarung vor, während bei einseitiger Vorgabe durch den Arbeitgeber eine Zielvorgabe gegeben ist. Diese ist dann uneingeschränkt nach § 106 GewO oder § 315 Abs. 3 BGB gerichtlich kontrollierbar, während die Zielvereinbarung nur eingeschränkt im Rahmen der §§ 307 Abs. 1, 242 BGB kontrollierbar ist[280].

Die Unterschiede zeigen sich z. B. daran, dass es bei der Auslegung der Zielvorgabe allein auf die Perspektive des Arbeitgebers und die Frage ankommt, ob er im Rahmen billigen Ermessens gehandelt hat. Bei der Zielvereinbarung ist hingegen auch die Perspektive des Arbeitnehmers, der sich auf Ziele eingelassen oder selbst eigene Ziele formuliert und verhandelt hat mit einzubeziehen. Gerade die Tatsache, dass eine solche Verhandlung und auch eigene Einflüsse vonseiten des Arbeitnehmers möglich sind, wirkt sich auch bei der Bewertung aus, ob kein billiges Ermessen (§ 106 GewO/§ 315 Abs. 3 BGB), bzw. eine unangemessene Beanchteiligung (§§ 307 Abs. 1, 242 BGB) gegeben sind. Hat der Arbeitnehmer sich etwa selbst unrealistische Ziele gesetzt oder ein besonderes Ziel in die Verhandlungen eingebracht, was nur im Rahmen der Zielvereinbarung möglich ist, so ist dieses nicht so leicht als unbillig bzw. unangemessen benachteiligend anzusehen, wie wenn der Arbeitgeber dieses Ziel einseitig vorgegeben hat. Die Zielvorgabe als einseitiges Instrument muss also genau deswegen einem strengeren Maßstab genügen, als die konsensuale Zielvereinbarung. Auch in dieser Bewertung zeigt sich ein Unterschied in der Perspektive der Auslegung und Bewertung im Arbeitsverhältnis, denn auch hier zeigen sich Besonderheiten, die einer separaten Betrachtung bedürfen[281].

4. Rahmenvereinbarung und konkrete Zielvereinbarung

Schließlich sind zwei unterschiedliche Ebenen der Zielvereinbarung voneinander abzugrenzen. Zielvereinbarungen erfolgen typischerweise zweiteilig[282]. Zum einen gibt es arbeitsvertraglich oder durch Kollektivvereinbarung geregelte

279 *Heiden*, Entgeltrelevante Zielvereinbarungen 2007, S. 234.
280 Dazu Näheres unter Kapitel C.
281 Siehe hierzu schon Kapitel B. II. 2. a).
282 Schaub, AR-HB – *Linck*, § 77, Rn. 1.

Rahmenvereinbarungen, welche die wesentlichen Modalitäten des Zielvereinbarungsprozesses festlegt. Andererseits gibt es die individuelle konkrete Zielvereinbarung, in der die individuellen Ziele für die jeweilige Zielperiode festgelegt werden.

a) Die Rahmenregelung

Die Rahmenvereinbarung enthält die Grundsätze, nach denen in der Folge konkrete Ziele vereinbart werden[283]. Es handelt sich dabei grundsätzlich um einen Rahmenvertrag, da hiermit die Einzelheiten künftiger Verträge festgelegt werden, also eine auf Dauer angelegte Geschäftsverbindung in Form des regelmäßigen Abschlusses von Zielvereinbarungen eröffnet wird[284].

Durch die Rahmenregelung erfolgt eine dauerhafte Integration der Zielvereinbarungen in das Arbeitsverhältnis, wobei sich der Arbeitgeber oft auch vorbehalten möchte, auf Veränderungen und neue Anforderungen in bestimmten festgelegten Fällen zu reagieren. Gleichzeitig werden darin für den Arbeitnehmer ersichtlich die grundsätzlichen „Spielregeln" des Umgangs mit Zielvereinbarungen vereinbart. Die Rahmenregelung enthält üblicherweise das „Ob" der zielabhängigen Vergütung und ergänzender Nebenpflichten, gegebenenfalls noch einzelne Grundsätze, wie z. B. die Modi der Zielermittlung, Fälligkeitsregelungen, Berechnungsarten, Schlichtungsstellen und die sonstige Verfahrenshinweise. Diese Vereinbarung kann Gegenstand des Arbeitsvertrages sein, wird häufig aber auch in Zusatzvereinbarungen niedergelegt. Außerdem kann sie auch durch kollektive Vereinbarungen geregelt werden.[285]

Auf Tarifebene kann eine solche Rahmenregelung mittels Flächen- oder Haustarifvertrags getroffen werden. Ersterer beinhaltet aufgrund des größeren unternehmensübergreifenden Geltungsbereichs häufig eher allgemeine Grundregelungen. Diese bedürfen dann einer konkreten Ausgestaltung auf betrieblicher Ebene. Daneben kommt auch eine arbeitsvertragliche Bezugnahme auf den Tarifvertrag in Betracht.[286]

Rein individualarbeitsrechtlichen Charakter wird die Rahmenvereinbarung im Regelfall in kleineren Unternehmen haben, in denen keine betriebliche Arbeitnehmervertretung eingerichtet ist[287]. Dabei umfasst die Rahmenregelung üblicherweise die Zielbestimmungskompetenz, die Zielfeststellungskompetenz und etwaige

---

283 Schaub, AR-HB – *Linck*, § 77, Rn. 1.

284 *Deich*, Die rechtliche Beurteilung von Zielvereinbarungen im Arbeitsverhältnis 2004, S. 96; Palandt, BGB – *Hinrichs* (heute: *Ellenberger*), Einf. vor § 145, Rn. 19; Staudinger, BGB – *Bork*, Vorbem. zu §§145ff, Rn. 54; MüKo BGB – *Kramer*, Vor §145 Rn. 29.

285 Zum ganzen Absatz *Reiserer*, NJW 2008, S. 609; *Riesenhuber/v. Steinau-Steinrück*, NZA 2005, S. 785, 788.

286 *Schmidt/von Hören*, AuA, 2008, S. 726, 727; *Heiden*, Entgeltrelevante Zielvereinbarungen 2007, S. 107ff.

287 Klasen/Krebs/Michel/Weber, Personalmanagement und InstitutsVergV – *Klasen*, S. 91, 96.

Informationspflichten[288]. Darüber hinaus kann die Zuweisung einer Initiativlast oder Verhandlungspflicht und ein Konfliktlösungsmodell aufgenommen werden für den Fall, dass Arbeitgeber und Arbeitnehmer eine Einigung nicht erzielen können[289]. Auch kann bereits eine Auswahl hinsichtlich der möglichen Ziele und ihrer grundsätzlichen Struktur getroffen werden[290]. Als quantitative Ziele oder auch „harte" Ziele kommen zum Beispiel in Betracht: Der Umsatz, der Gewinn, messbare Marktanteile, Kostenquoten, Produktivität, wie die Beladung eines LKW, der Ausstoß am Band oder Regelungen zu möglichst geringen Ausschussquoten[291]. Als qualitative oder so genannte „weiche" Ziele kommen Personalführungskompetenz, Teamgeist, Kundenzufriedenheit oder Ähnliches in Betracht[292].

Ferner kann geregelt werden, wer – insbesondere bei den so genannten „weichen" Zielen – über die Zielerreichung entscheidet, wie mit Zeiten umzugehen ist, in denen der Mitarbeiter wegen Krankheit, Freistellung oder vorzeitigem Ausscheiden seine Arbeitsleistung nicht erbringt und was passiert, wenn die Arbeitsvertragsparteien keine konkreten Zielvorgaben festlegen. Zudem können sich an den Regularien des Handelsvertreterrechts orientierende Informationspflichten bereits in der Rahmenvereinbarung konkretisiert werden. Denn der Arbeitnehmer hat im Regelfall ein Informationsbedürfnis, wenn die Zielerreichung für ihn nicht mit eigenen Mitteln feststellbar ist.[293]

Dies gilt vor allem für Umsatzziele, Ergebnisziele oder Ähnliches[294]. In der Zielvereinbarungs-Rahmenvereinbarung wird regelmäßig das Verfahren der Zielvereinbarung näher dargelegt[295]. Hierzu gehört die Festlegung, wer auf Seiten des Arbeitgebers der Ansprechpartner des Mitarbeiters in den Zielvereinbarungsgesprächen ist, ob bzw. in welchem Stadium der Betriebsrat hinzugezogen wird, inwieweit der Arbeitnehmer seinerseits Vorschlagsrechte bezüglich der Ziele hat und der Zeitpunkt der jährlichen Zielvereinbarungsgespräche[296]. Ferner sind in der

288 *Riesenhuber/v. Steinau-Steinrück*, NZA 2005, S. 785, 788f.

289 *Annuß*, NZA 2007, S. 290; *Mauer*, NZA 2002, S. 540, 546f.; *Reiserer*, NJW 2008, S. 609; *Riesenhuber/v. Steinau-Steinrück*, NZA 2005, S. 785, 788.

290 *Annuß*, NZA 2007, S. 290; *Reiserer*, NJW 2008, S. 609.

291 *Reiserer*, NJW 2008, S. 609, 610.

292 *Annuß*, NZA 2007, S. 290; *Reiserer*, NJW 2008, S. 609, 610; *Riesenhuber/v. Steinau-Steinrück*, NZA 2005, S. 785;
U. Krause, Zielvereinbarungen und leistungsorientierte Vergütung 2002, S. 94ff.

293 Zum ganzen Abschnitt *Reiserer*, NJW 2008, S. 609, 610; Näheres hierzu in Kapitel C. I. und C. X. 3.

294 *Annuß*, NZA 2007, S. 290; *Reiserer*, NJW 2008, S. 609, 610; *Riesenhuber/v. Steinau-Steinrück*, NZA 2005, S. 785.

295 *Annuß*, NZA 2007, S. 290; *Mauer*, NZA 2002, S. 540, 546f.; *Reiserer*, NJW 2008, S. 609; 610; *Riesenhuber/v. Steinau-Steinrück*, NZA 2005, S. 785, 788.

296 *Annuß*, NZA 2007, S. 290, 295; *Mauer*, NZA 2002, S. 540, 547; *Reiserer*, NJW 2008, S. 609, 610.

Regel Eckpunkte zur Ermittlung der Höhe der variablen Vergütung enthalten[297]. Des Weiteren kann klargestellt werden, in welchem Verhältnis diese Vergütung zur Grundvergütung steht, ob also die Grundvergütung von der zielabhängigen Vergütung der Höhe nach beeinflusst wird oder nicht[298].

Soweit die Zielerreichung nicht quantitativ messbar ist, ist festzulegen, welche Person nach pflichtgemäßem Ermessen den Grad der Erfüllung ermittelt und festlegt. Auch Regelungen über einen garantierten Mindestbonus, einen Maximalbetrag oder einen Widerrufsvorbehalt sind denkbar. Auch Fälligkeits- oder Ausschlussklauseln können Eingang in die Rahmenvereinbarung finden.[299]

Daneben kommt auch die Vereinbarung eines (hilfsweise) einseitigen Bestimmungsrechts des Arbeitgebers, also eine Kombination von Zielvereinbarung und Zielvorgabe in Betracht[300]. Denkbar ist aber auch die Kombination von Rahmenvereinbarung und ausschließlich einseitiger Festlegung durch den Arbeitgeber[301].

Zusammenfassend kann man also sagen, dass die wesentlichen Verfahrens- und Rahmenbedingungen des Arbeitens mit Zielvereinbarungen bereits in der Rahmenvereinbarung sehr detailliert festgelegt werden können. Dass dies auch geschieht, zeigen die bereits angesprochenen Beispiele für Tarifverträge aus der Praxis[302]. Die Rahmenvereinbarung enthält darüber hinaus sämtliche Regelungen über die Durchführung der Zielvereinbarungen und über einen Zugriff auf die daraus stammende variable Vergütung. Durch die Möglichkeit sie in Tarifverträgen und Betriebsvereinbarungen zu verankern, liegt hier eine wichtige Schnittstelle zwischen Individual- und Kollektivarbeitsrecht vor.

b) Die konkrete Zielvereinbarung

In der konkreten jährlichen Zielvereinbarung wird – unter Bezugnahme auf die entsprechende Klausel im Arbeits- oder Tarifvertrag – für den jeweiligen Zeitraum (regelmäßig das Geschäfts- oder Kalenderjahr) festgelegt, welche Ziele der Arbeitnehmer erreichen soll und wie sie bei der Bonusregelung gewichtet werden sollen. Dabei sind die Vorgaben der Rahmenregelung zu beachten[303]. Anders als bei dieser kommt für die konkrete Zielabrede nur eine individuelle Vereinbarung in Betracht[304]. Im Fall der Zielvereinbarung bildet die Rahmenvereinbarung gleichsam die „Geschäftsgrundlage" der Zielfestlegung[305].

---

297 *Reiserer,* NJW 2008, S. 609, 610; *Riesenhuber/v. Steinau-Steinrück,* NZA 2005, S. 785.
298 Schaub, AR-HB – *Linck,* § 77, Rn. 8.
299 *Reiserer,* NJW 2008, S. 609, 610; siehe auch Kapitel C. II. und C. VII.
300 *Annuß,* NZA 2007, S. 290; *Reiserer,* NJW 2008, S. 609, 610; *Riesenhuber/v. Steinau-Steinrück,* NZA 2005, S. 785.
301 MüHB zum Arbeitsrecht – *R. Krause,* §57, Rn. 39.
302 Siehe Kapitel B. I. 2. b) und Kapitel D. I.
303 *Riesenhuber/v. Steinau-Steinrück,* NZA 2005, S. 785, 789.
304 MüHB zum Arbeitsrecht – *R. Krause,* §57, Rn. 39.
305 Breisig, Entgelt, S. 413; *Heiden,* Entgeltrelevante Zielvereinbarungen 2007, S. 253.

c) *Zusammenfassung und arbeitsrechtliche Regelungsstruktur*

Im Ergebnis erfolgt also die Zielvereinbarung auf zwei Stufen. Die Rahmenvereinbarung regelt das gesamte Rechtsverhältnis, weshalb ihr besondere Bedeutung zukommt. Die Möglichkeit der Gestaltung in Tarifverträgen und Betriebsvereinbarungen führt dabei zu einer beachtenswerten Verschränkung zwischen Individualarbeitsrecht und kollektivem Arbeitsrecht. In der Rahmenvereinbarung werden letztlich alle Bedingungen, unter denen der Arbeitgeber die Höhe der variablen Vergütung aus den einzelnen Zielvereinbarungen ändern kann, geregelt, sodass sie der zentrale Untersuchungsgegenstand sein wird.

III. Veränderungen variabler Vergütung durch das Bankenaufsichtsrecht

Nach historischer Entwicklung, ideellen Grundlagen sowie der rechtswissenschaftlichen Rezeption und Abgrenzung der variablen Vergütung aus Zielvereinbarungen ist nunmehr auf die Veränderungen im Bereich der bankenaufsichtsrechtlichen Regulierung einzugehen. Durch diese Veränderungen werden erstmalig gesetzliche Regelungen zur variablen Vergütung aus Zielvereinbarungen aufgestellt. Dabei ist ein Bereich betroffen, der in weitgehendem Maße variable Vergütung aus Zielvereinbarungen einsetzt, sodass damit zu rechnen ist, dass diese Regelung auch in andere Wirtschaftsbereiche ausstrahlen wird. Auch lassen diese gesetzlichen Regelungen einen Schluss auf die Rechtsnatur der variablen Vergütung aus Zielvereinbarungen zu, denn sie geben Auskunft über die Frage, wie der Gesetzgeber zu variabler Vergütung aus Zielvereinbarungen steht. Die zentrale gesetzliche Grundlage sind in Deutschland die Institutsvergütungsverordnung (InstitutsVergV) und die Versicherungsvergütungsverordnung (VersVergV). Hier sollen zunächst die internationalen und europäischen Entwicklungen und Rahmenbedingungen dieser Verordnung dargestellt werden, bevor auf die eigentlichen Veränderungen durch die InstitutsVergV und die parallele VersVergV eingegangen wird. In der abschließenden Zusammenfassung sollen besonders die wesentlichen neuen Instrumente des Arbeitgebers zur Variabilisierung der Vergütung aus Zielvereinbarungen vorgestellt und sich aus der Regelung ergebende Argumentationsstränge herausgestellt werden.

1. Entwicklung der internationalen und europäischen Rahmenbedingungen

Im Rahmen der Aufarbeitung der 2007 beginnenden Finanzmarktkrise wurde in der öffentlichen, wie auch in der politischen Diskussion, als eine wesentliche Ursache immer wieder die verfehlte Vergütungspolitik im Finanzsektor genannt[306].

---

306 Boos/Fischer/Schulte-Mattler, KWG – *Braun/Wolfgarten*, §25a, Rn. 636.

Eine Vergütungspolitik, die auf kurzfristige Parameter ausgerichtet sei und einseitig Erfolg belohne, ohne gleichzeitig Misserfolg ausreichend zu sanktionieren, könne dazu verleiten, den langfristigen und nachhaltigen Unternehmenserfolg aus dem Blick zu verlieren und so die Risikoneigung der Mitarbeiter über das allgemein von dem jeweiligen Unternehmen tolerierte Maß hinaus erhöhen. Eine derartige Vergütungspolitik laufe einem angemessenen Risikomanagement zuwider. Wie die Finanzmarktkrise gezeigt habe, könnten die durch eine verfehlte Vergütungspolitik gesetzten Fehlanreize Risiken nicht nur für die Stabilität einzelner Unternehmen, sondern auch für die Finanzstabilität im Allgemeinen begründen.[307]

Dahinter stand die Wertung, dass eine asymmetrische Partizipation an riskanten Geschäften in der Form, dass der (kurzfristige) Erfolgsfall belohnt wurde, während der Misserfolg keine negativen Konsequenzen entfaltet, nicht mehr vorkommen dürfe[308]. Um entsprechenden Fehlanreizen vorzubeugen, wurde auf internationaler und nationaler Ebene eine Reihe von regulatorischen bzw. gesetzlichen Maßnahmen zur Vergütung im Bankenbereich ergriffen[309].

a) Der de Larosière-Bericht und erste Reaktionen der EU-Kommission

Den Ausgangspunkt der internationalen Diskussion über die Vergütungspolitik und Vergütungsstrukturen in Kreditinstituten bildete der am 25. Februar 2009 veröffentlichte de Larosière-Bericht über die Finanzaufsicht in der EU. Nach Auffassung des de Larosière-Berichts sind die größten Schwachstellen, die bei der Finanzkrise erkennbar wurden, auf die Unternehmensführung zurückzuführen. In diesem Zusammenhang kommt insbesondere dem Aspekt der Vergütung eine besondere Bedeutung zu. Die de Larosière-Gruppe kommt in ihrem Bericht zu dem Ergebnis, dass bei der Bemessung von Bonuszahlungen ein mehrjähriger Rahmen (z.B. fünf Jahre) zugrunde gelegt werden soll, um die tatsächliche Auszahlung der Boni über einen Bemessungszeitraum von z.B. fünf Jahren zu strecken und etwaige in dieser Periode angefallene Verluste abzuziehen. Vor allem sollen Bonuszahlungen der tatsächlichen Leistung entsprechen und deshalb nicht von vornherein „garantiert" sein. Die Einhaltung dieser Grundsätze soll durch die Aufsichtsbehörden überwacht werden.[310]

Die Europäische Kommission gab ebenfalls 2009 zwei Empfehlungen dahingehend ab, dass die Vergütungsgrundsätze der Finanzinstitutionen strenger

---

307 Zum ganzen Absatz Regierungsbegründung zum Vergütungsanforderungsgesetz, BT Drucksache 17/1291, S. 9.

308 Klasen/Krebs/Michel/Weber, Personalmanagement und InstitutsVergV – *Weber*, S. 31.

309 Boos/Fischer/Schulte-Mattler, KWG – *Braun/Wolfgarten*, §25a, Rn. 636.

310 Zum ganzen Abschnitt *De Larosière Gruppe*, Report of the High-Level Group on Financial Supervision in the EU vom 25.02.2009, S. 35; abrufbar unter http://ec.europa.eu/internal_market/finances/docs/de_larosiere_report_de.pdf am 28.01.2013.

reglementiert werden und strukturell enger mit der langfristigen Leistung verknüpft werden sollen[311].

b) *Basel III und die Prinzipien des Financial Stability Board (FSB)*

Auf internationaler Ebene spielen daneben die auf den Beschlüssen des G-20-Gipfels in Pittsburgh von 2009 beruhenden Vorgaben des Baseler Ausschusses für Bankenaufsicht (Basel Committee of Banking Supervision, BCBS) und des Finanzstabilitätsrates (Financial Stability Board, FSB) eine wichtige Rolle[312]. Das BCBS ist ein Gremium, in dem die Zentralbanken oder höchsten nationalen Aufsichtsbehörden von Argentinien, Australien, Belgien, Brasilien, China, Deutschland, Frankreich, Großbritannien, Hongkong, Indien, Indonesien, Italien, Japan, Kanada, Korea, Luxemburg, Mexiko, den Niederlanden, Russland, Saudi-Arabien, Singapur, Süd-Afrika, Spanien, Schweden, der Schweiz, der Türkei und den Vereinigte Staaten von Amerika bei der Bank of International Settlements (BIS) zusammengeschlossen sind[313]. Maßgeblicher Inhalt der im Dezember 2010 erstveröffentlichten Beschlüsse BCBS 188 und 189 ist die Einführung und Überwachung von Kapitalmindeststandards[314]. Diese werden anhand der Risikofaktoren ermittelt, zu denen auch die Ansprüche von Mitarbeitern und Vorständen aus variabler Vergütung gehören. Ziel ist es, die nicht zwingenden Vorgaben von Basel III bis 2019 in nationales Recht umzusetzen[315]. Die Regelungen sind beim G 20 Finanzgipfel in Seoul im November 2010 verabschiedet worden[316]. Die Basel III Regulation stellt dabei jedoch bloß den Rahmen und den Anlass für die Vergütungsstandards des FSB dar und enthält keine eigenen Vergütungsregelungen. Sie gibt lediglich vor, dass das Kapitalpolster und die Risikostruktur der Banken atmen sollen, das heißt die Banken sollen ihr Kapitalpolster in Stressphasen abbauen und Risiken – wie zum Beispiel die Ansprüche von Mitarbeitern und Geschäftsleitern auf variable Vergütung – abschmelzen können[317].

Das FSB ist die Nachfolgeinstitution des Financial Stability Forum (FSF) und wurde im April 2009 aus diesem heraus ebenfalls bei der BIS in Basel gebildet[318]. Ihm

---

311 Boos/Fischer/Schulte-Mattler, KWG – *Braun/Wolfgarten*, §25a, Rn. 639; Empfehlung der Kommission vom 30. April 2009 zur Ergänzung der Empfehlungen 2004/913/EG und 2005/162/EG zur Regelung der Vergütung von Mitgliedern der Unternehmensleitung börsennotierter Gesellschaften; abrufbar unter http://www.europarl.europa.eu/meetdocs/2009_2014/documents/empl/dv/2009-385-ec_/2009-385-ec_de.pdf am 28.01.2013.

312 *FAS* vom 06.01.2013, Artikel „Wie steht es um die Boni der Banker?".

313 http://www.bis.org/bcbs/index.htm am 01.05.2014.

314 BCBS 188 abrufbar unter http://www.bis.org/publ/bcbs188_de.pdf; BCBS 189 abrufbar unter http://www.bis.org/publ/bcbs189_de.pdf am 01.05.2014.

315 Boos/Fischer/Schulte-Mattler, KWG – *Schulte-Mattler*, § 1 SolvV, Rn. 31.

316 Schimansky/Bunte/Lwowski, Bankenrechts-Handbuch – *Winterfeld*, § 124a, Rn. 110.

317 Schimansky/Bunte/Lwowski, Bankenrechts-Handbuch – *Winterfeld*, § 124a, Rn. 113.

318 http://www.financialstabilityboard.org/about/history.htm am 01.05.2014.

gehören insgesamt 64 internationale und nationale Finanzaufsichtsbehörden und Zentralbanken aus den im Baseler Ausschuss vertretenen Nationen an[319]. Das BCBS als Institution ist ebenso wie die europäischen Bankenaufsichtsbehörden und die EZB Mitglied des FSB. Aufgabe des FSB ist es unter anderem Fehlentwicklungen in der Vergütungspolitik entgegenzuwirken[320]. Zu diesem Zweck hat es am 02.04.2009 „Prinzipien für solide Vergütungssysteme"[321] und am 25.09.2009 darauf aufbauende konkrete „Standards"[322] veröffentlicht[323]. Diese mündeten über die Richtlinie 2010/76/EU schließlich in die InstitutsVergV[324].

Zudem fand eine Selbstverpflichtung der acht größten deutschen Banken und der drei größten Versicherungen auf die FSB-Prinzipien statt. Deren Wirksamkeit wird aber angesichts der tariflichen und betriebsverfassungsrechtlichen Bindung der Institute in der Literatur bezweifelt. Denn eine einseitige Abänderung durch eine Selbstverpflichtung könne die bestehenden tariflichen und betrieblichen Regelwerke nicht ändern.[325]

Nichtsdestotrotz zeigt diese Verpflichtung, dass den FSB-Prinzipien eine zentrale Rolle bei der Entwicklung der neuen Vergütungsregeln im Bankenbereich zukommt.

c) Entwicklung in den europäischen Institutionen

Auch das Comittee of European Banking Supervisors (CEBS) veröffentlichte am 20.04.2009 Prinzipien für eine angemessene Vergütungspolitik[326]. Diese wurden am 10.12.2010 durch die European Banking Authority (EBA) – als Nachfolgeorganisation des CEBS – durch Leitlinien zur Vergütungspolitik und Vergütungspraxis[327] sowie durch weitere Veröffentlichungen konkretisiert – zuletzt die EBA-Leitlinien

---

319 Eine Auflistung findet sich unter http://www.financialstabilityboard.org/about/fsb_members.htm am 01.05.2014.

320 Boos/Fischer/Schulte-Mattler, KWG – *Braun/Wolfgarten*, §25a, Rn. 640; http://www.financialstabilityboard.org/about/mandate.htm am 01.05.2014.

321 Principles for Sound Compensation Practices http://www.financialstabilityboard.org/publications/r_0904b.pdf am 01.05.2014.

322 Principles for Sound Compensation Practices – Implementation Standards http://www.financialstabilityboard.org/publications/r_090925c.pdf am 01.05.2014.

323 Boos/Fischer/Schulte-Mattler, KWG – *Braun/Wolfgarten*, §25a, Rn. 640.

324 Klasen/Krebs/Michel/Weber, Personalmanagement und InstitutsVergV – *Weber*, S. 31.

325 Zum ganzen Abschnitt Klasen/Krebs/Michel/Weber, Personalmanagement und InstitutsVergV – *Krebs*, S. 55.

326 CEBS High-level principles for remuneration policies, abrufbar unter http://eba.europa.eu/getdoc/34beb2e0-bdff-4b8e-979a-5115a482a7ba/High-level-principles-for-remuneration-policies.aspx am 28.01.2013.

327 CEBS Guidelines on Remuneration Policies and Practices http://www.eba.europa.eu/cebs/media/Publications/Standards%20and%20Guidelines/2010/Remuneration/Guidelines.pdf am 28.01.2013.

über den Vergütungspraxisvergleich[328]. Durch diese Prinzipien sollen die Vergütungsstrukturen stärker und nachhaltig auf den langfristigen Erfolg des Instituts ausgerichtet sowie die eingegangenen Risiken angemessen berücksichtigt werden[329]. Sie sind weitgehend in die Richtlinie 2010/76/EU zur Änderung der Richtlinien 2006/48/EG und 2006/49/EG im Hinblick auf die aufsichtsrechtliche Überprüfung der Vergütungspolitik („CRD-III Richtlinie") übernommen worden[330]. Diese Änderungen haben die Anforderungen an die Unternehmenssteuerung und Organisationsstrukturen der Kreditinstitute dahingehend präzisiert, dass diese auch eine Vergütungspolitik und -praxis beinhalten sollen, die mit einem soliden und wirksamen Risikomanagement vereinbar und diesem förderlich sind[331]. Als Maßnahmen sind dabei Vorschriften zur Risikosenkung und die Vornahme von Änderungen an den Vergütungsstrukturen oder das Einfrieren von variablen Vergütungsbestandteilen vorgesehen[332].

Die Europäische Kommission hatte am 20.07.2011 einen Entwurf für die sog. CRD IV vorgelegt, der weitestgehend mit Basel III korrespondiert. In dessen Art. 90 wurde das Ziel vorgegeben „ungeachtet der Vorgaben des nationalen Vertrags- und Arbeitsrechts"[333] die variable Vergütung restriktiver – auch durch Malus- und Rückforderungsvereinbarungen – zu gestalten. Diese strenge Formulierung fand jedoch keinen Eingang in die Endfassung der Richtlinie. Dies mag daran gelegen haben, so mutmaßen manche dass die EU, was Vergütungsregelungen im nationalen Arbeitsrecht anbelangt, keine ausdrückliche Kompetenz habe, sondern nur auf die allgemeine Rechtsangleichungskompetenz der Artt. 115, 114 AEUV zurückgreifen könne[334].

---

328 EBA Guidelines On the Remuneration Benchmarking Exercise, abrufbar unter http://www.eba.europa.eu/cebs/media/Publications/Standards%20and%20Guidelines/2012/EBA-GL-2012-04---GL-4-on-remuneration-benchmarking-exercise-.pdf am 28.01.2013.

329 Boos/Fischer/Schulte-Mattler, KWG – *Braun/Wolfgarten*, §25a, Rn. 640.

330 Boos/Fischer/Schulte-Mattler, KWG – *Braun/Wolfgarten*, §25a, Rn. 640; RL 2010/76/EU vom 24.11.2010, abrufbar unter http://eur-lex.europa.eu/LexUriServ/LexUriServ.do?uri=OJ:L:2010:329:0003:0035:DE:PDF am 01.05.2014.

331 Boos/Fischer/Schulte-Mattler, KWG – *Braun/Wolfgarten*, §25a, Rn. 642; Art. 22 RL 2006/48/EG.

332 Boos/Fischer/Schulte-Mattler, KWG – *Braun/Wolfgarten*, §25a, Rn. 642;. Erwägungen Nr. 20 RL 2010/76/EU, abrufbar unter http://eur-lex.europa.eu/LexUriServ/LexUriServ.do?uri=OJ:L:2010:329:0003:0035:DE:PDF am 01.05.2014.

333 Art. 90 Abs. 1 Buchst. l CRD IV Kommissionsentwurf vom 20.07.2011, abrufbar unter http://ec.europa.eu/internal_market/bank/regcapital/new_proposals_en.htm am 01.05.2014.

334 Küttner, Personalbuch – *Kania*, EU-Recht, Rn. 6.

d) Kompetenz der EU zur Regelung von variabler Vergütung vor dem Hintergrund des Art. 153 Abs. 5 AEUV

Damit ist die Frage aufgeworfen, ob die EU überhaupt die Kompetenz hat Entgeltregelungen im Bankenbereich zu treffen.

aa) Allgemeine Angleichungskompetenz im Bereich der Bankenaufsicht nach Art. 114, 115 AEUV und Art. 127 Abs. 6 AEUV

Bereits angesprochen ist die allgemeine Angleichungskompetenz der EU im Binnenmarkt aus den Artt. 114, 115 AEUV. Diese Kompetenz ist neben den Artt. 127 ff. AEUV eine der wesentlichen Grundlagen der europäischen Bankenunion und der bankenaufsichtsrechtlichen europäischen Regulierung, denn gerade für den Bereich der Bankenaufsicht wird auch aus Art. 127 Abs. 6 AEUV eine Regelungskompetenz der EU hergeleitet[335]. Damit besteht für den Bereich der Bankenaufsicht im Rahmen der allgemeinen Angleichungskompetenz der EU grundsätzlich die Möglichkeit einheitliche aufsichtsrechtliche Regelungen auch zur variablen Vergütung aus Zielvereinbarungen zu treffen.

bb) Kompetenz im Bereich der Sozialpolitik aus Art. 151, 153 Abs. 1 b) AEUV – Ausschluss nach Art. 153 Abs. 5 AEUV?

Nach Art. 153 Abs. 1 b) AEUV kann die Union zur Verwirklichung der Ziele des Art. 151 AEUV die Tätigkeit der Mitgleidstaaten auf dem Gebiet der Arbeitsbedingungen unterstützen und nach Art. 153 Abs. 2 AEUV hierzu auch Richtlinien mit Mindestvorschriften erlassen. Nach Art. 153 Abs. 5 AEUV gilt dies jedoch ausdrücklich nicht für das Arbeitsentgelt. Arbeitsentgelt im Sinne der Vorschrift sind alle zumindest mittelbar aus einer beruflichen Tätigkeit stammenden Vergütungen sowie damit im Zusammenhang stehende finanzielle Leistungen[336]. Damit stellt sich zum einen die Frage, ob eine Kompetenz zur Regelung variabler Vergütung aus Zielvereinbarungen nach Artt. 151, 153 Abs. 1 b) AEUV hier ausdrücklich ausgenommen ist und zum anderen stellt sich die Frage, ob die EU im Rahmen der allgemeinen Angleichungskompetenz aus Art. 114, 115 AEUV und speziell im Bankenaufsichtsbereich (Art. 127 Abs. 6 AEUV) überhaupt tätig werden darf.

Die vergütungsbezogenen Festlegungen der CRD IV Richtlinie bezwecken nicht die Förderung der Beschäftigung oder die Verbesserung der Lebens- oder Arbeitsbedingungen im Sinne von Art. 151 AEUV, weshalb eine Kompetenz nach Art. 153 Abs. 1 b) AEUV hier nicht eingreift. Damit ist fraglich, ob die Kompetenzausnahme nach Art. 153 Abs. 5 AEUV eine Kompetenzwahrnehmung aufgrund der Artt. 114,

335 von der Groeben/Schwarze/Hatje, Europäisches Unionsrecht – *Selmayr*, Art. 127, Rn. 51 f.

336 von der Groeben/Schwarze/Hatje, Europäisches Unionsrecht – *Langer*, Art. 153, Rn. 46.

115, 127 Abs. 6 AEUV ausschließt. Hierzu sei noch angemerkt, dass teilweise in der Literatur vertreten wird, dass Art. 153 AEUV diese allgemeine Kompetenz als Spezialvorschrift dann ausschließen würde, wenn die Regelung arbeitsrechtlicher Aspekte das Hauptziel von Richtlinien sei[337]. Hieraus wird dann gefolgert, dass die allgemeine Angleichungskompetenz im Arbeitsrecht keine Bedeutung mehr habe[338]. Gerade hier zeigt sich aber, dass das Bankenaufsichtsrecht im Vordergrund steht und dennoch für das Arbeitsrecht bedeutsame Regelungen getroffen werden können. Somit ist gerade hier ein Fall der weiteren Bedeutung der allgmeinen Angleichungskompetenz für das Arbeitsrecht zu sehen, wobei zu hinterfragen ist, inwieweit Art. 153 Abs. 5 AEUV sich hierauf auswirkt.

Hierbei gibt es folgende Aspektezu berücksichtigen: Art. 153 Abs. 5 AEUV als Ausnahmevorschrift ist eng auszulegen, wobei zudem zu beachten ist, dass vor allem der Schutz der höchst sensiblen Regelungskompetenz der Tarifparteien und die Tarifautonomie im Vordergrund der Vorschrift steht[339]. Dabei ist es aber selbst in diesem Bereich möglich Mindestvorgaben für das Tarifvertragsrecht vorzusehen[340]. Zu erwähnen ist ebenfalls, dass in den Artt. 157 Abs. 1 und 45 Abs. 2 AEUV Durchbrechungen dieser Ausnahme durch den Gleichbehandlungsgrundsatz von Männern und Frauen und die Freizügigkeit der Arbeitnehmer begründet werden[341]. Rein formal könnte man sich zudem auf den Standpunkt stellen, dass nach dem Wortlaut des Art. 153 Abs. 5 AEUV nur die Anwendung der Kompetenz aus diesem Artikel, nicht aber der Kompetenzen aus anderen Artikeln des AEUV ausgenommen ist.

Zusätzlich ist dabei davon auszugehen, dass die Regelungskompetenz der EU in erster Linie mit Blick auf die besonders sensible Tarifautonomie ausgenommen ist, zugleich aber in bestimmten im AEUV genannten Fällen Durchbrechungen dieser Ausnahme möglich bleiben. Im Bereich der Bankenaufsicht ist nicht eindeutig, wie in den Artt. 157, 45 AEUV, das Entgelt genannt. Somit könnte man zweifeln, ob damit eine wirksame Durchbrechung der Ausnahme des Art. 153 Abs. 5 AEUV möglich ist. Für eine Durchbrechung spricht aber, dass das Stabilitätsinteresse im Bereich des Finanzsektors besondere Bedeutung für die Volkswirtschaft hat, was sich gerade in der Finanz- und Wirtschaftskrise 2008/2009 gezeigt hat. Diese besondere Bedeutung kommt in der Regelungskompetenz des Art. 127 AEUV zum Ausdruck. Hierdurch wird ein besonderes Interesse der EU an einer Angleichung in diesem Bereich adressiert, das ebenso, wie der Grundsatz der Gleichbehandlung und die Arbeitnehmerfreizügigkeit für eine Legitimation der Durchbrechung des Art. 153 Abs. 5 AEUV angeführt werden kann. Zudem ist zu berücksichtigen, dass der EuGH beispielsweise im Bereich des europäischen Antidiskriminierungsgrundsatzes, auch

337 *Wißmann*, RdA 2015, S. 301, 302.
338 *Wißmann*, RdA 2015, S. 301, 302.
339 von der Groeben/Schwarze/Hatje, Europäisches Unionsrecht – *Langer*, Art. 153, Rn. 45.
340 *Thüsing/Traut*, RdA 2012, S. 65, 67;
341 von der Groeben/Schwarze/Hatje, Europäisches Unionsrecht – *Langer*, Art. 153, Rn. 46.

ohne direkte Verankerung in den Verträgen, ein weites Verständnis bei der Gestaltung solcher Grundsätze vertritt[342]. Damit sind im AEUV hinreichende Ansatzpunkte gegeben um eine, auf das Bankenaufsichtsrecht beschränkte Kompetenz der EU, auch für den Bereich des Arbeitsentgelts, anzunehmen. Diese Durchbrechung lässt sich mit dem besonderen Interesse an der Stabilität der Finanzinsititute rechtfertigen, sodass Art. 153 Abs. 5 AEUV eine Kompetenz der EU nicht ausschließt. Hinzu kommt, dass damit gerade eine Kompetenz außerhalb des Art. 153 AEUV verwendet wird, womit auch der Wortlaut des Art. 153 Abs. 5 AEUV dafür spricht, dass die Ausnahmevorschrift nicht im Fall der Bankenaufsicht eingreift.

cc) Kompetenz der EU zur Regelung variabler Vergütung im Bereich der Bankenaufsicht

Somit ist zusammenfassend festzuhalten, dass für den Bereich der Bankenaufsicht nach Art. 127 Abs. 6 AEUV im Rahmen der Angleichungskompetenz aus Artt. 114, 115 AEUV eine Rechtsetzungskompetenz der EU besteht, die es auch erlaubt Mindeststandards für die variable Vergütung aus Zielvereinbarungen festzulegen, weil im volkswirtschaftlich besonders sensiblen Bankenbereich ein gesteigertes Interesse an der Stabilität besteht und dies im AEUV zum Ausdruck kommt.

Man könnte nun zwar daran zweifeln, dass sich aufgrund dieser eingeschränkten Kompetenzgrundlage aus dieser Regulierung allgemeine Schlüsse auf die Einordnung variabler Vergütung aus Zielvereinbarungen ziehen lassen. Allerdings handelt es sich dennoch um die ersten gesetzlichen Regelungen, die sich speziell mit dieser Form der Vergütung befassen. Hierdurch werden bereits Rahmenbedingungen, wie die zugrundeliegende Interessenlage und deren Einschätzung durch den (europäischen) Gesetzgeber abgebildet. Mit diesen Grundsätzen werden sich also eventuelle weitere Regulierungsvorhaben auseinandersetzen müssen. Außerdem zeigen sich in diesem Vorhaben bereits abstrakte Ansatzpunkte, die bei der Einordung variabler Vergütung aus Zielvereinbarungen eine Rolle spielen, nämlich das Stabilitätsinteresse des Arbeitgebers, die Berücksichtigung von Pflichtverletzungen und vor allem die Relation von variabler zu fester Vergütung.

e) Die Vergütungsregelungen der CRD IV – Richtlinie (RL 2013/36/EU)

Nach mehreren Überarbeitungen der Entwürfe der CRD IV haben der Rat und das Europäische Parlament am 26. Juni 2013 die endgültige Fassung der CRD IV Richtlinie (RL 2013/36/EU) erlassen. Diese gibt nach Art. 288 AEUV verbindlich das Ziel für die Umsetzung der Mitgliedstaaten vor, lässt ihnen jedoch die Wahl der Form und der Mittel. Sie bildet damit die Zielvorgabe für die Änderungen des KWG und des VAG und der darauf basierenden Vergütungsverordnungen. Die CRD

342 Etwa *EuGH* vom 19.01.2010, C-555/07 (Kücükdeveci); EuGH vom 22.11.2005, C-144/04 (Mangold).

IV Richtlinie ist dabei auch ein weiterer Baustein für die Errichtung einer europäischen Bankenunion[343].

Nach Erwägungsgrund (53) RL 2013/36/EU sollen durch die Richtlinie Defizite der Unternehmensführung, die dazu geführt haben, dass übermäßige Risiken eingegangen wurden, abgebaut werden. Nach Erwägungsgrund (62) RL 2013/36/EU soll dabei insbesondere die Vergütungspolitik so gestaltet sein, dass sie einem soliden und wirksamen Risikomanagement nicht abträglich ist. Die Vergütungsstrukturen sollen die Eindämmung der Risikobereitschaft natürlicher Personen bewirken. Durch die Festlegung klarer Grundsätze soll nach Erwägungsgrund (63) RL 2013/36/EU die Vergütungspolitik auf langfristige Werte und Interessen des Kreditinstitutes ausgerichtet werden. Zu diesem Zweck sollte die Bemessung der leistungsabhängigen Vergütungskomponente – also auch der variablen Vergütung aus Zielvereinbarungen – auf die langfristige Leistung abstellen und den mit der Leistung verbundenen Risiken Rechnung tragen. Dabei soll nach Erwägungsgrund (64) zwischen der festen Vergütung (inklusive Sonderzahlungen und regelmäßigen Leistungen zur Altersvorsorge) und leistungsgebundener variabler Vergütung unterschieden werden. Nach Erwägungsgrund (65) soll ein fester Höchstwert für die variable Vergütung im Verhältnis zur festen Vergütung festgelegt werden. Erwägungsgrund (69) bestimmt schließlich, dass die Rechte der Sozialpartner, den nationalen Gesetzen und Gepflogenheiten entsprechend Tarifverträge zu schließen und durchzusetzen, unberührt bleiben sollen.

In den Artt. 92 ff. RL 2013/36/EU finden sich sodann die Vorschriften zur Vergütung. Art. 92 Abs. 2 RL 2013/36/EU bestimmt, dass verschiedene Risikokategorien für Geschäftsleitung, dieser entsprechend verdienenden Mitarbeitern, Risikoträgern und Mitarbeitern in Kontrollfunktionen gebildet werden sollen. Dabei wird bereits eine Anknüpfung an das langfristige Stabilitätsinteresse des Instituts zulasten des Interesses dieser Mitarbeitergruppen deutlich. Nach Art. 92 Abs. 2 g) RL 2013/36/EU unterscheidet die Vergütungspolitik deutlich – unter Berücksichtigung der nationalen Kriterien für die Festlegung der Löhne und Gehälter – zwischen der festen und der variablen Vergütung. Die variable Vergütung soll nach Art. 92 Abs. 2 g) (ii) RL 2013/36/EU eine nachhaltige und risikobereinigte Leistung wiederspiegeln, die über die Erfüllung der arbeitsvertraglichen Pflichten nach Maßgabe der Tätigkeitsbeschreibung hinausgeht.

In Art. 94 RL 2013/36/EU sind sodann besondere Grundsätze für variable Vergütung aufgestellt. Danach soll bei variabler Vergütung insgesamt eine Bewertung sowohl der Leistung des betreffenden Mitarbeiters, seiner Abteilung, als auch des Gesamtergebnisses des Instituts zugrunde gelegt werden und sowohl finanzielle, als auch nicht-finanzielle Kriterien berücksichtigt werden (Art. 94 Abs. 1 a) RL 2013/36/EU). In Art. 94 Abs. 1 b) RL 2013/36/EU wird ein mehrjähriger Rahmen zur Gewährleistung einer längerfristigen Bewertung bei erfolgsabhängigen Vergütungssystemen angeordnet. Art. 94 Abs. 1 c) RL 2013/36/EU betont sodann erneut das besondere Flexibilisierungs- und

343 *Brandi/Gieseler*, BB 2012, S. 2646.

Stabilitätsinteresse des Institutes. Anschließend wird in Art. 94 Abs. 1 d) und e) RL 2013/36/EU geregelt, dass garantierte variable Vergütung nur ausnahmsweise im ersten Jahr der Beschäftigung zulässig ist. Art. 94 Abs. 1 f) RL 2013/36/EU bestimmt, dass feste und variable Vergütung in einem angemessenen Verhältnis so zueinander stehen müssen, dass eine uneingeschränkte Kürzung der variablen Vergütung bis „auf Null" möglich ist. Dieses Verhältnis wird nach Art. 94 Abs. 1 g) RL 2013/36/EU bestimmt. Danach darf der variable Bestandteil 100% des festen Bestandteils der Gesamtvergütung für jede einzelne Person nicht überschreiten. Die Mitgliedstaaten können auch einen niedrigeren Höchstsatz festlegen. Eine höhere Grenze von bis zu 200% kann nach Art. 94 Abs. 1 g) (ii) RL 2013/36/EU durch die Anteilseigner, Eigentümer oder Gesellschafter des Instituts nach dem dort detailliert geregelten Verfahren mit einer Mehrheit von 66% bzw. 75% unter Beteiligung der zuständigen nationalen und europäischen Behörden (Bafin und European Banking Authority, EBA) bestimmt werden. Die Mitgliedstaaten können auch hier einen niedrigeren Höchstsatz festlegen. Art. 94 Abs. 1 h) RL 2013/36/EU bestimmt sodann, dass variable Vergütung bei vorzeitiger Beendigung des Vertrages nicht mangelnde Leistung oder Fehlverhalten belohnen darf. In Art. 94 Abs. 1 i) RL 2013/36/EU werden sodann ausdrücklich Einbehaltungs-, Zurückbehaltungs-, Leistungs- und Rückforderungsvereinbarungen zur Wahrung der Interessen des Institutes hinsichtlich Ausgleichs- oder Abfindungszahlungen bei früheren Beschäftigungsverhältnissen genannt. In Art. 94 Abs. 1 j) RL 2013/36/EU wird auch die Möglichkeit zur Bildung von Pools von variablen Vergütungskomponenten angesprochen. Nach Art. 94 Abs. 1 l) RL 2013/36/EU sollen mindestens 50% jeder variablen Vergütung aus Anteilen oder gleichwertigen Beteiligungen an dem jeweiligen Institut oder daran geknüpfte Instrumente, welche die Bonität des Institutes unter der Annahme der Unternehmensfortführung wiederspiegeln, bestehen. Diese Anteile oder Instrumente sollen zudem für angemessene Zeit einbehalten werden, um die Anreize nach den längerfristigen Interessen des Institutes auszurichten. Nach Art. 94 Abs. 1 m) RL 2013/36/EU ist ein erheblicher Teil, mindestens jedoch 40 % bzw. 60% bei hohen variablen Vergütungsanteilen, der variablen Vergütung für wenigstens drei bis fünf Jahre zurückzubehalten. Eine Wiederholung der Anknüpfung an die persönliche Leistung des Arbeitnehmers, der Abteilung und der wirtschaftlichen Gesamtlage des Institutes findet sich sodann in Art. 94 Abs. 1 n) RL 2013/36/EU. Unbeschadet der allgemeinen Grundsätze des nationalen Vertrags- und Arbeitsrechts wird die variable Vergütung in ihrer Gesamtheit danach bei einem schwachen oder negativen Finanzergebnis generell erheblich abgesenkt, wobei auch bereits zuvor erwirtschaftete Beträge (auch durch Malus- oder Rückforderungsvereinbarungen) berücksichtigt werden sollen. Dabei sollen die Malus- oder Rückforderungsvereinbarungen für bis zu 100% der gesamten variablen Vergütung gelten. Eine solche Rückforderung soll insbesondere greifen, wenn der Mitarbeiter an einem Verhalten, das für das Institut zu erheblichen Verlusten geführt hat, beteiligt oder dafür verantwortlich war (Art. 94 Abs. 1 n) (i) RL 2013/36/EU) oder die angemessenen Standards in Bezug auf Eignung und Verhalten nicht erfüllt hat (Art. 94 Abs. 1 n) (ii) RL 2013/36/EU). Art. 94 Abs. 1 o) RL 2013/36/EU erfasst schließlich die Altersvorsorgepolitik, die ebenfalls an den langfristigen Interessen des Institutes zu orientieren ist. Dabei werden freiwillige Leistungen zur

Altersvorsorge vom Institut bei Verlassen des Mitarbeiters für fünf Jahre zurückbehalten oder im Fall des Ruhestandes vorbehaltlich einer Sperrfist von fünf Jahren ausgezahlt. Art. 94 Abs. 1 p) RL 2013/36/EU soll persönliche Absicherungsstrategien, oder vergütungs- und haftungsbezogene Versicherungen (sog. „personal hedging"[344]) der Mitarbeiter verhindern, und Art. 94 Abs. 1 q) RL 2013/36/EU verdeutlich noch einmal das Verbot entgegen den Vorschriften der Richtlinie auszuzahlen. Art. 95 RL 2013/36/EU bestimmt schließlich, dass in Instituten von erheblicher Bedeutung zwingend ein Vergütungsausschuss, der die Vergütungspolitik bewertet, einzurichten ist[345].

f) Zusammenfassende Betrachtung und wesentliche Leitlinien der neuen internationalen und europäischen Regulation

Betrachtet man sich diese Entwicklung, so fällt bereits auf, dass hier eine sehr umfangreiche und mitunter verwirrend vielfältige Anzahl von Regelungen verschiedenster internationaler und supranationaler Einrichtungen und Institutionen gegeben ist. Dabei zeigt sich jedoch auch ein „Einfallstor" dieser unverbindlichen internationalen Regelungen in das nationale Recht, denn die recht konkreten Vorgaben wurden einfach, zum Teil unter expliziter Nichtbeachtung des nationalen Rechtes, eingeführt. Ferner stellen die zahlreichen Publikationen einen ersten – teilweise gesetzlichen – Betrachtungsrahmen zur variablen Vergütung dar, denn in ihnen sind zahlreiche Auffassungen über deren grundsätzliche Funktionsweise enthalten. Mithin können sie auch bei der Bestimmung der Rechtsnatur variabler Vergütung aus Zielvereinbarungen eine Rolle spielen sowie bei der Auslegung von entsprechenden Vereinbarungen.

Auch kommen in den Regelungen der CRD IV, vor allem in Art. 94 RL 2013/36/EU deutliche Vorgaben zum Umgang mit variabler Vergütung aus Zielvereinbarungen zum Ausdruck, die auch einen Schluss auf deren Rechtsnatur zulassen. Bereits Art. 92 Abs. 2 g) RL 2013/36/EU zeigt, dass feste Vergütung und variable Vergütung deutlich zu trennen sind und nicht nach denselben Regeln behandelt werden können. Damit wird hier schon eine grundsätzliche Andersartigkeit beider Vergütungsformen vom europäischen Gesetzgeber angeordnet.

Art. 92 Abs. 2 RL 2013/36/EU nimmt zudem eine Aufteilung in verschiedene Mitarbeitergruppen, je nach Führungsstellung oder vergleichbarer Position oder besonderer Risikotätigkeit vor, die eine unterschiedliche Behandlung im Verhältnis zu normalen Mitarbeitern rechtfertigt. Dieser Gedanke wird auch von Art. 94 Abs. 1 a) und n) RL 2013/36/EU aufgegriffen, die festlegen, dass bei der Bewertung von Leistung in variablen Vergütungssystemen nicht nur die individuelle Leistung, sondern

---

344 Boos/Fischer/Schulte-Mattler, KWG – *Braun/Wolfgarten*, §25a, Rn. 704; CEBS Guidelines on Remuneration Policies and Practices, S. 42f., http://www.eba.europa.eu/cebs/media/Publications/Standards%20and%20Guidelines/2010/Remuneration/Guidelines.pdf am 28.01.2013.

345 *Brandi/Gieseler*, NZG 2012, S. 1321, 1331.

auch diejenige der Abteilung und die wirtschaftliche Gesamt- und Finanzlage des Unternehmens zu berücksichtigen sind. Damit werden schon erste Ansatzpunkte für mögliche Variabilisierungsinstrumente und deren Gründe geschaffen[346]. In Art. 94 Abs. 1 n) RL 2013/36/EU werden zudem Verstöße gegen allgemeine Verhaltensstandards und Pflichtverletzungen, die zu erheblichen Verlusten für das Unternehmen führen, genannt. Gerade aus der Vorschrift des Art. 94 Abs. 1 f) RL 2013/36/EU lässt sich zudem ein weiteres Kürzungskriterium bei Pflichtverletzungen und Compliance-Verstößen herleiten, das im Rahmen von Variabilisierungsinstrumenten zum Einsatz kommen kann[347]. Damit sind klar weitere Gründe für einen Widerruf, bzw. einen „Clawback" oder eine Rückforderung variabler Vergütung benannt. Zusammenfassend sind also in der CRD IV die Proportionalität der Variabilisierung von Vergütung aus Zielvereinbarungen nach der Stellung, Führungstätigkeit und Risiko der Arbeitstätigkeit, die schlechte bzw. negative finanzielle Lage des Unternehmens und arbeitsrechtliche Pflichtverletzungen bzw. Compliance-Verstöße als Gründe einer Kürzung genannt.

Außerdem kommt dadurch und durch Art. 94 Abs. 1 c) RL 2013/36/EU zum Ausdruck, dass dem Flexibilisierungs- und Stabilitätsinteresse des Unternehmens besondere Bedeutung bei der Bewertung variabler Vergütungssysteme zukommt. Ebenso zeigt Art. 94 Abs. 1 l) (ii) RL 2013/36/EU das gesteigerte Flexibilisierungsinteresse zugunsten der Stabilität des Unternehmens. Die CRD IV zeigt also, dass ein gerade bei variabler Vergütung gesteigertes Flexibilisierungs- und Stabilitätsinteresse des Arbeitgebers besteht, wenn schlechte Ergebnisse der Abteilung oder des gesamten Unternehmens vorliegen. Außerdem wird durch die Aufteilung in verschiedene Mitarbeitergruppen deutlich, dass der auf diese bezogen Rahmen des Interesses proportional zu deren Stellung und (Risiko-) Tätigkeit im Unternehmen ist.

Art. 94 Abs. 1 b) RL 2013/36/EU enthält einen Ansatzpunkt für Fälligkeitsverschiebungen und „Clawback"- bzw. Rückforderungsklauseln, indem er einen mehrjährigen Rahmen für die Auszahlung anordnet[348]. Ein weiterer solcher Ansatzpunkt findet sich in Art. 94 Abs. 1 i) RL 2013/36/EU, der ausdrücklich Rückforderungsvereinbarungen zur Wahrung der Interessen des Institutes nennt, und außerdem wird in Art. 94 Abs. 1 m) RL 2013/36/EU für einen Anteil von mindestens 40% eine solche Fälligkeitsverschiebung über drei bis fünf Jahre sogar ausdrücklich angeordnet. Schließlich kommt noch die Nennung von Malus- und Rückforderungsvereinbarungen, die eine Absenkung bei negativem oder bloß schlechtem Finanzergebnis in Art. 94 Abs. 1 n) RL 2013/36/EU bewirkt, hinzu. Somit wird in der CRD IV überdeutlich, dass Widerrufs-, „Clawback"- oder Rückforderungsvereinbarungen bei variabler Vergütung nötig und zulässig sind.

In Art. 94 Abs. 1 d) und e) RL 2013/36/EU wird zudem die Zulässigkeit begünstigender Probezeitregelungen angesprochen und als Grundsatz geregelt, dass variable

---

346 Siehe dazu Kapitel C., vor allem Kapitel C. II. und C. VI.
347 Siehe dazu Kapitel C., vor allem Kapitel C. II. und C. VI.
348 Siehe unten Kapitel C. VI.

Vergütung auch variabel sein muss und keinesfalls außerhalb des Probezeitraums stets gewährt werden darf. In dieselbe Richtung gehen Art. 94 Abs. 1 f) und h) RL 2013/36/EU, worin geregelt ist, dass eine komplette Kürzung der variablen Vergütung möglich sein muss, bzw. mangelnde Leistung und Fehlverhalten nicht belohnt werden dürfen.

Auch die Variabilisierungsmöglichkeit über Bonuspoolgestaltungen findet hier einen gesetzlichen Ansatzpunkt in Art. 94 Abs. 1 j) RL 2013/36/EU[349]. Schließlich werden sogar freiwillige Leistungen zur betrieblichen Altersversorgung durch Fälligkeitsverschiebungen und Zurückbehaltungsrechte des Arbeitgebers an das gesteigerte Stabilitäts- und Flexibilisierungsinteresse des Institutes gebunden (Art. 94 Abs. 1 o) RL 2013/36/EU).

Die Festlegung der Grenzwerte für variable Vergütung in Art. 94 Abs. 1 f), g) RL 2013/36/EU lässt zudem Schlüsse auf die zulässige Gesamthöhe variabler Vergütung auch außerhalb des Bankensektors zu[350].

2. Nationale Bankenaufsichtsregelungen zur variablen Vergütung

a) Erste nationalgesetzliche Regelungen

Auf nationaler Ebene existieren verschiedene aufeinander folgende und teils überlappende Regelungen. Bereits das Gesetz zur Errichtung eines Finanzmarktstabilisierungsfonds (FMStFG)[351] vom 28.10.2008 und die dazu erlassene Verordnung zur Durchführung des Finanzmarktstabilisierungsfondsgesetzes (FMStFV)[352] vom 20.10.2008 sahen eine Überprüfungspflicht der Institute hinsichtlich negativer Anreizwirkungen ihrer Vergütungssysteme vor[353]. Dabei sollen die Institute nach § 5 FMStFV darauf hinwirken, dass die Vergütungssysteme nicht zur Eingehung unangemessener Risiken verleiten sowie an langfristigen und nachhaltigen Zielen ausgerichtet und transparent sind. Damit sind bereits Zielvereinbarungen und ihre Ausrichtung sowie deren Bezug zu den Systemen variabler Vergütung – allerdings bloß im Sinne einer problemorientierten Selbstkontrolle – angesprochen. Es folgte das Gesetz zur Angemessenheit der Vorstandsvergütung (VorstAG)[354] vom 01.08.2009, das ebenfalls die Vergütungspolitik zum Gegenstand hatte. Hervorzuheben ist

---

349 Siehe Kapitel C. VIII.

350 Dazu Näheres sogleich in Kapitel B. IV. und C. II.

351 Abrufbar unter http://www.gesetze-im-internet.de/bundesrecht/fmstfg/gesamt.pdf am 01.05.2014.

352 Abrufbar unter http://www.gesetze-im-internet.de/bundesrecht/fmstfv/gesamt.pdf am 01.05.2014.

353 Siehe auch Boos/Fischer/Schulte-Mattler, KWG – *Braun/Wolfgarten*, §25a, Rn. 644.

354 Abrufbar unter http://www.bmj.de/SharedDocs/Downloads/DE/pdfs/Gesetz_zur_Angemessenheit_der_Vorstandsverguetung.pdf?__blob=publicationFile am 28.01.2013.

darin die Änderung des § 87 AktG, die festlegt, dass die Vergütungsstruktur auf eine nachhaltige Unternehmensentwicklung auszurichten ist, sodass variable Vergütungsbestandteile eine mehrjährige Bemessungsgrundlage haben sollen und für außerordentliche Entwicklungen der Aufsichtsrat eine Begrenzungsmöglichkeit vereinbaren soll[355]. Zudem wird daraus teilweise gefolgert, dass ein Stichtagsbezug variabler Vergütungsbestandteile nicht mehr zulässig sein soll[356].

b) Die Rundschreiben der BaFin zu den Mindestanforderungen an das Risikomanagement (MaRisk)

Die Rundschreiben der Bundesanstalt für Finanzdienstleistungsaufsicht (BaFin) geben auf der Grundlage des § 25a Abs. 1 des Kreditwesengesetzes (KWG) einen flexiblen und praxisnahen Rahmen für die Ausgestaltung des Risikomanagements der Institute vor, sie präzisieren ferner die Anforderungen des § 25a Abs. 1a und Abs. 2 KWG[357]. Es handelt sich bei den Rundschreiben und Merkblättern der BaFin um norminterpretierende Verwaltungsvorschriften, die in der Praxis eine erhebliche Bedeutung haben[358]. Hier soll nur das für die variable Vergütung wichtigste Rundschreiben der BaFin zu den MaRisk vorgestellt werden. Neben diesem gibt es noch das Merkblatt zur Kontrolle von Mitgliedern von Verwaltungs- und Aufsichtsorganen gemäß KWG und VAG[359] und das Rundschreiben zu den Mindestanforderungen an die Compliance-Funktion und die weiteren Verhaltens-, Organisations- und Transparenzpflichten nach §§ 31 ff. WbHG für Wertpapierdienstleistungsunternehmen (MaComp)[360], auf die hier nicht näher eingegangen werden soll.

Bereits im Vorgriff auf die europäischen Regelungsinitiativen hat die BaFin die MaRisk vom 14.08.2009 durch die Einführung von Anforderungen an Anreizsysteme ergänzt[361].

355 Siehe auch *Fonk*, NZG 2011, S. 321.

356 Boos/Fischer/Schulte-Mattler, KWG – *Braun/Wolfgarten*, §25a, Rn. 646; *Hüffer*, Aktiengesetz, §87, Rn. 9.

357 Erläuterungen zu den MaRisk, abrufbar unter http://www.bafin.de/SharedDocs/Downloads/DE/Rundschreiben/dl_rs1210_erlaeuterungen_ba.pdf?__blob=publicationFile&v=3 am 01.05.2014.

358 Hopt/Wohlmannstetter, Handbuch Corporate Governance von Banken – *Weber-Rey/Baltzer*, Verlautbarungen, S. 455ff.

359 Aktuelle Fassung vom 03.12.2012 abrufbar unter http://www.bafin.de/SharedDocs/Veroeffentlichungen/DE/Merkblatt/mb_121203_kontrolle_ar_vr_ba_va.html am 01.05.2014.

360 Aktuelle Fassung vom 30.11.2012 abrufbar unter http://www.bafin.de/SharedDocs/Downloads/DE/Rundschreiben/dl_rs_1004_MaComp_Fassung_nov_2012.pdf?__blob=publicationFile&v=2 am 01.05.2014.

361 Boos/Fischer/Schulte-Mattler, KWG – *Braun/Wolfgarten*, §25a, Rn. 647, MaRisk vom 14.08.2009, abrufbar unter http://www.bundesbank.de/Redaktion/DE/Standardartikel/Kerngeschaeftsfelder/Bankenaufsicht/risikomanagement_marisk_2009.html am 01.05.2014.

Darin wurde festgelegt, dass Anreize, die zur Eingehung unverhältnismäßig hoher Risiken verleiten (z. B. ein erheblicher variabler Vergütungsanteil oder hohe Abfindungsansprüche), zu vermeiden und die Mitarbeiter der nicht geschäftsinitiierenden Bereiche angemessen zu vergüten sind. Weiter wurden die Installation von Aufsichts- und internen Kontrollmöglichkeiten geregelt. Außerdem wurde festgelegt, dass bei Mitarbeitern in hohen Risikopositionen (sog. „Risk-Taker") neben dem individuellen Erfolgsbeitrag auch Erfolgsbeiträge der Organisationseinheit sowie der Gesamterfolg des Instituts zu berücksichtigen und auch zukünftige negative Entwicklungen mit einzubeziehen sind sowie ein hinreichend langer Bemessungszeitraum zugrunde zulegen ist.[362]

Insgesamt lässt sich feststellen, dass die Beobachtung operationeller Risiken im Personalbereich gegenüber den vorherigen Fassungen der MaRisk deutlich erweitert wurde. Neu ist insbesondere, dass es keine Beschränkung auf bestimmte Geschäftsbereiche mehr gibt, dass es Ergänzungen/Erweiterungen auf quantitative Beurteilungsaspekte gibt und dass ein unmittelbarer Bezug zur Strategie und Risikosituation geschaffen wird.[363]

Die momentan aktuelle Fassung der MaRisk datiert vom 14.12.2012 und erfasst – wegen des zwischenzeitlichen Inkrafttretens der Institutsvergütungsverordnung – den Bereich der Vergütung nicht mehr ausdrücklich[364]. Denn zeitgleich mit der Veröffentlichung des Rundschreibens 22/2009 der BaFin wurden die vorgezogenen vergütungsrelevanten Neuerungen der MaRisk aufgehoben[365], sodass diese seitdem keine vergütungsrelevanten Regelungen mehr beinhalten.

c) Die Institutsvergütungsverordnung (InstitutsVergV)

Zentrales Element der nationalen Umsetzung ist die InstitutsVergV, die damit auch einen wesentlichen Einfluss auf die zielvereinbarungsbasierten Systeme variabler Vergütung in den Finanzinstituten hat. Hintergrund der InstitutsVergV sind neben den internationalen und europäischen Vorgaben auch die begleitenden Rundschreiben der BaFin. Auf diese Entwicklung wird hier ebenso einzugehen sein, wie auf

---

362 Zum ganzen Abschnitt *Rubner*, NZG 2010, 1288, 1289; Boos/Fischer/Schulte-Mattler, KWG – *Braun/Wolfgarten*, §25a, Rn. 647.

363 Zum ganzen Abschnitt *Weber*, NJW 2013, 275ff.; Klasen/Krebs/Michel/Weber, Personalmanagement und InstitutsVergV – *Michel*, S. 8.

364 MaRisk vom 14.12.2012, abrufbar unter http://www.bafin.de/SharedDocs/Veroeffentlichungen/DE/Rundschreiben/rs_1210_marisk_ba.html?nn=2819248 am 01.05.2014.

365 Boos/Fischer/Schulte-Mattler, KWG – *Braun/Wolfgarten*, §25a, Rn. 649; BaFin Anschreiben an die Verbände vom 21.12.2009, abrufbar unter http://www.bundesbank.de/Redaktion/DE/Downloads/Kerngeschaeftsfelder/Bankenaufsicht/Rundschreiben_Bafin/2009_22_rundschreiben_aufsichtsrechtliche_anforderungen_an_die_verguetungssysteme_von_instituten.pdf?__blob=publicationFile am 01.05.2014.

den Inhalt der Verordnung, um abschließend die Bedeutung der InstitutsVergV auch über den Bankensektor hinaus darzustellen.

aa) Entwicklung und Hintergrund der InstitutsVergV

Am Beginn der Umsetzung der Prinzipien des FSB und der CRD III-Richtlinie stand eine Selbstverpflichtungserklärung einiger Kreditinstitute auf diese[366]. Es folgte das Rundschreiben 22/2009 der BaFin vom 21.12.2009 zu aufsichtsrechtlichen Anforderungen an die Vergütungssysteme von Instituten[367]. Die gesetzliche Umsetzung der FSB-Prinzipien und Standards erfolgte mit Inkrafttreten des Gesetzes über die aufsichtsrechtlichen Anforderungen an die Vergütungssysteme von Instituten und Versicherungsunternehmen (VergAnfG)[368] am 27.07.2010[369]. Somit ist im Falle einer bedeutenden inhaltlichen Änderung der CEBS-Richtlinien mit einer entsprechenden Anpassung der InstitutsVergV zu rechnen[370]. Im Rahmen des VergAnfG wurde § 25a Abs. 1 Nr. 4 KWG eingefügt, welcher das für eine ordnungsgemäße Geschäftsorganisation erforderliche Risikomanagement um angemessene und transparente Vergütungssysteme für Geschäftsleiter und Mitarbeiter, die auf eine nachhaltige Entwicklung des Instituts ausgerichtet sind erweitert[371]. Hierbei wird „Nachhaltigkeit" im Sinne einer langfristigen Wertsteigerung des Unternehmens bzw. der Vermeidung zu hoher Risiken zur Ertragssteigerung verstanden[372]. Für Versicherungsunternehmen wurden ähnliche Regelungen in § 64b VAG und der Versicherungsvergütungsverordnung (VersVergV) vom 06.10.2010 getroffen. Bemerkenswert ist auch die gesetzliche Befugnis der BaFin, im Fall einer (drohenden) Unterschreitung bestimmter aufsichtsrechtlicher Anforderungen die Auszahlung variabler Vergütungsbestandteile – sowohl im Finanz- als auch im Versicherungsbereich – zu untersagen oder auf einen bestimmten Anteil des Jahresergebnisses zu beschränken (§§ 45 Abs. 1 S. 1 Nr. 4 KWG, 81 b Abs. 1a VAG)[373]. Das Vergütungssystem schließt dabei die inhaltliche, organisatorische und prozessuale Ausgestaltung ein, welche auf die Gesamtheit aller vom Institut zu erbringenden monetären und monetär bewertbaren Leistungen für die berufliche Tätigkeit eines Geschäftsleiters oder Mitarbeiters gerichtet ist[374]. Zudem enthält § 25a Abs. 5 KWG die Verordnungsermächtigung zugunsten des

366 Boos/Fischer/Schulte-Mattler, KWG – *Braun/Wolfgarten*, §25a, Rn. 648.

367 Abrufbar unter http://www.bundesbank.de/Redaktion/DE/Downloads/Kerngeschaeftsfelder/Bankenaufsicht/Rundschreiben_Bafin/2009_22_aufsichtsrechtliche_anforderungen_an_die_verguetungssysteme_von_instituten.pdf?__blob=publicationFile am 01.05.2014; dazu auch *Rubner*, NZG 2010, S. 1288ff.

368 Abrufbar unter http://www.buzer.de/gesetz/9353/index.htm am 01.05.2014.

369 Boos/Fischer/Schulte-Mattler, KWG – *Braun/Wolfgarten*, §25a, Rn. 650.

370 Klasen/Krebs/Michel/Weber, Personalmanagement und InstitutsVergV – *Krebs*, S. 54.

371 Boos/Fischer/Schulte-Mattler, KWG – *Braun/Wolfgarten*, §25a, Rn. 650.

372 *Dzida/Naber*, BB 2011, S. 2613.

373 Hölters, Aktiengesetz – *Weber*, § 87 AktG, Rn. 67.

374 Boos/Fischer/Schulte-Mattler, KWG – *Braun/Wolfgarten*, §25a, Rn. 650; BT-Drucksache 17/1291, S. 11.

Bundesministeriums der Finanzen hinsichtlich einer näheren Ausgestaltung der Vergütungssysteme und der Vergütungspolitik. Auf dieser Grundlage sind am 13.12.2010 die Verordnung über die aufsichtsrechtlichen Anforderungen an Vergütungssysteme von Instituten (Institutsvergütungsverordnung – InstitutsVergV) sowie die Verordnung über die aufsichtsrechtlichen Anforderungen an Vergütungssysteme von Versicherungsunternehmen (VersVergV) in Kraft getreten[375]. Die Verordnungen dienen der Umsetzung der FSB Prinzipien für solide Vergütungspraktiken und deren Umsetzungsstandards sowie der CEBS/EBA Leitlinien zu den Vergütungsanforderungen und der Änderungen der CRD-III Richtlinien[376].

Die InstitutsVergV beinhaltet nähere Einzelheiten zur Ausgestaltung, Überwachung sowie Fortentwicklung von Vergütungssystemen einschließlich Entscheidungsprozessen, Zusammensetzung von Vergütung, Ausgestaltung der Vergütungsparameter, Leistungszeiträumen, Offenlegung, Ausgestaltung von Vergütungssystemen sowie Zusammensetzung von Vergütung. Die Verordnung setzt die vergütungsbezogenen Regelungen der CRD III-Richtlinie um und entspricht materiell weitgehend dem BaFin Rundschreiben 22/2009, welches mit Inkrafttreten der InstitutsVergV aufgehoben wurde.[377]

Nachdem am 26.06.2013 nunmehr auch die CRD IV Richtlinie (RL 2013/36/EU) auf europäischer Ebene erlassen wurde, hat der deutsche Gesetzgeber das KWG und das VAG durch das Gesetz zur Umsetzung der Richtlinie 2013/36/EU über den Zugang zur Tätigkeit von Kreditinstituten und die Beaufsichtigung von Kreditinstituten und Wertpapierfirmen und zur Anpassung des Aufsichtsrechts an die Verordnung (EU) Nr. 575/2013 über Aufsichtsanforderungen an Kreditinstitute und Wertpapierfirmen (CRD-IV UmsetzungsG) vom 28.08.2013 erneut geändert[378]. Darin wird der vorherige § 25a KWG komplett durch die neuen §§ 25a – 25e KWG ersetzt. Für variable Vergütung aus Zielvereinbarungen ist nur § 25a KWG relevant, der die besonderen organisatorischen Pflichten und die Verordnungsermächtigung für die Institutsvergütungsverordnung enthält. Nach § 25a Abs. 1 Nr. 6 S. 1 KWG in Verbindung mit Abs. 5 KWG hat das Institut im Rahmen seiner Geschäftsorganisation ein Risikomanagement zu betreiben, das angemessene, transparente und auf eine nachhaltige Entwicklung des Institutes ausgerichtete Vergütungssysteme für Geschäftsleiter und Mitarbeiter enthält. Darin kommt erneut das gesteigerte Flexibilitäts- und Stabilitätsinteresse des Institutes zum Ausdruck. § 25 a Abs. 1 Nr. 6 S. 2 enthält eine Ausnahme für Regelungen in einem Tarifvertrag oder seinem Anwendungsbereich. § 25a Abs. 5

375 Boos/Fischer/Schulte-Mattler, KWG – *Braun/Wolfgarten*, §25a, Rn. 652.

376 *BaFin* Begründung zur InstitutsvergV vom 06.10.2010, abrufbar unter http://www.bafin.de/SharedDocs/Aufsichtsrecht/DE/Verordnung/InstitutsVergV_Begruendung_ba.html am 29.01.2013.

377 Zum ganzen Abschnitt *Rubner*, NZG 2010, S. 1288ff.; Boos/Fischer/Schulte-Mattler, KWG – *Braun/Wolfgarten*, §25a, Rn. 652; *BaFin* Begründung zur InstitutsvergV vom 06.10.2010, abrufbar unter http://www.bafin.de/SharedDocs/Aufsichtsrecht/DE/Verordnung/InstitutsVergV_Begruendung_ba.html am 29.01.2013.

378 BGBl 2013, Teil I, Nr. 53, S. 3395.

KWG bildet den Kern der Regelungen zu Vergütungssystemen. Danach haben die Institute für ein angemessenes Verhältnis zwischen fester und variabler Vergütung zu sorgen. Die variable Vergütung darf die Grenze von 100% der festen Vergütung für jeden einzelnen Mitarbeiter oder Geschäftsleiter nicht übersteigen. Hierbei kann für bis zu 25 % der variablen Vergütung der zukünftige Wert auf den Zeitpunkt der Mitteilung an die jeweiligen Mitarbeiter oder Geschäftsleiter über die Höhe der variablen Vergütung für einen Bemessungszeitraum abgezinst werden, wenn dieser Teil der variablen Vergütung für die Dauer von mindestens fünf Jahren nach dieser Mitteilung zurückbehalten wird. Außerdem soll ein Zurückbehaltungszeitraum definiert werden, innerhalb dessen nur ein Anspruch auf korrekte Ermittlung der zustehenden variablen Vergütung, nicht aber auf Auszahlung besteht. Eine Erhöhung der Grenze der variablen Vergütung auf bis zu 200% der festen Vergütung muss durch einen Beschluss der Anteilseigner, Eigentümer oder Gesellschafter nach dem bereits in Art. 94 Abs. 1 g) (ii) RL 2013/36/EU beschriebenen Verfahren mit einer Mehrheit von 66% bzw. 75% für einzelne Mitarbeiter oder Geschäftsleiter festgelegt werden. § 25a Abs. 6 enthält sodann die Ermächtigungsgrundlage für die InstitutsVergV. Gegenstand der Verordnung sollen nach der Aufzählung dort das Verhältnis von variabler zu fixer Vergütung, die Vergütungsinstrumente für variable Vergütung (§ 25a Abs. 6 Nr. 1 b) KWG), positive und negative Vergütungsparameter, Leistungszeiträume, Zurückbehaltungszeiträume, Kürzungsparameter für teilweise und vollständige Kürzung unter besonderer Berücksichtigung der langfristigen Interessen des Institutes (§ 25a Abs. 6 Nr. 1 c) KWG), die Überwachung der Angemessenheit des Vergütungssystems und des Vergütungsausschusses (§ 25a Abs. 6 Nr. 3 KWG), die Offenlegung von Gestaltung und Zusammensetzung der Vergütungssysteme einschließlich Abfindungszahlungen (§ 25a Abs. 6 Nr. 4 KWG) sein.[379]

Die Umsetzung dieser Verordnungsermächtigung erfolgte durch die überarbeitete InstitutsVergV vom 06.12.2013[380], die hier zunächst näher untersucht werden soll. Daneben ist anschließend auf die VersVergV einzugehen, deren Vergütungsmaßstäbe im Vergleich zur InstitutsVergV ähnlich gegliedert, aber relativ milder sind. Am VAG und dem für die Versicherungsvergütungsverordnung maßgeblichen § 64b Abs. 5 S. 1–4 VAG hat sich durch das CRD IV UmsetzungsG nichts geändert.

bb) Vergütungsbezogener Inhalt der InstitutsVergV

Die InstitutsVergV enthält neben allgemeinen Regelungen für alle Institute auch besondere Anforderungen an bedeutende Institute sowie einen umfassenden Begriffsbestimmungsabschnitt. Dabei soll der Fokus hier auf den für die variable Vergütung aus Zielvereinbarungen maßgeblichen Inhalten liegen. Die Sonderregelungen für Gruppen und Übergangsvorschriften zur Änderung bestehender Vereinbarungen in den §§ 27, 28 InstitutsVergV bleiben außen vor.

379 Schon zum Rundschreiben BaFin-Rundschreiben 22/2009, *Rubner*, NZG 2010, S. 1288, 1289f.

380 BGBl. 2013 Teil I Nr. 74, S. 4270 vom 19.12.2013.

(1) Anwendungsbereich (§ 1 InstitutsVergV)

§ 25a KWG sowie die InstitutsVergV gelten unabhängig von ihrer Rechtsform für alle Kredit- und Finanzdienstleistungsinstitute im Sinne des KWG[381]. Adressaten der InstitutsVergV sind in erster Linie gem. § 1 Abs. 1 InstitutsVergV alle inländischen Kredit- und Finanzdienstleistungsinstitute im Sinne des § 1 Abs. 1 b KWG, deren ausländische Tochtergesellschaften und Zweigniederlassungen sowie inländische Zweigstellen von Unternehmen mit Sitz im Ausland (§ 53 Abs. 1 KWG)[382]. Die sich aus der InstitutsVergV ergebenden Anforderungen sind gem. § 1 Abs. 1 InstitutsVergV – in persönlicher Hinsicht – auf alle Geschäftsleiter bzw. alle Mitarbeiter dieser Institute anzuwenden[383]. Allerdings ist die Anwendung der Anforderungen an Vergütungssysteme nach § 25 a Abs. 1 Nr. 6 S. 2 KWG sowie § 1 Abs. 3 InstitutsVergV ausgeschlossen, sofern Vergütungen durch Tarifvertrag, durch Vereinbarung der Arbeitsvertragsparteien über die Anwendung der tarifvertraglichen Regelungen oder aufgrund einer Betriebs- oder Dienstvereinbarung festgelegt wurden[384]. Dies ergibt sich zudem aus § 45 KWG[385]. Insoweit bleiben tarifvertragliche Vereinbarungen von der InstitutsVergV unberührt[386].

Diese Regelungen wurden zur Rechtsklarheit und zur Absicherung der verfassungsrechtlichen Tarifautonomie der Tarifvertragsparteien gemäß Art. 9 GG aufgenommen. Dem liegt die zutreffende Erwägung zugrunde, dass tariflichen Vergütungsbestandteilen eine inhaltliche Richtigkeitsgewähr innewohnt, demnach die Verhandlungen zwischen den Tarifvertragsparteien durch einen gegenseitigen Kräfteausgleich eine Angemessenheit der Vergütungssysteme sicherstellen und keiner nachgelagerten Kontrolle bedürfen. Von der Ausnahmeregelung erfasst sind Vergütungsbestandteile, die in dem Tarifwerk geregelt sind, etwa in den Tarifverträgen für das private Bankgewerbe und die öffentlichen Banken. Damit sind der InstitusVergV auch Vergütungsbestandteile entzogen, die nach dem Inkrafttreten derselben in dem Tarifwerk modifiziert oder eingefügt werden. Schwieriger zu beurteilen ist die Handhabung der Ausnahme für Betriebs- bzw. Dienstvereinbarungen, denn diese ist an eine Regelung aufgrund eines Tarifvertrages gebunden. Im Gesetzgebungsverfahren war nämlich gelegentlich gefordert worden, eine allgemeine Ausnahme für Betriebsvereinbarungen zu machen[387], was letztlich jedoch

---

381 Noch zur alten Fassung der Verordnung Boos/Fischer/Schulte-Mattler, KWG – *Braun/Wolfgarten*, §25a, Rn. 654.

382 Noch zur alten Fassung der Verordnung Klasen/Krebs/Michel/Weber, Personalmanagement und InstitutsVergV – *Weber*, S. 32.

383 *Mujan*, BB 2013, S. 1653, 1654; Boos/Fischer/Schulte-Mattler, KWG – *Braun/Wolfgarten*, §25a, Rn. 654.

384 Boos/Fischer/Schulte-Mattler, KWG – *Braun/Wolfgarten*, §25a, Rn. 663.

385 Klasen/Krebs/Michel/Weber, Personalmanagement und InstitutsVergV – *Krebs*, S. 60.

386 Boos/Fischer/Schulte-Mattler, KWG – *Braun/Wolfgarten*, §25a, Rn. 663.

387 Stellungnahme des DGB zum Gesetzesentwurf S. 5, abrufbar unter http://www.bundestag.de/bundestag/ausschuesse17/a07/anhoerungen/2010/017/Stellungnahmen/04_DGB.pdf am 31.01.2013.

nicht erfolgte. Besteht also keine tarifvertragliche Ausgangsregelung, wird der in der Betriebsvereinbarung geregelte Vergütungsbestandteil nicht von § 1 Abs. 3 InstitutsVergV erfasst und unterliegt dem Prüfungskatalog der InstitutsVergV. Darin kommt der Gedanke der gesteigerten Verhandlungsmacht der Tarifvertragsparteien und daher des besseren Schutzes bei tarifvertraglicher Regelung zum Ausdruck. Problematischer sind jedoch die Fälle von Betriebsvereinbarungen, die gegen die Vorgaben der tarifvertraglichen Ausgangsregelung verstoßen und daher gem. § 77 Abs. 3 S. 1 BetrVG nichtig sind.[388]

In der Literatur wird dazu vertreten, dass dann, wenn eine Umdeutung der unwirksamen Betriebsvereinbarung in eine vertragliche Einheitsregelung gemäß den dazu vom *BAG* aufgestellten Grundsätzen[389] möglich ist, die (dann vertragliche) Regelung der InstitutsVergV unterfällt. Schwierig sind auch die Fälle einer bloß generellen Tariföffnungsklausel, die keine inhaltlichen Anforderungen stellt; denn bei einer solchen entfällt das Argument gesteigerten Schutzes. Gerade wegen dieser fehlenden Richtigkeitsgewähr kann also nur für Vergütungsbestandteile, die auch Gegenstand tatsächlicher Verhandlungen und sich derart im Tarifvertrag niedergeschlagen haben, § 1 Abs. 3 InstitutsVergV gelten.[390]

Allerdings kann sich nichtsdestotrotz Anpassungsbedarf für kollektivrechtliche Regelungen aus den Neuerungen der Insitutsvergütungsverordnung ergeben, wenn Neuverhandlungen derartiger Vereinbarungen anstehen[391].

In der Literatur wird aus der Verknüpfung zu § 45 KWG zudem gefordert, dass ein Auszahlungsvorbehalt nach § 45 KWG bezüglich übertariflicher variabler Vergütung in die Auszahlungsregeln aufgenommen werden soll, demnach auf die Ermächtigung der BaFin im Falle unzureichender Eigenmittel oder Liquidität zur Untersagung oder Kürzung der variablen Vergütung hingewiesen wird[392].

Die allgemeinen Anforderungen der §§ 3 ff. InstitutsVergV finden dabei auf alle Institute Anwendung. Die besonderen Anforderungen der §§ 17 ff. InstitutsVergV betreffen nach §§ 1 Abs. 2, 17 InstitutsVergV hingegen nur Institute, die dadurch als bedeutend anzusehen sind, dass ihre Bilanzsumme im Durchschnitt zu den jeweiligen Stichtagen der letzten drei abgeschlossenen Geschäftsjahre 10 Milliarden Euro erreicht oder überschritten hat und sie auf der Grundlage einer Risikoanalyse eigenverantwortlich feststellt haben, dass sie bedeutend sind. Bei der Risikoanalyse sind gemäß § 17 Abs. 1 InstitutsVergV insbesondere die Größe des Instituts, seine Vergütungsstruktur sowie Art, Umfang, Komplexität, Risikogehalt und Internationalität der betriebenen Geschäftsaktivitäten zu berücksichtigen. Dabei können

---

388 Zum ganzen Absatz *Insam/Hinrichs/Hörtz*, DB 2012, S. 1568 f.; Tarifvertrag zur leistungs- und oder erfolgsorientierten variablen Vergütung für das private und öffentliche Bankgewerbe vom 01.09.2006; s.o. B I. 2. b).

389 *BAG* vom 30.05.2006 – 1 AZR 111/05.

390 Zum ganzen Abschnitt *Insam/Hinrichs/Hörtz*, DB 2012, S. 1568, 1569 unter Verweis auf die dort ausgeführte Rechtsauffassung der BaFin.

391 *Zürn/Rappensperger/Brämswig*, DB 2013, S. 2681, 2684f.

392 Klasen/Krebs/Michel/Weber, Personalmanagement und InstitutsVergV – *Krebs*, S. 61.

jedoch auch weitere Kriterien, z.B. Höhe der Eigenmittel, Umfang derivativer Geschäfte, Mitarbeiteranzahl, Anzahl der Zweigniederlassungen und Zweigstellen oder Börsennotierung für die Beurteilung hinzugezogen werden[393].

(2) Begriffsbestimmungen (§ 2 InstitutsVergV)

Mit Blick auf die europarechtlichen Vorgaben werden durch die InstitutsVergV – wie auch bereits durch das BaFin-Rundschreiben 22/2009 – eine Reihe von Begriffen terminologisch abgegrenzt[394]. Dabei sollen hier nur die für die Einordnung variabler Vergütung aus Zielvereinbarungen maßgeblichen Begriffe vorgestellt werden. Konkretisiert werden insbesondere die Begriffe „Vergütung“ und „Vergütungssysteme“ hinsichtlich der hierunter zu subsumierenden Komponenten sowie der Begriff „Mitarbeiter“ im Hinblick auf den persönlichen Anwendungsbereich[395]. Nach § 2 Abs. 1 InstitutsVergV sind „Vergütung“ sämtliche finanziellen Leistungen und sämtliche Sachbezüge gleich welcher Art einschließlich der Leistungen für die Altersversorgung sowie Leistungen von Dritten, die ein Geschäftsleiter, eine Geschäftsleiterin, ein Mitarbeiter oder eine Mitarbeiterin im Hinblick auf seine oder ihre berufliche Tätigkeit bei dem Institut erhält. Nicht als Vergütung gelten finanzielle Leistungen oder Sachbezüge, die von dem Institut kraft einer allgemeinen, ermessensunabhängigen und institutsweiten Regelung gewährt werden und keine Anreizwirkung zur Eingehung von Risiken entfalten, insbesondere Rabatte, betriebliche Versicherungs- und Sozialleistungen sowie bei Mitarbeitern und Mitarbeiterinnen die Beiträge zur gesetzlichen Rentenversicherung im Sinne des Sechsten Buches Sozialgesetzbuch und zur betrieblichen Altersversorgung im Sinne des Betriebsrentengesetzes. Damit ist neben der Fixvergütung auch die variable, also ermessensabhängige Vergütung in all ihren Formen, also auch aus Zielvereinbarungen, erfasst.

Auch ermessensabhängige Leistungen zur Altersvorsorge stellen eine erfasste variable Vergütung dar. Als eine variable Vergütung sind zudem zwischenzeitlich in feste umgewandelte Teile einer originär variablen Vergütung anzusehen. Dies gilt

---

393 *Mujan*, BB 2013, S. 1653, 1654; Boos/Fischer/Schulte-Mattler, KWG – *Braun/Wolfgarten*, §25a, Rn. 661.

394 *Mujan*, BB 2013, S. 1653, 1654; Boos/Fischer/Schulte-Mattler, KWG – *Braun/Wolfgarten*, §25a, Rn. 664, CEBS Guidelines on Remuneration Policies and Practices http://www.eba.europa.eu/cebs/media/Publications/Standards%20and%20Guidelines/2010/Remuneration/Guidelines.pdf am 28.01.2013; BaFin Rundschreiben 22/2009 abrufbar unter http://www.bundesbank.de/Redaktion/DE/Downloads/Kerngeschaeftsfelder/Bankenaufsicht/Rundschreiben_Bafin/2009_22_aufsichtsrechtliche_anforderungen_an_die_verguetungssysteme_von_instituten.pdf?__blob=publicationFile am 01.05.2014; BCBS 194 abrufbar unter http://www.bis.org/publ/bcbs194.pdf am 01.05.2014.

395 *Mujan*, BB 2013, S. 1653, 1654; Boos/Fischer/Schulte-Mattler, KWG – *Braun/Wolfgarten*, §25a, Rn. 664.

selbst in dem Fall, in dem diese keine Anreizwirkung zur Eingehung von Risiken mehr aufweisen.[396]

Gemäß § 2 Abs. 2 InstitutsVergV sind „Vergütungssysteme" die institutsinternen Regelungen zur Vergütung sowie deren tatsächliche Umsetzung und Anwendung durch das Institut.

„Variable Vergütung" ist nach § 2 Abs. 3 InstitutsVergV der Teil der Vergütung, dessen Gewährung oder Höhe im Ermessen des Instituts steht oder vom Eintritt vereinbarter Bedingungen abhängt und zwar einschließlich der ermessensabhängigen Leistungen zur Altersversorgung. Gerade variable Vergütungsbestandteile können einen wesentlichen Anreiz für Motivation darstellen und sich insoweit erheblich auf die Erreichung der unternehmensstrategischen Ziele auswirken[397].

Problematisch wirken sich die variablen Vergütungsbestandteile allerdings dort aus, wo ein nicht angemessen hoher Anteil zur Eingehung von nicht mehr vertretbaren Risiken führt. Auch können sie sich bei entsprechender Verminderung in für das Institut wirtschaftlich schwierigen Zeiten nachteilig auf die Mitarbeiterfluktuation auswirken. Der Ausgewogenheit zwischen fixer und variabler Vergütung kommt eine erhebliche Bedeutung zu, wie insbesondere die Rahmenregelungen des Art. 94 RL 2013/36/EU und § 25a Abs. 5 KWG zeigen.[398]

„Mitarbeiter" sind gemäß § 2 Abs. 6 Nr. 1 InstitutsVergV alle natürlichen Personen, deren sich das Institut bei dem Betreiben von Bankgeschäften oder der Erbringung von Finanzdienstleistungen, insbesondere aufgrund eines Arbeits-, Geschäftsbesorgungs- oder Dienstverhältnisses, bedient, und weitere unmittelbar an den Bankgeschäften beteiligte Personen, sofern sie nicht Geschäftsleiter oder Handelsvertreter sind. Somit sind zwar Zeitarbeitnehmer, nicht aber Reinigungs- oder Kantinenbeschäftigte erfasst[399]. Daneben erfasst § 2 Abs. 6 Nr. 2 InstitutsVergV auch solche natürlichen Personen, die im Rahmen einer Auslagerungsvereinbarung nach § 64b VAG für das Institut tätig sind, um Bankgeschäfte zu betreiben oder Finanzdienstleistungen zu erbringen.

---

396 Zum ganzen Abschnitt *Mujan*, BB 2013, S. 1653, 1654; Boos/Fischer/Schulte-Mattler, KWG – *Braun/Wolfgarten*, §25a, Rn. 666; *BaFin* Begründung zur InstitutsvergV vom 06.10.2010, abrufbar unter http://www.bafin.de/SharedDocs/Aufsichtsrecht/DE/Verordnung/InstitutsVergV_Begruendung_ba.html am 29.01.2013; CEBS Guidelines on Remuneration Policies and Practices http://www.eba.europa.eu/cebs/media/Publications/Standards%20and%20Guidelines/2010/Remuneration/Guidelines.pdf am 28.01.2013.

397 *Mujan*, BB 2013, S. 1653, 1654; Boos/Fischer/Schulte-Mattler, KWG – *Braun/Wolfgarten*, §25a, Rn. 668 unter Verweis auf *Hannemann/Schneider/Weigl*, Mindestanforderungen an das Risikomanagement, S. 926.

398 Zum ganzen Abschnitt *Mujan*, BB 2013, S. 1653, 1654; Boos/Fischer/Schulte-Mattler, KWG – *Braun/Wolfgarten*, §25a, Rn. 668.

399 *Mujan*, BB 2013, S. 1653, 1654; Boos/Fischer/Schulte-Mattler, KWG – *Braun/Wolfgarten*, §25a, Rn. 671.

Nach § 2 Abs. 7 InstitutsVergV sind „Vergütungsparameter" alle quantitativen und qualitativen Bestimmungsfaktoren, anhand derer die Leistung und der Erfolg eines Geschäftsleiters oder eines Mitarbeiters oder einer Organisationseinheit gemessen werden.

„Erfolgsbeiträge" im Sinne von § 2 Abs. 8 InstitutsVergV sind die auf der Grundlage von Vergütungsparametern ermittelten tatsächlichen Leistungen und Erfolge von Geschäftsleitern, Geschäftsleiterinnen, Mitarbeitern, Mitarbeiterinnen oder institutsinternen Organisationseinheiten, die in die Ermittlung der Höhe der variablen Vergütungsbestandteile einfließen. Erfolgsbeiträge können positiv und negativ sein.

Somit kann man abschließend festhalten, dass viele Begriffe, die auch im Rahmen der variablen Vergütung aus Zielvereinbarungen von Bedeutung sind, hier erstmalig gesetzlich definiert wurden, sich also aus der Institutsvergütungsverordnung nicht nur für den Bankenbereich ein gesetzlicher Ansatzpunkt für weitere Begriffsbestimmungen ergibt.

(3) Allgemeine Anforderungen (§§ 3 ff. InstitutsVergV)

In den §§ 3 ff. InstitutsVergV finden sich die allgemeinen Anforderungen, die hier im Lichte der variablen Vergütung aus Zielvereinbarungen dargestellt werden sollen. Sie gelten für alle Institute, die dem Anwendungsbereich der InstitutsVergV unterliegen[400]. Dabei regeln vor allem die §§ 3 bis 10 InstitutsVergV die allgemeinen Anforderungen an die Vergütungssysteme. §§ 11 ff. InstitutsVergV erfassen hingegen vor allem Organisationsrichtlinien, den Vergütungsausschuss, Übergangsregelungen, Informationspflichten und Offenlegungspflichten und werden hier nicht näher beleuchtet, weil es sich dabei überwiegend um Durchführungsvorschriften handelt, aus denen sich keine Erkenntnisse für die allgemeine arbeitsrechtliche Behandlung variabler Vergütung ergeben.

§ 3 InstitutsVergV weist die Verantwortung für die Ausgestaltung von Vergütungssystemen für Mitarbeiter der Geschäftsleitung zu und stellt den Bezug zu den Regelungen in § 25a Abs. 1 Nr. 6, Abs. 5 KWG her.

§ 4 InstitutsVergV regelt sodann die Ausrichtung der Vergütungssysteme auf die Ziele, die in den Geschäfts- und Risikostrategien des jeweiligen Institutes niedergelegt sind. Die Vergütungsparameter müssen dabei an diesen Strategien ausgerichtet sein und das Erreichen dieser Ziele stützen. Durch die Ausrichtung der Vergütungssysteme an den festgelegten Strategien des Instituts soll sichergestellt werden, dass die vergütungsrelevanten Ziele genügend Anreize ermöglichen und die Ausgestaltung der Vergütungssysteme einen effektiven Beitrag zur Erreichung der Strategieziele leisten kann[401]. Die Ausrichtung der Vergütungssysteme muss dementsprechend

---

400 Klasen/Krebs/Michel/Weber, Personalmanagement und InstitutsVergV – *Weber*, S. 35.

401 *Mujan*, BB 2013, S. 1653, 1654; Boos/Fischer/Schulte-Mattler, KWG – *Braun/Wolfgarten*, §25a, Rn. 685, *BaFin* Begründung zur InstitutsvergV vom 06.10.2010, abrufbar unter http://www.bafin.de/SharedDocs/Aufsichtsrecht/DE/Verordnung/InstitutsVergV_Begruendung_ba.html am 29.01.2013.

mit den Strategien des Instituts im Einklang stehen[402]. Die vergütungsrelevanten Ziele sind hinreichend ambitioniert festzulegen, damit die Vergütungssysteme als Instrumente der Unternehmenssteuerung zur Zielerreichung beitragen[403]. Hintergrund dieser Regelung ist die Erfahrung aus der Finanzkrise, dass zur Sicherstellung eines attraktiven Vergütungsniveaus teilweise vergütungsrelevante Ziele festgelegt wurden, die ohne hohen Aufwand erreicht werden konnten und die darüber hinaus nicht im Einklang mit den Strategien des jeweiligen Instituts standen[404]. Auch bei Nichterreichung dieser – „wenig ambitionierten" – Ziele wurden vereinzelt variable Vergütungen unter Begründung der exogenen Effekte beschlossen und gewährt, was letztlich zu einer Verstetigung der variablen Vergütungsbestandteile geführt hat[405]. Im Vordergrund stand demnach die persönliche Motivation, eine solide Vergütung zu erhalten, wodurch das Erreichen der Strategieziele in den Hintergrund getreten ist[406]. Es zeigte sich, dass die benannten Probleme gerade bei der richtigen Anwendung von Zielvereinbarungssystemen nicht entstanden wären, weil diese derartige Effekte gerade vermeiden sollen[407]. Denn in Zielvereinbarungen sollen ja gerade herausfordernde Ziele vereinbart werden, um einen maximalen Motivationseffekt zu erzielen[408]. Somit wird hier ein Regelungsdefizit bei der Umsetzung variabler

402 *Mujan*, BB 2013, S. 1653, 1654; Boos/Fischer/Schulte-Mattler, KWG – *Braun/Wolfgarten*, §25a, Rn. 685, CEBS Guidelines on Remuneration Policies and Practices, S. 38, http://www.eba.europa.eu/cebs/media/Publications/Standards%20and%20Guidelines/2010/Remuneration/Guidelines.pdf am 28.01.2013.

403 Klasen/Krebs/Michel/Weber, Personalmanagement und InstitutsVergV – *Weber*, S. 35; *BaFin* Begründung zur InstitutsvergV vom 06.10.2010, abrufbar unter http://www.bafin.de/SharedDocs/Aufsichtsrecht/DE/Verordnung/InstitutsVergV_Begruendung_ba.html am 29.01.2013; *BaFin*, Auslegungshilfe zur Verordnung über die aufsichtsrechtlichen Anforderungen an Vergütungssysteme von Instituten vom 01.04.2014, abrufbar unter http://www.bafin.de/SharedDocs/Veroeffentlichungen/DE/Auslegungsentscheidung/BA/ae_140101_institutsvergv.html;jsessionid=299F7203831F8B5859337DF0E666CF72.1_cid290 am 01.05.2014.

404 *Mujan*, BB 2013, S. 1653, 1654; Boos/Fischer/Schulte-Mattler, KWG – *Braun/Wolfgarten*, §25a, Rn. 684; *BaFin*, Auslegungshilfe zur Verordnung über die aufsichtsrechtlichen Anforderungen an Vergütungssysteme von Instituten vom 26.08.2013.

405 *Mujan*, BB 2013, S. 1653, 1654; Boos/Fischer/Schulte-Mattler, KWG – *Braun/Wolfgarten*, §25a, Rn. 684; *BaFin* Begründung zur InstitutsvergV vom 06.10.2010, abrufbar unter http://www.bafin.de/SharedDocs/Aufsichtsrecht/DE/Verordnung/InstitutsVergV_Begruendung_ba.html am 29.01.2013; *BaFin*, Auslegungshilfe zur Verordnung über die aufsichtsrechtlichen Anforderungen an Vergütungssysteme von Instituten vom 01.01.2014 abrufbar unter http://www.bafin.de/SharedDocs/Veroeffentlichungen/DE/Auslegungsentscheidung/BA/ae_140101_institutsvergv.html;jsessionid=299F7203831F8B5859337DF0E666CF72.1_cid290 am 01.05.2014.

406 Boos/Fischer/Schulte-Mattler, KWG – *Braun/Wolfgarten*, §25a, Rn. 684.

407 Siehe oben Kapitel B. I. 1. und B. I. 2.

408 Siehe Kapitel B. I. und II. sowie stellvertretend für viele *Deich*, Die rechtliche Beurteilung von Zielvereinbarungen im Arbeitsverhältnis 2004, S. 15.

Vergütung aus Zielvereinbarungen im Bankenbereich deutlich. Diesem Defizit wird hier durch die gesetzliche Regelung abgeholfen. Eine Aussage hinsichtlich des Grads der Konkretisierung wird jedoch von der InstitutsVergV nicht getroffen[409].

Die Regelung in § 4 InstitutsVergV spiegelt deutlich die „kaskadenförmige[410]" Zielbildung bei variabler Vergütung aus Zielvereinbarungen wieder, womit diese nur bei dieser Form der Vergütung wichtige Position ausdrücklich aufgegriffen wird. Zudem kommt hier ein gesteigertes Stabilitätsinteresse des Institutes gegenüber dem Interesse der Arbeitnehmer deutlich zum Ausdruck, was besonders bei Betrachten des Hintergrundes der Regelung auffällt. Außerdem kommt zum Ausdruck, dass keine zu leichten Ziele zu setzen sind, sodass hierdurch eine stetige variable Vergütung ermöglicht wird. Es soll also gerade vermieden werden, dass aus einer variablen Vergütung durch zu leichte Ziele oder fehlende Variabilisierungsmöglichkeiten eine „feste" Vergütung wird. Diese Ausrichtung könnte in der Praxis so aussehen, dass die jeweiligen individuellen Ziele sich auf die Ziele des jeweiligen Institutes beziehen, oder besondere Ziele etwa für Compliance-Abteilungen, oder mit einem Compliance-Bezug vereinbart werden. Zusätzlich könnten Richtlinien für Führungskräfte und Formblätter vorsehen, dass bestimmte Zielvereinbarungen „von oben nach unten" weitergegeben werden. Schließlich könnten natürlich auch Betriebsvereinbarungen und Sprecherausschussvereinbarungen eine Ausrichtung auf die jeweiligen Unternehmensziele festlegen. Letztlich wird sich hier die praktische Ausgestaltung am Prüfungsrahmen der Bafin orientieren, der sich noch entwickeln muss.

§ 5 InstitutsVergV bestimmt sodann Grundsätze für eine Angemessenheit von Vergütung und Vergütungssystemen. Nach § 5 Abs. 1 InstitutsVergV sind die Vergütungssysteme angemessen ausgestaltet, wenn Anreize für die Geschäftsleiter, Geschäftsleiterinnen, Mitarbeiter und Mitarbeiterinnen zur Eingehung unverhältnismäßig hoher Risiken vermieden werden (Nr. 1) und die Vergütungssysteme nicht der Überwachungsfunktion der Kontrolleinheiten zuwiderlaufen (Nr. 2).

§ 5 Abs. 2 InstitutsVergV macht erneut deutlich, dass ein unveränderter Anspruch auf variable Vergütung bei negativen Erfolgsbeiträgen in der Regel zur Unangemessenheit führt. Dadurch wird erneut unterstrichen, dass variable Vergütung nicht zur festen Vergütung werden darf und sich schlechte Leistungen auswirken müssen.

Nach § 5 Abs. 3 InstitutsVergV sind darüber hinaus bei Neigung zum übermäßigen Eingehen von Risiken durch eine signifikante Abhängigkeit von Geschäftsleitern und Mitarbeitern von der variablen Vergütung (Nr. 1) und einzelvertraglich begründeter Ansprüche auf Leistungen für den Fall der Beendigung der Tätigkeit, auf die trotz individueller negativer Erfolgsbeiträge ein der Höhe nach unveränderter Anspruch besteht (Nr. 2), unangemessene Anreize im Sinne des § 5 Abs. 1 Nr. 1 InstitutsVergV gegeben. Negative Anreize liegen z. B. auch dann vor, wenn die festgelegten Vergütungsparameter eine einseitige Erhöhung der individualisierten

409 Boos/Fischer/Schulte-Mattler, KWG – *Braun/Wolfgarten*, §25a, Rn. 686.
410 *Breisig*, Zielvereinbarungen, 2013, S. 46.

Erfolgsbeiträge ermöglichen, ohne in angemessener Weise die damit für das Institut verbundenen Risiken zu berücksichtigen[411]. Entsprechendes gilt, wenn zur Optimierung der individuellen Erfolgsbeiträge Kunden Produkte angeboten werden, die weder ihrem Risikoprofil noch ihren Einkommens- und Vermögensverhältnissen entsprechen[412].

Letztlich kann es nach einigen Ansichten in der Literatur auch dann zu negativen Anreizen kommen, wenn eine signifikante Abhängigkeit von der variablen Vergütung besteht und Geschäftsleiter oder Mitarbeiter das Unternehmen verlassen, wenn infolge einer Krise die variable Vergütung ggf. sogar ausfällt (Erhöhung der Fluktuation). Insoweit lässt sich ein Abschmelzen oder sogar eine Streichung der variablen Vergütung in finanziell schlechten Geschäftsjahren schwieriger durchsetzen, wenn die variable Vergütung im Vergleich zum fixen Vergütungsbestandteil bisher deutlich höher ausgefallen ist.[413]

Eine ähnliche Auffassung stellt auf die Wettbewerbsfähigkeit der variablen Vergütung ab[414]. Auch weisen die CEBS-Leitlinien darauf hin, dass das Streben nach Erfolg und die damit verbundene Bereitschaft zur Eingehung von Risiken grundsätzlich stärker ausgeprägt sind, je höher der Anteil der variablen Vergütung ist. Bereits aus diesem Grund sollten die fixe und variable Vergütung eines Mitarbeiters, „Risk-Takers“ oder Geschäftsleiters in einem angemessenen Verhältnis zueinander stehen[415]. Allerdings soll auch die Möglichkeit bestehen in Abhängigkeit vom Gesamterfolg des Instituts bzw. der Gruppe dem Erfolgsbeitrag der Organisationseinheit und dem individuellen Erfolgsbeitrag die variable Vergütung vollständig abzuschmelzen[416]. Hier offenbart sich eine gewisse Widersprüchlichkeit, denn zum einen darf durch das Absenken der variablen Vergütung nicht eine erhöhte Fluktuation bewirkt werden und zum anderen soll aber gerade ein solches Abschmelzen möglich sein.

Dieser Eindruck verstärkt sich noch durch den Blick auf § 5 Abs. 3 Nr. 2 InstitutsVergV. Er beinhaltet die Forderung nach einer vollständig flexiblen Vergütungspolitik, denn individuell negative Erfolgsbeiträge sollen auch zu einer entsprechenden

---

411 Boos/Fischer/Schulte-Mattler, KWG – *Braun/Wolfgarten*, §25a, Rn. 690.

412 Boos/Fischer/Schulte-Mattler, KWG – *Braun/Wolfgarten*, §25a, Rn. 690; *Hannemann/Schneider/Weigl*, Mindestanforderungen an das Risikomanagement, S. 937.

413 Zum ganzen Abschnitt Boos/Fischer/Schulte-Mattler, KWG – *Braun/Wolfgarten*, §25a, Rn. 691.

414 Klasen/Krebs/Michel/Weber, Personalmanagement und InstitutsVergV – *Weber*, S. 36.

415 Boos/Fischer/Schulte-Mattler, KWG – *Braun/Wolfgarten*, §25a, Rn. 691; CEBS Guidelines on Remuneration Policies and Practices, S. 45, http://www.eba.europa.eu/cebs/media/Publications/Standards%20and%20Guidelines/2010/Remuneration/Guidelines.pdf am 28.01.2013.

416 Boos/Fischer/Schulte-Mattler, KWG – *Braun/Wolfgarten*, §25a, Rn. 691; *BaFin* Begründung zur InstitutsvergV vom 06.10.2010, abrufbar unter http://www.bafin.de/SharedDocs/Aufsichtsrecht/DE/Verordnung/InstitutsVergV_Begruendung_ba.html am 29.01.2013.

Minderung von Abfindungsansprüchen führen. Eine individuelle „Schlechtleistung" muss nicht nur bei weiterer Tätigkeit im Institut eine Reduzierung der variablen Vergütung, ggf. bis auf null zur Folge haben, sondern darf auch bei Ausscheiden nicht dazu führen, dass die individuelle Leistung nicht berücksichtigt wird.[417]

Nach § 5 Abs. 4 InstitutsVergV sind die variablen Vergütungssysteme der Kontrolleinheiten so zu gestalten, dass sie nicht an gleichlaufenden Parametern zu den kontrollierten Organisationseinheiten bestimmt werden, wodurch sich nämlich die Gefahr eines Interessenkonfliktes ergibt.

§ 5 Abs. 6 InstitutsVergV greift die Regelung des Art. 94 Abs. 1 d) und e) RL 2013/36/EU auf und bestimmt, dass eine garantierte variable Vergütung nicht zulässig ist, es sei denn in den ersten zwölf Monaten der Beschäftigung (Nr. 1). Zusätzlich stellt er in Nr. 2 die Anforderung auf, dass das Institut zum Zeitpunkt der Auszahlung über eine angemessene Eigenmittel- und Liquiditätsausstattung sowie hinreichend Kapital zur Sicherstellung der Risikotragfähigkeit verfügt. Auch in dieser Regelung kommt erneut das gesteigerte Interesse des Unternehmens gegenüber dem Arbeitnehmer an Flexibilisierung und Stabilität zum Ausdruck. Seinen Grund findet das grundsätzliche Verbot darin, dass garantierte variable Vergütungen, die den Charakter eines Fixgehaltes haben, ihre Steuerungsfunktion verlieren[418]. Denn es kommt zu einer Entkoppelung von individueller Leistung und der eingegangenen Risikoposition[419].

Gleiches gilt für die Regelung in § 5 Abs. 7 InstitutsVergV, welche die Beendigung des Arbeitsverhältnisses erfasst und dabei ebenfalls dazu anhält, die Berücksichtigung der Leistung und eventueller negativer Erfolgsbeiträge oder das Fehlverhalten von Geschäftsleitern und Arbeitnehmern nicht zu belohnen. In Satz 2 der Vorschrift wird eine Ausnahme für Sozialpläne nach § 112 BetrVG gemacht. Auch hierin kommen zum einen erneut die Leistungsanknüpfung und auch die negative Berücksichtigung zum Ausdruck, und zum anderen wird das Element der Pflichtverletzungen und Compliance-Verstöße als Kriterium zur Kürzung erneut angesprochen. Auch erfolgt erneut eine Abgrenzung zu kollektiven Regelungen, diesmal im Anwendungsbereich von Sozialplänen.

§ 6 InstitutsVergV regelt das Verhältnis von variabler zu fixer Vergütung. Dieses ist angemessen nach Abs. 1, wenn es zum einen die auf die Höhe bezogenen Voraussetzungen des § 25a Abs. 5 KWG erfüllt und andererseits einen wirksamen Verhaltensanreiz setzt. Nach § 6 Abs. 2 InstitutsVergV hat das Institut eine angemessene Obergrenze für variable Vergütung festzusetzen und kann eine Abzinsung in einem Zurückbehaltungszeitraum von fünf Jahren vornehmen. Bei der Zurückbehaltung darf nach § 6 Abs. 3 InstitutsVergV ein Anspruch erst nach Ablauf der Zeit entstehen.

---

417 Zum ganzen Abschnitt Boos/Fischer/Schulte-Mattler, KWG – *Braun/Wolfgarten*, §25a, Rn. 694.

418 Boos/Fischer/Schulte-Mattler, KWG – *Braun/Wolfgarten*, §25a, Rn. 697; *Hannemann/Schneider/Weigl*, Mindestanforderungen an das Risikomanagement, S. 941.

419 Boos/Fischer/Schulte-Mattler, KWG – *Braun/Wolfgarten*, §25a, Rn. 697.

Während des Zurückbehaltungszeitraumes kommt lediglich ein Anspruch auf fehlerfreie Ermittlung in Betracht. § 6 Abs. 4 InstitutsVergV erfasst sodann die Verpflichtung des Institutes bei einer Erhöhung der variablen Vergütung über die Grenze des § 25a Abs. 5 KWG hinaus der BaFin gegenüber nachzuweisen, dass darin keine Beeinträchtigung der Eigenmittelausstattung liegt. Somit zeigt sich auch in § 6 IntitutsVergV das gesteigerte Stabilitätsinteresse der Institute. Außerdem finden sich hier Ansatzpunkte für Fälligkeitsverschiebungen bei variabler Vergütung aus Zielvereinbarungen.

§ 7 InstitutsVergV betrifft die Festsetzung des Gesamtbetrages der variablen Vergütungen insgesamt im Sinne des § 45 Abs. 2 S. 1Nr. 5a KWG, wobei auch hier die Risikotragfähigkeit, die Ertragslage und die Eigenmittel- und Liquiditätsausstattung des Institutes besonders zu berücksichtigen sind. Folglich hat das Institut nach der InstitutsVergV im Rahmen der Vergütungspolitik für das Verhältnis zwischen fixer und variabler Vergütung eine angemessene Obergrenze (sog. „Cap“ oder „appropriate maximum ratio“) festzulegen[420]. Dabei ist ein angemessener Ausgleich zwischen fixer und variabler Vergütung von der Qualität der Performancemessung und damit verbundener Risikoadjustierung, Länge der Zurückhaltungs- und Sperrfirst, rechtlicher Struktur des Instituts sowie Art und Ausrichtung der Geschäftsaktivitäten, Art der Geschäftsbereiche und damit verbundenen kurz- oder langfristigen Risiken, Mitarbeiterkategorien und dem Grad der individuellen Mitarbeiterverantwortung abhängig[421].Somit zeigt sich auch hier das Stabilitätsinteresse des Institutes.

Die risikoorientierte Vergütung ist schließlich in § 8 InstitutsVergV erfasst. Darin werden zunächst private Maßnahmen zur Absicherung oder sonstige Gegenmaßnahmen (sog. „personal hedging“[422]) untersagt[423]. Nach § 8 Abs. 2 InstitutsVergV haben die Institute zur Verhinderung solcher Maßnahmen angemessene Compliance-Strukturen einzurichten, etwa durch entsprechende Verpflichtungsvereinbarungen und stichprobenhafte Kontrollen.

In §§ 9 und 10 InstitutsVergV sind sodann besondere Anforderungen an die Vergütung von Arbeitnehmern in Kontrolleinheiten und für die Vergütung von Geschäftsleitern erfasst. Nach § 9 Abs. 2 InstitutsVergV ist bei den Mitarbeitern der Kontrolleinheiten darauf zu achten, dass der Schwerpunkt auf der fixen Vergütung liegt. Daraus lässt sich herleiten, dass bei diesen Mitarbeitern der Anteil variabler Vergütung unterhalb der 100%-Grenze des § 25a Abs. 5 KWG liegen muss. Im Umkehrschluss ergibt sich, dass bei anderen Mitarbeitern auch ein anderer Schwerpunkt gesetzt werden kann. Nach § 10 Abs. 1 InstitutsVergV ist auch bei Geschäftsführern auf ein angemessenes Verhältnis zu den Aufgaben und Leistungen sowie zur Lage des Institutes zu wahren. Diese Vorschrift bewegt sich im Gleichlauf zu § 87 Abs. 1

---

420 Boos/Fischer/Schulte-Mattler, KWG – *Braun/Wolfgarten*, §25a, Rn. 696.

421 Boos/Fischer/Schulte-Mattler, KWG – *Braun/Wolfgarten*, §25a, Rn. 697.

422 Boos/Fischer/Schulte-Mattler, KWG – *Braun/Wolfgarten*, §25a, Rn. 704; *Zürn/Rappensperger/Brämswig*, DB 2013, S. 2681, 2682; CEBS Guidelines on Remuneration Policies and Practices, S. 42f., http://www.eba.europa.eu/cebs/media/Publications/Standards%20and%20Guidelines/2010/Remuneration/Guidelines.pdf am 28.01.2013.

423 Boos/Fischer/Schulte-Mattler, KWG – *Braun/Wolfgarten*, §25a, Rn. 704.

AktG, der ebenfalls eine angemessene Vergütung für Vorstandsmitglieder anordnet. Gemäß § 10 Abs. 2 InstitutsVergV soll eine mehrjährige Bemessungsgrundlage zugrunde gelegt werden und nach Abs. 4 ist die Vergütung abschließend im Anstellungsvertrag schriftlich festzuhalten, wobei Änderungen auch der Schriftform bedürfen. Somit kommt auch hier das besondere Stabilitätsinteresse des Institutes zum Ausdruck.

(4) Besondere Anforderungen für bedeutende Institute (§§ 17 ff. InstitutsVergV)

In den §§ 17 ff. InstitutsVergV finden sich die besonderen Anforderungen für bedeutende Institute im Sinne des § 1 Abs. 2, 17 InstitutsVergV, die hier ebenfalls nur mit Blick auf die variable Vergütung aus Zielvereinbarungen behandelt werden sollen. § 17 Institutsvergütungsverordnung regelt zunächst die Frage, ab wann eine Risikoanalyse ergibt, dass ein Institut bedeutend ist, wobei der Vorschrift keine relevanten Vergütungsvorschriften zu entnehmen sind. Die zentralen Vorschriften sind die §§ 18 bis 22 InstitutsVergV, welche die besonderen Regelungen für die Vergütungssysteme bedeutender Institute enthalten. §§ 23 bis 26 InstitutsVergV erfassen die Bestellung, Position, Aufgaben und Ausstattung eines Vergütungsbeauftragten, der in bedeutenden Instituten eine Kontrollfunktion ausüben soll. Aus arbeitsrechtlicher Sicht ist der Schutz dieses Vergütungsbeauftragten vor ordentlicher Kündigung in § 23 Abs. 2 InstitutsVergV anzumerken, wobei diese Regelungen insgesamt keinen Bezug zur variablen Vergütung aus Zielvereinbarungen haben.

Nach § 18 Abs. 1 InstitutsVergV sind bei bedeutenden Instituten für die Vergütungssysteme von Geschäftsleitern und Mitarbeitern, deren Tätigkeit einen Einfluss auf das Gesamtrisikoprofil des Institutes hat, die besonderen Voraussetzungen der §§ 19 bis 22 InstitutsVergV einzuhalten.

Nach § 18 Abs. 2 InsitutsVergV hat das bedeutende Institut im Hinblick auf die Mitarbeiter zunächst eigenverantwortlich eine Risikoanalyse durchzuführen und zu dokumentieren, auf deren Basis die entsprechenden Mitarbeiter mit wesentlichem Einfluss auf das Gesamtrisikoprofil (sog. „Risk Taker“[424]) identifiziert werden sollen. Hilfsweise greift ein Festlegungsrecht der BaFin nach § 18 Abs. 3 InstitutsVergV. Diese Risikoanalyse soll die Größe, die Art der Geschäftstätigkeit, das Geschäftsvolumen und die Höhe der Risiken der jeweiligen Organisationseinheit, die Tätigkeit, die Stellung und Höhe der bisherigen Vergütung des Mitarbeiters sowie die Wettbewerbssituation am Arbeitsmarkt erfassen.[425]

Eine hohe Wahrscheinlichkeit für ein solches Gesamtrisikoprofil haben Mitarbeiter, die in den Organen des Instituts tätig sind, den Vorsitz in wichtigen Ausschüssen (z.B. dem Risiko- und Vergütungsausschusses) führen, direkt an die

---

424 Klasen/Krebs/Michel/Weber, Personalmanagement und InstitutsVergV – *Weber*, S. 39; Boos/Fischer/Schulte-Mattler, KWG – *Braun/Wolfgarten*, §25a, Rn. 647.

425 Zum ganzen Abschnitt Boos/Fischer/Schulte-Mattler, KWG – *Braun/Wolfgarten*, §25a, Rn. 733, 735.

Geschäftsleitung berichten oder Segment- bzw. Geschäftsbereichen oder Kontrollbereichen sowie -einheiten vorstehen. Dies kann auch für Mitarbeiter und Mitarbeiterinnen (z. B. Händler) einer Mitarbeitergruppe gelten, wenn diese als Gruppe einen wesentlichen Einfluss auf das Gesamtrisikoprofil hat. Wenn ein Mitarbeiter oder eine Mitarbeiterin eine mindestens vergleichbar hohe Vergütung erhält wie ein bereits vom Institut identifizierter Mitarbeiter, dessen Tätigkeit einen wesentlichen Einfluss auf das Gesamtrisikoprofils hat, so ist es wahrscheinlich, dass dieser Mitarbeiter oder diese Mitarbeiterin ebenfalls einen wesentlichen Einfluss auf das Gesamtrisikoprofil hat.[426]

Nach § 19 Abs. 1 InstitutsVergV hat sich bei den im Rahmen dieser Risikoanalyse ermittelten Personen die Ermittlung der variablen Vergütung am Gesamterfolg des Instituts, dem Erfolgsbeitrag der Organisationseinheit und dem jeweiligen individuellen Erfolgsbeitrag zu orientieren. Diese Parameter sollen sicherstellen, dass sich die variable Vergütung zumindest zu einem gewissen Teil am Gesamterfolg des Instituts bzw. dem Erfolg der Organisationseinheit ausrichtet[427]. Nach einer Auffassung in der Literatur ist dies nur durch mehrstufige Vergütungssysteme zu erreichen[428]. Der individuelle Erfolgsbeitrag ist gemäß § 19 Abs. 2 InstitutsVergV anhand der Erreichung von vereinbarten Zielen zu bestimmen, wobei sowohl quantitative als auch qualitative Vergütungsparameter berücksichtigt werden müssen. Die Vergütungsparameter sind so festzulegen, dass der Grad der Zielerreichung ermittelt werden kann. Insbesondere sitten- oder pflichtwidriges Verhalten darf nicht durch positive Erfolgsbeiträge ausgeglichen werden und muss die Höhe der variablen Vergütung verringern. Hier werden also erneut die Kürzung bei Pflichtverletzungen und Compliance-Verstößen sowie die Kürzung bei Zielverfehlung angesprochen. Nach § 19 Abs. 3 InstitutsVergV sind Vergütungsparameter zu verwenden, die dem Ziel eines nachhaltigen Erfolges Rechnung tragen. Dabei sind insbesondere eingegangene Risiken, deren Laufzeiten sowie Kapital- und Liquiditätskosten zu berücksichtigen.

Nach § 20 Abs. 1 InstitutsVergV müssen mindestens 40 % der variablen Vergütung über einen Zurückbehaltungszeitraum von mindestens drei bis fünf Jahren gestreckt werden. Abhängig von der Stellung, den Aufgaben und den Tätigkeiten eines Mitarbeiters oder einer Mitarbeiterin sowie von der Höhe der variablen Vergütung und der Risiken, die ein Mitarbeiter oder eine Mitarbeiterin begründen kann, erhöhen sich einerseits die Untergrenze des Zurückbehaltungszeitraums auf bis zu fünf Jahre und andererseits die Untergrenze des zurückbehaltenen Anteils der variablen Vergütung. Bei Geschäftsleitern und Geschäftsleiterinnen sowie Mitarbeitern und Mitarbeiterinnen der nachgelagerten Führungsebene sind gemäß § 20 Abs. 2 InstitutsVergV sogar mindestens 60 % der variablen Vergütung über einen

426 Zum ganzen Abschnitt *BaFin* Begründung zur InstitutsvergV vom 06.10.2010, abrufbar unter http://www.bafin.de/SharedDocs/Aufsichtsrecht/DE/Verordnung/InstitutsVergV_Begruendung_ba.html am 29.01.2013.

427 Boos/Fischer/Schulte-Mattler, KWG – *Braun/Wolfgarten*, §25a, Rn. 742.

428 Klasen/Krebs/Michel/Weber, Personalmanagement und InstitutsVergV – *Weber*, S. 42.

Zurückbehaltungszeitraum von mindestens drei bis fünf Jahren entsprechend zu strecken. Dieser höhere prozentuale Anteil folgt der Überlegung, dass je höher die variable Vergütung, die Stellung des Begünstigten oder das begründbare Risiko ist, desto größer der zurückbehaltene Vergütungsanteil sein muss[429]. Hier kommt wieder deutlich der wertende Proportionalitätsgedanke zum Ausdruck, der in der gesamten InstitutsVergV präsent ist.

Entsprechend § 20 Abs. 3 InstitutsVergV darf der Anspruch auf die variable Vergütung beziehungsweise die Anwartschaft auf diesen Vergütungsanteil nicht schneller als zeitanteilig erwachsen und während des Zurückbehaltungszeitraumes besteht lediglich ein Anspruch auf fehlerfreie Ermittlung bezüglich des noch nicht zu einer Anwartschaft oder einem Anspruch erwachsenen Teils der variablen Vergütung, nicht aber auf diesen Teil der variablen Vergütung selbst.

Unter arbeitsrechtlichen Gesichtspunkten ist bei der Festlegung des Zurückbehaltungszeitraums darauf zu achten, dass dieser unter dem Aspekt der Bindungsklausel der Inhaltskontrolle nach § 307 BGB gemessen wird und dass keine unangemessene Benachteiligung für den Begünstigten vorliegt. Nach § 307 Abs. 2 Nr. 1 BGB ist eine unangemessene Benachteiligung im Zweifel anzunehmen, wenn eine Bestimmung mit wesentlichen Grundgedanken der gesetzlichen Regelung, von der abgewichen wird, nicht zu vereinbaren ist. Da es sich bei § 20 Abs. 3 InstitutsVergV um eine gesetzliche Regelung im Sinne des §307 Abs. 2 Nr. 1 BGB handelt, dürfte bei einer derartigen drei bis fünfjährigen Bindung keine Abweichung von dem wesentlichen Grundgedanken der gesetzlichen Regelung vorliegen.[430]

Dieser Gedanke lässt sich möglicherweise auch über den Anwendungsbereich der Institutsvergütungsverordnung hinaus transportieren[431]. Gemäß § 20 Abs. 4 InstitutsVergV müssen abhängig von den Aufgaben und der Stellung eines Geschäftsleiters, einer Geschäftsleiterin, eines Mitarbeiters oder einer Mitarbeiterin in dem Institut sowohl mindestens 50 % der nach Abs. 1 und Abs. 2 zurückzubehaltenden variablen Vergütung als auch mindestens 50 % der nicht nach Abs. 1 und 2 zurückzubehaltenden variablen Vergütung von einer nachhaltigen Wertentwicklung des Instituts abhängen. Dazu kommen Aktienpläne, Aktienoptionsrechte, Wandelschuldverschreibungen und Wertsteigerungsrechte in Betracht[432]. Zudem sind Teile der variablen Vergütung, die nach § 5 Abs. 2 Nr. 5 von einer nachhaltigen Wertentwicklung abhängen, mit einer angemessenen Frist (Sperrfrist, „retention period")

---

429 Boos/Fischer/Schulte-Mattler, KWG – *Braun/Wolfgarten*, §25a, Rn. 749; *BaFin* Begründung zur InstitutsvergV vom 06.10.2010, abrufbar unter http://www.bafin.de/SharedDocs/Aufsichtsrecht/DE/Verordnung/InstitutsVergV_Begruendung_ba.html am 29.01.2013.

430 Boos/Fischer/Schulte-Mattler, KWG – *Braun/Wolfgarten*, §25a, Rn. 751; *Müller-Bonanni/Mehrens*, NZA 2010, S. 796; Näheres auch in Kapitel C. VII.

431 Siehe dazu Kapitel C. VII.

432 CEBS Guidelines on Remuneration Policies and Practices, S. 63, http://www.eba.europa.eu/cebs/media/Publications/Standards%20and%20Guidelines/2010/Remuneration/Guidelines.pdf am 28.01.2013.

zu versehen, nach deren Verstreichen frühestens über sie verfügt werden darf[433]. Anders als der Zurückbehaltungszeitraum, der insbesondere der nachträglichen Anpassung der variablen Vergütung im Hinblick auf zwischenzeitlich eingetretene negative Erfolgsbeiträge dient, soll durch die Sperrfirst die Erreichung der langfristigen Interessen des Instituts sichergestellt werden[434]. Eine Reduzierung der bereits entstandenen variablen Vergütung ist in der Sperrfrist nicht mehr vorgesehen[435]. Eine konkrete Dauer der Sperrfrist ist nicht vorgegeben, sie muss jedoch ausreichend sein, um die Anreize den Zielen des Instituts anzugleichen[436].

Nach § 20 Abs. 5 InstitutsVergV müssen negative Erfolgsbeiträge eines Geschäftsleiters oder Mitarbeiters oder seiner Organisationseinheit und ein negativer Gesamterfolg des Instituts oder der Gruppe zu einer Kürzung der variablen Vergütung bis auf Null führen. Der vollständige Verlust einer variablen Vergütung tritt insbesondere dann ein, wenn er an einem Verhalten, das für das Institut zu erheblichen Verlusten geführt hat, beteiligt war oder dafür verantwortlich war (Nr. 1) oder externe oder interne Regelungen in Bezug auf Eignung und Verhalten nicht erfüllt hat (Nr. 2). Damit wird erneut verdeutlicht, dass diese Umstände zu einer Kürzung der variablen Vergütung sogar führen „müssen".

Nach § 21 InstitutsVergV müssen Vergütungen im Zusammenhang mit Ausgleichs- oder Abfindungszahlungen für entgangene Ansprüche aus vorherigen Beschäftigungsverhältnissen unter Einbeziehung der besonderen Anforderungen nach § 19 Absatz 2 und § 20 mit den langfristigen Interessen des Instituts in Einklang stehen. Auch hier kommt wieder das gesteigerte Stabilitätsinteresse des Institutes zum Ausdruck.

Besondere Anforderungen an ermessensabhängige Leistungen zur Altersversorgung stellt § 22 InstitutsVergV. Dabei wird zwischen Leistungen infolge einer ruhestandsbedingten (Abs. 1) und einer nicht ruhestandsbedingten Beschäftigung (Abs. 2) differenziert[437]. Ermessensabhängige Leistungen zur Altersversorgung, die anlässlich einer nicht ruhestandsbedingten Beendigung des Arbeits-, Geschäftsbesorgungs- oder Dienstverhältnisses von Geschäftsleitern, Geschäftsleiterinnen, Mitarbeitern und Mitarbeiterinnen geleistet werden, müssen gemäß § 22 Abs. 1 InstitutsVergV von einer nachhaltigen Wertentwicklung des Instituts abhängen, über einen Zurückbehaltungszeitraum von mindestens fünf Jahren gestreckt werden. Hierbei besteht während des Zurückbehaltungszeitraumes lediglich ein Anspruch auf fehlerfreie Ermittlung

433 Boos/Fischer/Schulte-Mattler, KWG – *Braun/Wolfgarten*, §25a, Rn. 759.

434 Boos/Fischer/Schulte-Mattler, KWG – *Braun/Wolfgarten*, §25a, Rn. 759; CEBS Guidelines on Remuneration Policies and Practices, S. 3, http://www.eba.europa.eu/cebs/media/Publications/Standards%20and%20Guidelines/2010/Remuneration/Guidelines.pdf am 28.01.2013.

435 Boos/Fischer/Schulte-Mattler, KWG – *Braun/Wolfgarten*, §25a, Rn. 759.

436 CEBS Guidelines on Remuneration Policies and Practices, S. 64, http://www.eba.europa.eu/cebs/media/Publications/Standards%20and%20Guidelines/2010/Remuneration/Guidelines.pdf am 28.01.2013.

437 Klasen/Krebs/Michel/Weber, Personalmanagement und InstitutsVergV – *Weber*, S. 44.

dieser ermessensabhängigen Leistungen zur Altersversorgung, nicht aber auf die ermessensabhängigen Leistungen zur Altersversorgung selbst, und für den Fall, dass sich die für die ermessensabhängigen Leistungen zur Altersversorgung maßgeblichen Erfolgsbeiträge des Geschäftsleiters, der Geschäftsleiterin, des Mitarbeiters oder der Mitarbeiterin, seiner oder ihrer Organisationseinheit oder der Gesamterfolg des Instituts beziehungsweise der Gruppe nicht als nachhaltig erweisen, verringert werden.

Nach § 22 Abs. 2 InstitutsVergV müssen ermessensabhängige Leistungen zur Altersversorgung, die anlässlich einer ruhestandsbedingten Beendigung des Arbeits-, Geschäftsbesorgungs- oder Dienstverhältnisses von Geschäftsleitern, Geschäftsleiterinnen, Mitarbeitern und Mitarbeiterinnen geleistet werden, von einer nachhaltigen Wertentwicklung des Instituts abhängen und mit einer Frist von mindestens fünf Jahren versehen werden. Nach Verstreichen der Frist darf frühestens über die ermessensabhängigen Leistungen zur Altersversorgung verfügt werden. Durch diese Regelungen wird sogar eine Eingriffsmöglichkeit in betriebliche Systeme zur Altersversorgung geschaffen, um zu vermeiden, dass in solchen Systemen variable Vergütung abgesichert und verstetigt bzw. verfestigt wird.

(5) Sanktionen beim Verstoß gegen die InstitutsVergV

Zwar sieht die InstVergV selbst keine Sanktionen bei einem Verstoß ihre Vorschriften vor, allerdings ist davon auszugehen, dass im Rahmen der Prüfungen der besonderen organisatorischen Pflichten nach § 25a KWG durch die Bafin ein Verstoß durch diese gerügt und mittels einer Anordnung nach § 25a Abs. 2 KWG Änderung angeordnet werden würde. Ein Verstoß hiergegen könnte mit einem Bußgeld nach § 56 Abs. 2 Nr. 3 f) KWG geahndet werden. Im Extremfall könnte sogar der Entzug der Bankenerlaubnis nach den §§ 35, 33, 32 KWG drohen.

cc) Bedeutung der InstitutsVergV

Die InstitutsVergV zeigt, dass die Kürzung variabler Vergütung abhängig von der Stellung des Empfängers im Unternehmen unterschiedlich zu beurteilen ist. Dabei ergeben sich sowohl für die unteren Hierarchieebenen Beschränkungen als auch für die oberen. In den unteren Hierarchieebenen ergeben sich diese aus der Schutzwürdigkeit der Arbeitnehmer aufgrund ihrer Abhängigkeit vom Institut. Bemerkenswert ist auch die Tatsache, dass der Tarifautonomie und der Vereinbarungsfreiheit der Betriebsparteien Raum gegeben wird, da dort von einer Wahrung der Arbeitnehmerinteressen auszugehen ist. In den oberen Hierarchieebenen ergeben sich Grenzen hingegen aus dem Erhaltungsinteresse des Unternehmens und seiner Inhaber. Dabei handelt es sich letztlich wegen der Abhängigkeit der Arbeitnehmer auch um mittelbaren Arbeitnehmer bzw. Arbeitsplatzschutz. Hier werden also Grundsätze bei der Gestaltung variabler Vergütung deutlich, die sich auch über die InstitutsVergV und den Finanzbereich hinaus verallgemeinern lassen, denn das Schutzbedürfnis der Arbeitnehmer, aber auch das Flexibilitäts- und Stabilitätsinteresse der Inhaber bestehen auch bei Unternehmen außerhalb des Finanzsektors. Mit der InstitutsVergV wird dies erstmals gesetzlich klargestellt und damit für den Finanzbereich einen bindende

Regelung und für andere Bereiche eine Orientierungshilfe für die Gestaltung der variablen Vergütung geschaffen. Damit bietet sie eine erhebliche Hilfe sowohl bei der Bestimmung der Rechtsnatur variabler Vergütungen aus Zielvereinbarungen, als auch bei der Beurteilung der Zulässigkeit von Eingriffen des Arbeitgebers in diese. Darüber hinaus lassen die Regelungen der InstitutsVergV auch Anhaltspunkte für die Zulässigkeit von bestimmten Gründen zur Kürzung variabler Vergütung zu. Hierbei sind vor allem Pflichtverletzungen und Compliance-Verstöße, aber auch die schlechte oder negative wirtschaftliche Entwicklung des Unternehmens, des Betriebsteils und der Abteilung zu nennen. Zudem lassen sich hinsichtlich des Umfangs der Kürzung von variabler Vergütung und im Bezug auf den maßgeblichen Bezugspunkt von dessen Ermittlung aus der InstitutsVergV Schlüsse ziehen. Dabei lässt sich aus dem Bezug auf die feste Vergütung ein stabiler Maßstab für die Ermittlung der Höhe der variablen Vergütung ziehen. Außerdem ist zu erkennen, dass je nach Risikotätigkeit und Leitungsposition des Arbeitnehmers im Unternehmen unterschiedlich hohe Anteile und Kürzungsmöglichkeiten bestehen. Somit lassen sich auch der InsitutsVergV viele wesentliche Grundzüge über die Behandlung von variabler Vergütung aus Zielvereinbarungen entnehmen, die sich sowohl bei der Auslegung von Zielvereinbarungen nach §§ 133, 157 BGB[438], als auch bei der Kontrolle von Variabilisierungsinstrumenten und -klauseln nach den §§ 242, 307 Abs.1 BGB[439] auswirken. Auch lassen sich hier kollektivrechtliche Prinzipien ableiten, die bei der Variabilisierung durch kollektive Vereinbarungen greifen[440]. Schließlich werden durch diese gesetzlichen Regelungen sogar Ansatzpunkte für Eingriffe in freiwillige Leistungen zur Altersvorsorge geschaffen.

dd) Die Versicherungsvergütungsverordnung (VersVergV)

Die auf § 64b Abs. 5 S. 1–4 VAG basierende VersVergV ist im Wesentlichen sehr ähnlich strukturiert wie die InstitutsVergV, unterscheidet sich aber vor allem im Detaillierungsgrad der Vergütungsvoraussetzungen deutlich von der InstitutsVergV. §§ 5, 6 VersVergV als Sonderregelungen für Gruppen und zur Änderung bestehender Vereinbarungen sollen hier nicht betrachtet werden, da sie variable Vergütung aus Zielvereinbarungen nicht betreffen. Zusammen mit der Institutsvergütungsverordnung stellt sie die gesetzgeberische Antwort auf die Finanzkrise dar und bezweckt die Regelung von Mindestanforderungen an das Risikomanagement im Versicherungsbereich[441]. Im Gegensatz zur InstVergV wurde die VersVergV nicht infolge der CRD IV Umsetzung neuerlich modifiziert.

§ 1 VersVergV bestimmt den Anwendungsbereich, demnach inländische Erst- und Rückversicherungsunternehmen sowie Pensionsfonds, Versicherungs-Holdinggesellschaften im Sinne des § 1b und des § 104a Abs. 2 Nr. 4 des VAG, Versicherungs-Zweckgesellschaften, gemischte Finanzholding-Gesellschaften, übergeordnete

438 Siehe Kapitel C. I. und C. X.

439 Siehe Kapitel C. II. ff.

440 Siehe dazu Kapitel D., vor allem D. I.

441 *Annuß/Sammet*, BB 2011, S. 115.

Finanzkonglomeratsunternehmen – ausgenommen Institute im Sinne des § 1 Abs. 1b KWG – sowie im Inland erlaubnispflichtige Erst- und Rückversicherungsunternehmen sowie Einrichtungen der betrieblichen Altersversorgung mit Sitz in einem Drittstaat und im Inland erlaubnispflichtige Erstversicherungsunternehmen mit Sitz in einem anderen Mitgliedstaat der Europäischen Union oder einem anderen Vertragsstaat des Abkommens über den Europäischen Wirtschaftsraum, die nicht den Versicherungsrichtlinien unterfallen, erfasst sind. § 1 Abs. 2 VersVergV legt fest, dass die besonderen Anforderungen des § 4 nur für bedeutende Unternehmen mit einer Bilanzsumme von mindestens 45 Milliarden Euro gelten. Ferner sind Unternehmen, die einer Versicherungsgruppe oder einem nach § 104o VAG festgestellten Finanzkonglomerat mit einer Bilanzsumme von mindestens 45 Milliarden Euro angehören erfasst, die auf der Grundlage einer Risikoanalyse eigenverantwortlich festzustellen haben, ob sie bedeutend sind. Diese Risikoanalyse entspricht derjenigen der InstitusVergV. Auch enthält § 1 Abs. 3 VersVergV eine dem § 1 Abs. 3 InstitusVergV identische Regelung zur Abgrenzung und Geltung von Tarifverträgen und Betriebsvereinbarungen. Somit lässt sich diese gesetzgeberische Wertung als Regelung eines allgemeinen Grundsatzes sehen, der besagt, dass der Schutz durch Betriebsvereinbarungen und Tarifverträge demjenigen durch die Verordnung vorgeht.

§ 2 VersVergV beinhaltet Begriffsbestimmungen die sich mit denen des § 2 InstitutsVergV bis auf eine Bezugnahme auf Unternehmen im Sinne des § 1 Abs.1 VersVergV decken.

§ 3 Abs. 1 VersVergV als zentrale Vorschrift für allgemeine Anforderungen an Vergütungssysteme enthält auch die Strategieausrichtung der variablen Vergütungssysteme auf die Strategie und Ziele des Unternehmens (Nr. 1), eine deutlich allgemeinere Verpflichtung zur Vermeidung von unverhältnismäßigen Risiken (Nr. 2), bei Geschäftsleitern eine Bindung der variablen Vergütung an den nachhaltigen Erfolg des Unternehmens sowie ein Verbot der Anbindung an bestimmte Vergütungsparameter (Nr. 3), eine insgesamt angemessene Berücksichtigung der Risiken und des Zeithorizonts (Nr. 4), Erfolgsanbindung an den Unternehmenserfolg in Operativen Einheiten (Nr. 5) sowie eine jährliche Angemessenheitsprüfung. § 3 Abs. 2 VersVergV regelt eine mehrjährige Bemessungsgrundlage für die variable Vergütung von Geschäftsleitern und eine neuerliche Angemessenheitsprüfung. In den folgenden Absätzen sind Dokumentations- und Informationspflichten geregelt.

Die besonderen Anforderungen für bedeutende Unternehmen nach § 4 VersVergV erfassen Geschäftsleiter und Mitarbeiter, deren Tätigkeiten einen wesentlichen Einfluss auf das Gesamtrisikoprofil hat (also „Risk-Taker“[442]). Diese sind in einem der InstitutsVergV vergleichbaren Analyseverfahren zu ermitteln. § 4 Abs. 2 VersVergV regelt den Angemessenheitsgrundsatz bezogen auf das Verhältnis der Fixvergütung

442 Zum identischen Begriff bei der InstitutsVergV: Klasen/Krebs/Michel/Weber, Personalmanagement und InstitutsVergV – *Weber*, S. 39; Boos/Fischer/Schulte-Mattler, KWG – *Braun/Wolfgarten*, §25a, Rn. 647.

zur variablen Vergütung. Nach § 4 Abs. 3 VersVergV ist bei der variablen Vergütung neben dem Gesamterfolg des Unternehmens und dem Erfolgsbeitrag der Organisationseinheit auch der individuelle Erfolgsbeitrag zu berücksichtigen. Dabei können auch nichtfinanzielle Parameter herangezogen werden, wie zum Beispiel die Beachtung der unternehmensinternen Regelwerke und Strategien, die Kundenzufriedenheit und erlangte Qualifikationen. Ferner sind für die Ermittlung des Gesamterfolgs des Unternehmens, des Erfolgsbeitrags der jeweiligen Organisationseinheit und des individuellen Erfolgsbeitrags insbesondere solche Vergütungsparameter zu verwenden, die dem Ziel eines nachhaltigen Erfolgs Rechnung tragen. Dabei sind vor allen Dingen eingegangene Risiken und Kapitalkosten zu berücksichtigen. Schließlich ist sicherzustellen, dass mindestens 40 % der gesamten variablen Vergütung nicht vor dem Ablauf eines angemessenen Zurückbehaltungszeitraums unter Berücksichtigung des geschäftlichen Erfolgs ausbezahlt werden. In der Regel ist ein Zeitraum von drei Jahren angemessen. Die Auszahlung von mindestens 50 % des in S. 1 genannten Anteils an der gesamten variablen Vergütung soll von einer nachhaltigen Wertentwicklung des Unternehmens abhängig sein. Auch müssen negative individuelle Erfolgsbeiträge des Geschäftsleiters, der Geschäftsleiterin, des Mitarbeiters, der Mitarbeiterin und der jeweiligen Organisationseinheit sowie ein negativer Gesamterfolg des Unternehmens beziehungsweise der Gruppe die Höhe der variablen Vergütung verringern.

§ 4 Abs. 4 VersVergV verbietet persönliche Absicherungen (sog. „personal hedging“[443]), während § 4 Abs. 5 und Abs. 6 VersVerG ebenfalls die ermessensabhängigen Leistungen zur betrieblichen Altersversorgung – wie in der InstitutsVergV – mit einbeziehen. Absätze 7 und 8 regeln abschließend Offenlegungs- und Kontrollorganeinrichtungspflichten.

ee) Bedeutung der Versicherungsvergütungsverordnung

Die VersVergV zeigt, in Abgrenzung zur InstitutsVergV, dass manche Grundsätze universell auch über den Banken- und Versicherungsbereich hinaus übertragbar sind, während einige Detailregelungen abweichen können. Daraus lässt sich schließen, dass diese Grundsätze auch auf andere Wirtschaftsbereiche übertragbar sind. Dabei handelt es sich zunächst um die Festlegung von Grenzen für die variable Vergütung nach oben wie nach unten und den Proportionalitätsgrundsatz, der in personeller Hinsicht darin enthalten ist. Hinzu kommt, dass die Verordnung davon ausgeht, dass eine variable Vergütung für Geschäftsleiter und „Risk-Taker“ zwingen nötig ist, womit eine Vergütung ohne variable Elemente in diesem Bereich

443 Boos/Fischer/Schulte-Mattler, KWG – *Braun/Wolfgarten*, §25a, Rn. 704; CEBS Guidelines on Remuneration Policies and Practices, S. 42f., http://www.eba.europa.eu/cebs/media/Publications/Standards%20and%20Guidelines/2010/Remuneration/Guidelines.pdf am 28.01.2013.

nicht mehr vereinbart werden darf[444]. Auch die Abgrenzung zu tarifvertraglichen und betriebsverfassungsrechtlichen Regelungen ist einheitlich geregelt. Auch hier gibt es eine Möglichkeit zum Eingriff in freiwillige Leistungen zur betrieblichen Altersversorgung. Somit kann man auch aus der VersVergV Schlüsse auf die Auslegung von Vereinbarungen zu variabler Vergütung aus Zielvereinbarungen nach den §§ 133, 157 BGB ziehen[445], Anhaltspunkte und Kriterien für die Inhaltskontrolle nach den §§ 242, 307 Abs. 1 BGB finden[446] wie die Leitungsposition und/oder Risikotätigkeit des Arbeitnehmers, Pflichtverletzungen oder Compliance-Verstöße sowie eine schlechte oder negative Entwicklung des Unternehmens oder der Abteilung. Ebenfalls wird das Verhältnis von individuellen Vereinbarungen zu kollektivrechtlichen Regelungen von variabler Vergütung aus Zielvereinbarungen, insbesondere in Tarifverträgen, geregelt[447].

3. Zusammenfassung und Einschätzung der Auswirkungen der Vergütungsverordnungen auf Zielvereinbarungssysteme

Zusammenfassend kann man also feststellen, dass die internationale Reaktion auf die Finanzkrise eine Entwicklung begonnen hat, an deren Ende die nationalen Vergütungsverordnungen stehen. Damit ist ein weiterer Schritt in der rechtlichen Rezeption von zielvereinbarungsbasierten Vergütungssystemen gegeben, der eine notwendige Korrektur von Fehlentwicklungen und falscher Anwendung des Konzepts darstellt. Zugleich kann man an diesem Vorgang beobachten, wie rechtlich unverbindliche internationale Vorgaben und Papiere zu einer Gesetzesentwicklung auf nationaler Ebene führen. Hier kann man durchaus – ähnlich der im Europarecht oft verwendeten Formulierung – von einem „Einfallstor“ des internationalen und europäischen Rechts in das nationale Arbeitsrecht sprechen.

Für die Betrachtung der zielvereinbarungsbasierten variablen Vergütung bieten diese Entwicklungen und vor allem die daraus resultierenden nationalen Verordnungen wertvolle Anhaltspunkte über Grundsätze und für Interpretationen von Regelungen zur variablen Vergütung. Denn in den Verordnungen kommt letztlich eine Sichtweise des europäischen und des nationalen Gesetzgebers zur variablen Vergütung zum Ausdruck. Dies gilt nicht nur für die Bestimmung der Rechtsnatur der variablen Vergütung aus Zielvereinbarungen[448], sondern auch für die wesentlichen Parameter einer Auslegung nach den §§ 133, 157 BGB[449], einer Inhaltskontrolle nach §§ 242, 307 Abs. 1 BGB[450], die Bestimmung der Möglichkeiten in kollektiven

444 *Annuß/Sammet*, BB 2011, S. 115, 117; a.A. *Müller-Bonanni/Mehrens*, NZA 2010, 792, 795.
445 Siehe unten Kapitel C. I. und C. X.
446 Mehr dazu in den Kapitel C. II. ff.
447 Näheres in Kapitel D.
448 Sogleich in Kapitel B. IV.
449 Kapitel C. I. und X.
450 Kapitel C. II. ff.

Vereinbarungen[451] und die Kürzung und Zurückbehaltung von ermessensabhängigen Leistungen zur Altersversorgung. Daraus können sowohl Schlüsse bei der Interpretation von bereits bestehenden variablen Vergütungssystemen gezogen werden als auch über den Bereich der Finanzaufsicht hinaus geltende Grundsätze abgeleitet werden. So zeigt etwa die Anwendung des persönlichen Proportionalitätsgrundsatzes deutliche Parallelen zu den Begrenzungserwägungen beim Widerrufsvorbehalt, gibt dieser Betrachtungsweise jedoch gleichzeitig neue Rahmenbedingungen vor. Auch das Verhältnis dieser Grundsätze und Regelungen im Verhältnis zu Tarifverträgen und Betriebsvereinbarungen wird hier erstmalig gesetzlich im Sinne eines Grundsatzes geregelt. Damit wird ein Modell für eine generelle Abgrenzung und Rahmensetzung geschaffen. Interessant ist auch die Lösung des Begriffs der variablen Vergütung von der Methode ihrer Gewinnung.

Letztlich stellt diese gesetzgeberische Entwicklung zudem einige Leitlinien auf, die es zulassen, Schlüsse auf die Rechtsnatur variabler Vergütung aus Zielvereinbarungen zu ziehen. Dabei zeigt bereits die besondere Behandlung dieser Vergütungsform, dass es sich nicht um eine der herkömmlichen (Grund-) Vergütung gleichzustellende Rechtsnatur handeln kann.

IV. Rechtsnatur variabler Vergütung aus Zielvereinbarungen

Am Ende dieses Kapitels soll nun die grundlegende Frage nach der Rechtsnatur von variabler Vergütung aus Zielvereinbarungen gestellt werden. Sie ist entscheidend für die Fragen, wie hoch der Anteil variabler Vergütung an der Gesamtvergütung des Arbeitnehmers sein darf, welche Variabilisierungsinstrumente in welcher Form und in welchem Umfang zulässig sind, wie die Hauptleistungspflichten der Parteien ausgestaltet sind und was geschieht, wenn Leistungsstörungen eintreten. Dabei sollen zunächst die verschiedenen Auffassungen in Literatur und Rechtsprechung dargestellt werden, bevor eine eigene Stellungnahme erfolgt. Anschließend soll noch erörtert werden, wie auf dieser Basis der Anteil und die Höhe variabler Vergütung aus Zielvereinbarungen an der Gesamtvergütung einheitlich zu bemessen sind.

1. Auffassungen und Äußerungen zur Rechtsnatur variabler Vergütung aus Zielvereinbarungen in Literatur und Rechtsprechung

In Literatur und Rechtsprechung finden sich unterschiedliche Äußerungen und Auffassungen zur Rechtsnatur der aus einer Zielvereinbarung gewonnenen variablen Vergütung. Weitgehende Einigkeit besteht darin, dass es sich bei variabler Vergütung aus Zielvereinbarungen um eine arbeitsvertragliche Vergütungsvereinbarung handelt, die keinen Werkvertrag, keine Akkordvergütung, keine Provision, keine Prämie und

451 Kapitel D.

auch keine Tantieme oder Erfolgsbeteiligung darstellt[452]. Oft finden sich daher auch Äußerungen, die lediglich diese Abgrenzung vollziehen, ohne sich näher der Frage nach der Rechtsnatur von Zielvereinbarungen allgemein oder variabler Vergütung daraus zu widmen[453]. Vereinzelt findet sich auch die – nicht weiter vertiefte – Auffassung, es handele sich um bedingtes Entgelt[454]. Andere wiederum treffen widersprüchliche Aussagen zur Rechtsnatur der variablen Vergütung aus Zielvereinbarungen[455]. Allerdings gibt es auch einige ausdifferenziertere Auffassungen zur Rechtsnatur von Zielvereinbarungen und der daraus gewonnenen variablen Vergütung[456]. Entscheidende Quellen für die Ermittlung der Rechtsnatur sind dabei der betriebswirtschaftliche und psychologische Hintergrund und die Entwicklung der Zielvereinbarungssysteme[457], die rechtliche Rezeption, Abgrenzung und Begriffsformung durch Literatur und Rechtsprechung[458], die Entwicklungen im Bereich der Bankenaufsicht, die die erste gesetzgeberische Regelung der variablen Vergütung aus Zielvereinbarungen darstellen[459] und schließlich einzelne Argumente und Anhaltspunkte aus den Diskussionen zu individualarbeitsrechtlichen Variabilisierungsinstrumenten[460]. Dabei haben sich im Wesentlichen zwei gegensätzliche Strömungen herausgebildet:

a) Sonderzahlung mit Mischcharakter

Eine starke Meinung in der Literatur und die ältere Rechtsprechung des 10. Senates des *BAG* gehen davon aus, dass es sich bei variabler Vergütung aus Zielvereinbarungen um eine sog. „Sonderzahlung mit Mischcharakter" handele[461]. Bei diesen handele

452 Siehe hierzu Kapitel B. II.

453 So etwa *Berwanger,* BB 2003, S. 1499, 1500f.; *Gaul/Rauf,* DB 2008, S. 869, 870; *Gehlhaar,* NZA-RR 2007, S. 113; *A. Lindemann/Simon,* BB 2002, S. 1807; *Reiserer,* NJW 2008, S. 609f.; *Simon/Hidalgo/Koschker,* NZA 2012, S. 1071, 1074f.; MüHB zum Arbeitsrecht – *R. Krause,* § 57, Rn. 39f; siehe eine entsprechende Einschätzung bei Preis, Der Arbeitsvertrag – *Preis/V. Lindemann,* II Z 5 Zielvereinbarungen, Rz. 7.

454 *Rieble/Gutzeit,* JArbR 2000/37, S .41, 45ff.

455 Z. B. *Mauer,* NZA 2002, S. 540, 544, 545; der einerseits einen Gratifikationscharakter annimmt, später dann aber feststellt, dass es sich bei der variablen Vergütung um Entgelt im engeren Sinne und nicht um eine Gratifikation handele.

456 *BAG* vom 28.03.2007, 10 AZR 261/06; *BAG* vom 06.05.2009, 10 AZR 443/08, NZA 2009, 783; *Bauer/Diller/Göpfert,* BB 2002, S. 882, 885; *Behrens/Rinsdorf,* NZA 2006, S. 830, 831; *Crisolli/Zaumseil* BB 2012, S. 1281, 1282; *Lembke,* NJW 2010, S. 257, 259; *Reiserer/Fallenstein,* DStR 2011, S. 1572, 1573; MüHB zum Arbeitsrecht – *Krause,* §57, Rn. 47, § 54, Rn. 10; MüKo – *Müller-Glöge,* § 611, Rn. 758; *Mohnke,* Zielvereinbarungen im Arbeitsverhältnis 2006, S. 32ff.

457 Wie in Kapitel B. I. genau dargestellt.

458 Hierzu Kapitel B. II.

459 Siehe hierzu voranstehendes Kapitel B. III.

460 Ausführlich in Kapitel C. dargestellt.

461 *BAG* vom 28.03.2007, 10 AZR 261/06; *BAG* vom 06.05.2009, 10 AZR 443/08, NZA 2009, 783; *BAG* vom 30.07.2008, 10 AZR 606/07, NZA 2008, 1173; *BAG* vom

es sich typischerweise um Entgelt im weiteren Sinne, bei dem nicht ausschließlich die Arbeitsleistung im jeweiligen Bonuszeitraum vergütet werde, sondern andere Zwecke, vor allem die Belohnung der in der Vergangenheit erbrachten oder künftigen Betriebstreue[462]. Im Rahmen einer besonderen vertraglichen Zweckbestimmung werde der über die Entlohnung hinausgehende Zweck festgelegt, der eine erhöhte Flexibilisierung – vorwiegend durch Stichtags- und Rückzahlungsklauseln – rechtfertige[463]. Die Zweckbestimmung sei die zulässige Vereinbarung einer weiteren Anspruchsvoraussetzung für die Vergütung[464].

Auch sei unter Berücksichtigung der Vergütungsverordnungen eine andere Auffassung, die die Zweckbestimmung für unzulässig halte, nicht nachvollziehbar, denn darin seien gerade Bindungselemente zur Sicherung der Nachhaltigkeit der Vergütungen vorgesehen. Es sei nicht verständlich, warum diese Grundsätze nicht auch über den Anwendungsbereich der Verordnungen hinaus gelten sollen.[465]

Einige Autoren gehen jedoch einschränkend davon aus, dass nur bei einer unternehmensbezogenen variablen Vergütung aus Zielvereinbarungen eine Sonderzahlung mit Mischcharakter gegeben sei. Bei individualleistungsbezogenen Zielvereinbarungen hingegen liege Entgelt im engeren Sinne vor, bei dem eine von der Entlohnung abweichende Zweckbestimmung unzulässig sei.[466]

24.10.2007. 10 AZR 825/06; *Albicker*, AuA 2012, S. 20, 21; *Bauer/Diller/Göpfert*, BB 2002, S. 882, 885; *Behrens/Rinsdorf*, NZA 2006, S. 830, 831; *Bordet/Raif*, ArbRAktuell 2011, S. 607, 609; *Crisolli/Zaumseil* BB 2012, S. 1281, 1282; *Lembke*, NJW 2010, S. 257, 259; *Otto/Walk*, BB 2010, S. 373, 378; *Reiserer/Fallenstein*, DStR 2011, S. 1572, 1573; noch *Salomon*, NZA 2010, S. 314, 316; MüHB zum Arbeitsrecht – *Krause*, §57, Rn. 47, § 54, Rn. 10; MüKo – *Müller-Glöge*, § 611, Rn. 758; *Mohnke*, Zielvereinbarungen im Arbeitsverhältnis 2006, S. 32ff, S. 358ff, 361f.

462 *BAG* vom 24.10.1990 – 6 AZR 156/89, NZA 1991, 318, 319; *BAG* vom 25.04.1991 – 6 AZR 532/89, NZA 1991, 763, 764; *Behrens/Rinsdorf*, NZA 2006, S. 830, 831; *Crisolli/Zaumseil* BB 2012, S. 1281, 1282; *Lembke*, NJW 2010, S. 257, 259.

463 *BAG* vom 28.03.2007, 10 AZR 261/06; *BAG* vom 06.05.2009, 10 AZR 443/08, NZA 2009, 783; *BAG* vom 30.07.2008, 10 AZR 606/07, NZA 2008, 1173, Anmerkungen von *Wiedemann* RdA 2009, S. 186; *BAG* vom 24.10.2007. 10 AZR 825/06; *Albicker*, AuA 2012, S. 20, 21; *Bauer/Diller/Göpfert*, BB 2002, S. 882, 885; *Behrens/Rinsdorf*, NZA 2006, S. 830, 831; *Bordet/Raif*, ArbRAktuell 2011, S. 607, 609; *Crisolli/Zaumseil* BB 2012, S. 1281, 1282; *Lembke*, NJW 2010, S. 257, 259; *Otto/Walk*, BB 2010, S. 373, 378; *Reiserer/Fallenstein*, DStR 2011, S. 1572, 1573; *Salomon*, NZA 2010, S. 314, 316; MüHB zum Arbeitsrecht – *Krause*, §57, Rn. 47, § 54, Rn. 10; MüKo – *Müller-Glöge*, § 611, Rn. 758; *Mohnke*, Zielvereinbarungen im Arbeitsverhältnis 2006, S. 32ff, S. 358ff, 361f.

464 *Albicker*, AuA 2012, S. 20; *Crisolli/Zaumseil* BB 2012, S. 1281, 1282; *Salomon*, NZA 2010, S. 314, 316.

465 *Crisolli/Zaumseil* BB 2012, S. 1281 ff.

466 *Lembke*, NJW 2010, S. 257, 259; *Mohnke*, Zielvereinbarungen im Arbeitsverhältnis 2006, S. 45f, S. 358ff, 361f.

b) Synallagmatische Entgeltleistung

Demgegenüber gehen viele Autoren und – mittlerweile einheitlich – das *BAG* davon aus, dass es sich bei variabler Vergütung aus Zielvereinbarungen um eine synallagmatische Entgeltleistung handele, bei der eine Betriebstreuehonorierung gerade deswegen nicht möglich sei[467]. Der Bonus stelle eine besondere Gegenleistung für die Arbeitsleistung des Mitarbeiters und damit eine arbeitsleistungsbezogene Sonderzuwendung (bzw. Vergütung im engeren Sinne) mit Entgeltcharakter dar[468]. Damit sei eine Übertragung der Grundsätze zu Gratifikationen und der dortigen Möglichkeit, die Betriebstreue zu honorieren, nicht möglich[469]. Auch stünde die Betriebstreuehonorierung im Widerspruch zur eigentlichen Idee des Zielvereinbarungskonzeptes[470]. In einer Stichtagsregelung läge eine unzulässige Kündigungserschwerung entgegen §§ 134, 622 Abs. 6 BGB, Art. 12 Abs. 1 GG[471]. Der Arbeitnehmer habe den Zielbonus – als Arbeitsentgelt nach § 611 S. 1 BGB – bereits ganz oder teilweise durch seine Leistung im Hinblick auf die Zielvereinbarung verdient und sie könne ihm – auch vor dem Hintergrund des Arbeitnehmerschutzes – nicht mehr

467 *BAG* vom 05.07.2011, 1 AZR 94/10; *BAG* vom 18.01.2012, 10 AZR 667/10; *BAG* vom 18.01.2012, 10 AZR 612/10; *Däubler* ZIP 2004, S. 2209, 2212; *Heiden,* RdA 2012, S. 225, 228f; *Hidalgo/Rid,* BB 2005, S. 2686, 2687ff.; *A. Lindemann/Simon,* BB 2002, S. 1807, 1813; *Löw/Kunz* AuA 2012, S. 103, 104; *Mauer,* NZA 2002, S. 540, 546; *Riesenhuber/v. Steinau-Steinrück,* NZA 2005, S. 785; *Salomon,* NZA 2013, 590, 596; *Schmiedl,* BB 2004, S. 329; Erfurter Kommentar – *Preis,* § 611, Rn. 504; Preis, Der Arbeitsvertrag – *Preis/V. Lindemann,* II Z 5 Zielvereinbarungen, Rz. 6, 7; *Deich,* Die rechtliche Beurteilung von Zielvereinbarungen im Arbeitsverhältnis 2004, S. 96f., S. 221ff.; *Heiden,* Entgeltrelevante Zielvereinbarungen 2007, S. 46ff., 49ff.

468 *Hidalgo/Rid,* BB 2005, S. 2686, 2688; *A. Lindemann/Simon,* BB 2002, S. 1807, 1813; *Löw/Kunz* AuA 2012, S. 103, 104; *Riesenhuber/v. Steinau-Steinrück,* NZA 2005, S. 785; Erfurter Kommentar – *Preis,* § 611, Rn. 504; Preis, Der Arbeitsvertrag – *Preis/V. Lindemann,* II Z 5 Zielvereinbarungen, Rz. 6, 7; *Deich,* Die rechtliche Beurteilung von Zielvereinbarungen im Arbeitsverhältnis 2004, S. 222; *Heiden,* Entgeltrelevante Zielvereinbarungen 2007, S. 46ff.

469 *BAG* vom 05.07.2011, 1 AZR 94/10; *BAG* vom 18.01.2012, 10 AZR 667/10; *BAG* vom 18.01.2012, 10 AZR 612/10; Erfurter Kommentar – *Preis,* § 611, Rn. 504; Preis, Der Arbeitsvertrag – *Preis/V. Lindemann,* II Z 5 Zielvereinbarungen, Rz. 6, 7, 29; *Deich,* Die rechtliche Beurteilung von Zielvereinbarungen im Arbeitsverhältnis 2004, S. 222.

470 Erfurter Kommentar – *Preis,* § 611, Rn. 504; Preis, Der Arbeitsvertrag – *Preis/V. Lindemann,* II Z 5 Zielvereinbarungen, Rz. 7.

471 *BAG* vom 05.07.2011, 1 AZR 94/10; *BAG* vom 18.01.2012, 10 AZR 667/10; *BAG* vom 18.01.2012, 10 AZR 612/10; *Däubler* ZIP 2004, S. 2209, 2212; *Heiden,* RdA 2012, S. 225, 228f; *A. Lindemann/Simon,* BB 2002, S. 1807, 1813; *Löw/Kunz* AuA 2012, S. 103, 104; *Mauer,* NZA 2002, S. 540, 546; Erfurter Kommentar – *Preis,* § 611, Rn. 504; Preis, Der Arbeitsvertrag – *Preis/V. Lindemann,* II Z 5 Zielvereinbarungen, Rz. 6, 7, 29; *Deich,* Die rechtliche Beurteilung von Zielvereinbarungen im Arbeitsverhältnis 2004, S. 222.

entzogen werden[472]. Der Arbeitnehmer strenge sich bei Vorhandensein von Zielbonussystemen gerade mit Blick auf die Erfüllung der Zielvereinbarung besonders an, womit ein unmittelbares Gegenseitigkeitsverhältnis von Arbeit gegen Lohn wie bei der Festvergütung gegeben sei[473].

Dies gelte umso mehr, als der Zielbonus mittlerweile üblicher Bestandteil der Vergütungsabrede geworden sei, der die Festvergütung ergänze und teilweise sogar weit übersteige. Diese Bonuszahlungen nach den für Weihnachtsgeld und Jubiläumsprämien entwickelten Grundsätzen zu beurteilen gehe an der Sache vorbei. Hinzu komme, dass Zielboni häufig durch Umwandlung eines Teils der bisherigen Festvergütung oder anstelle einer Erhöhung der jährlichen Festvergütung erfolgten, woraus sich ebenfalls eine Einordnung als Vergütung im engeren Sinne ergebe. Auch spreche die gelegentliche Bezeichnung als „Zielgehalt“ für Vergütung im engeren Sinne. Die Abgrenzung von Gratifikationen und „Gratifikationen mit Mischcharakter“ sei zudem allein zur Abgrenzung des 13. Monatsgehaltes zum Weihnachtsgeld entwickelt worden und gar nicht auf Zielbonussystem anwendbar.[474]

Der Besonderheit von Zielbonussystemen würde am Besten dadurch Rechnung getragen, dass sie entsprechend der Kategorisierung der Rechtsprechung zu anderen variablen Vergütungsbestandteilen und in Abgrenzung zum Festgehalt als „arbeitsleistungsbezogene Sonderzahlungen“ bezeichnet werden[475]. Zusammenfassend kann man also sagen, dass diese Meinung davon ausgeht, dass es sich bei variabler Vergütung aus Zielvereinbarungen um eine in ein allgemeines Synallagma von Arbeitsbemühung und Lohn einbezogene Entgeltleistung handelt, die sich im Wesentlichen an den allgemeinen Grundsätzen für die Festvergütung orientiert.

c) Separat synallagmatische Vergütungsvereinbarung

Nach der hier vertretenen Auffassung sind beide Ansätze zur Bewertung variabler Vergütung aus Zielvereinbarungen nicht zielführend. Vielmehr handelt es sich bei der variablen Vergütung aus Zielvereinbarungen um eine neben der allgemeinen Vergütungsabrede aus dem Arbeitsvertrag bestehende, separate synallagmatische Vergütungsvereinbarung. Allein diese Konstruktion vermag der besonderen Natur der Vergütung aus Zielvereinbarungen im Hinblick auf deren tatsächliche

---

472 *Hidalgo/Rid*, BB 2005, S. 2686, 2687; *A. Lindemann/Simon*, BB 2002, S. 1807, 1813; *Riesenhuber/v. Steinau-Steinrück*, NZA 2005, S. 785; Erfurter Kommentar – *Preis*, § 611, Rn. 504; *Deich*, Die rechtliche Beurteilung von Zielvereinbarungen im Arbeitsverhältnis 2004, S. 222; *Heiden*, Entgeltrelevante Zielvereinbarungen 2007, S. 46ff.; 49.

473 *Hidalgo/Rid*, BB 2005, S. 2686, 2688; *Heiden*, Entgeltrelevante Zielvereinbarungen 2007, S. 48; *U. Krause*, Zielvereinbarungen und leistungsorientierte Vergütung 2002, S. 252, 255.

474 *Hidalgo/Rid*, BB 2005, S. 2686, 2688, die dies herleiten aus *BAG* vom 24.10.1990, 6 AZR 341/89, NZA 1991, 317; *BAG* vom 07.11.1991, 6 AZR 489/89.

475 *Hidalgo/Rid*, BB 2005, S. 2686, 2688; *Deich*, Die rechtliche Beurteilung von Zielvereinbarungen im Arbeitsverhältnis 2004, S. 222.

Konstruktion, die rechtliche Rezeption und die gesetzgeberischen Wertungen der Vergütungsverordnungen, des KWG und VAG sowie der CRD IV Richtlinie 2013/36/EU, der Interessenlage von Arbeitnehmer und Arbeitgeber und des Sinns und Zweckes von Zielvereinbarungen Rechnung zu tragen. Hinzu kommt, dass gerade die Rechtsprechung zur ausbleibenden Zielvereinbarung zeigt[476], dass es eine separat synallagmatische Sekundärebene bei Zielvereinbarungen gibt, die bei einer Einbeziehung in ein eindimensionales Synallagma nicht erklärbar ist.

Gegen die Ansicht, es handele sich um eine Sonderzahlung mit Mischcharakter, spricht, dass der Arbeitnehmer nach dem konstruktiven Hintergrund der Zielvereinbarungen gerade zu einer erhöhten Leistung im Bezug auf die in der Zielvereinbarung festgelegten Ziele angespornt werden soll. Die Hinzufügung einer davon abweichenden Anspruchsvoraussetzung der Betriebstreue verwässert nicht nur die Zielvereinbarung, sie verschiebt auch das Gleichgewicht der an der Zielvereinbarung beteiligten Parteien zuungunsten des Arbeitnehmers. Denn trotz Zielerreichung könnte es zu einer Kürzung bei fehlender Betriebstreue kommen. Damit wird dem Arbeitnehmer jedoch ein zusätzliches Risiko über den Leistungsanreiz hinaus ohne entsprechende Gegenleistung aufgebürdet. Und damit würde auch die besondere Gegenleistungsbeziehung zwischen der Zielerreichungsbemühung des Arbeitnehmers einerseits und der Vergütungszahlungspflicht des Arbeitgebers bei Zielerreichung andererseits ungerechtfertigt beeinträchtigt. Somit ist diese Konstruktion bereits wegen der grundsätzlichen Konstruktion von Zielvereinbarungssystemen abzulehnen. Es handelt sich nämlich nicht um eine Gratifikation, weil die variable Vergütung nicht als rein freiwillige Zusatzleistung erbracht wird, sondern ihr die Bemühung des Arbeitnehmers um die Zielerreichung gegenübersteht.

Gegen die zweite Sichtweise sprechen hingegen ebenfalls die Grundkonstruktion der Zielvereinbarungssysteme, aber auch die in den Bankenaufsichtsregulationen getroffenen Wertungen sowie die Lösungen der Rechtsprechung bei unterbliebener Zielvereinbarung und schließlich Sinn und Zweck der Zielvereinbarungen und die dabei gegebene Interessenlage. Allein die Tatsache, dass die Zielvereinbarungen im Arbeitsvertrag neben der festen Vergütung geregelt werden, zeigt, dass es sich hierbei nicht um die reguläre feste Vergütungsvereinbarung handelt. Auch müsste man bei konsequenter Anwendung der eindimensionalen Sichtweise des arbeitsvertraglichen Synallagmas zu der Auffassung gelangen, dass der Arbeitnehmer sich lediglich um die Zielerreichung bemühen müsse, um die Vergütung zu erhalten. Das allerdings widerspräche nicht nur der Konstruktion von Zielvereinbarungssystemen, die ja gerade die Zielerreichung belohnen sollen, es würde auch dem Wortlaut dieser Vereinbarungen widersprechen. Dieser knüpft nämlich die variable Vergütung an die Zielerreichung. Somit verkennt auch diese eindimensionale Sichtweise den Charakter der separat synallagmatischen Zielvereinbarungsbeziehung. Nur durch eine separat von der Grundvergütung erfolgende Betrachtung kann diesem besonderen Charakter Rechnung getragen werden. Denn die typische Schutzsituation zugunsten des

---

476 Siehe dazu Kapitel C. X. 3.

Arbeitnehmers besteht hier nicht, weil er bereits durch die Grundvergütung ausreichend abgesichert ist. Auch eine Einbeziehung in das grundlegende Synallagma des Arbeitsvertrages, also des Austauschverhältnisses zwischen Arbeitsleistung und Arbeitslohn, entspricht somit nicht der Parteivereinbarung. Denn einerseits ist im Rahmen dieses Austauschverhältnisses gerade keine Variabilität des Arbeitslohns vorgesehen, sondern es wird lediglich Arbeitsleistung mittlerer Art und Güte gegen eine festgelegte Vergütung geschuldet. Dies wird auch dadurch bestätigt, dass die Zielvereinbarung gerade nicht einseitig vom Arbeitgeber durchsetzbar ist, sondern auf einer beiderseitigen Vereinbarung beruht. Damit handelt es sich um eine nicht im Rahmen der Hauptleistungsbeziehung bestehende Beziehung, sondern separat davon bestehende Austauschbeziehung. Gerade bei einer Zielvereinbarung ist nämlich – anders als bei der Zielvorgabe[477] – nicht nur eine bloß einseitige Ausübung des Weisungsrechts des Arbeitgebers gegeben. Andererseits greift der Schutzgedanke, der der Hauptleistungsbeziehung bzw. darin der Einordnung der Grundvergütung zugrunde liegt, bei der variablen Vergütung aus Zielvereinbarungen nicht ein. Denn bereits durch die Grundvergütung wird dieser Schutzzweck erfüllt. Wenngleich die separate Zielvereinbarung keinen Werkvertragscharakter hat, so enthält sie doch werkvertragliche Elemente, die in der Tatsache zum Ausdruck kommen, dass ein Erfolg als Ziel angestrebt wird, an den sich beide, Arbeitnehmer und Arbeitgeber, binden. Für dieses Verhältnis steht die Frage der Zielerreichung und der dafür gewährten variablen Vergütung im Vordergrund. Es handelt sich also um eine separat vom grundlegenden arbeitsvertraglichen Synallagma bestehende Austauschbeziehung.

Diese Sichtweise wird auch durch die erste gesetzgeberische Regelung variabler Vergütung im Zuge der Bankenaufsichtsregulierung bestätigt. Art. 92 Abs. 2 g) RL 2013/36/EU und auch § 25a KWG sowie beide Vergütungsverordnungen (§ 2 InstVergV, § 2 VersVergV) unterscheiden deutlich zwischen fester und variabler Vergütung. Es werden sodann in Art. 94 RL 2013/36/EU und in den §§ 3 ff. InstVergV und §§ 3 ff. VersVergV besondere, deutlich von allgemeinen Vergütungsregelungen abweichende Bestimmungen getroffen. Darin zeigt sich, dass der Gesetzgeber eine Differenzierung zwischen fester Vergütung und variabler Vergütung grundsätzlich will. Würde man darin nur eine besondere Regelung für den Banken- und Versicherungsbereich sehen, so entstünde die merkwürdige Situation, dass ausgerechnet in dem Bereich, in dem die Finanzkrise ihren Ursprung genommen hat, ein weitaus freierer Umgang mit variabler Vergütung möglich wäre als im Bereich der restlichen Wirtschaft. Gerade das kann aber nicht im Interesse des Gesetzgebers gelegen haben. Betrachtet man hingegen die Zielvereinbarungsbeziehung als separates Synallagma im Arbeitsvertrag, so wird dieser grundsätzlichen gesetzgeberischen Wertung entsprochen.

Man könnte nun einwenden, dass lediglich eine synallagmatische Pflichtenbeziehung in einem Schuldverhältnis, wie dem Arbeitsverhältnis möglich sei. Dagegen spricht aber nicht nur die Tatsache, dass im allgemeinen bürgerlichen Recht durchaus

477 Siehe dazu oben Kapitel B. II. 3. a)

mehrere synallagmatische Beziehungen innerhalb eines Vertragsverhältnisses denkbar sind[478]. Dies ergibt sich auch, wenn man sich die Vorschriften der §§ 273, 320, 311, 241 BGB betrachtet. Bereits aus den allgemeinen Vorschriften der §§ 311, 241 Abs. 1, Abs. 2 BGB ergibt sich, dass ein Schuldverhältnis mehrere Pflichten, also auch mehrere Leistungsbeziehungen enthalten kann. So stellen § 311 Abs. 2, Abs. 3 BGB auf „Pflichten" nach § 241 Abs. 2 BGB ab, was bereits vermuten lässt, dass auch mehrere solche Pflichten nebeneinander bestehen können. Nicht zwingend, aber naheligend ist dabei der Schluss darauf, dass nicht nur mehrere „Nebenleistungspflichten" nach § 241 Abs. 2 BGB, sondern auch mehrere Leistungspflichten an sich nebeneinander bestehen können. § 273 Abs. 1 BGB setzt sodann voraus, dass der Schuldner aus demselben rechtlichen Verhältnis einen Anspruch gegen den Gläubiger hat. Dabei ist der Anspruch nicht darauf beschränkt, dass nur eine Hauptleistungsbeziehung besteht, nichteinmal Gleichartigkeit ist erforderlich. Somit zeigt sich auch in dieser Vorschrift, dass mehrere Pflichten nebeneinander bestehen können. Auch § 320 Abs. 1 BGB geht zwar von einem gegenseitigen Vertrag aus, bezieht sich aber auf lediglich eine synallagmatische Beziehung. Hier können durchaus mehrere Pflichten nebeneinander stehen, die sich jeweils gegenüberstehen. Dabei kann die Leistung selbst sogar nach § 320 Abs. 1 S. 2 BGB teilbar sein. Gerade bei Dauerschuldverhältnissen, wie dem Miet- oder dem Arbeitsverhältnis ist ein Nebeneinander verscheidener Pflichtenbeziehungen typisch. Dabei zeigt auch der Begriff des Schuldverhältnisses im weiteren Sinne, der gerade die gesamt komplexe Pflichtenbeziehung eines solchen Dauerschuldverhältnisses betrifft, dass eine Pflichtenpluralität bereits in der Grundkonstruktion der Schuldverhältnisse des BGB angelegt ist.[479]

Gerade dieses separate Pflichtenverhältnis wird zudem durch die Rechtsprechung zu unterbliebenen Zielvereinbarungen unterstellt[480], wenn sie von einem Schadenersatzanspruch nach den §§ 280 Abs. 1, Abs. 3, 283 BGB, also statt der Leistung ausgeht. Wer also bloß eine eindimensionale Sichtweise vertreten wollte, müsste davon ausgehen, dass ein einfacher Schadenersatzanspruch nach § 280 Abs. 1 BGB gegeben sei und kein leistungsbezogener Schadenersatz. Somit stützt auch die Rechtsprechung die hier vertretene Ansicht, dass ein separates Synallagma in der Zielvereinbarung besteht, und somit die variable Vergütung aus Zielvereinbarungen eine separat synallagmatische Entgeltleistung ist.

Zusammenfassend ist somit festzustellen, dass die Rechtsnatur von variabler Vergütung aus Zielvereinbarungen eine separat synallagmatische Gegenleistung für die Zielerreichungsbemühung des Arbeitnehmers ist.

---

478 BeckOK – *H. Schmidt*, § 320, Rn. 10; MüKo – *Emmerich*, Vorbem zu § 320, Rn. 7ff.; Staudinger, BGB – *Otto*; § 320, Rn. 15ff.

479 Jauernig, BGB – *Mansel*, § 241, Rn. 7; MüKo – Ernst, Einl. zu §§ 241 ff. BGB, Rn. 10, 46; Palandt, BGB-*Grüneberg*, § 273, Rn. 6; § 320, Rn. 4ff.

480 *BAG* vom 12.12.2007, 10 AZR 97/07; *BAG* vom 10.12.2008, 10 AZR 889/07; *LAG Düsseldorf* vom 30.04.2009, 11 Sa 1504/08; *LAG Köln* vom 23.05.2002, 7 Sa 71/02.

2. Zulässiger Maximalanteil variabler Vergütung aus Zielvereinbarungen

Daran schließt sich jedoch die Frage an, wie hoch der Anteil der variablen Vergütung an der Gesamtvergütung sein darf, oder besser, in welchem Verhältnis die variable Vergütung zur festen Vergütung stehen muss. Hierbei ist zunächst auf die Diskussion um die Sittenwidrigkeit in Literatur und Rechtsprechung einzugehen. Im Anschluss daran soll zu dem Streit Stellung genommen werden und es sollen aus den Regelungen der CRD IV-Richtlinie RL 2013/36/EU, § 25a Abs. 5 KWG und den Vergütungsverordnungen sowie allgemeinen Erwägungen zu Zielvereinbarungsvergütungen allgemeine Kriterien einer Sittenwidrigkeitsprüfung nach § 138 BGB bei variabler Vergütung aus Zielvereinbarungen entwickelt werden.

a) Diskussion zur Sittenwidrigkeit eines zu hohen Anteils variabler Vergütung an der Gesamtvergütung

Wesentlicher Ausgangspunkt der Diskussion um die Frage, wie hoch der Anteil variabler Vergütung an der Gesamtvergütung des Arbeitnehmers sein darf, war ein Artikel von *Brors*[481], an den anknüpfend zahlreiche Publikationen zu diesem Thema Stellung bezogen. Dabei lassen sich solche Meinungen, die *Brors* folgend, einen Grenzwert im Rahmen einer Kontrolle nach § 138 BGB einführen wollen, und solche, die eine solche Vorgehensweise ablehnen, unterscheiden.

aa) Kontrolle im Rahmen von § 138 BGB mittels eines Grenzwertes

Brors geht in diesem Artikel davon aus, dass die Frage, in wieweit die Arbeitsvertragsparteien den Gesamtlohn oder Lohnbestandteile zielorientiert vereinbaren können, einer Kontrolle gemäß § 138 BGB unter dem Stichwort der rechtlichen Äquivalenz unterliege[482].

Diese Prüfung sei vorrangig vor einer Inhaltskontrolle nach §§ 242, 305ff., 307 BGB durchzuführen, da sie allein auf den Zeitpunkt des Vertragsschlusses abstelle und dabei eine Evidenzkontrolle der von den Parteien im Synallagma ausgehandelten rechtlichen Äquivalenz ermögliche. Bezugsmaßstab solle dabei das Unterschreiten des tarif- oder marktüblichen Lohnes um einen zukünftig von der Rechtsprechung und der Literatur zu entwickelnden „Grenzwert ?" sein. Dabei orientiert sich *Brors* an der Rechtsprechung des *BAG* und des *BGH* in Strafsachen zu § 134 BGB, wonach ab einem Unterschreiten von 50 % der marktüblichen Vergütung eine sittenwidrige Vereinbarung anzunehmen ist, ohne sich jedoch auf einen konkreten Grenzwert

481 *Brors*, RdA 2004, S. 273ff.

482 *Brors*, RdA 2004, S. 273; ebenso *Mauer*, NZA 2002, S. 540, 543; *Tschöpe*, DB 2002, 1830; zur rechtlichen Äquivalenz: Siehe nur *BAG* vom 10.10.1990, 5 AZR 404/89, NJW 1991, 86; und *BAG* vom 25.03.1976, 3 AZR 331/75.

festzulegen. Nur in Fällen, in denen ein hohes außertarifliches Gehalt gezahlt werde, sei auf einen solchen Grenzwert zu verzichten.[483]

Dieser Sichtweise haben sich sodann einige Autoren angeschlossen[484]. Ein Grenzwert sei nötig, um zu garantieren, dass der Arbeitnehmer zumindest in der Lage sei, durch seine Anstrengungen ein Entgelt in sittengerechter Höhe zu erlangen[485]. Es müsse ein Mindestentgelt von 2/3 des marktüblichen Entgeltes insgesamt gewährleistet sein[486]. Eine Einführung klarer Untergrenzen sei durch die Rechtssicherheit und die Risikoverteilung im Arbeitsverhältnis geboten, da sonst eine unzulässige Überwälzung des Unternehmerrisikos auf den Arbeitnehmer gegeben sei[487].

Einige halten dabei je nach Stellung des Arbeitnehmers im Unternehmen und der Höhe der festen Vergütung einen Anteil der variablen Vergütung von 25 % bis 75 % des Gesamtentgelts für zulässig; letzteres insbesondere bei leitenden Angestellten und Führungskräften[488]. Andere gehen von maximal 50 % aus[489]. Wiederum andere Autoren befürworten eine Übertragung der Grenzen aus dem Widerrufsvorbehalt von 25–30 %, wobei für die Vergütung aus Zielvereinbarungen eine Grenze von 25 % gelten solle[490]. Einige vertreten, dass zudem Sittenwidrigkeit gegeben sei, falls die Ziele unerreichbar wären[491]. *Deich* schließlich hält eine variable Vergütung von nicht mehr als 30 % der Gesamtvergütung und bei Führungskräften von bis zu 50 % für unproblematisch möglich und geht davon aus, dass allenfalls im Einzelfall, wenn der variable Vergütungsbestandteil deutlich überwiege oder Ziele vereinbart seien, auf die der Arbeitnehmer keinen Einfluss habe, Sittenwidrigkeit gegeben sei[492].

---

483 Zum ganzen Abschnitt *Brors,* RdA 2004, S. 273, 274, 280; bezugnehmend auf *BAG* vom 22.03.1989, 5 AZR 151/88; *BAG* vom 04.02.1981, 4 AZR 967/78; *BAG* vom11.01.1973, 5 AZR 322/72; *BGH* vom 22.04.1997, 1 StR 701/96, NZA 1997, 1167.

484 *Bordet/Raif,* ArbRAktuell 2011, S. 607; *Horcher,* BB 2007, S. 2065, 2067; *König,* NZA-RR 2012, S. 449, 450; *Riesenhuber/v. Steinau-Steinrück,* NZA 2005, S. 785, 790; *Röder/Göpfert,* BB 2001, 2002, 2004; *Salomon,* NZA 2013, 590, 591; MüHB zum Arbeitsrecht – *R. Krause,* § 57, Rn. 40; Preis, Der Arbeitsvertrag – *Preis/V. Lindemann,* II Z 5 Zielvereinbarungen, Rz. 15; Schaub, AR-HB – *Linck* § 77 , Rn. 1; *Deich,* Die rechtliche Beurteilung von Zielvereinbarungen im Arbeitsverhältnis 2004, S. 131ff.

485 *Bordet/Raif,* ArbRAktuell 2011, S. 607; *Horcher,* BB 2007, S. 2065, 2067; *König,* NZA-RR 2012, S. 449, 450; *Riesenhuber/v. Steinau-Steinrück,* NZA 2005, S. 785, 790; Röder/Göpfert, BB 2001, 2002, 2004; MüHB zum Arbeitsrecht – *R. Krause,* § 57, Rn. 40; Schaub, AR-HB – *Linck* § 77 , Rn. 1.

486 *Horcher,* BB 2007, S. 2065, 2067; *König,* NZA-RR 2012, S. 449, 450; *Riesenhuber/v. Steinau-Steinrück,* NZA 2005, S. 785, 790; *Salomon,* NZA 2013, 590, 591.

487 MüHB zum Arbeitsrecht – *R. Krause,* § 57, Rn. 40, 41.

488 *König,* NZA-RR 2012, S. 449, 450; MüHB zum Arbeitsrecht – *R. Krause,* § 57, Rn. 41.

489 *Horcher,* BB 2007, S. 2065, 2067.

490 *Bordet/Raif,* ArbRAktuell 2011, S. 607; *Röder/Göpfert,* BB 2001, 2002, 2004; *Wank,* NZA 2012, S. 41, 46.

491 *Riesenhuber/v. Steinau-Steinrück,* NZA 2005, S. 785, 790.

492 *Deich,* Die rechtliche Beurteilung von Zielvereinbarungen im Arbeitsverhältnis 2004, S. 131ff.

bb) *Ablehnung einer Kontrolle mittels eines fixen Grenzwertes im Rahmen von § 138 BGB*

Allerdings wird dieser Vorschlag eines Grenzwertes bzw. die Übertragung des Grenzwertes von 2/3 des marktüblichen oder Tarif-Lohns auch von einigen Autoren abgelehnt, da sich feste Grenzwerte nicht allgemeingültig aufstellen ließen[493]. Die Kontrolle nach § 138 BGB versage in den Fällen, in denen keine tarifliche Vergütung gezahlt werde, insbesondere im Bereich von Spitzen- und Führungskräften außerhalb eines Tarifvertrages[494]. Außerdem sei sie mit der Grundstruktur von Zielvereinbarungen nicht vereinbar, denn die Zielvereinbarungsvergütung sei eine Zusatzleistung zur Grundvergütung und könne nicht in die Gesamtbetrachtung des Bruttoverdienstes einbezogen werden[495]. Bei der Sittenwidrigkeitskontrolle nach § 138 BGB sei das Missverhältnis zwischen Chance und Risiko hinsichtlich der Vergütung zu bewerten[496]. Für Provisionen lasse das Gesetz in § 65 HGB sogar eine völlige Flexibilisierung zu, weshalb auch bei variabler Vergütung eine variable Gestaltung von 100 % grundsätzlich zulässig sei[497]. Allenfalls komme eine Sittenwidrigkeit in Betracht, wenn eine echte Verlustbeteiligung des Arbeitnehmers gegeben sei[498]. Diese sei anzunehmen, wenn sich der für die Vergütungsfindung maßgebliche Erfolg immer weiter von der individuellen Leistung entferne, was zu einem hohen und unbeeinflussbaren Risiko für den Arbeitnehmer führe[499]. Daraus schließen einige, dass dem Arbeitnehmer zumindest irgendeine Form von fester Vergütung verbleiben müsse[500]. Auch könne aus der Institutsvergütungsverordnung

---

493 *Annuß,* NZA 2007, S. 290, 291; *Berwanger,* BB 2003, S. 1499, 1502; *Hümmerich,* NJW 2006, S. 2294, 2295f.; *Mauer,* NZA 2002, S. 540, 542; *Rieble/Gutzeit,* JArbR 2000/37, S. 41, 47ff.; Klasen/Krebs/Michel/Weber, Personalmanagement und InstitutsVergV – *Klasen,* S. 91, 110ff; *Heiden,* Entgeltrelevante Zielvereinbarungen 2007, S. 147ff., 174ff.; *Mohnke,* Zielvereinbarungen im Arbeitsverhältnis 2006, S. 114ff.

494 *Hümmerich,* NJW 2006, S. 2294, 2295; diesbezüglich geht die Kritik jedoch ins Leere, da *Brors* genau diesen Aspekt fast wortlautidentisch in ihrem Aufsatz nennt.

495 *Annuß,* NZA 2007, S. 290, 291; *Hümmerich,* NJW 2006, S. 2294, 2295; *Hümmerich,* NJW 1998, 2625.

496 *Berwanger,* BB 2003, S. 1499, 1502; *Mauer,* NZA 2002, S. 540, 542; *Rieble/Gutzeit,* JArbR 2000/37, S .41, 48; *Mohnke,* Zielvereinbarungen im Arbeitsverhältnis 2006, S. 114.

497 *Berwanger,* BB 2003, S. 1499, 1502; *Mauer,* NZA 2002, S. 540, 542; *Rieble/Gutzeit,* JArbR 2000/37, S .41, 48; *Mohnke,* Zielvereinbarungen im Arbeitsverhältnis 2006, S. 114.

498 *Annuß,* NZA 2007, S. 290, 291; *Rieble/Gutzeit,* JArbR 2000/37, S .41, 48f; 51; *Mohnke,* Zielvereinbarungen im Arbeitsverhältnis 2006, S. 114, 115f.

499 *Mauer,* NZA 2002, S. 540, 542; *Rieble/Gutzeit,* JArbR 2000/37, S .41, 48ff; *Mohnke,* Zielvereinbarungen im Arbeitsverhältnis 2006, S. 114f., 117f.

500 *Rieble/Gutzeit,* JArbR 2000/37, S .41, 48f. die dabei 10 % und die Hälfte der Vergütung nennen, ohne sich festzulegen; ähnlich Klasen/Krebs/Michel/Weber, Personalmanagement und InstitutsVergV – *Klasen,* S. 91, 111, die davon ausgeht, dass deshalb nicht die gesamte Vergütung vollständig der Variabilität unterworfen werden dürfe.

geschlossen werden, dass beide Teile der Vergütung, also feste und variable, in einem angemessenen Verhältnis vorhanden sein müssen[501]. *Mohnke* geht hingegen davon aus, dass lediglich eine angemessene Vergütung bei normalem Arbeitseinsatz erzielbar sein muss[502].

Heiden hingegen stellt zunächst fest, dass aus den zur festen Vergütung entwickelten Grenzen keine Anhaltspunkte für die Bewertung des Anteils variabler Vergütung im Rahmen von § 138 BGB gewonnen werden können, denn dabei bleibe die Bewertung der Verdienstchance, die im Leistungsversprechen des Arbeitgebers liege, aus[503]. Da aber bei erreichbaren Zielen diese Verdienstchance auch bei variabler Vergütung bestehe, könne man nicht pauschal ab einem gewissen Anteil variabler Vergütung von einer Sittenwidrigkeit nach § 138 BGB ausgehen[504]. Denn bei der Sittenwidrigkeitskontrolle nach § 138 BGB gehe es gerade um die Kontrolle des Leistungsversprechens, also der Verdienstchance, wobei das Risiko eines Verdienstausfalles allein nicht zu einer Sittenwidrigkeit führe[505].

Da rein unternehmenserfolgsabhängige Entgeltbemessungsfaktoren nicht mehr dem Konzept der Zielvereinbarungen entsprechen, sei insoweit auch keine generelle Einschränkung variabler Vergütung aus diesen im Rahmen des § 138 BGB zu machen. Es sei lediglich im Rahmen einer Bewertung der Verdienstchancen zu prüfen, ob nicht durch die Zielfestlegungen dem Arbeitnehmer in unzulässiger Weise das Betriebs- und Wirtschaftsrisiko des Arbeitgebers aufgebürdet würde. Dabei gelte der Grundsatz, dass je leistungsnäher die Ziele der Zielvereinbarung seien, desto größer sei auch die Variabilisierungsmöglichkeit.[506]

Zusammenfassend kann man also sagen, dass diese Gruppe die Einziehung konkret bestimmter Grenzwerte in eine Prüfung nach § 138 BGB hinsichtlich variabler Vergütung aus Zielvereinbarungen ablehnt und eigene Kriterien entwickelt. Zentraler Punkt dabei ist das grundsätzliche Verbot das Betriebs- und Wirtschaftsrisiko auf den Arbeitnehmer abzuwälzen.

b) Ablehnung fester Grenzwerte – Verhältnisbetrachtung

Erstere Meinung bietet zunächst den (scheinbaren) Vorteil, dass durch die Festsetzung fester Grenzwerte ein klarer Grenzwert gewonnen wird und dadurch (scheinbar) die Rechtsklarheit und Rechtssicherheit gefördert wird. Letztlich ist jedoch der letzten Meinungsgruppe zuzustimmen, dass bei variabler Vergütung

---

501 Klasen/Krebs/Michel/Weber, Personalmanagement und InstitutsVergV – *Klasen*, S. 91, 111.

502 *Mohnke*, Zielvereinbarungen im Arbeitsverhältnis 2006, S. 119, 120.

503 *Heiden*, Entgeltrelevante Zielvereinbarungen 2007, S. 147ff., 155, 174.

504 *Heiden*, Entgeltrelevante Zielvereinbarungen 2007, S. 147ff., 174f.

505 MüKo – *Armbrüster*, § 138 BGB, Rn. 2 m.w.N.; *Heiden*, Entgeltrelevante Zielvereinbarungen 2007, S. 147ff., 155f., 175.

506 Zum ganzen Abschnitt *Heiden*, Entgeltrelevante Zielvereinbarungen 2007, S. 147ff., 160ff., 175.

aus Zielvereinbarungen nicht allein die Tatsache, dass ein gewisser Anteil der Gesamtvergütung variabel ausgestaltet ist, zu einer Sittenwidrigkeit nach § 138 BGB führt. Die Grenzen aus der Bewertung der Sittenwidrigkeit bei festen Vergütungen sind nicht übertragbar. Dies zeigt sich schon daran, dass der an der Gesamtvergütung ausgerichtete Maßstab ungeeignet ist, um variable Vergütungssysteme zu bewerten. Denn bei variablen Vergütungssystemen kommt es regelmäßig vor, dass die Gesamtvergütung in ihrer Höhe aufgrund unterschiedlicher Zielsetzungen und Zielerreichungsgrade variiert. Damit stellt sich bei einer Betrachtung der Gesamtvergütung bereits die Frage, welcher Wert maßgeblich ist. Derjenige bei niedrigster variabler Vergütung oder derjenige bei höchster. Je nachdem würde dann auch der zulässige prozentuale Anteil an der Gesamtvergütung variieren. Oder muss gar ein Mittelwert ermittelt werden, oder eine jährliche Sittenwidrigkeitsprüfung stattfinden? Hierin zeigt sich, dass selbst die Festsetzung eines prozentualen Wertes nicht wesentlich zur Rechtssicherheit beiträgt, da sie sich auch auf einen unklaren Umfang der Gesamtvergütung bezieht. Somit liegt in der Festsetzung solcher Werte nur ein scheinbarer Gewinn an Rechtssicherheit und -klarheit, der abzulehnen ist. Hinzu kommt, dass der Maßstab des § 138 BGB gerade auch die Verdienstchancen erfasst, die ja auch bei einer variablen Vergütung aus Zielvereinbarungen bestehen[507]. Somit ist der variable Anteil nicht schlichtweg als näher an der Sittenwidrigkeit einzuordnen als der feste Vergütungsanteil. Dies bestätigt auch die separat synallagmatische Rechtsnatur der variablen Vergütung aus Zielvereinbarungen, denn darin zeigt sich schon, dass es sich um etwas anderes, als eine reguläre feste Vergütung handelt. Diesem speziellen Charakter und der darin liegenden Parteivereinbarung würde eine bloße Übertragung der Grundsätze zu fester Vergütung nicht gerecht.

Deshalb kann die Prüfung, ob entgegen § 138 BGB gegen das Anstandsgefühl aller billig und gerecht Denkenden, also die guten Sitten, verstoßen wurde, nur die Bewertung umfassen, ob dem Arbeitnehmer in unzulässiger Weise das Betriebs- und Wirtschaftsrisiko des Arbeitgebers aufgebürdet wurde. Dabei gilt es mehrere Aspekte zu berücksichtigen und zu bewerten, um zu einer angemessenen Berücksichtigung dieser Verdienstchance zu gelangen.

Zunächst muss die Relation der variablen zur festen Vergütung berücksichtigt werden, was aus der grundsätzlichen Regelung des Artt. 92 Abs. 2 g), 94 RL 2013/36/EU, des § 25a KWG und der §§ 2, 3 InstitutsVergV, 2, 3 VersVergV ebenso entnommen werden kann wie aus dem Gedanken, dass bei einem gesteigerten variablen Vergütungsanteil auch das Risiko der Verlagerung des Betriebs- und Wirtschaftsrisikos auf den Arbeitnehmer steigt. Kurz zusammengefasst gilt also, dass je höher der Anteil der variablen Vergütung im Verhältnis zu festen Vergütung ist, desto höher ist das Risiko, dass in unzulässiger Weise das Betriebs- und Wirtschaftsrisiko auf den Arbeitnehmer übertragen wird.

---

507 MüKo -*Armbrüster*, § 138 BGB, Rn. 2 m.w.N.; *Heiden*, Entgeltrelevante Zielvereinbarungen 2007, S. 147ff., 155f., 175.

Außerdem ist eine Bewertung der festen Vergütung vorzunehmen, da diese, wenn sie besonders hoch ist, auch einen erweiterten Rahmen für die variable Vergütung bietet, da die Schutzbedürftigkeit des Arbeitnehmers – vor dem Hintergrund der Einschätzung aller billig und gerecht Denkenden – dann absinkt. Der Schutz des Arbeitnehmers bezweckt nämlich ursprünglich, diesen vor der Ausbeutung seiner Abhängigkeit vom Arbeitgeber, die durch seine alleinige Abhängigkeit vom Lohn bedingt ist, zu schützen[508]. Ist aber diese Abhängigkeit durch eine hohe feste Vergütung bereits reduziert, so ist auch die Schutzbedürftigkeit des Arbeitnehmers reduziert. Kurz gefasst ist also bei einer hohen festen Vergütung eine relativ höhere variable Vergütung möglich, ohne dass das Anstandsgefühl aller billig und gerecht Denkenden verletzt wird.

Ein weiterer wichtiger Anhaltspunkt ist die Stellung des Arbeitnehmers, bzw. der Führungskraft im Unternehmen und die Bewertung seiner jeweiligen Tätigkeit. Wie auch den §§ 3ff. InstitutsVergV, § 25a Abs. 5 KWG und Art. 94 RL 2013/36/EU zu entnehmen ist, ist gerade bei solchen Mitarbeitern, die eine Risikotätigkeit ausüben oder allein durch ihre Führungsverantwortung als (leitende) Angestellte wesentlichen Einfluss auf die Stabilität ihres Unternehmens haben, eine gesteigerte Risikobeteiligung möglich. Darin liegt ein allgemeiner Gedanke, dass bei Verantwortungsträgern auch eine gesteigerte Risikobeteiligung möglich ist. Dieser Gedanke beeinflusst auch die Bewertung der Übertragung von Wirtschaftsrisiken vor dem Hintergrund des Anstandsgefühls aller billig und gerecht Denkenden. Denn einem Risiko- oder Verantwortungsträger ist gerade vor diesem Hintergrund auch ein gesteigertes Vergütungsrisiko zuzumuten.

Ein weiteres wichtiges Kriterium ist wie von *Mauer, Rieble/Gutzeit, Heiden* und *Mohnke* bereits ausführlich dargestellt[509], die Bewertung der Erreichbarkeit und der Beeinflussbarkeit der Zielerreichung durch den Arbeitnehmer. Werden überwiegend individuell beeinflussbare Ziele festgelegt, so ist ein größerer Variabilisierungsrahmen möglich als bei überwiegend nicht vom Arbeitnehmer beeinflussbaren Zielen. Allerdings ist bei Zielvereinbarungssystemen gerade ein individueller Ansporn gewollt, weshalb hier vor allem Gruppen, Divisions- und Abteilungsziele eine Rolle spielen dürften. Somit lässt sich festhalten, dass auch die Art der Ziele eine Rolle im Rahmen der Bewertung der Höhe der variablen Vergütung spielt.

Im Anwendungsbereich der Vergütungsverordnungen besteht allerdings in den Regelungen der §§ 25a Abs. 5 KWG, 3 InstitutsVergV, 3 VersVergV ein gesetzliches Verbot im Sinne des § 134 BGB hinsichtlich einer die dortigen Grenzwerte von 100% bzw. 200% der festen Vergütung überschreitenden variablen Vergütungen. In der Regelung zeigt sich dabei, dass im Anwendungsbereich der InstVergV ein festes gesetzliches Verbot besteht. Allerdings kann daraus auch entnommen werden,

508 Siehe nur *Hromadka/Maschmann*, ArbR I, § 2 Rn. 4, 8, m.w.N.

509 *Mauer*, NZA 2002, S. 540, 542; *Rieble/Gutzeit*, JArbR 2000/37, S. 41, 48ff; *Heiden*, Entgeltrelevante Zielvereinbarungen 2007, S. 147ff., 155f., 175; *Mohnke*, Zielvereinbarungen im Arbeitsverhältnis 2006, S. 114f., 117f.

dass für die nicht regulierten Bereiche der Wirtschaft bei einem Wert von 200% der Grundvergütung nicht pauschal von einer Sittenwidrigkeit nach § 138 BGB ausgegangen werden kann. Denn sonst wäre gerade in diesem regulierungsbedürftigen Bereich eine größere Flexibilität gegeben, als im nicht regulierten Restbereich.

Zusammenfassend kann man also festhalten, dass die Kontrolle der Sittenwidrigkeit im Rahmen von § 138 BGB eine umfassende Betrachtung der konkreten arbeitsvertraglichen Vergütung und des Arbeitsverhältnisses erfordert. Dabei ist nicht bei Überschreiten prozentualer Grenzwerte wie bei fester Vergütung automatisch eine Sittenwidrigkeit anzunehmen. Vielmehr kann sich diese allenfalls im Einzelfall ergeben, wobei eine Bewertung der Relation von fester zu variabler Vergütung den Ausgangspunkt bildet. Sodann sind die sonstigen Umstände, nämlich die Höhe der festen Vergütung, die (Führungs-) Position und Risikotätigkeit des Arbeitnehmers und die konkrete Ausgestaltung der Zielvereinbarung hinsichtlich der Beeinflussbarkeit der Zielerreichung durch den Arbeitnehmer zur Bewertung heranzuziehen. Anhand dieser Kriterien ist die Prüfung des Verstoßes gegen das Anstandsgefühl aller billig und gerecht denkenden vorzunehmen.

Im Rahmen der Bewertung der Sittenwidrigkeit kann die prozentual bemessene Relation der variablen Vergütung im Verhältnis zur fixen Grundvergütung somit allenfalls als Ausgangspunkt der Bewertung dienen. Ausgehend von der Regulierung im Finanzbereich kann man für einen Wert von bis zu 100% der festen Grundvergütung nicht von einer Sittenwidrigkeit ausgehen, es sei denn die sonstigen Umstände zwingen zu einer solchen Betrachtung. Bei einem Wert zwischen 100% und 200% der Grundvergütung sind hingegen höhere Anforderungen an die sonstigen Umstände zu stellen, die einen derart hohen Anteil variabler Vergütung zulassen. Schließlich ist bei einem Wert von über 200% der festen Grundvergütung keine automatische Sittenwidrigkeit im restlichen Wirtschaftsbereich gegeben, allerdings müssen hier die sonstigen Umstände der Bewertung gesteigerten Anforderungen genügen. Es muss also eine hochrangige Führungsposition oder Tätigkeit mit besonders gesteigertem Risiko, eine hohe individuelle Beeinflussbarkeit der Zielerreichung und auch eine hohe totale Grundvergütung gegeben sein, um einen derart hohen variablen Vergütungsanteil zu rechtfertigen.

3. Zusammenfassung

Abschließend kann man also festhalten, dass es sich bei variabler Vergütung aus Zielvereinbarungen um die Gegenleistung in einem separat vom grundlegenden Synallagma des Arbeitsvertrages bestehenden Gegenseitigkeitsverhältnis handelt. Dabei stehen sich die Zielerreichungsbemühung des Arbeitnehmers und die Zusage der Zielvereinbarungsvergütung des Arbeitnehmers gegenüber. Dieses separate Synallagma ist nach eigenen Kriterien zu bewerten, die Regelungen des arbeitsvertraglichen Grundsynallagmas sind nicht darauf übertragbar. Dies zeigt sich bereits bei der Kontrolle hinsichtlich einer Sittenwidrigkeit nach § 138 BGB. Eine Übertragung der Grundsätze zur festen Vergütung scheitert an der grundsätzlichen Andersartigkeit der variablen Vergütung aus Zielvereinbarungen. Zwar ist diese immer auch im Zusammenhang und in Relation zur Grundvergütung zu bewerten, denn es handelt sich jedoch um eine eigenständige Vergütungsform, auf die nicht dieselben Regeln anzuwenden sind, wie auf feste Vergütungen im Arbeitsverhältnis. Eine Vermischung mit der festen Grundvergütung widerspricht der Rechtsnatur und den in der gesetzlichen Regelung im Finanzbereich zum Ausdruck kommenden Grundsätzen. Dies zeigt sich besonders auch bei den individuellen Variabilisierungsmöglichkeiten, die im folgenden Kapitel behandelt werden.

C. Individualarbeitsrechtliche Variabilisierungsmöglichkeiten

Bei der Variabilisierung von Vergütung aus Zielvereinbarungen stehen die zahlreichen individualarbeitsrechtlichen Möglichkeiten im Zentrum, die vorwiegend auf Vereinbarungen einer Kürzung der Variablen in bestimmten Fällen durch eine vertragliche Klausel beruhen. Man kann im Wesentlichen drei Gruppen von Variabilisierungsinstrumenten unterscheiden.

Die wichtigste und umfangreichste Gruppe bilden dabei traditionelle Kürzungsmethoden, wie sie besonders im Bereich der Gratifikationen und Sonderzahlungen weit verbreitet sind. Hierzu zählen überwiegend auf entsprechenden Vereinbarungen und Klauseln basierende Kürzungen bei Krankheiten und anderen Fehlzeiten mit Lohnfortzahlung, die Kürzung bei Fehlzeiten ohne Lohnfortzahlung, der Widerrufsvorbehalt, der Freiwilligkeitsvorbehalt, die Befristung, Stichtags- und Bindungsklauseln sowie Probezeitvereinbarungen. Dabei kann man zwischen einer Kürzung aufgrund des Grundsatzes „kein Lohn ohne Arbeit“[510] und der Kürzung aufgrund einer vereinbarten Klausel unterscheiden. Letztere spielen dabei eine deutlich gewichtigere Rolle, denn die Kürzung aus dem Grundsatz betrifft nur die Fehlzeiten, wobei selbst dort eine zumindest klarstellende Kürzungsklausel den Ausgangspunkt bildet.

Die zweite Gruppe bilden neue vereinbarungs- bzw. klauselbasierte Ansatzpunkte, die ihren wesentlichen Ursprung in dem gesteigerten Risikobewusstsein hinsichtlich der Mitarbeitervergütung im Finanzsektor und der daraus entstandenen Regulierung haben[511]. Hier sind vor allem sog. „Clawback“-Klauseln oder andere Rückforderungsvereinbarungen und -gestaltungen, aber auch andere Formen der Vertragsgestaltung wie Fälligkeitsverschiebungen, ermessensabhängige Bonuspoolfestlegungen sowie Vertragsstraferegelungen anzusprechen.

Die dritte Gruppe erfasst die speziell im Bereich der Zielvereinbarungen zusätzlich noch bestehenden Möglichkeiten zur Kürzung im Rahmen der Zielerreichungskontrolle und bei unterbliebener Zielvereinbarung.

Hinsichtlich der traditionellen Kürzungsmöglichkeiten gilt es deren – aufgrund der unterschiedlichen Auffassungen zur Rechtsnatur[512] – umstrittene Anwendung auf die variable Vergütung aus Zielvereinbarungen darzustellen und zu diskutieren sowie die aus der bankenaufsichtsrechtlichen Regulierung ableitbaren Grundsätze auf diese Optionen zu übertragen. Die neuen Ansatzpunkte betreffend sind Einordnung und Abgrenzung zu den traditionellen Möglichkeiten sowie ihre arbeitsrechtliche Zulässigkeit zu erörtern. Hinsichtlich der jeweiligen Variabilisierungsinstrumente

510 *Hanau/Adomeit*, Arbeitsrecht, Rn. 793.
511 siehe Kapitel B. III.
512 Siehe Kapitel B. IV.

gilt es zudem die Frage zu klären, für welchen Zeitraum die Kürzung erfolgt. Es kann nämlich eine Kürzung für die laufende, bzw. die gerade zurückgelegte Zielperiode oder für die noch nicht begonnene nächste Zielperiode möglich sein. Auch ist zu klären, in welchem Umfang die Variabilisierung möglich ist, und welcher Wert für die (prozentuale) Bemessung der Kürzung als Referenz herangezogen werden kann.

Abschließend soll ein einheitlicher Maßstab für die Bewertung von derartigen, den Primäranspruch aus dem separaten Synallagma der Zielvereinbarung modifizierenden Variabilisierungsmöglichkeiten dargestellt werden. Dabei sollen auch einheitliche Maßstäbe für den Kürzungszeitraum und den Bemessungsmaßstab vorgeschlagen werden. Außerdem sollen auch spezielle Kürzungsmöglichkeiten auf der Sekundärebene erörtert werden.

I. Kürzungen bei Fehlzeiten

Eine der wichtigsten Variabilisierungsmöglichkeiten im Individualarbeitsrecht ist die Kürzung von Vergütung wegen Fehlzeiten. Die Grundregel dabei lautet: „Ohne Arbeit kein Lohn“[513]. Allerdings gibt es abweichend von diesem Grundsatz eine Reihe von Anspruchsgrundlagen, die einen Lohnanspruch auch ohne Arbeit gewähren[514]. Man muss also hinsichtlich der Kürzung von variabler Vergütung aus Zielvereinbarungen zwischen Fehlzeiten mit Lohnfortzahlung und ohne Lohnfortzahlung differenzieren[515]. Außerdem könnten selbst bei Zeiten mit Lohnfortzahlung unter den Voraussetzungen der jeweiligen Anspruchsgrundlage trotzdem Kürzungsmöglichkeiten in begrenztem Umfang gegeben sein. Im folgenden Abschnitt sollen zunächst die Kürzungsmöglichkeiten bei Fehlzeiten mit Lohnfortzahlung, insbesondere bei Entgeltfortzahlung im Krankheitsfall, dargestellt werden. Anschließend ist auf die Fehlzeiten ohne Lohnfortzahlung einzugehen, wobei zwischen berechtigten und unberechtigten Fehlzeiten zu unterscheiden ist. Die Kürzung kann sich hierbei aus dem Grundsatz „Ohne Arbeit kein Lohn“ oder aus der Vereinbarung einer entsprechenden Kürzungsklausel ergeben. Für das separate Synallagma der Zielvereinbarung ist jedoch eine besondere Auslegung erforderlich, da bei Fehlzeiten nicht automatisch davon auszugehen ist, dass „keine Arbeit“ im Sinne des Grundsatzes gegeben ist. In der Knüpfung an die Zielerreichung kommt bereits der Grundsatz „Ohne Arbeit kein Lohn“ zum Ausdruck, wenn eine Zielverfehlung gegeben ist. Bei der Vereinbarung einer ausdrücklichen Kürzungsklausel ist diese nach den §§ 242, 307 Abs. BGB abhängig davon, ob eine Individual- oder Formularvereinbarung vorliegt, zu prüfen. Ansonsten ist die Zielvereinbarung selbst auszulegen, um zu ermitteln, ob eine Kürzung aus dem Grundsatz „Ohne Arbeit kein Lohn“ möglich ist. Im Folgenden sollen die unterschiedlichen diesbezüglich möglichen Situationen erörtert werden.

---

513 *Hanau/Adomeit*, Arbeitsrecht, Rn. 793.

514 *Hanau/Adomeit*, Arbeitsrecht, Rn. 793.

515 Siehe z. B. *Mohnke*, Zielvereinbarungen im Arbeitsverhältnis 2006, S. 282ff.

Die Berechnung der jeweiligen Kürzung erfolgt dabei im separaten Synallagma und beschränkt sich auf dieses. Es ist also der Anteil der Fehlzeiten innerhalb der Zielperiode zu bestimmen und dieses Verhältnis auf die gesamte in der Zielperiode erwirtschaftete variable Vergütung aus Zielvereinbarungen zu übertragen, um den proportionalen Kürzungsbetrag zu ermitteln. Eine überproportionale Kürzung ist die Kürzung, die über diesen Betrag hinaus geht bis zum Entfallen der gesamten variablen Vergütung aus Zielvereinbarungen. Die feste Grundvergütung und auch andere variable Vergütungsbestandteile, etwa aus Tantiemen, können wegen der besonderen Rechtsnatur und der synallagmatischen Sonderbeziehung nicht miteinbezogen werden.

1. Fehlzeiten mit Lohnfortzahlung

Der wichtigste Fall der Kürzung bei Fehlzeiten mit Lohnfortzahlung ist die Kürzung bei Krankheitszeiten, in denen ein Anspruch auf Lohnfortzahlung nach §§ 3 Abs. 1, 4 EFZG besteht. Weitere Fehlzeiten mit Lohnfortzahlung sind die Lohnfortzahlung an Urlaubs- und Feiertagen gemäß §§ 1, 2, 11 BUrlG, § 2 EFZG, Lohnfortzahlung bei Annahmeverzug nach den §§ 293 ff., 615 BGB, Lohnfortzahlung bei Betriebsratstätigkeit gemäß §§ 36, 37, 20 Abs. 3 BetrVG, Personalratstätigkeit nach § 46 Abs. 6, Abs. 7 BPersVG, Tätigkeit im Sprecherausschuss gemäß § 14 Abs. 1 SprAuG, Mutterschutzzeiten nach §§ 11, 13, 14 MuSchG und Wehrdienstzeiten nach § 14 ArbPlSchG[516]. Hier soll zunächst speziell auf die Kürzungsmöglichkeiten bei Krankheit eingegangen werden, bevor die anderen Fehlzeiten mit Lohnfortzahlung zusammenfassend dargestellt werden.

a) Variable Vergütung aus Zielvereinbarungen und Entgeltfortzahlung nach §§ 3, 4 EFZG

Nach § 3 EFZG hat ein Arbeitnehmer, der durch Arbeitsunfähigkeit infolge Krankheit an seiner Arbeitsleistung verhindert ist, ohne dass ihn ein Verschulden trifft einen Anspruch auf Entgeltfortzahlung durch den Arbeitgeber für eine Dauer von sechs Wochen. Gemäß § 3 Abs. 3 EFZG entsteht dieser Anspruch nach vierwöchiger ununterbrochener Dauer des Arbeitsverhältnisses. Nach § 4 Abs. 1 EFZG ist dem Arbeitnehmer für diesen Zeitraum das ihm bei der für ihn maßgebenden regelmäßigen Arbeitszeit zustehende Arbeitsentgelt fortzuzahlen. Gemäß § 4 Abs. 1a S. 2 EFZG erhält der Arbeitnehmer bei einer auf das Ergebnis der Arbeit abstellenden Vergütung den für ihn während der maßgebenden regelmäßigen Arbeitszeit erzielbaren Durchschnittsverdienst. Nach § 4a S. 1 EFZG ist eine Vereinbarung über die Kürzung von Leistungen, die der Arbeitgeber zusätzlich zum laufenden Arbeitsentgelt erbringt (Sondervergütungen) auch für Zeiten der Arbeitsunfähigkeit infolge

516 Siehe auch die Aufzählung bei *Heiden*, Entgeltrelevante Zielvereinbarungen 2007, S. 354.

Krankheit zulässig. Die Kürzung darf entsprechend § 4a S. 2 EFZG für jeden Tag der Arbeitsunfähigkeit infolge Krankheit ein Viertel des Arbeitsentgelts, das im Jahresdurchschnitt auf einen Arbeitstag entfällt, nicht überschreiten.

Allgemein stellt sich im Rahmen dieser gesetzlichen Regelungen die rechtsdogmatische Frage, ob es sich bei § 3 Abs. 1 EFZG um eine eigenständige Anspruchsgrundlage handelt oder um eine Ausnahmeregelung zum Entfallen des Gegenleistungsanspruches nach § 326 Abs. 1 S. 1 BGB. Anschließend sollen kurz die Voraussetzungen des Entgeltfortzahlungsanspruches dargestellt werden, bevor auf die zentrale Frage nach der Rechtsfolge bei variabler Vergütung aus Zielvereinbarungen eingegangen werden soll. Entscheidend ist dabei einerseits die Frage, ob variable Vergütung aus Zielvereinbarungen von der Vorschrift des § 4 Abs. 1a S. 2 EFZG erfasst wird und andererseits, ob eine überproportionale Kürzung nach § 4a EFZG möglich ist.

aa) Rechtsnatur des Entgeltfortzahlungsanspruchs aus § 3 Abs. 1 EFZG

Obwohl der Wortlaut des § 3 Abs. 1 EFZG heute von einem Anspruch des Arbeitnehmers spricht, ist es umstritten, ob darin eine eigenständige neue Anspruchsgrundlage oder eine Ausnahmeregelung zum Grundsatz des Untergangs des Gegenleistungsanspruchs nach § 326 Abs. 1 S. 1 BGB zu sehen ist.

(1) Ausgehend vom Wortlaut („Anspruch“) wird in Literatur und Rechtsprechung vertreten, dass es sich um eine echte, eigene Anspruchsgrundlage handele. Denn nach allgemeinem Verständnis seien Anspruchsgrundlagen solche Vorschriften, deren Rechtsfolge – entsprechend der Legaldefinition in § 194 Abs. 1 BGB – vorsehe, dass ein anderer etwas tun oder unterlassen muss. Wegen der Verwendung des Wortes „Anspruch“ sei auch von einer Anspruchsgrundlage auszugehen, wobei diese nichts anderes beinhalte, als dass unabhängig vom Leistungsstörungsrecht des BGB aufgrund von Absatz 1 der ursprüngliche Vergütungsanspruch des Arbeitnehmers auch dann aufrecht erhalten werde, wenn die Voraussetzungen des Absatzes 1 vorliegen. Damit ist im Ergebnis nach dieser Meinung § 3 EFZG als ein während der Arbeitsunfähigkeit aufrechterhaltener Vergütungsanspruch zu qualifizieren, sodass im Wesentlichen die gleichen Regelungen und Rechtsgrundsätze gelten würden, die auch für den regulären Vergütungsanspruch Geltung beanspruchen.[517]

(2) Andere Autoren und Entscheidungen wiederum sehen § 3 Abs. 1 EFZG als Ausnahmeregelung zu den §§ 275, 326 Abs. 1 S. 1 BGB[518]. Der Arbeitgeber könne von dem zur Arbeitsleistung verpflichteten Arbeitnehmer nämlich keine Leistung

---

517 Zum ganzen Abschnitt BeckOK – *Ricken*, § 3 EFZG, Rn. 2; *Wedde/Kunz*, EFZG, § 3, Rn. 19; *Schmitt*, EFZG, § 3, Rn. 9; Staudinger, BGB – *Oetker*, §616, Rn. 179; *Vogelsang*, Entgeltfortzahlung, Rn. 423; *Hellfeier*, Die Leistungszeit im Arbeitsverhältnis, 2003, S. 106f.; *BAG* vom 13.07.2005, 5 AZR 389/04, jedoch ohne Abgrenzung zu anderen gegenläufigen Äußerungen des Gerichts.

518 *BAG* vom 14.01.2001, 5 AZR 430/00, NZA 2002, 746; *BAG* vom 16.01.2002, 5 AZR 303/00, NZA 2002, 1163; *Müller-Glöge* RdA 2006, 105; Erfurter Kommentar – *Dörner/*

beanspruchen, wenn der Arbeitnehmer zur Arbeitsleistung wegen krankheitsbedingter Arbeitsunfähigkeit nicht in der Lage ist und somit einer der in § 275 BGB geregelten Tatbestände vorliegt[519]. Die Gegenleistungspflicht des Arbeitgebers sei in § 3 EFZG geregelt[520]. Der Arbeitnehmer verliere seinen Anspruch auf Arbeitsentgelt nach § 611 BGB nicht, wenn der Tatbestand des § 3 Abs. 1 S. 1 EFZG gegeben sei[521]. § 326 Abs. 1 BGB werde verdrängt[522]. Der Entgeltfortzahlungsanspruch sei inhaltlich mithin nichts anderes als der vertraglich geschuldete Anspruch auf die Arbeitsvergütung, kein Lohnersatzanspruch[523].

Das gelte trotz des nach dem 31.12.1998 fortbestehenden Wortlauts des § 3 Abs. 1 EFZG, der mit dem Korrekturgesetz nicht verändert worden sei und eigentlich auf die Rechtslage in der Zeit vom 01.10.1996 bis 31.12.1998 zugeschnitten war. Denn mit der Beibehaltung des Wortlauts aus der Zwischenzeit wolle der Gesetzgeber gegenüber dem Rechtszustand bis 30.09.1996 keine dogmatische Veränderung vornehmen, zumal zweifelhaft bliebe, ob er die Veränderung des Jahres 1996 überhaupt bemerkt habe.[524]

(3) Vergegenwärtigt man sich diesen Hintergrund und die Tatsache, dass der Wortlaut der Vorschrift einen Anspruch auf „Entgelt-fort-zahlung" beinhaltet, so erscheint es überzeugender, eine Ausnahmevorschrift zum Grundsatz des § 326 Abs. 1 S. 1 BGB anzunehmen. Wegen der widersprüchlichen Verknüpfung der Worte „Anspruch" und „Fortzahlung" taugt der Wortlaut nach hier vertretener Auffassung nicht für eine eindeutige Bestimmung. Zwar könnte man noch anführen, dass auch § 3 Abs. 3 EFZG von einem Anspruch spricht, dieser Erwägung begegnen aber die gleichen Bedenken wie dem Wortlaut in Abs. 1, auf den sich Abs. 3 bezieht. Berücksichtigt man sodann den historischen Hintergrund des Gesetzes, wie von letztgenannter Meinung beschrieben, so spricht vieles für die Ausnahme zu § 326 Abs. 1 S. 1 BGB. Hinzu kommt, dass die Systematik bereits eine solche Rechtsnatur nahelegt, denn hier wird von dem Grundsatz „ohne Arbeit kein Lohn"[525] abgewichen.

Reinhard, § 3 EFZG, Rn. 45; MüHB zum Arbeitsrecht – *Schlachter*, § 73 Rn. 9; MüKo – *Müller-Glöge*, § 611 BGB, Rn. 1036, § 3 EFZG, Rn. 3.

519 *Greiner*, NZA 2007, 490; MüKo – *Müller-Glöge*, § 3 EFZG, Rn. 3; *Schlodder*, Arbeitsvertrag S. 117 ff.

520 MüKo – *Müller-Glöge*, § 3 EFZG, Rn. 3.

521 Erfurter Kommentar – *Dörner/Reinhard*, § 3 EFZG, Rn. 45; Kaiser/Dunkl/Hold/Kleinsorge, EFZG – *Dunkl*, §3, Rn. 31; MüHB zum Arbeitsrecht – *Schlachter*, § 72, Rn. 9; MüKo – *Müller-Glöge*, § 3 EFZG, Rn. 3.

522 MüKo – *Müller-Glöge*, § 3 EFZG, Rn. 3.

523 *BAG* vom 14.01.2001, 5 AZR 430/00, NZA 2002, 746; *BAG* vom 16.01.2002, 5 AZR 303/00, NZA 2002, 1163; *Brecht*, Entgeltfortzahlung, Rn. 20, 40; Erfurter Kommentar – *Dörner/Reinhard*, § 3 EFZG, Rn. 45; *Feichtinger/Malkmus*, EFZR, Rn. 252; Kaiser/Dunkl/Hold/Kleinsorge, EFZG – *Dunkl*, §3, Rn. 184; MüHB zum Arbeitsrecht – *Schlachter*, § 72, Rn. 9; MüKo – *Müller-Glöge*, § 3 EFZG, Rn. 3.

524 Zum ganzen Abschnitt Erfurter Kommentar – *Dörner/Reinhard*, § 3 EFZG, Rn. 45.

525 *Hanau/Adomeit*, Arbeitsrecht, Rn. 793.

Da der Lohnanspruch in den allgemeinen Regeln des BGB wurzelt und lediglich durch besondere Ausnahmetatbestände sein Fortbestehen angeordnet wird, ist es hier überzeugender, die Ausnahme als solche zu behandeln und nicht gänzlich aus der Systematik herauszuheben. Im Folgenden wird daher der Entgeltfortzahlungsanspruch als Ausnahmeregelung zu § 326 Abs. 1 S. 1 BGB behandelt. Gerade mit Blick auf die synallagmatische Leistungsverknüpfung im Rahmen von Zielvereinbarungen[526] ist – insbesondere im Bereich von variabler Vergütung aus Zielvereinbarungen – davon auszugehen, dass es sich hier um eine Ausnahmeregelung zu § 326 Abs. 1 S. 1 BGB handelt, denn durch den Ausfall der Zielerreichungsbemühung im Krankheitszeitraum kann das Synallagma grundsätzlich dann gestört werden, wenn die Fehlzeit sich auf die Zielerreichung auswirkt. Damit sollten auch die allgemeinen schuldrechtlichen Regelungen im Grundsatz Anwendung finden. Wendet man diese grundsätzlichen Regelungen auf das separate Synallagma der Zielvereinbarung an, so ergibt sich nämlich der nötige Auslegungs- und Interpretationsspielraum, der auf der Basis allgemeiner schuldrechtlicher Regelungen weiter und sachgerechter angewendet werden kann, als auf der Basis der speziellen Normen des EFZG. Denn dadurch wird eine Auslegung für sämtliche Fehlzeiten möglich.

bb) Voraussetzungen des Entgeltfortzahlungsanspruches aus § 3 EFZG

(1) Voraussetzungen des Entgeltfortzahlungsanspruches aus § 3 EFZG sind die durch eine Krankheit bedingte Arbeitsunfähigkeit als alleinige Ursache ohne Verschulden des Arbeitnehmers und die zurückgelegte Wartezeit nach § 3 Abs. 3 EFZG[527].

Mit Krankheit meint das Gesetz einen regelwidrigen Körper- oder Geisteszustand, der einer Heilbehandlung bedarf. Das Kriterium der Behandlungsbedürftigkeit wird dabei jedoch sehr weit verstanden, teilweise wird auch ganz darauf verzichtet. Art und Ursache der Erkrankung sind für das Vorliegen einer Krankheit im Sinne von § 3 EFZG unerheblich, und was als regelwidrig angesehen wird, bestimmt sich nach dem (jeweiligen) Stand der Wissenschaft.[528]

Krankheitsbedingte Arbeitsunfähigkeit ist gegeben, wenn der Arbeitnehmer infolge der Krankheit seine vertraglich geschuldete Tätigkeit objektiv nicht ausüben kann oder objektiv nicht ausüben sollte, weil die Heilung nach ärztlicher Prognose verhindert oder verzögert wird[529].

---

526 Siehe Kapitel B. IV.

527 BeckOK – *Ricken*, § 3 EFZG, Rn. 3; Erfurter Kommentar – *Dörner/Reinhard*, § 3 EFZG, Rn. 3ff.; MüKo – *Müller-Glöge*, § 3 EFZG, Rn. 4ff.

528 *BAG* vom 01.06.1983, 5 AZR 536/80, NJW 1983, 2659; *BAG* vom 07.08.1991; 5 AZR 410/90; BeckOK – *Ricken*, § 3 EFZG, Rn. 9; MüKo – *Müller-Glöge*, § 3 EFZG, Rn. 4 m.w.N.

529 BeckOK – *Ricken*, § 3 EFZG, Rn. 14; Erfurter Kommentar – *Dörner/Reinhard*, § 3 EFZG, Rn. 9; MüKo – *Müller-Glöge*, § 3 EFZG, Rn. 6.

(2) Problematisch ist der Fall, dass der Arbeitnehmer durch die Krankheit nur teilweise arbeitsunfähig wird[530]. Dabei geht das *BAG* davon aus, dass auch der vermindert Arbeitsfähige im Sinne des Entgeltfortzahlungsrechts arbeitsunfähig sei[531].

Dieses „Alles-oder-Nichts Prinzip" wird teilweise in einer modernen Arbeitswelt als unpassend bezeichnet. Wenn einem Arbeitnehmer flexible Arbeitszeiten oder Vertrauensarbeitszeit zugestanden seien, müsse man sich von der Bindung an den einzelnen Arbeitstag lösen. Sonst würde man Teilzeitbeschäftigte im Verhältnis zu Vollzeitbeschäftigten schlechter stellen, da sie rein quantitativ betrachtet eher arbeitsfähig seien als diese.[532]

Diese Auseinandersetzung hat für die Anwendung der Entgeltfortzahlungsregelungen auf variable Vergütung aus Zielvereinbarungen indirekt Bedeutung, denn sie verdeutlicht, dass durch moderne Arbeitsgestaltungsformen ein Konflikt mit starren Interpretationen des EFZG entsteht. Damit zeigt sich, dass die Normen des EFZG nach hier vertretener Auffassung gerade bei neuen Gestaltungen der Arbeit interpretations- und auslegungsbedürftig sind. Geht man vom Wortlaut des § 3 Abs. 1 S. 1 EFZG aus, so ist die „Zeit der Arbeitsunfähigkeit" maßgeblich, also keine direkte Anknüpfung an eine nach Tagen zu bemessende Dauer gegeben. Aus der gemeinsamen Regelung mit Feiertagen (§ 2 EFZG) kann man auch nicht auf eine solche Begrenzung schließen. Zwar legt der Kontext ein solches nahe, aber gerade die anders lautende Formulierung in § 3 Abs. 1 S. 1 EFZG könnte für eine bewusste andersartige Regelung sprechen. Auch aus den Bestimmungen zur Höhe des fortzuzahlenden Arbeitsentgelts nach §§ 4, 4a EFZG lässt sich keine Bemessung nach Tagen entnehmen. Damit ist nach dem Wortlaut und dem Zusammenhang mit anderen Vorschriften eine teilweise Arbeitsunfähigkeit an einem Tag denkbar. Allerdings sprechen Sinn und Zweck des Entgeltfortzahlungsgesetzes dafür auch bei flexiblen Arbeitszeitmodellen eine teilweise Arbeitsunfähigkeit als vollständige Arbeitsunfähigkeit für den jeweiligen Tag anzusehen. Denn der Sinn der Entgeltfortzahlung im Krankheitsfall ist es dem Arbeitnehmer bei kurzfristigen Erkrankungen vor einem Lohnausfall zu schützen und diese Last nicht dem Sozialstaat aufzuerlegen[533]. Anstelle der Krankenkassen werden Arbeitgeber für bestimmte Tatbestände krankheitsbedingter Arbeitsunfähigkeit und damit gleichzeitig auch für eine bestimmte Zeit zur Zahlung der Vergütung an die bei ihnen Beschäftigten zur Sicherung des Lebensunterhalts verpflichtet[534]. Damit wird ein Element des Sozialstaats auf Kosten Privater gewährleistet, denn es unterbleibt für die Dauer der Entgeltfortzahlung eine Belastung der Versichertengemeinschaft[535]. Gerade aus diesem Zweck folgt jedoch, dass es sich um eine Leistung des

530 BeckOK – *Ricken*, § 3 EFZG, Rn. 18ff.

531 *BAG* vom 25.10.1973, 5 AZR 141/73; *BAG* vom 25.06.1981, 6 AZR 940/78; *BAG* vom 29.01.1992, 5 AZR 37/91; so auch BeckOK – *Ricken*, § 3 EFZG, Rn. 18 unter Verweis auf *Helml*, EFZG, § 3 Rn. 27.

532 Zum ganzen Abschnitt BeckOK – *Ricken*, § 3 EFZG, Rn. 18, 19.

533 MüKo – *Müller-Glöge*, § 3 EFZG, Rn. 1.

534 Erfurter Kommentar – *Dörner/Reinhard*, § 3 EFZG, Rn. 1.

535 MüKo – *Müller-Glöge*, § 3 EFZG, Rn. 1.

Arbeitgebers handelt, die anstelle des Krankengeldes nach den §§ 44, 47, 48 SGB V gewährt wird[536]. In § 47 Abs. 1 S. 4 SGB V wird auf das kalendertägliche Regelentgelt abgestellt, und in § 48 SGB V wird vom Tage des Beginns der Arbeitsunfähigkeit die Dauer des Krankengeldes bestimmt. Darin liegen – neben einer erhöhten Sicherheit für den Bezieher von täglicher Entgeltfortzahlung und dem Vorteil der besseren praktischen Bestimmbarkeit – die wesentlichen Grundlagen für eine Annahme einer nach Tagen und nicht nach Stunden teilweise berechneten Entgeltfortzahlung. Eine Schlechterstellung von Teilzeitbeschäftigten ist nicht gegeben, da sie in Relation zu ihrer Arbeitsleistung betrachtet werden und gerade Teilzeittätigkeiten für Menschen mit reduzierter Arbeitsfähigkeit wichtig sind. Somit zeigt die Kritik an der tageweise betrachteten Bemessung der Arbeitsunfähigkeit zwar das Problem auf, dass eine Auslegung nötig ist, überzeugt in letzter Konsequenz aber nicht. Im Ergebnis ist also eine tagesanteilige Arbeitsunfähigkeit abzulehnen. Es zeigt sich jedoch bereits bei den Voraussetzungen des Entgeltfortzahlungsanspruches eine Konfliktlage klassischer arbeitsrechtlicher Instrumente zu modernen Arbeitsgestaltungen.

cc) Rechtsfolge: Entgeltfortzahlung nach § 4 EFZG

Der Schwerpunkt der Frage der Entgeltfortzahlung im Krankheitsfall bei variabler Vergütung aus Zielvereinbarungen liegt allerdings auf Rechtsfolgenseite. Nach § 4 Abs. 1 EFZG ist für den in § 3 Abs. 1 EFZG bezeichneten Zeitraum dem Arbeitnehmer das ihm – bei der für ihn maßgeblichen regelmäßigen Arbeitszeit – zustehende Arbeitsentgelt fortzuzahlen. Dabei orientiert sich die Entgeltfortzahlung am Entgeltausfallprinzip, das heißt Grundlage für die Berechnung des Entgeltfortzahlungsanspruches ist das dem Arbeitnehmer zustehende Entgelt während des Entgeltfortzahlungszeitraums, wenn er in dieser Zeit gearbeitet hätte. Damit kommt es für die Berechnung der Höhe der Entgeltfortzahlung auf die Bestimmung der für den Arbeitnehmer maßgeblichen regelmäßigen Arbeitszeit (Zeitfaktor) und auf das dem Arbeitnehmer für diese Arbeitszeit zustehende Arbeitsentgelt (Geldfaktor) an.[537]

Der erfasste Entgeltfortzahlungszeitraum bestimmt sich nach den §§ 187 Abs. 1, Abs. 2, 188 Abs. 2 BGB. Dabei ist der erste Tag für die Fristberechnung grundsätzlich nicht mitzurechnen, obwohl bereits Anspruch auf Entgeltfortzahlung besteht.[538]

Nach § 4 Abs. 1a S. 1 EFZG gehören zum Arbeitsentgelt nach Absatz 1 nicht das zusätzlich für Überstunden gezahlte Arbeitsentgelt und Leistungen für Aufwendungen des Arbeitnehmers, soweit ein Anspruch auf sie im Falle der Arbeitsfähigkeit davon abhängig ist, dass dem Arbeitnehmer entsprechende Aufwendungen tatsächlich entstanden sind, und dem Arbeitnehmer solche Aufwendungen während der Arbeitszeit nicht entstehen. Nach § 4 Abs. 1a S. 2 EFZG ist der von dem

536 Kasseler Kommentar – *Brandts*, § 44 SGB V, Rn. 2.

537 Zum ganzen Abschnitt Beck-OK – *Ricken*, § 4 EFZG, Einf., Rn. 2; Erfurter Kommentar – *Dörner/Reinhard*, § 4 EFZG, Rn. 2; MüKo – *Müller-Glöge*, § 4 EFZG, Rn. 1, 4.

538 Beck-OK – *Ricken*, § 3 EFZG, Rn. 49a, 54; Erfurter Kommentar – *Dörner/Reinhard*, § 3 EFZG, Rn. 34; MüKo – *Müller-Glöge*, § 3 EFZG, Rn. 52.

Arbeitnehmer in der maßgebenden regelmäßigen Arbeitszeit erzielbare Durchschnittsverdienst der Berechnung zugrunde zu legen, wenn der Arbeitnehmer eine auf das Ergebnis der Arbeit abstellende Vergütung erhält.

Diese Regelung erfasst – zumindest teilweise – den schwierig zu bemessenden Leistungslohn. Einigkeit besteht, dass der Akkordlohn und Provisionen von der Vorschrift geregelt werden. Prämienzahlungen werden dagegen abhängig von ihrem Zweck unterschiedlich eingeordnet. Prämien, wie sie im Berufssport geleistet werden (für Spiele, Siege oder Punkte), gehören zwar zum Arbeitsentgelt der Profisportler, doch sind sie in der Regel vom tatsächlichen Einsatz des Spielers abhängig. Somit gehören sie nur dann zum fortzuzahlenden Entgelt, wenn die Arbeitsunfähigkeit alleinige Ursache des Nichteinsatzes war.[539]

Hinsichtlich der variablen Vergütung aus Zielvereinbarungen stellt sich ebenfalls die Frage der Anwendbarkeit von § 4 Abs. 1a S. 2 EFZG. Bei Provisionen und vergleichbaren auf das Ergebnis abstellenden Vergütungen ist nicht nur die Schwankungsbreite zu berücksichtigen, sondern auch die Tatsache, dass für sie besondere Fälligkeits- und Stornierungsvorschriften gelten[540]. Ähnliches gilt für variable Vergütungsbestandteile, die Gegenstand von Zielvereinbarungen sind[541]. Dabei ist im Rahmen des anzustellenden Vergleichs auch zu prüfen, inwiefern Zielvorgaben bereits durchschnittliche Krankheitszeiträume berücksichtigen, wie z. B. bei der Vorgabe von Auslastungszahlen, die nicht von den reinen Arbeitstagen ausgehen, sondern bereits urlaubs- und krankheitsbedingte Ausfallzeiten miteinrechnen[542]. Bereits diese Erwägungen zeigen, wie viele Schwierigkeiten es bereitet, den Wortlaut des § 4 Abs. 1a S. 2 EFZG auf variable Vergütung aus Zielvereinbarungen anzuwenden. Hinzu kommt, dass das Entgeltausfallprinzip als Grundsatz in besonderem Maße zu berücksichtigen ist. Zur Lösung dieses Konflikts lassen sich mehrere Sichtweisen entwickeln und vertreten:

(1) Zunächst könnte man den Wortlaut des § 4 Abs. 1a S. 2 EFZG einfach unbesehen auf variable Vergütungen aus Zielvereinbarungen anwenden. Das würde dazu führen, dass der Arbeitgeber den Anteil der variablen Vergütung, der auf den Entgeltfortzahlungszeitraum entfällt, ermitteln und ihn zusätzlich zum laufenden Entgelt in diesem Zeitraum auszahlen müsste. Eine solche Sichtweise wird unter Durchbrechung des Entgeltausfallprinzips von einigen Autoren angenommen. § 4 Abs. 1a S. 2 EFZG zeige, dass auch Leistungsentgelte unterschiedslos zu berücksichtigen seien.[543]

---

539 Zum ganzen Abschnitt *BAG* vom 19.01.2000 – 5 AZR 637/98, NZA 2000, 771; BeckOK – *Ricken*, § 4 EFZG, Rn. 7, 8, 9, 12; Erfurter Kommentar – *Dörner/Reinhard*, § 4 EFZG, Rn. 15, 16; MüKo – *Müller-Glöge*, § 4 EFZG, Rn. 3, 14 22, 23.

540 Erfurter Kommentar – *Dörner/Reinhard*, § 4 EFZG, Rn. 16.

541 *Annuß*, NZA 2007, S. 290, 291; *Reiserer*, NJW 2008, S. 609, 611; Erfurter Kommentar – *Dörner/Reinhard*, § 4 EFZG, Rn. 16.

542 Erfurter Kommentar – *Dörner/Reinhard*, § 4 EFZG, Rn. 16.

543 So etwa *Berwanger*, BB 2003, S. 1499, 1503; *A. Lindemann/Simon*, BB 2002, S. 1807, 1812f.

(2) Überwiegend wird eine schematische Anwendung von § 4 Abs. 1a S. 2 EFZG jedoch abgelehnt[544]. Einige Autoren schränken die Anwendung von § 4 Abs. 1a S. 2 EFZG durch eine Bewertung ein, inwieweit die Zielvereinbarung bereits durchschnittliche Krankheitszeiträume berücksichtige, wobei im Ergebnis dennoch eine Zahlung eines aus dem Vorjahreszeitraum errechneten Durchschnittsverdienstes befürwortet wird[545]. Wichtig sei, dass der Arbeitnehmer durch die Entgeltfortzahlung nicht schlechter, aber auch nicht besser gestellt werde, als wenn er in der betreffenden Zeit gearbeitet hätte[546].

Deshalb kommen andere Auffassungen einschränkend innerhalb dieser Meinung zu dem Schluss, dass § 4 Abs. 1a S. 2 EFZG zwar Anwendung finde, aber nur bei solchen Zielen, die vom Arbeitnehmer zu beeinflussen seien. Es müsse für jedes Ziel einzeln geprüft werden, ob und in welchem Maße seine Erreichung durch den Mitarbeiter beeinflussbar sei. Zur Erleichterung könne das Gericht im Streitfall auf § 287 Abs. 2 ZPO zurückgreifen und die Verdienstminderung für den Entgeltfortzahlungszeitraum schätzen.[547]

(3) Außerdem findet sich auch noch eine Sichtweise, die die Anwendung von § 4 Abs. 1a S. 2 EFZG gänzlich ablehnt, da die zielvereinbarungsgestützte Vergütung nur im Zielerreichungsfall geschuldet sei. Durch die Entgeltfortzahlung dürfe nämlich keine Besserstellung der arbeitsunfähig erkrankten Arbeitnehmer entstehen.[548]

(4) An diesen Gedanken knüpfen schließlich auch *Deich*, *Heiden* und *Köppen* an, wenn sie davon ausgehen, dass aus der historischen Herkunft der Vorschrift aus dem Lohnfortzahlungsgesetz und dem Entgeltausfallprinzip zu folgern sei, dass § 4 Abs. 1a S. 2 EFZG nicht anwendbar, sondern im Wege der ergänzenden Auslegung der Zielvereinbarung zu ermitteln sei, ob eine Entgeltfortzahlung stattfinde oder nicht. Dabei stellt *Heiden* darauf ab, dass bei einer niedrigeren Vorauszahlung der Arbeitnehmer zur Erreichung einer höheren variablen Vergütung mehr leisten müsse. Es würde also das Gegenseitigkeitsverhältnis verfälscht werden und der Entgeltgerechtigkeit widersprochen werden. Deshalb schlägt *Heiden* – ebenso wie *Köppen* – ausdrücklich vor, die Zielvereinbarung dahingehend nach §§ 133, 157 BGB

---

544 *Annuß*, NZA 2007, S. 290, 293; unter Bezugnahme auf *BAG* vom 05.06.1985 – 5 AZR 459/83 – wobei die Entscheidung einen Handelsvertreter betrifft und damit nur bedingt übertragbar ist; ebenso jedoch *Reiserer*, NJW 2008, S. 609, 611; Erfurter Kommentar – *Dörner/Reinhard*, § 4 EFZG, Rn. 16; *Mohnke*, Zielvereinbarungen im Arbeitsverhältnis 2006, S. 288ff.

545 *Annuß*, NZA 2007, S. 290, 293; *Reiserer*, NJW 2008, S. 609, 611; Erfurter Kommentar – *Dörner/Reinhard*, § 4 EFZG, Rn. 16.

546 *BAG* vom 05.06.1985, 5 AZR 459/83; *BAG* vom 09.09.1990, 5 AZR 236/92; *BAG* vom 06.12.1995, 5 AZR 237/94; *Mohnke*, Zielvereinbarungen im Arbeitsverhältnis 2006, S. 288; *Vossen*, Entgeltfortzahlung, Rn. 478.

547 Zum ganzen Abschnitt *LAG Berlin* vom 28.06.1996, 6 Sa 37/96, NZA 1997, 224; *Gaul*, BB 1998, 101, 102; *Mohnke*, Zielvereinbarungen im Arbeitsverhältnis 2006, S. 290.

548 Zum Ganzen *Bauer/Diller/Göpfert*, BB 2002, S. 882, 885.

auszulegen, dass der Arbeitnehmer eine Anpassung bzw. eine Korrektur der Ziele hinsichtlich der verkürzten Zielvereinbarungsperiode verlangen kann.[549]

Geschehe dies nicht, sei am Ende der Zielvereinbarungsperiode die tatsächliche Zielerreichung auf eine ungekürzte Arbeitsdauer hochzurechnen und die fiktive Zielerreichung zur Grundlage der Festlegung der Zielerreichung bzw. der Bestimmung des Zielbonusses zu machen[550]. Hilfsweise sei ein voller Anspruch auch bei proportional geminderter Zielerreichung gegeben[551].

(5) Gegen die erste Sichtweise spricht – neben dem erheblichen Aufwand eines solchen Vorgehens –, dass der kranke Arbeitnehmer dadurch im Verhältnis zum arbeitenden Kollegen besser gestellt würde. Er würde nämlich durch die Krankheit einen „Vorschuss" auf den Bonus erhalten. Dabei wäre allerdings noch nicht klar, wie hoch der Bonus gerade bei flexiblen Systemen ausfällt, weshalb der Anteil auch nur höchst hypothetisch zu ermitteln wäre. Praktisch wäre die Berechnung derart komplex, dass sie vermutlich gar nicht oder nur schwer durchführbar wäre. Auch wiederspricht es der separat synallagmatischen Zielvereinbarung, denn in dieser haben die Parteien einen anderen Abrechnungsrhythmus festgelegt. Gerade bei langfristigen Zielvereinbarungen kann zudem davon ausgegangen werden, dass geringfügige Krankheitszeiten bereits mitumfasst sind. Schließlich wird sogar das Entgeltausfallprinzip verletzt, denn der Arbeitnehmer hätte ohne die Arbeitsunfähigkeit keine Zahlung einer anteiligen variablen Vergütung erhalten. Diese Sichtweise ist somit nicht zielführend, denn sie verletzt grundlegende Prinzipien des Entgeltfortzahlungsrechts und führt zudem zu einer ungerechtfertigten Privilegierung arbeitsunfähiger Arbeitnehmer. Gerade wenn man die variable Vergütung als Gegenleistung einer separat synallagmatischen Vereinbarung im Arbeitsverhältnis sieht, zeigt sich, dass diese Vereinbarung gestört würde, wenn Teile daraus bereits vor Zielerreichung erfüllt würden. Gegen eine Anwendung von § 4 Abs. 1a S. 2 EFZG spricht sodann, dass die Vorschrift von 1996 aus einer Zeit stammt, die noch vor den ersten großflächigen Anwendungen von Zielvereinbarungssystemen liegt[552]. Deshalb kann man davon ausgehen, dass zwar Provisionen und Akkordlöhne erfasst sind, nicht aber die separat synallagmatische variable Vergütung aus Zielvereinbarungen. Dieser liegt eine ganz andere Konstellation zugrunde, denn es kommt maßgeblich auf das Gegenseitigkeitsverhältnis zwischen der erfolgreichen Zielerfüllungsbemühung und der gegenüberstehenden Zielvergütung an. Diese Konstellation vermag § 4 Abs. 1a S. 2 EFZG jedoch – wie man an den Sportlerprovisionen sieht – nicht zu erfassen. Eine Anwendung von § 4 Abs. 1a S. 2 EFZG ist

549 Zum Ganzen *Köppen*, DB 2002, 374, 379; *Deich*, Die rechtliche Beurteilung von Zielvereinbarungen im Arbeitsverhältnis 2004, S. 212, 221; *Heiden*, Entgeltrelevante Zielvereinbarungen 2007, S. 356ff.

550 *Deich*, Die rechtliche Beurteilung von Zielvereinbarungen im Arbeitsverhältnis 2004, S. 212, 221; *Heiden*, Entgeltrelevante Zielvereinbarungen 2007, S. 358; ähnlich auch *Behrens/Rinsdorf*, NZA 2006, S. 830, 831ff. (allerdings zur Freistellung).

551 *Heiden*, Entgeltrelevante Zielvereinbarungen 2007, S. 358.

552 Siehe Erfurter Kommentar – *Reinhard*, § 4 EFZG, Rn. 13.

nicht möglich, somit kann allein die Auslegung dieses Verhältnisses nach § 133, 157 BGB – wie auch *Heiden* und *Köppen* sie vorschlagen – die Lösung bringen.

Dabei ist jedoch dem Auslegungsergebnis nicht zuzustimmen. Der entscheidende Ausgangspunkt der Auslegung ist die Frage, ob das vereinbarte Ziel erreicht wurde oder nicht. Ist das Ziel erreicht, so besteht unabhängig von der Arbeitsunfähigkeit ein Anspruch auf vollständige Zielvergütung. Denn im Rahmen des separaten Synallagmas hat der Arbeitgeber sich verpflichtet, bei Zielerreichung die Zielvergütung zu zahlen. Ist das Ziel nicht erfüllt, so muss man sich fragen, ob die Zielverfehlung allein auf der Arbeitsunfähigkeit des Arbeitnehmers beruht. Dies gebieten die entgeltfortzahlungsrechtlichen Grundsätze, das Entgeltausfallprinzip[553] und das Monokausalitätsprinzip[554]. Sind Entgeltausfall und Monokausalität gegeben, etwa wenn ein wichtiger Zieltermin durch die Arbeitsunfähigkeit nicht wahrgenommen werden konnte, so besteht kein Anspruch auf Anpassung der Ziele. Vielmehr muss der Arbeitnehmer nach den entgeltfortzahlungsrechtlichen Grundsätzen so gestellt werden, als hätte er gearbeitet. Es darf also keine Berücksichtigung dieser negativen Auswirkungen bei der Zielbewertung erfolgen. Somit ist kein Anspruch auf Anpassung, sondern ein Anspruch auf Nichtberücksichtigung gegeben.

Die Beweislast für die Zielverfehlung nur aufgrund der krankheitsbedingten Arbeitsunfähigkeit liegt dabei beim Arbeitnehmer[555].

(6) Zusammenfassend kann man also festhalten, dass die Rechtsfolge des Entgeltfortzahlungsanspruches aus §§ 3, 4 EFZG bezogen auf die Zielvereinbarung eine an den Grundsätzen der Entgeltfortzahlung orientierte ergänzende Auslegung nach §§ 133, 157 BGB ist[556]. Deren Ausgangspunkt ist die Feststellung der Zielerfüllung. Nur wenn das Ziel verfehlt wurde, ist eine Entgeltfortzahlung nach dem Entgeltausfallprinzip überhaupt nötig. Dabei ist die Frage entscheidend, ob der Entgeltausfall monokausal durch die Arbeitsunfähigkeit bedingt ist. Ist dies der Fall, so darf der Umstand, der zur Zielverfehlung geführt hat, im Rahmen der Zielkontrolle nicht berücksichtigt werden.

b) Überproportionale Kürzung nach § 4a EFZG bei variabler Vergütung aus Zielvereinbarungen

Nach § 4a S. 1 EFZG ist eine Vereinbarung über die Kürzung von Leistungen, die der Arbeitgeber zusätzlich zum laufenden Arbeitsentgelt erbringt (Sondervergütungen), für Zeiten der Arbeitsunfähigkeit infolge Krankheit zulässig. Die Kürzung darf nach § 4a S. 2 EFZG für jeden Tag der Arbeitsunfähigkeit ein Viertel des Arbeitsentgelts, das im Jahresdurchschnitt auf einen Arbeitstag entfällt, nicht überschreiten. Ob auch

---

553 Beck-OK – *Ricken*, § 4 EFZG, Einf; MüKo – *Müller-Glöge*, § 4 EFZG, Rn. 1.

554 Beck-OK – *Ricken*, § 3 EFZG, Rn. 21; Schaub, AR-HB – *Linck* § 170, Rn. 7ff.

555 MüHB zum Arbeitsrecht – *R. Krause*, §57, Rn. 48; MüKo – *Müller-Glöge*, § 3 EFZG, Rn. 18; *Schmitt*, EFZG, § 3, Rn. 103; siehe zur Beweislastverteilung hinsichtlich der Zielerreichung auch Kapitel C. X. 2.

556 So auch *Köppen*, DB 2002, 374, 379; *Heiden*, Entgeltrelevante Zielvereinbarungen 2007, S. 356ff.

variable Vergütung aus Zielvereinbarungen aufgrund einer solchen Vereinbarung überproportional gekürzt werden kann, ist umstritten. Die Entscheidung in dieser Frage hängt von der Rechtsnatur der variablen Vergütung aus Zielvereinbarungen und vom Verständnis des Begriffs der „Sondervergütungen" in § 4a EFZG ab. Auch ist zu beachten, dass die Anwendung von § 4 Abs. 1a S. 2 EFZG eine Zuordnung zum laufenden Entgelt indiziert und damit in letzter Konsequenz eine Anwendung von § 4a EFZG nach einigen Auffassungen ausschließen könnte.

aa) Einige Autoren gehen davon aus, dass es sich bei der variablen Vergütung aus Zielvereinbarungen um eine Sondervergütung im Sinne des § 4a S. 1 EFZG handeln kann[557]. Der Begriff der „Sondervergütungen" sei weit zu verstehen und lediglich vom täglich, wöchentlich oder monatlich laufenden Arbeitsentgelt abzugrenzen[558]. Fehle jegliche Arbeitsleistung im Berechnungszeitraum, so bestünde auch kein Grund, den Arbeitnehmer am Gewinn zu beteiligen; der Maßstab der Zielvergütung entfalle sogar[559]. Einige Autoren machen jedoch eine Einschränkung dahingehend, dass eine Kürzung nach § 4a EFZG nur möglich sein solle, wenn mit der variablen Vergütung aus Zielvereinbarungen zumindest auch die Betriebstreue honoriert werden solle[560]. Damit ist gemeint, dass eine überproportionale Kürzung nach § 4a EFZG nur möglich ist, wenn Zweck der variablen Vergütung neben anderen Zwecken auch der Verbleib des Arbeitnehmers im Unternehmen ist.

bb) Demgegenüber lehnen andere die Anwendbarkeit von § 4a EFZG auf variable Vergütung aus Zielvereinbarungen ab[561]. Bei variabler Vergütung aus Zielvereinbarungen handele es sich um laufendes Arbeitsentgelt, das lediglich bis zu einem Fälligkeitstermin aufgespart werde[562]. Es handele sich um „Vergütung im engeren Sinne", die keine Sondervergütung nach § 4a EFZG sein könne[563]. Es würden durch

557 *Deich,* AuA 2004, S. 8, 10; *A. Lindemann/Simon,* BB 2002, S. 1807, 1813; *Mauer,* NZA 2002, S. 540, 544; *Otto/Walk,* BB 2010, S. 373, 377; Beck-OK – *Ricken,* § 4a EFZG, Rn. 4; MüKo – *Müller-Glöge,* § 4a EFZG, Rn. 7; Schaub, AR-HB – *Linck* § 77 , Rn. 20. *Mohnke,* Zielvereinbarungen im Arbeitsverhältnis 2006, S. 291, 292.

558 *A. Lindemann/Simon,* BB 2002, S. 1807, 1813.

559 *Mauer,* NZA 2002, S. 540, 545.

560 Beck-OK – *Ricken,* § 4a EFZG, Rn. 4; MüKo – *Müller-Glöge,* § 4a EFZG, Rn. 7; Schaub, AR-HB – *Linck* § 77 , Rn. 20; *Mohnke,* Zielvereinbarungen im Arbeitsverhältnis 2006, S. 292.

561 *Heiden,* DB 2009, S. 2714, 2717; *Hidalgo/Rid,* BB 2005, S. 2686, 2690; *Riesenhuber/v. Steinau-Steinrück,* NZA 2005, S. 785, 790; Erfurter Kommentar – *Dörner/Reinhard,* § 4a EFZG, Rn. 8; MüHB zum Arbeitsrecht – *R. Krause,* §57, Rn. 48; MüHB zum Arbeitsrecht – *Hanau,* §69, Rn. 16; *Deich,* Die rechtliche Beurteilung von Zielvereinbarungen im Arbeitsverhältnis 2004, S. 216ff.; *Heiden,* Entgeltrelevante Zielvereinbarungen 2007, S. 361f.

562 MüHB zum Arbeitsrecht – *Hanau,* §69, Rn. 16, 19; *Deich,* Die rechtliche Beurteilung von Zielvereinbarungen im Arbeitsverhältnis 2004, S. 216.

563 *Heiden,* DB 2009, S. 2714, 2717; *Hidalgo/Rid,* BB 2005, S. 2686, 2690; *Riesenhuber/v. Steinau-Steinrück,* NZA 2005, S. 785, 790; *Heiden,* Entgeltrelevante Zielvereinbarungen 2007, S. 361f.

die Kürzung bereits erdiente Entgeltbestandteile wegfallen, womit die Kürzung einen unzulässigen Sanktionscharakter erhalte[564]. Ein solcher sei unzulässig und verstoße gegen das Maßregelungsverbot aus § 612a BGB[565].

cc) Von einem derart weiten Begriff der „Sondervergütung" auszugehen, wie die erste Meinung, ist angesichts der Regelungen des § 4 Abs. 1a S. 2 EFZG nicht sinnvoll, denn dort zeigt sich, dass der Begriff des fortzuzahlenden Arbeitsentgelts eben nicht nur Leistungen erfasst, die in einem täglichen, wöchentlichen oder monatlichen Rhythmus ausgezahlt werden. Den Meinungen, die dort eine Anwendung des § 4 Abs. 1a S. 2 EFZG bejahen, sollte es zudem unmöglich sein, gleichzeitig auch § 4a EFZG anzuwenden. Auch wird dem Wortsinn des Wortes „laufend" nicht genüge getan, denn dieser Begriff ist weitergefasst als die von eben dieser Meinung aufgezählten Zeiträume. Der Begriff „laufend" umfasst regelmäßig wiederkehrende Leistungen, es können also auch jährlich zu zahlende Leistungen erfasst sein. Somit geht schon die Wortlautbetrachtung dieser Auffassungen fehl. Bedenkt man zudem die Rechtsnatur variabler Vergütung aus Zielvereinbarungen, nämlich das separate Synallagma, so zeigt sich, dass vermittels dieses Gegenseitigkeitsverhältnisses ebenfalls von einer regelmäßig wiederkehrenden Leistung auszugehen ist. Denn die variable Vergütung wird regelmäßig wiederkehrend für die jeweiligen Zielvereinbarungsperioden gezahlt. Hinzu kommt die Konstruktion der Zielvereinbarungen, die regelmäßige konkrete Zielvereinbarungen innerhalb der Rahmenvereinbarung vorsieht. Auch daraus wird deutlich, dass es sich bei der variablen Vergütung hieraus nicht um „Sondervergütung" handeln kann. Somit ist § 4a EFZG auf variable Vergütung aus Zielvereinbarungen weder nach dem Gesetzeswortlaut noch nach der Systematik und auch nicht nach Sinn und Zweck oder ihrer Rechtsnatur anwendbar. Auch gibt es keine andere Grundlage für eine überproportionale Kürzung der variablen Vergütung aus Zielvereinbarungen im Entgeltfortzahlungszeitraum. Eine überproportionale Kürzung der variablen Vergütung aus Zielvereinbarungen ist somit im Entgeltfortzahlungszeitraum nicht möglich.

c) Kürzung bei anderen Zeiten mit Lohnfortzahlung

Neben der Entgeltfortzahlung im Krankheitsfall nach den §§ 3, 4, 4a EFZG gibt es noch zahlreiche andere Zeiten mit Lohnfortzahlung. Zu nennen sind hier die Entgeltfortzahlung an Feiertagen nach § 2 EFZG, an Urlaubstagen nach §§ 1, 11 BUrlG, bei Annahmeverzug nach §§ 293ff. 615 BGB, Betriebsratstätigkeit nach § 37 Abs. 6, Abs. 7 BetrVG, Personalratstätigkeit nach § 46 VI, VII BPersVG, Sprecherausschusstätigkeit gem. § 14 SprAuG, während des Mutterschutzes nach § 11, 13, 14 MuSchG und Wehrdienst nach § 14 ArbPlSchG. Diese Fälle sind allesamt weniger heftig diskutiert und sollen daher hier zusammengefasst erörtert werden. Es lassen

---

564 *Deich,* Die rechtliche Beurteilung von Zielvereinbarungen im Arbeitsverhältnis 2004, S. 217.

565 MüHB zum Arbeitsrecht – *Hanau,* §69, Rn. 22; *Deich,* Die rechtliche Beurteilung von Zielvereinbarungen im Arbeitsverhältnis 2004, S. 218.

sich zudem dieselben Leitlinien, wie bei der Entgeltfortzahlung im Krankheitsfall anwenden.

In der Literatur herrscht allseitige Einigkeit, dass bei Mutterschutzzeiten nach § 11 MuSchG keine negative Auswirkung auf die variable Vergütung aus Zielvereinbarungen erfolgen darf, da darin eine unzulässige, dem Zweck des Gesetzes widersprechende Diskriminierung liege[566]. Dieser Auffassung ist insbesondere unter Berücksichtigung der §§ 1, 3 Abs. 1, 7 AGG, die ein umfassendes Benachteiligungsverbot wegen des Geschlechts regeln, zuzustimmen.

Generell muss man auch bei diesen unterschiedlichen Entgeltfortzahlungstatbeständen die Rechtsnatur der variablen Vergütung aus Zielvereinbarungen im Rahmen der ergänzenden Auslegung berücksichtigen. Das separate Synallagma wird erst am Ende der Zielvereinbarungsperiode bewertet, womit es keinesfalls zu einer vorzeitigen Auszahlung der variablen Vergütung kommen darf. Vielmehr dürfen die Zeiten, in denen Entgeltfortzahlung zu leisten war, nicht zu Lasten des Arbeitnehmers bei Zielverfehlung berücksichtigt werden. Problematisch ist diese Sichtweise möglicherweise in denjenigen Fällen, in denen, wie bei der Fortzahlung von Urlaubsentgelt und beim Mutterschutz, nicht das Entgeltausfallprinzip, sondern das Referenzprinzip gilt[567]. Dabei ist die Vergütung maßgeblich, die in einem vergangenheitsbezogenen Referenzzeitraum verdient wurde[568]. Aber auch hier stößt der Wortlaut der Vorschriften an Grenzen bei variabler Vergütung aus Zielvereinbarungen. Denn diese vermitteln aus ihrer separat synallagmatischen Rechtsnatur heraus noch keinen Entgeltanspruch bei Abschluss, sondern erst bei Zielerreichung. Vielmehr ist auch bei diesen Vorschriften die Zielvereinbarung nach den §§ 133, 157 BGB dahingehend auszulegen, dass keine Kürzung aufgrund der genannten Umstände – Urlaub und Mutterschutzzeit – erfolgen darf, wenn das Ziel verfehlt wird[569]. Ist das Ziel erreicht, so entsteht der Anspruch auf die variable Vergütung unabhängig von derartigen Fehlzeiten. Kürzungsvorschriften wie § 4a EFZG sind bei den anderen Normen nicht gegeben, womit eine entsprechende Diskussion hier entfällt. Auch eine klauselmäßige Kürzung würde diesen gesetzlichen Wertungen widersprechen und würde den Arbeitnehmer unangemessen entgegen den §§ 242, 307 Abs. 1 BGB benachteiligen. Sie wäre also unwirksam.

566 *Mauer,* NZA 2002, S. 540; *Deich,* Die rechtliche Beurteilung von Zielvereinbarungen im Arbeitsverhältnis 2004, S. 220f; *Heiden,* Entgeltrelevante Zielvereinbarungen 2007, S. 354, 361; Schaub, AR-HB – *Linck* § 77, Rn. 21.

567 *Mohnke,* Zielvereinbarungen im Arbeitsverhältnis 2006, S. 294.

568 *Hromadka/Maschmann,* ArbR I, § 8 Rn. 166; Schaub, AR-HB – *Linck* § 102, Rn. 83; Erfurter Kommentar – *Gallner,* § 11 BUrlG, Rn. 4; *Mohnke,* Zielvereinbarungen im Arbeitsverhältnis 2006, S. 294, m.w.N.

569 So im Ergebnis auch *Deich,* Die rechtliche Beurteilung von Zielvereinbarungen im Arbeitsverhältnis 2004, S. 221; *Heiden,* Entgeltrelevante Zielvereinbarungen 2007, S. 354ff.

d) *Zusammenfassung – Keine Kürzung bei Fehlzeiten mit Lohnfortzahlung*

Zusammenfassend kann also festgehalten werden, dass es sich beim Entgeltfortzahlungsanspruch aus den §§ 3, 4 EFZG um eine Ausnahmevorschrift zum Grundsatz des § 326 Abs. 1 S. 1 BGB handelt. Dabei erfassen bereits die Voraussetzungen der Vorschrift die Auszahlung variabler Vergütung aus Zielvereinbarungen nicht und weisen Konfliktlagen zu neuen Formen der Arbeitsgestaltung – wie etwa Gleitzeitmodellen – auf. Auf der Rechtsfolgenseite stellt sich die Problematik, wie variable Vergütung aus Zielvereinbarungen im Rahmen der Entgeltfortzahlung zu berücksichtigen ist und ob eine proportionale oder gar eine überproportionale Kürzung möglich ist. Die §§ 4 Abs. 1a, 4a EFZG greifen bei variabler Vergütung aus Zielvereinbarungen nicht, womit durch Auslegung der Zielvereinbarung nach den §§ 133, 157 BGB zu ermitteln ist, in welchem Umfang Entgeltfortzahlung zu leisten ist. Diese Auslegung ergibt, dass bei Zielerreichung keine Kürzung möglich ist. Ebenso dann nicht, wenn der Arbeitnehmer nachweisen kann, dass allein die krankheitsbedingte Arbeitsunfähigkeit Grund der Zielverfehlung war. Für letzteres trägt der Arbeitnehmer die Beweislast. Eine überproportionale Kürzung ist nicht möglich. In den übrigen Fällen von Fehlzeiten mit Lohnfortzahlung gilt Gleiches. Auch hier ist die Zielvereinbarung nach den §§ 133, 157 BGB auszulegen. Dabei darf die Kürzung bei Zielerreichung dann nicht erfolgen, wenn die Fehlzeit allein durch den die Lohnfortzahlung auslösenden Tatbestand begründet ist. Die Kürzung ergibt sich dabei schon aus dem sich aus § 326 Abs. 1 S. 1 BGB ergebenden Grundsatz „Ohne Arbeit kein Lohn", denn die Zielerreichungsbemühung des Arbeitnehmers fällt im betroffenen Zeitraum weg. Vor diesem Hintergrund ist auch die Verwendung einer – lediglich deklaratorischen – an diesen Grundsätzen orientierten Kürzungsklausel nach denn §§ 242, 307 Abs. 1 BGB zulässig.

2. Fehlzeiten ohne Lohnfortzahlung

Bei den Fehlzeiten ohne Lohnfortzahlung ist zwischen berechtigten Fehlzeiten ohne Lohnfortzahlung, etwa aufgrund einer gesetzlichen Vorschrift oder einer Vereinbarung, und unberechtigten Fehlzeiten zu differenzieren[570]. Durch gesetzliche Vorschriften berechtigte Fehlzeiten sind etwa die Elternzeit nach § 15 BEEG, Wehr- und Zivildienstzeiten nach den §§ 1, 2 ArbPlSchG, 78 ZDG, Krankheit über den Entgeltfortzahlungszeitraum des § 3 EFZG hinaus und die Pflegezeit nach § 3 PflegeZG. Durch Vereinbarung berechtigte Fehlzeiten sind vor allem Zeiten einvernehmlicher Freistellung. Unberechtigte Fehlzeiten hingegen sind alle sonstigen Fehlzeiten.

570 *Deich,* Die rechtliche Beurteilung von Zielvereinbarungen im Arbeitsverhältnis 2004, S. 221.

a) Berechtigte Fehlzeiten ohne Lohnfortzahlung

Bei den berechtigten Zeiten ohne Lohnfortzahlung stellt sich zunächst die Frage, ob eine proportionale Kürzung der variablen Vergütung aus Zielvereinbarungen stattfinden kann, bevor man sich der Möglichkeit einer überproportionalen Kürzung widmet. Die Besonderheit dieser Fehlzeiten besteht darin, dass in ihnen zwar der Grundsatz „kein Lohn ohne Arbeit“[571] durchgreift, aber dennoch eine entweder aufgrund Gesetzes oder Vereinbarung legitimierte Fehlzeit vorliegt.

aa) Proportionale Kürzung

Nach allgemeiner Meinung ist eine proportionale Kürzung bei berechtigten Zeiten ohne Lohnfortzahlung möglich. Entsprechend der Betrachtung bei Fehlzeiten mit Lohnfortzahlung ist dabei nach hier vertretener Auffassung eine Auslegung der Zielvereinbarung nach den §§ 133, 157 BGB vorzunehmen. Die Autoren unterscheiden jedoch in der Regel nicht zwischen der Kürzung bei erfüllten oder verfehlten Zielen.[572]

Nur *Heiden* führt dazu ausdrücklich aus, dass die Kürzung auch dann stattfinden könne, wenn der Arbeitnehmer seine Ziele voll erreicht habe, denn eigentlich wolle der Arbeitgeber nur die Bemühung um die Zielerreichung und nicht das Ergebnis, also die Zielerreichung selbst erlangen[573].

Dem muss hier entschieden widersprochen werden. Gerade, wenn man die separat synallagmatische Beziehung zwischen der Zielerreichungsbemühung und der variablen Vergütung anerkennt, muss das Ergebnis der Auslegung der Zielvereinbarung sein, dass bei Zielerreichung unabhängig von anderen Umständen eine Auszahlung der variablen Vergütung in voller Höhe stattfindet. In der Zielvereinbarung ist die Risikoverteilung derart, dass der Arbeitnehmer das Risiko einer Zielverfehlung eingeht, während der Arbeitgeber die Pflicht zur Zahlung der vollständigen variablen Vergütung bei vollständiger Zielerreichung übernimmt. Denn das separate Synallagma besteht unabhängig von der normalen „Standard-Arbeitsleistung“. Dies wird auch durch die Tatsache gestützt, dass es sich bei dem Zielvereinbarungssystem um ein vom Arbeitgeber eingeführtes Führungsmodell handelt, dessen Risiken er im Aushandlungsprozess auch zu tragen hat[574]. Ihm

---

571 Siehe dazu C. I. 1.; *Hanau/Adomeit*, Arbeitsrecht, Rn. 793.

572 Zum Ganzen *Bauer/Diller/Göpfert*, BB 2002, S. 882, 886f.; *Heiden*, RdA 2012, S. 225, 233; *Hidalgo/Rid*, BB 2005, S. 2686, 2690; *A. Lindemann/Simon*, BB 2002, S. 1807, 1813; *Mauer*, NZA 2002, S. 540, 545; *Otto/Walk*, BB 2010, S. 373, 377; *Reiserer*, NJW 2008, S. 609, 611; *Riesenhuber/v. Steinau-Steinrück*, NZA 2005, S. 785, 790; Moll, MüAHB Arbeitsrecht – *Hexel*, § 20, Rn. 76; Schaub, AR-HB – *Linck* § 77, Rn. 21; *Deich*, Die rechtliche Beurteilung von Zielvereinbarungen im Arbeitsverhältnis 2004, S. 221; *Heiden*, Entgeltrelevante Zielvereinbarungen 2007, S. 352; Siehe oben Kapitel C. I. 1. d).

573 *Heiden*, Entgeltrelevante Zielvereinbarungen 2007, S. 352.

574 *Bauer/Diller/Göpfert*, BB 2002, S. 882, 886f.; *Heiden*, RdA 2012, S. 225, 233; *Hidalgo/Rid*, BB 2005, S. 2686, 2690; *A. Lindemann/Simon*, BB 2002, S. 1807, 1813; *Mauer*,

eine Kürzungsmöglichkeit bei voller Zielerreichung trotz Fehlzeiten – ohne weitere Voraussetzungen oder Klauseln zu ermöglichen – würde das gesamte, dem Zielvereinbarungsprozess zugrundeliegende, separate Synallagma stören. Somit ist eine proportionale Kürzung bei berechtigten Fehlzeiten ohne Lohnfortzahlung nur bei Zielverfehlung möglich. Eine entgegenstehende Klausel widerspräche der Grundkonstruktion der Zielvereinbarungen und muss deshalb nach den §§ 307, 242 BGB unwirksam sein, weil sie durch die Veränderung des separaten Synallagmas einseitig zulasten des Arbeitnehmers diesen unangemessen benachteiligt. Eine proportionale Kürzung bei berechtigten Zeiten ohne Lohnfortzahlung ist somit nur bei Zielverfehlung zulässig und ergibt sich bereits aus dem Grundsatz des § 326 Abs. 1 S. 1 BGB. Eine diesen Grundgedanken entsprechende Klausel wäre ebenfalls nach den §§ 242, 307 Abs. 1 BGB zulässig.

bb) Überproportionale Kürzung

Umstritten ist die Frage, ob eine überproportionale Kürzung bei berechtigten Fehlzeiten ohne Lohnfortzahlung möglich ist. Einige vertreten hierzu die Auffassung, dass eine überproportionale Kürzung innerhalb der Grenzen des § 4a EFZG, bzw. der für Sondervergütungen maßgeblichen Rechtsprechung des *BAG* möglich sei. Das *BAG* hat dabei zu Weihnachtsgeld und Anwesenheitsprämie entschieden, dass eine vertragliche Vereinbarung, nach der eine vom Arbeitgeber freiwillig gewährte Weihnachtsgratifikation durch Krankfeierzeiten und Fehlzeiten gemindert werden kann, nicht rechtsunwirksam sei. Eine vertragliche Regelung sei zulässig, nach der auch krankheitsbedingte Fehlzeiten mit einem Anspruch auf Lohnfortzahlung zur Kürzung einer freiwilligen Sonderzahlung führen. Eine solche Regelung stelle auch keinen Verstoß gegen das Maßregelungsverbot aus § 612a BGB dar. Nur für den Mutterschutz und die Elternzeit sei – aufgrund einer Entscheidung des *EuGH* – eine Ausnahme davon zu machen. Darin hatte der *EuGH* festgestellt, dass eine Weihnachtsgratifikation auch dann Entgelt im Sinne von Art. 119 EGV (heute Art. 143 AEUV) ist, wenn sie vom Arbeitgeber freiwillig gewährt wird und wenn sie überwiegend oder ausschließlich zum Anreiz für zukünftige Dienstleistung und/oder Betriebstreue dienen soll. Art. 119 EGV untersage es, dass ein Arbeitgeber Arbeitnehmerinnen vollständig von der Gewährung einer freiwillig als Sonderzuwendung zu Weihnachten gezahlten Gratifikation ausschließe, ohne im Jahr der Gewährung der Gratifikation geleistete Arbeit oder Mutterschutzzeiten (Beschäftigungsverbote)

NZA 2002, S. 540, 545; *Otto/Walk*, BB 2010, S. 373, 377; *Reiserer*, NJW 2008, S. 609, 611; *Riesenhuber/v. Steinau-Steinrück*, NZA 2005, S. 785, 790; Moll, MüAHB Arbeitsrecht – *Hexel*, § 20, Rn. 76; Schaub, AR-HB – *Linck* § 77, Rn. 21; *Deich*, Die rechtliche Beurteilung von Zielvereinbarungen im Arbeitsverhältnis 2004, S. 221; *Heiden*, Entgeltrelevante Zielvereinbarungen 2007, S. 352.

zu berücksichtigen, wenn diese Gratifikation eine Vergütung für in diesem Jahr geleistete Arbeit sein soll.[575]

Demgegenüber schließen die meisten anderen Autoren aus der Tatsache, dass eine Vorschrift wie § 4a EFZG hier nicht existiert und zudem eine berechtigte Fehlzeit vorliegt, dass eine überproportionale Kürzung nicht möglich sei[576]. Sonst würde gegen das Maßregelungsverbot aus § 612a BGB verstoßen[577]. Auch gewinne die Kürzungsvereinbarung sonst den Charakter einer – bei berechtigten Fehlzeiten unzulässigen – Vertragsstrafe[578].

Wie bereits oben gezeigt, erfasst die Sondervorschrift des § 4a EFZG die variable Vergütung aus Zielvereinbarungen nicht, da deren Rechtsnatur nicht dem Begriff der Sondervergütung unterfällt[579]. Würde jedoch dem Arbeitnehmer durch die Ausübung seiner gesetzlichen oder sich aus einer Vereinbarung ergebenden Rechte der Nachteil einer überproportionalen Kürzung entstehen, so würde er wegen dieser zulässigen Rechtsausübung einen Nachteil erleiden. Somit liegt – bei einer entsprechenden Auslegung der Zielvereinbarung nach den §§ 133, 157 BGB – ein Verstoß gegen das Maßregelungsverbot aus § 612a BGB vor, wenn eine überproportionale Kürzung bei berechtigten Fehlzeiten vorgenommen wird. Eine solche überproportionale Kürzung ist wegen berechtigten Fehlzeiten ohne Lohnfortzahlung folglich unzulässig. Erneut ist anzumerken, dass bei einer Kürzung trotz Zielerreichung ebenfalls, wie schon bei der proportionalen Kürzung ein Verstoß gegen die §§ 307, 242 BGB vorliegt und eine solche Klausel damit unwirksam wäre. Somit ist eine überproportionale Kürzungsvereinbarung bei Fehlzeiten ohne Lohnfortzahlung insgesamt nicht möglich.

b) Unberechtigte Fehlzeiten ohne Lohnfortzahlung

Bei unberechtigten Fehlzeiten ohne Lohnfortzahlung greift der Grundsatz „kein Lohn ohne Arbeit" nach § 326 Abs. 1 S. 1 BGB ebenfalls hinsichtlich einer proportionalen Kürzung durch. Es besteht daher allgemeine Einigkeit darüber, dass eine

575 Zum Ganzen *EuGH* vom 21.10.1999, C-333/97, NZA 1999, 1325; *BAG*, NZA 1990, 601; *BAG*, NZA 1995, 266; *Annuß*, NZA 2007, S. 290, 293; *A. Lindemann/Simon*, BB 2002, S. 1807, 1813; *Mauer*, NZA 2002, S. 540, 545; unklar bei Schaub, AR-HB – *Linck* § 77, Rn. 21, der nur von Kürzung im Allgemeinen spricht.

576 *Bauer/Diller/Göpfert*, BB 2002, S. 882, 886f.; *Heiden*, RdA 2012, S. 225, 233; *Hidalgo/Rid*, BB 2005, S. 2686, 2690; *Riesenhuber/v. Steinau-Steinrück*, NZA 2005, S. 785, 790; Moll, MüAHB Arbeitsrecht – *Hexel*, § 20, Rn. 76; *Deich*, Die rechtliche Beurteilung von Zielvereinbarungen im Arbeitsverhältnis 2004, S. 221; *Heiden*, Entgeltrelevante Zielvereinbarungen 2007, S. 352.

577 MüHB zum Arbeitsrecht – *Hanau*, § 69, Rn. 22; *Deich*, Die rechtliche Beurteilung von Zielvereinbarungen im Arbeitsverhältnis 2004, S. 218ff; *Heiden*, Entgeltrelevante Zielvereinbarungen 2007, S. 364.

578 *Heiden*, Entgeltrelevante Zielvereinbarungen 2007, S. 365.

579 Siehe oben Kapitel C. I. 1. b).

solche im Fall der Zielverfehlung wie bei berechtigten Fehlzeiten zulässig ist[580]. Nicht einheitlich wird allerdings die Frage beurteilt, ob und unter welchen Voraussetzungen eine überproportionale Kürzung bei unberechtigten Fehlzeiten ohne Lohnfortzahlung möglich ist und in welchem Umfang diese vorgenommen werden darf. Dabei ist auch hier die Auslegung der Zielvereinbarung nach den §§ 133, 157 BGB entscheidend[581]. Einige Autoren gehen davon aus, dass die Vereinbarung einer überproportionalen Kürzung ohne weitere Voraussetzungen möglich ist[582]. Andere Autoren hingegen fordern, dass eine voraussetzungslose Kürzung nicht möglich sei, vielmehr müsse eine schriftliche Kürzungsvereinbarung diesen Fall vorsehen[583].

Letztlich wird man auch hier auf die bereits oben aufgezeigte Grundlinie zurückfallen müssen, dass ohne weitere Voraussetzungen keine Kürzung der variablen Vergütung aus Zielvereinbarung möglich ist, wenn der Arbeitnehmer trotz unberechtigter Fehlzeiten seine Ziele vollständig erfüllt. Verfehlt er seine Ziele hingegen, ist eine proportionale Kürzung stets möglich. Eine darüber hinausgehende überproportionale Kürzung oder eine proportionale Kürzung bei Zielerreichung stellt letztlich eine weitere Variabilisierung der variablen Vergütung dar und kann nur im Rahmen der sonstigen, bei variabler Vergütung aus Zielvereinbarungen greifenden Variabilisierungsinstrumente (beispielsweise durch einen entsprechend gestalteten Widerrufsvorbehalt) erfolgen[584]. Dabei ist dann zu berücksichtigen, dass der Arbeitnehmer bei unberechtigten Fehlzeiten dann nicht schutzwürdig ist, wenn ihm durch eine entsprechende Klausel oder besser noch durch die Vereinbarung eines entsprechenden Zieles deutlich gemacht wird, dass eine Kürzung in diesem Fall erfolgt. Wenn die Zielvereinbarung ein Ziel enthält, welches auf die Vermeidung unberechtigter Fehlzeiten abhebt, ist auch eine daran anknüpfende Kürzung zulässig. Eine Inhaltskontrolle dieser Kürzungsklausel nach § 242 BGB bei Individualvereinbarung und § 307 Abs. 1 BGB bei Formularvereinbarung ergibt somit auch keine unangemessene Benachteiligung.

580 *Bauer/Diller/Göpfert*, BB 2002, S. 882, 886f.; *Heiden*, RdA 2012, S. 225, 233; *Hidalgo/Rid*, BB 2005, S. 2686, 2690; *A. Lindemann/Simon*, BB 2002, S. 1807, 1813; *Mauer*, NZA 2002, S. 540, 545; *Otto/Walk*, BB 2010, S. 373, 377; *Reiserer*, NJW 2008, S. 609, 611; *Riesenhuber/v. Steinau-Steinrück*, NZA 2005, S. 785, 790; Moll, MüAHB Arbeitsrecht – *Hexel*, § 20, Rn. 76; Schaub, AR-HB – *Linck* § 77, Rn. 21; *Deich*, Die rechtliche Beurteilung von Zielvereinbarungen im Arbeitsverhältnis 2004, S. 221; *Heiden*, Entgeltrelevante Zielvereinbarungen 2007, S. 352.

581 Siehe oben Kapitel C. I. 1.

582 Etwa *Reiserer*, NJW 2008, S. 609, 611; *Riesenhuber/v. Steinau-Steinrück*, NZA 2005, S. 785, 790.

583 So *Annuß*, NZA 2007, S. 290, 293; *Mauer*, NZA 2002, S. 540, 545 ; Moll, MüAHB Arbeitsrecht – *Hexel*, § 20, Rn. 76; *Deich*, Die rechtliche Beurteilung von Zielvereinbarungen im Arbeitsverhältnis 2004, S. 221.

584 Hierzu Näheres in den folgenden Unterkapiteln des Kapitels C.

c) *Kürzung grundsätzlich nur bei Zielverfehlung*

In Bezug auf Fehlzeiten ohne Lohnfortzahlung ist zunächst ebenfalls eine Auslegung der Zielvereinbarung nach den §§ 133, 157 BGB vorzunehmen. Bei berechtigten Fehlzeiten ohne Lohnfortzahlung ist dabei eine proportionale Kürzung der variablen Vergütung aus der Zielvereinbarung nach dem Grundsatz des § 326 Abs. 1 S. 1 BGB möglich, sofern keine vollständige Zielerreichung gegeben ist. Eine entsprechende Klausel ist ebenfalls im Rahmen der Kontrolle nach den §§ 242, 307 Abs. BGB zulässig. Eine überproportionale Kürzung kommt hingegen bei berechtigten Fehlzeiten ohne Lohnfortzahlung nicht in Betracht.

Bei unberechtigten Fehlzeiten kommt nach denselben Grundsätzen eine proportionale Kürzung in Betracht, wenn keine vollständige Zielerreichung gegeben ist. Eine proportionale Kürzung bei Zielerreichung und eine überproportionale Kürzung sind im Rahmen einer entsprechenden Variabilisierungsklausel bei unberechtigten Fehlzeiten möglich und erfolgt durch die Anwendung der allgemeinen Variabilisierungsinstrumente. Der Arbeitnehmer ist hierbei nämlich dann nicht schutzwürdig, wenn eine entsprechende Zielfestsetzung zur Vermeidung unberechtigter Fehlzeiten getroffen wurde, weshalb darin keine unangemessene Benachteiligung entgegen §§ 242, 307 Abs. 1 BGB liegt.

3. Zusammenfassung zur Kürzung bei Zielverfehlung und Fehlzeiten

Abschließend ist also festzuhalten, das eine Variabilisierung im Zusammenhang mit Fehlzeiten des Arbeitnehmers stets anhand einer Auslegung der Zielvereinbarung nach den §§ 133, 157 BGB orientiert ist. Ausgangspunkt ist dabei die sich aus § 326 Abs. 1 S. 1 BGB ergebende Grundregel „Ohne Arbeit kein Lohn“. Eine Kürzung wegen Fehlzeiten ist dabei grundsätzlich nicht möglich, wenn der Arbeitnehmer trotz Fehlzeiten seine Ziele vollständig erreicht hat, denn der Arbeitgeber hat sich verpflichtet, die variable Vergütung zu zahlen, wenn der Arbeitnehmer seine Ziele erreicht. Die separat synallagmatische Beziehung von Zielerreichungsbemühung und variabler Vergütung verhindert somit, dass sich der Grundsatz aus § 326 Abs. 1 S. 1 BGB bei Zielerreichung durchsetzt.

Bei Fehlzeiten mit Lohnfortzahlung ist eine überproportionale Kürzung nicht möglich. Im Entgeltfortzahlungszeitraum ist auch § 4a EFZG insoweit nicht anwendbar. Eine proportionale Kürzung ist bei Fehlzeiten mit Lohnfortzahlung ebenfalls nicht möglich, wenn der Arbeitnehmer nachweist, dass die Zielverfehlung aufgrund des die Lohnfortzahlung auslösenden Tatbestandes erfolgte. Diesen Grundsätzen widersprechende Kürzungsklauseln sind nach den §§ 242, 307 Abs. 1 BGB unwirksam.

Bei berechtigten Fehlzeiten ohne Lohnfortzahlung ist eine proportionale Kürzung ebenfalls nur bei Zielverfehlung möglich. Bei Zielerreichung findet keine Kürzung statt. Eine überproportionale Kürzung ist unzulässig, denn es handelt sich um berechtigte Fehlzeiten. Auch hier ist keine Vereinbarung einer diesen Leitlinien widersprechenden Klausel möglich, denn diese verstieße gegen das Maßregelungsverbot aus § 612a BGB und das Verbot der unangemessenen Benachteiligung aus den §§ 242, 307 Abs. 1 BGB.

Bei unberechtigten Fehlzeiten ergibt die Auslegung nach den §§ 133, 157 BGB, dass ebenfalls eine proportionale Kürzung nur dann zulässig ist, wenn Zielverfehlung gegeben ist. Allerdings ist hierbei wegen der fehlenden Schutzwürdigkeit bei Vereinbarung eines entsprechenden Zieles des Arbeitnehmers ausnahmsweise die überproportionale Kürzung durch allgemeine Variabilisierungsklauseln möglich. Auch können solche Zielvereinbarung verwendet werden, um eine Kürzung auch bei sonstiger Zielerreichung zu ermöglichen. Welche Anforderungen an derartige Variabilisierungsinstrumente bei variabler Vergütung aus Zielvereinbarungen zu stellen sind, wird in den folgenden Kapiteln erörtert.

Der Bezugspunkt der jeweiligen Kürzungen wegen Fehlzeiten ist dabei der Anteil der Fehlzeiten in der jeweiligen Zielperiode im Verhältnis zu der in dieser Zielperiode erwirtschafteten gesamten variablen Vergütung aus Zielvereinbarungen. Die Grundvergütung oder andere variable Vergütungselemente werden wegen des separaten Synallagmas nicht mit einbezogen.

II. Widerrufsvorbehalt

Eine weitere, wenn nicht sogar die wichtigste Variabilisierungsmöglichkeit ist der Widerrufsvorbehalt. Hier sollen zunächst allgemein seine Wirkungsweise und seine Voraussetzungen dargestellt werden, bevor auf die speziell bei variabler Vergütung aus Zielvereinbarungen wichtigen Fragen nach dem Bezugspunkt des Widerrufes bzw. dem zeitlichen Bezugsraum, dem Widerrufsgrund sowie den Umfang der Kürzung und den Bezugspunkt einer prozentualen Bestimmung des Umfangs eingegangen wird.

1. Allgemeine Funktionsweise und Voraussetzungen des Widerrufsvorbehalts

Der Widerrufsvorbehalt ist ein zur Variabilisierung der Vergütung anerkanntes bewährtes und zulässiges Mittel[585]. Beim Widerrufsvorbehalt wird eine Leistung zunächst unbefristet zugesagt, aber dem Arbeitgeber die Möglichkeit eingeräumt, durch Ausübung des Widerrufsrechts die Weitergewährung der Leistung zu beenden; der Widerruf muss ausdrücklich vereinbart sein, er ergibt sich nicht aus der zusätzlich

585 *Hromadka/Maschmann*, ArbR I, § 7 Rn. 50e; MüKo – *Müller-Glöge*, § 611, Rn. 441; MüHB zum Arbeitsrecht – *R. Krause*, § 56, Rn. 16ff; *Deich*, Die rechtliche Beurteilung von Zielvereinbarungen im Arbeitsverhältnis 2004, S. 187; in der Rechtsprechung bereits *BAG* vom 07.01.1971, 5 AZR 92/70 und *BAG* vom 09.06.1967, 3 AZR 352/66; vertiefend Ulmer/Brandner/Hensen, AGB-Recht – *Fuchs/Bieder*, Anhang zu § 310, Rn. 71ff.

Leistung als solcher[586]. Er muss also – etwa im Rahmen einer Klausel – ausdrücklich vertraglich vorbehalten sein, er ergibt sich nicht schon aus der zusätzlichen Leistung selbst[587].

Er gibt dem Arbeitgeber also die Möglichkeit, eine Leistung durch Ausübung des Widerrufsrechts zu beenden. Im Gegensatz zum Freiwilligkeitsvorbehalt, der die Begründung eines Anspruchs von vornherein verhindern soll, ist der Widerruf auf den Wegfall eines entstandenen Anspruchs gerichtet.[588]

Die frühere Rechtsprechung hatte das Schwergewicht der Kontrolle solcher Klauseln zumeist auf eine Ausübungskontrolle gemäß § 315 BGB unter Vernachlässigung des vorgelagerten Aspekts der Inhaltskontrolle gelegt, ob die Klausel überhaupt wirksam vereinbart worden ist[589]. Mit der Schuldrechtsreform hat sich der Schwerpunkt vorformulierter Widerrufsklauseln auf die Inhaltskontrolle nach den §§ 305 ff., 307 Abs. 1 BGB verlagert[590]. Die Wirksamkeit des Widerrufsvorbehaltes ist in allgemeinen Geschäftsbedingungen im Arbeitsvertrag anhand des § 307 Abs. 1 BGB zu prüfen, wobei die Wertungen unter besonderer Berücksichtigung des § 308 Nr. 4 BGB und der dabei bestehenden arbeitsrechtlichen Besonderheiten vorzunehmen sind[591]. Die Zumutbarkeit im Sinne des § 308 Nr. 4 BGB richtet sich nach der Höhe der Leistung, nach dem verbleibenden Verdienst und nach der Stellung des Arbeitnehmers im Unternehmen[592].

Sofern die Parteien die Widerrufsklausel individuell oder kollektiv ausgehandelt haben, richtet sich der Prüfungsmaßstab nach den §§ 134, 138, 242, 612a BGB sowie dem arbeitsrechtlichen Gleichbehandlungsgrundsatz. Im Rahmen der Kontrolle nach § 134 BGB spielt vor allem die Abgrenzung zur Änderungskündigung nach § 2 KSchG eine Rolle.[593]

---

586 *BAG* vom 16.07.1976, 5 AZR 270/75, AP Nr. 7 zu § 611 BGB Lohnzuschläge; *BAG* vom 14.06.1995, 5 AZR 126/94, NZA 1995, 1194 Erfurter Kommentar – *Preis,* § 310, Rn. 57; vertiefend Ulmer/Brandner/Hensen, AGB-Recht – *Fuchs/Bieder,* Anhang zu § 310, Rn. 71ff.

587 *Sievers,* NZA 2002, S. 1182, 1183f.; Erfurter Kommentar – *Preis,* §§ 305–310, Rn. 52; *Mohnke,* Zielvereinbarungen im Arbeitsverhältnis 2006, S. 342.

588 Zum Ganzen Moll, MüAHB Arbeitsrecht – *Hexel,* § 25, Rn. 22; zum Freiwilligkeitsvorbehalt siehe Kapitel C. III.

589 Z.B. *BAG* vom 07.10.1982, 2 AZR 455/80, AP Nr. 5 zu § 620 BGB Teilkündigung; *BAG* vom 13.05.1987, 5 AZR 125/86, AP Nr. 4 zu § 305 BGB Billigkeitskontrolle; MüHB zum Arbeitsrecht – *R. Krause,* § 56, Rn.14.

590 MüHB zum Arbeitsrecht – *R. Krause,* § 56, Rn.14; Wolf/Lindacher/Pfeiffer, AGB-Recht – *Stoffels;* Anh. zu § 310 Rn. 124.

591 *BAG* vom 12.01.2005, NZA 2005, 465, 467; *BAG* vom 13.04.2010, NZA-RR 2010, 457, 459; *Riesenhuber/v. Steinau-Steinrück,* NZA 2005, S. 785, 791; *Hromadka/Maschmann,* ArbR I, § 7 Rn. 50e; *Heiden,* Entgeltrelevante Zielvereinbarungen 2007, S. 209f.; *Mohnke,* Zielvereinbarungen im Arbeitsverhältnis 2006, S. 344.

592 *Hromadka/Maschmann,* ArbR I, § 7 Rn. 50e.

593 Zum Ganzen *BAG* vom 07.10.1982, 2 AZR 455/80; *BAG* vom 15.11.1995, 2 AZR 521/95; Preis, Der Arbeitsvertrag – *Preis/V. Lindemann,* II Z 5 Zielvereinbarungen,

Sowohl bei individueller als auch bei formularmäßiger Vereinbarung des Widerrufsvorbehalts findet eine Kontrolle der Ausübung auf billiges Ermessen statt, die Widerrufsentscheidung ist somit voll gerichtlich kontrollierbar[594]. Entscheidend ist, dass der Widerruf durch einen sachlichen Grund gedeckt ist[595]. Dieser Grund muss klar und möglichst konkret in der Klausel benannt werden[596], wodurch die Richtung angegeben werden soll, aus welcher der Widerruf erfolgt[597]. Diese Rahmenbedingungen der Prüfung ergeben sich aus dem Rechtsgedanken des (hier nicht direkt anwendbaren) § 315 Abs. 3 BGB und aus den formellen Anforderungen an das Transparenzgebot des § 307 Abs. 1 S. 2 BGB, sowie dem Verbot der unangemessenen Benachteiligung aus den §§ 242, 307 Abs. 1 BGB. Entgeltabreden gehören zu den „essentialia negotii" eines Vertrags und sind damit grundsätzlich einer Inhaltskontrolle entzogen, allerdings stellen Flexibilisierungsklauseln sogenannte „Preisnebenabreden" dar, die eine Modifikation des Hauptleistungsversprechens ermöglichen sollen und deshalb stets kontrollfähig sind[598]. Ist das Entgelt dagegen von vornherein variabel ausgestaltet, gehören Schwankungen in der Entgelthöhe gerade zum Vertragsinhalt, so dass eine diesbezügliche Inhaltskontrolle ausscheidet.[599]

Eine Ankündigungsfrist für die Wirkung des Widerrufs braucht ebenso wenig vereinbart zu werden, wie ein Maßstab für die Ausübung[600]. Die Kombination von Freiwilligkeits- und Widerrufsvorbehalt verstößt gegen das Transparenzgebot des § 307 Abs. 1 S. 2 BGB und ist somit unwirksam[601].

Rz. 17; *Deich,* Die rechtliche Beurteilung von Zielvereinbarungen im Arbeitsverhältnis 2004, S. 191; *V. Lindemann,* Flexible Gestaltung von Arbeitsbedingungen 2003, S. 102; *Mohnke,* Zielvereinbarungen im Arbeitsverhältnis 2006, S. 342.

594 Zum ganzen Absatz *BAG* vom 12.01.2005; NZA 2005, 465, 467f.; *Riesenhuber/v. Steinau-Steinrück,* NZA 2005, S. 785, 791; BeckOK – *Schulte,* § 108 GewO, Rn. 26; *Hromadka/Maschmann,* ArbR I, § 7 Rn. 50f; MüHB zum Arbeitsrecht – *R. Krause,* § 56, Rn. 22, 23; MüKo – *Müller-Glöge,* § 611, Rn. 445.

595 *Hanau/Adomeit,* Rn. 785; *Hromadka/Maschmann,* ArbR I, § 7 Rn. 50f; MüKo – *Müller-Glöge,* § 611, Rn. 443.

596 *Hromadka/Maschmann,* ArbR I, § 7 Rn. 50f; MüHB zum Arbeitsrecht – *R. Krause,* § 56, Rn 17.

597 *BAG* vom 12.01.2005, 5 AZR 364/04, NZA 2005, 465; *Reiserer,* NZA 2007, S. 1249, 1251; *Willemsen/Jansen,* RdA 2010, 1, 2; *Hromadka/Maschmann,* ArbR I, § 7 Rn. 50f; MüHB zum Arbeitsrecht – *R. Krause,* § 56, Rn 17.

598 *Reinecke,* NZA 2005, 953, 960; MüHB zum Arbeitsrecht – *R. Krause,* § 56, Rn 15; MüKo – *Kieninger,* § 307, Rn. 3; Palandt, BGB – *Grüneberg,* § 307, Rn. 54.

599 Zum ganzen Abschnitt MüHB zum Arbeitsrecht – *R. Krause,* § 56, Rn 17.

600 *Hromadka/Maschmann,* ArbR I, § 7 Rn. 50f.

601 *BAG* vom 08.12.2010, 10 AZR 671/09, NZA 2011, 628; *BAG* vom 14.09.2011, 10 AZR 526/10, NZA 2012, 81; *Ricken,* ZfA 2012, S. 615, 643.

2. Bezugspunkt des Widerrufs bei variabler Vergütung aus Zielvereinbarungen

Hinsichtlich der Frage, auf welchen Bezugspunkt sich der Widerruf bei variabler Vergütung erstreckt, bzw. für welchen Zeitraum er Wirkung entfaltet, bestehen unterschiedliche Auffassungen. Dabei kann man zwischen solchen Meinungen, die eine Kürzung durch Widerruf für die laufende Zielperiode kategorisch ablehnen und solchen, die eine Kürzung gerade für diesen Zeitraum annehmen, unterscheiden.

a) Ablehnung einer Kürzung für die laufende Zielperiode

Einige Autoren gehen davon aus, dass sich bei variabler Vergütung aus Zielvereinbarungen der Widerruf nur auf den zukünftigen Bezugszeitraum erstrecken könne[602]. Denn der Widerruf sei für den Arbeitnehmer dann unzumutbar, wenn er sich trotz bereits erbrachter Bemühungen im Hinblick auf die Zielerreichung in der laufenden Zielperiode erstrecke[603]. Dahinter steht die Ansicht, dass es sich bei variabler Vergütung lediglich um einen Teil der Gesamtvergütung, der in ein einheitliches arbeitsvertragliches Synallagma einbezogen sei, handele[604]. Bereits ab der ersten Bemühung um die Zielerreichung sei es gegenüber dem Arbeitnehmer unzumutbar, den darin liegenden Anspruch auf das Arbeitsentgelt zu entziehen[605]. Sein Vertrauen in die Leistung sei dadurch, dass die Bonusleistung mit der arbeitsvertraglichen Normalleistung verknüpft sei, geschützt und ein Widerruf stelle einen nach dem *BAG* unzulässigen rückwirkenden Widerruf dar[606]. Außerdem sei

602 *Däubler* ZIP 2004, S. 2209, 2214; *Deich,* AuA 2004, S. 8, 10; *A. Lindemann/Simon,* BB 2002, S. 1807, 1810f.; Preis, Der Arbeitsvertrag – *Preis/V. Lindemann,* II Z 5 Zielvereinbarungen, Rz. 17; *Simon/Hidalgo/Koschker,* NZA 2012, S. 1071, 1073; *Heiden,* Entgeltrelevante Zielvereinbarungen 2007, S. 211; *Mohnke,* Zielvereinbarungen im Arbeitsverhältnis 2006, S. 349.

603 *A. Lindemann/Simon,* BB 2002, S. 1807, 1810f.; *Heiden,* Entgeltrelevante Zielvereinbarungen 2007, S. 211.

604 Siehe hierzu ausführlich schon Kapitel B. IV. 1. b) *BAG* vom 05.07.2011, 1 AZR 94/10; *BAG* vom 18.01.2012, 10 AZR 667/10; *BAG* vom 18.01.2012, 10 AZR 612/10; *Däubler* ZIP 2004, S. 2209, 2212; *Heiden,* RdA 2012, S. 225, 228f; *Hidalgo/Rid,* BB 2005, S. 2686, 2687ff.; *A. Lindemann/Simon,* BB 2002, S. 1807, 1813; *Löw/Kunz* AuA 2012, S. 103, 104; *Mauer,* NZA 2002, S. 540, 546; *Riesenhuber/v. Steinau-Steinrück,* NZA 2005, S. 785; *Schmiedl,* BB 2004, S. 329; Erfurter Kommentar – *Preis,* § 611, Rn. 504; Preis, Der Arbeitsvertrag – *Preis/V. Lindemann,* II Z 5 Zielvereinbarungen, Rz. 6, 7; *Deich,* Die rechtliche Beurteilung von Zielvereinbarungen im Arbeitsverhältnis 2004, S. 96f., S. 221ff.; *Heiden,* Entgeltrelevante Zielvereinbarungen 2007, S. 46ff., 49ff.

605 *A. Lindemann/Simon,* BB 2002, S. 1807, 1810f, 1814; *Heiden,* Entgeltrelevante Zielvereinbarungen 2007, S. 211.

606 *Heiden,* Entgeltrelevante Zielvereinbarungen 2007, S. 211 unter Bezugnahme auf *BAG* vom 11.04.2000, 9 AZR 255/99, NZA 2001, 24 und MüHB – *Hanau,* § 62, Rn. 106.

ein Widerruf, der sich auf die laufende Zielperiode beziehe, aus „motivationalen Gesichtspunkten“ nicht sinnvoll[607].

b) Widerruf auch für die laufende Zielperiode

Die Auffassung, dass der Widerruf bei variabler Vergütung aus Zielvereinbarungen nur für zukünftige, nicht aber den laufenden Bezugszeitraum möglich ist, vermag nicht zu überzeugen[608]. Bedenkt man zunächst, dass es gerade beim Widerrufsvorbehalt um die Beseitigung eines bereits entstandenen Anspruches geht, so stellt sich schon die Frage, warum bei variabler Vergütung aus Zielvereinbarungen davon nur mögliche zukünftige Ansprüche erfasst sein sollen. Gerade für die zukünftigen Zielperioden ist ja noch unklar, an welche Ziele die Vergütung gekoppelt wird. Außerdem ist die Ansicht, dass es zu einer Vermischung von arbeitsvertraglicher Normalleistung und der Zielerreichungsbemühung kommt, und daraus ein irgendwie geartetes Vertrauen entsteht, bereits in ihrem Ansatz abzulehnen. Es handelt sich nämlich – wie gezeigt – bei der Zielvereinbarung um ein separates Synallagma im Arbeitsverhältnis[609]. Innerhalb dieser besonderen Leistungsbeziehung entsteht der Anspruch des Arbeitnehmers auf die variable Vergütung aus Zielvereinbarungen erst mit der Feststellung der Zielerreichung im Zielfeststellungsgespräch. Somit liegt auch keine unzulässige Rückwirkung des Widerrufes vor, solange das Zielfeststellungsgespräch noch nicht stattgefunden hat. Auch lässt sich hieraus kein besonders schutzwürdiges Vertrauen des Arbeitnehmers konstruieren, denn dieser weiß bis zur Zielfeststellung nicht sicher, ob und in welcher Höhe der Anspruch auf die variable Vergütung entsteht. Würde man trotzdem eine Vergütungspflicht des Arbeitgebers bereits ab der ersten Bemühung um die Zielvereinbarung annehmen, so hätte man eine feste und nicht eine variable Vergütung. Hinzu kommt, dass sich in der Finanz- und Bankenkrise gezeigt hat, dass ein Widerruf gerade für die laufende Zielperiode praktisch sinnvoll sein kann, um bei wirtschaftlichen Notlagen reagieren zu können und in solchen Situationen auch billiges Ermessen nach dem *BAG* anzunehmen ist[610]. Somit ist hier davon auszugehen, dass ein Widerruf auch noch im Bezug auf die laufende Zielperiode möglich ist, solange das Zielfeststellungsgespräch noch nicht stattgefunden hat.

---

607 *Heiden,* Entgeltrelevante Zielvereinbarungen 2007, S. 212.

608 So wohl auch *Reiserer,* NZA 2007, S. 1249, 1251; *Riesenhuber/v. Steinau-Steinrück,* NZA 2005, S. 785, 793, wenn sie darauf abstellen, dass der Widerruf nur die Einkommenschancen des flexiblen Lohnanteils nimmt und die Vergütung auf den Fixanteil reduziert würde.

609 Siehe hierzu ausführlich Kapitel B. IV. 1.

610 Dabei sind gerade die Erwägungen zur Ausübung des billigen Ermessens, allerdings bei Zielvorgaben in sog. „Bonuspool“- Gestaltungen in den Entscheidungen des *BAG* vom 12.10.2011, 10 AZR 746/10, NZA 2012, S. 450ff.; *BAG* vom 12.10.2011, 10 AZR 649/10, NZA 2012, S. 464ff.; *BAG* vom 14.11.2012, 10 AZR 783/11 erhellend. Näheres dazu unter Kapitel C. VIII.

3. Sachliche Gründe für den Widerruf variabler Vergütung aus Zielvereinbarungen

Genauere Betrachtung sollen hier die denkbaren Widerrufsgründe finden. Dabei hat das *BAG* bisher recht allgemein auf die „Richtung", aus der der Widerruf kommt abgestellt und drei Varianten angesprochen: Wirtschaftliche Gründe, Leistungsgründe und Verhaltensgründe[611]. Diese drei Begriffe ähneln den Kündigungsgründen aus § 1 Abs. 2 KSchG, sind aber gerade vor dem Hintergrund der Abgrenzung zu § 2 KSchG anders zu bewerten. Dabei müssen sich noch feste Fallgruppen für den Widerruf bei variabler Vergütung aus Zielvereinbarungen herausbilden.

a) Wirtschaftliche Gründe

Vor allem werden bei den wirtschaftlichen Gründen für einen zulässigen Widerruf immer wieder die Notlage des Unternehmens, ein nicht ausreichender Gewinn, ein Rückgang bzw. Nichterreichen der erwarteten wirtschaftlichen Entwicklung oder gar ein negatives wirtschaftliches Ergebnis der Betriebsabteilung genannt, wobei es in der Regel offen bleibt, wann eine solche negative Entwicklung derart gravierend ist, dass ein Widerrufsgrund entsteht[612]. Der Widerruf aus wirtschaftlichen Gründen kann auch auf die schlechte Lage nur eines Betriebsteils gestützt werden, wenn es dem Gesamtunternehmen gut geht und es nach vorangegangenen Verlusten einen deutlichen Gewinn erwirtschaftet[613]. Auch eine Veränderung der Wettbewerbssituation wird teilweise als ausreichend angesehen[614]. Zudem wird auch davon ausgegangen, dass die Wahrung innerbetrieblicher Lohngerechtigkeit die Ausübung eines Widerrufs rechtfertigen kann[615]. Schließlich sehen einige Autoren auch in der Einführung eines neuen Vergütungssystems einen wirtschaftlichen Grund für einen Widerruf[616].

Es muss also konkretisiert werden, ab welchem Grad der Störung bei einer wirtschaftlich negativen Veränderung ein Widerruf möglich wird, und es kann nicht lediglich allgemein einer der benannten Gründe angegeben werden[617].

---

611 *BAG* vom 12.01.2005, 5 AZR 364/04, NZA 2005, 465; *Reinfelder*, NZA 2014, Beilage, S. 10, 11; *Reiserer*, NZA 2007, S. 1249, 1251; *Hromadka/Maschmann*, ArbR I, § 7 Rn. 50f; MüHB zum Arbeitsrecht – *R. Krause*, § 56, Rn 17.

612 *Leder*, RdA 2010, S. 93, 97; *Otto/Walk*, BB 2010, S. 373, 376; *Reiserer*, NZA Beilage 2010, S. 39; *Simon/Hidalgo/Koschker*, NZA 2012, S. 1071, 1073; *Willemsen/Grau* NZA 2005, S. 1137, 1139; MüHB zum Arbeitsrecht – *R. Krause*, § 56, Rn 17; MüKo – *Müller-Glöge*, § 611, Rn. 444.

613 *LAG Hamm* vom 19.04.1999, 16 Sa 562/98, NZA-RR 1999, 568; Moll, MüAHB Arbeitsrecht – *Hexel*, § 25, Rn. 33.

614 *Mauer*, NZA 2002, S. 540, 544.

615 Moll, MüAHB Arbeitsrecht – *Hexel*, § 25, Rn. 33.

616 *A. Lindemann/Simon*, BB 2002, S. 1807, 1811.

617 *Leder*, RdA 2010, S. 93, 97; *Otto/Walk*, BB 2010, S. 373, 376; *Reiserer*, NZA Beilage 2010, S. 39; *Willemsen/Grau* NZA 2005, S. 1137, 1139; MüHB zum Arbeitsrecht – *R. Krause*, § 56, Rn. 17; MüKo – *Müller-Glöge*, § 611, Rn. 444.

Es kann allerdings eine Begrenzung nur auf „schwerwiegende Gründe" nicht vorgenommen werden, denn hierdurch würde sich ein Widerspruch zu den Befristungsregelungen in § 14 TzBfG ergeben, die nicht nur bei „schwerwiegenden Gründen" greifen[618]. Einzig *Däubler* verlangt daneben „triftige" Gründe, bei denen die „Triftigkeit" sich insbesondere danach bestimmen lasse, inwieweit auch Arbeitnehmerinteressen (etwa an der Erhaltung der Arbeitsplätze) gewahrt sind.[619] Angesichts der Zuordnung zu verschiedenen Untergruppen im Rahmen der wirtschaftlichen Widerrufsgründe erscheint es aber nicht erforderlich, einen weiteren unbestimmten Rechtsbegriff einzufügen, zumal die von Däubler geforderte Einbeziehung von Arbeitnehmerinteressen bereits durch die Eingrenzung der wirtschaftlichen Gründe und das Einziehen eines Schwellenwertes für die Berücksichtigungsfähigkeit wirtschaftlicher Veränderungen erfolgt. Außerdem wird dem Schutz des Arbeitnehmers zusätzlich durch die Billigkeitskontrolle Rechnung getragen[620]. Die Klausel muss also möglichst konkret die Voraussetzungen festlegen, unter denen ein einseitiges Bestimmungsrecht entsteht und unter denen es auszuüben ist[621]. Dabei kommt vor allem eine Konkretisierung durch eine beispielhafte Aufzählung wirtschaftlicher Gründe in Betracht[622].

Geht man von der Rechtsprechung zu zulässigen Widerrufsvorbehalten aus, so kann man feststellen, dass man schon aus dieser Rechtsprechung einige Fallgruppen ableiten kann:

Das *BAG* entschied im Fall eines Metall- und Elektrounternehmens, dass eine übertarifliche Zulage nach mehreren Jahren, in denen das Unternehmen Verluste erwirtschaftet hatte und auch im betroffenen Betrieb einen Sozialplan und erhebliche Entlassungen durchgeführt hatte, dass der auf die *„schlechte wirtschaftliche Lage des Unternehmens"* gestützte Widerruf wirksam war[623].

In dem Fall, in dem sich das Unternehmen vorbehält bei der Überlassung eines Dienstwagens den *„Berechtigtenkreis aus wirtschaftlichen Gründen einzuschränken und die Geschäftsfahrzeugüberlassung auch deshalb zu widerrufen"* hat das *BAG* entschieden, dass eine derartige Klausel zu weit gefasst ist, denn die Bewertung der Entwicklung der Marktaspekte oder wirtschaftliche Gesichtspunkte obliege allein der Arbeitgeberin und es sei für den Arbeitnehmer nicht erkennbar, wann ein derartiger Widerruf konkret erfolgen könne.[624]

---

618 *Sievers,* NZA 2002, S. 1182, 1184.

619 *Däubler,* NZA 2001, 1329, 1336.

620 *Henssler,* RdA 2002, 129, 138f.; *Mohnke,* Zielvereinbarungen im Arbeitsverhältnis 2006, S. 345.

621 *BGH* vom 21.12.1983, BGHZ 89, 206, 211; *BGH* vom 26.11.198, BGHZ 93, 29, 47; *Reiserer,* NZA Beilage 2010, S. 39; *Singer,* RdA 2003, 194, 203; Erfurter Kommentar – *Preis,* § 310, Rn. 60; *Stoffels,* AGB-Recht, Rn. 805.

622 *V. Lindemann,* AuR 2004, 201, 206; *Simon/Hidalgo/Koschker,* NZA 2012, S. 1071, 1073; *Mohnke,* Zielvereinbarungen im Arbeitsverhältnis 2006, S. 347.

623 *BAG* vom 15.08.2000, 1 AZR 458/99, BeckRS 2000, 30986833.

624 *BAG* vom 13.04.2010, 9 AZR 113/09, zitiert nach juris.

In einer anderen Entscheidung hat das *BAG* angegeben, dass der Grad der Störung (wirtschaftliche Notlage des Unternehmens, negatives wirtschaftliches Ergebnis der Betriebsabteilung, nicht ausreichender Gewinn, Rückgang bzw. Nichterreichen der erwarteten wirtschaftlichen Entwicklung, unterdurchschnittliche Leistungen des Arbeitnehmers, schwerwiegende Pflichtverletzungen) konkretisiert werden muss, wenn der Verwender hierauf abstellen will und nicht schon allgemein auf die wirtschaftliche Entwicklung, die Leistung oder das Verhalten des Arbeitnehmers gestützte Gründe nach dem Umfang des Änderungsvorbehalts ausreichen und nach der Vertragsregelung auch ausreichen sollen. Zwar genügte der nur allgemeine Bezug auf *„die wirtschaftliche Lage“* des Unternehmens im Fall nicht, das *BAG* merkte aber an, dass die in dem Fall erfolgte Änderung des tariflichen Entlohnungssystems an sich als Widerrufsgrund ausreichen könne.[625]

Ebendiese Widerrufsmöglichkeit bestätigte das *BAG* dann in einer Entscheidung zum TvÖD, in der es um die Änderung einer tariflichen Leistungszulage ging[626]. Davon ausgehend könnte man auch darüber nachdenken, ob die Änderung des Entlohnungssystems im Unternehmen oder Betrieb ausreichend für einen Widerruf ist. Bedenkt man, dass an einer solchen Änderung ebenfalls kollektive Vertretungen der Arbeitnehmer, nämlich Betriebsrat und Sprecherausschuss beteiligt werden und über die gerichtliche Kontrolle von Betriebsvereinbarungen[627] und die Mitbestimmung ebenfalls durch gerichtliche Einigungsstellen abgesichert ist, so ist ein solches anzunehmen.

Als nicht zulässig wurde vom *LAG Köln* ein Widerruf aus wirtschaftlichen Gründen in dem Fall angesehen, indem das Unternehmen zwar ein Gewinn- und Umsatzplus verzeichnete, aber sich dennoch aufgrund des geänderten *„Umfeldes v.a. in Deutschland dazu gezwungen sah, massiv an Produktivitätsverbesserungen zu arbeiten, um die langfristige Wettbewerbsposition der M-Gruppe zu sichern und auszubauen“* und deshalb eine Jubiläumszahlung zu widerrufen[628]. Im Anschluss an diese Entscheidung ist somit auch eine wesentliche Änderung der Markt- oder Wettbewerbssituation als nicht genügend anzusehen, denn wenn diese keine Auswirkung auf das Ergebnis des Unternehmens hat, ist auch nicht einzusehen, warum diese allein arbeitgeberseitige Einschätzung einen Widerruf rechtfertigen sollte.

Auch die Entscheidungen des *BAG* zu den „Bonuspool“-Gestaltungen einer deutschen Großbank können hier herangezogen werden, denn auch dort war eine negative Geschäftsentwicklung gegeben, die der Beurteilung nach § 315 BGB unterfiel. Dabei war der betroffenen Bank ein derart großer Verlust entstanden, dass sie nur durch die Leistungen eines eigens dafür eingerichteten staatlich finanzierten Sonderfonds Finanzmarktstabilisierung (SoFFin) den Milliardenverlust ausgleichen

625 *BAG* vom 12.01.2005, 5 AZR 364/04, zitiert nach juris.
626 *BAG* vom 07.07.2011, 6 AZR 151/10, zitiert nach juris.
627 Siehe Näheres unter Kapitel D. I.
628 *LAG Köln* vom 16.10.2006, 14 (13) Sa 9/06; NZA-RR 2007, 120.

konnte. Hierzu entschied das *BAG* grundsätzlich, dass eine derartig negative Entwicklung geeignet ist, um das Bonusvolumen auf Null zu reduzieren.[629]

Zusammenfassend lässt sich also sagen, dass wirtschaftliche Gründe, insbesondere die negative Entwicklung des Unternehmens, Betriebes, Betriebsteils oder der Abteilung erfassen. Dabei muss eine Konkretisierung hinsichtlich der Intensität der Verschlechterung angegeben werden, damit für den Arbeitnehmer klar erkennbar ist, ab wann eine Kürzung eingreifen kann. Eine Aufzählung der wirtschaftlichen Gründe könnte somit insbesondere folgende Gründe nennen:

- Fortgesetzte negative Entwicklung von Umsatz und Gewinn des Unternehmens oder katastrophale einzelne Ergebnisse des Unternehmens, sodass Massenentlassungen stattfinden, Teilbetriebe oder Betriebe geschlossen werden sowie staatliche Finanzierungshilfen in Anspruch genommen werden müssen
- Fortgesetzte negative Entwicklung von Umsatz und Gewinn des Betriebes/ des Teilbetriebes/der Abteilung oder katastrophale einzelne Ergebnisse des Betriebes/ des Teilbetriebes/der Abteilung, sodass Massenentlassungen stattfinden oder Betriebsteile oder Teilbetriebe geschlossen werden müssen
- Änderungen in der Struktur der tarifvertraglichen, unternehmensweiten oder betrieblichen Entlohnungssysteme

b) Verhaltensgründe

Neben den wirtschaftlichen Gründen werden auch stets verhaltensbedingte Gründe genannt[630]. Diese werden jedoch noch seltener näher bestimmt. Dabei stellen manche schlicht auf eine „schwerwiegende Pflichtverletzung"[631] ab, während andere den Verstoß gegen Compliance-Vorgaben ausreichen lassen[632]. Beide Ansatzpunkte beschreiben abstrakt die möglichen verhaltensbedingten Gründe einer Kürzung der variablen Vergütung aus Zielvereinbarungen. Eine bloß allgemeine Angabe ist dabei jedoch nicht ausreichend, da auch hier der Arbeitnehmer erkennen können muss, ab welcher Schwelle eine Kürzung eingreift. Dabei empfiehlt sich auch hier eine Aufzählung einzelner konkreter Kürzungsgründe bzw. Verhaltensweisen. Jedenfalls ist dann von einem zulässigen Widerrufsgrund auszugehen, wenn ein Verhalten eines Arbeitnehmers vorliegt, das den Arbeitgeber zu einer außerordentlichen oder ordentlichen verhaltensbedingten Kündigung berechtigt. Außerdem ist

---

629 *BAG* vom 12.10.2011, 10 AZR 746/10, NZA 2012, S. 450ff.; *BAG* vom 12.10.2011, 10 AZR 649/10, NZA 2012, S. 464ff.; Siehe hierzu auch Kapitel C. VIII.

630 *Leder,* RdA 2010, S. 93, 97; *Lembke,* NJW 2010, S. 321; *Otto/Walk,* BB 2010, S. 373, 376; *Reiserer,* NZA Beilage 2010, S. 39; *Simon/Hidalgo/Koschker,* NZA 2012, S. 1071, 1073; *Willemsen/Grau* NZA 2005, S. 1137, 1139; MüHB zum Arbeitsrecht – *R. Krause,* § 56, Rn 17; MüKo – *Müller-Glöge,* § 611, Rn. 444; *Mohnke,* Zielvereinbarungen im Arbeitsverhältnis 2006, S. 346f.

631 *Otto/Walk,* BB 2010, S. 373, 376; *Willemsen/Grau* NZA 2005, S. 1137, 1139; MüKo – *Müller-Glöge,* § 611, Rn. 444.

632 *Dzida/Naber,* BB 2011, S. 2613.

auch solches Verhalten miteinzubeziehen, welches den Arbeitgeber dazu berechtigt, eine Abmahnung auszusprechen. Berücksichtigt man zudem die Ausführungen zu unberechtigten Fehlzeiten, so kommen gerade diese auch als Grund für einen verhaltensbedingten Widerruf in Betracht[633]. Problematisch ist bei all diesen Konstellationen der Bezug zum separaten Synallagma der Zielvereinbarung, denn trotz alledem ist stets noch die Zielerfüllung denkbar, die ja für die variable Vergütung im Vordergrund steht. Bedenkt man jedoch, dass auch bei negativer Entwicklung des Unternehmens eine volle Zielerreichung des Arbeitnehmers und gleichzeitig ein Widerruf gegeben sein kann, so ist hier davon auszugehen, dass der Widerruf nicht an die synallagmatische Austauschbeziehung gekoppelt ist, sondern unabhängig von dieser möglich ist. Damit kommt es für den Widerruf nicht auf die erfolgreiche Zielerreichungsbemühung des Arbeitnehmers an, sondern allein auf das Eingreifen der Widerrufsgründe.

Somit könnte die Aufzählung im Rahmen der verhaltensbedingten Gründe insbesondere folgende Fälle auflisten.

Ein verhaltensbedingter Widerruf kommt insbesondere in Betracht, wenn:

- ein Verhalten des Arbeitnehmers gegeben ist, was den Arbeitgeber zu einer außerordentlichen oder ordentlichen verhaltensbedingten Kündigung berechtigt
- ein Verhalten des Arbeitnehmers gegeben ist, wegen dessen der Arbeitgeber dem Arbeitnehmer eine Abmahnung aussprechen kann
- unberechtigte Fehlzeiten vorliegen

c) Leistungsgründe

Schließlich werden von manchen Autoren auch noch leistungsbedingte Gründe für den Widerruf genannt[634]. Auch hier werden wenig konkrete Beispiele gebildet. Es wird diesbezüglich der Wechsel der Tätigkeit, der dazu führt, dass ein Leistungsanreizsystem nicht mehr sinnvoll ist, angeführt[635]. Auch kommt der Wegfall des Ausgleichs eines besonderen Erschwernisses in Betracht[636]. Eine Einschränkung wird dabei aber gemacht, wenn bei krankheitsbedingtem Ausfall während der Arbeitsfähigkeit überdurchschnittliche Leistungen erbracht wurden[637]. Denn auch

---

633 Siehe dort in Kapitel C. I. 2. b).

634 *Leder,* RdA 2010, S. 93, 97; *Lembke,* NJW 2010, S. 321; *Mauer,* NZA 2002, S. 540, 544; *Otto/Walk,* BB 2010, S. 373, 376; *Reiserer,* NZA Beilage 2010, S. 39; *Simon/Hidalgo/Koschker,* NZA 2012, S. 1071, 1073; *Willemsen/Grau* NZA 2005, S. 1137, 1139; MüHB zum Arbeitsrecht – *R. Krause,* § 56, Rn 17; MüKo – *Müller-Glöge,* § 611, Rn. 444; *Mohnke,* Zielvereinbarungen im Arbeitsverhältnis 2006, S. 346f.

635 *A. Lindemann/Simon,* BB 2002, S. 1807, 1811.

636 Erfurter Kommentar – *Preis,* § 310, Rn. 60.

637 *BAG* vom 01.03.1990, 6 AZR 447/88, ZTR 1990, 291; *BAG* vom 13.05.1987, 5 AZR 125/86, NZA 1988, 95; *BAG* vom 07.01.1971, 5 AZR 92/70, DB 1971, 392; *Mauer,* NZA 2002, S. 540, 544; Moll, MüAHB Arbeitsrecht – *Hexel,* § 25, Rn. 33.

darin liegt eine Veränderung der Leistung des Arbeitnehmers. Schließlich wird auch noch eine allgemein unterdurchschnittliche Leistung des Arbeitnehmers angegeben[638]. Hierbei wird man letztlich jedoch Einschränkungen vornehmen müssen. Zum einen wird bei der zielvereinbarungsbasierten Vergütung die Leistung des Arbeitnehmers schon im Rahmen des Zielerreichungsgrades berücksichtigt. Eine „doppeltes" Kürzungsrecht erscheint dabei unbillig und verstößt deshalb gegen die §§ 242, 307 Abs. 1 BGB. Lediglich bei einem Wechsel der Tätigkeit, bei dem der Sinn der Anreizfunktion variabler Vergütung aus Zielvereinbarungen entfällt, wird man einen leistungsbedingten Widerruf annehmen können.

d) Zusammenfassung zu zulässigen Widerrufsgründen

Zusammenfassend lässt sich festhalten, dass sowohl wirtschaftliche als auch im Verhalten oder der Leistung des Arbeitnehmers liegende Gründe einen Widerruf rechtfertigen können. Dabei greifen auch hier die wesentlichen Argumentationsschemata, die im Rahmen einer Kontrolle nach den §§ 242, 307 Abs. 1 BGB eine Kürzung variabler Vergütung im separaten Synallagma der Zielvereinbarung zulassen. Bei wirtschaftlichen Gründen ist eine möglichst genaue Benennung der einzelnen Widerrufsfälle erforderlich, wobei nicht das ganze Unternehmen von einer negativen Entwicklung betroffen sein muss, sondern auch die schlechte Entwicklung eines Teilbetriebes oder einer Abteilung ausreicht. Konkret können die fortgesetzte negative Entwicklung von Umsatz- und Gewinn des Unternehmens oder katastrophale einzelne Ergebnisse des Unternehmens, sodass Massenentlassungen stattfinden, Teilbetriebe oder Betriebe geschlossen werden sowie staatliche Finanzierungshilfen in Anspruch genommen werden müssen, die fortgesetzte negative Entwicklung von Umsatz- und Gewinn des Betriebes/des Teilbetriebes/der Abteilung oder katastrophale einzelne Ergebnisse des Betriebes/ des Teilbetriebes/der Abteilung, sodass Massenentlassungen stattfinden oder Betriebsteile oder Teilbetriebe geschlossen werden müssen sowie die Änderungen in der Struktur der tarifvertraglichen, unternehmensweiten oder betrieblichen Entlohnungssysteme benannt werden.

Verhaltensbedingte Gründe umfassen vor allem Pflichtverletzungen des Arbeitnehmers. Dabei kommt ein Verhalten, welches den Arbeitgeber zu einer außerordentlichen oder ordentlichen Kündigung oder einer Abmahnung (insbesondere bei unberechtigten Fehlzeiten) berechtigt, als Widerrufsgrund in Betracht.

Im Rahmen leistungsbedingter Widerrufsgründe kommt hingegen nur der Widerruf beim Wechsel der Tätigkeit in Betracht, da die Zielvereinbarung an sich schon die Fälle der Minderleistung des Arbeitnehmers erfasst und eine „doppelte" Kürzung unzulässig entgegen den §§ 242, 307 Abs. 1 BGB wäre.

---

638 MüKo – *Müller-Glöge*, § 611, Rn. 444.

4. Umfang der Kürzung

Hinsichtlich des Umfangs der Kürzung ist zu bestimmen, ab wann ein unzulässiger Eingriff in den Kernbereich des Arbeitsverhältnisses unter Umgehung des zwingenden Kündigungsschutzes aus § 2 KSchG gegeben ist[639]. Ein solcher Verstoß widerspricht sowohl § 134 BGB bei einem individuellen Widerrufsvorbehalt und stellt eine unangemessene Benachteiligung im Sinne von § 307 Abs. 1, 308 Nr. 4 BGB dar[640]. Hinzu kommt, dass aus § 138 BGB folgt, dass widerruflich allein die Entgeltbestandteile gestaltet werden können, die über dem sittengemäßen Mindestverdienst liegen[641]. Wie hoch der widerrufliche Anteil bei variabler Vergütung aus Zielvereinbarungen sein kann, ist in der Rechtsprechung nicht abschließend geklärt und wird in der Literatur unterschiedlich betrachtet: Die Vereinbarung eines Widerrufsvorbehaltes ist nach allgemeiner Ansicht jedenfalls dann in Allgemeinen Arbeitsbedingungen zulässig, wenn der widerrufliche Anteil von Leistungen, die im Verhältnis von Leistung und Gegenleistung stehen, 25 % des Gesamtverdienstes nicht überschreitet; hinzukommen können weitere 5 % für Nebenleistungen[642].

Wie bereits gezeigt wurde, bestehen jedoch hinsichtlich der Verwendung der stets fluktuierenden Gesamtvergütung bei variabler Vergütung erhebliche Zweifel daran, ob die Gesamtvergütung überhaupt als Maßstab taugt, da sie sich von Jahr zu Jahr erheblich unterscheiden kann. Allerdings ist bei der Diskussion um den Widerrufsvorbehalt die Zuordnung zu einer konkreten Gesamtvergütungshöhe möglich, wenn der Widerruf sich auf die laufende Zielperiode bezieht.[643]

a) Feste prozentuale Grenzwerte

Viele Autoren gehen dennoch unter Bezugnahme auf das *BAG* davon aus, dass stets eine feste Grenze von 25% Anteil an der Gesamtvergütung maßgeblich sei[644]. Das

---

639 *BAG* vom 07.10.1982, 2 AZR 455/80; *BAG* vom 15.11.1995, 2 AZR 521/95; *Mohnke*, Zielvereinbarungen im Arbeitsverhältnis 2006, S. 342; Preis, Der Arbeitsvertrag – *Preis/V. Lindemann*, II Z 5 Zielvereinbarungen, Rz. 17.

640 *Deich*, Die rechtliche Beurteilung von Zielvereinbarungen im Arbeitsverhältnis 2004, S. 191ff. m.w.N.

641 *Heiden*, Entgeltrelevante Zielvereinbarungen 2007, S. 210.

642 Siehe nur *BAG* vom 07.12.2005, NZA 2006, 897ff.; *Hromadka/Maschmann*, ArbR I, § 7 Rn. 50e; MüKo – *Müller-Glöge*, § 611, Rn. 443.

643 Siehe Kapitel B. IV. 2. und auch C. II. 4.

644 *BAG* vom 12.01.2005, 5 AZR 364/04; *Annuß*, NZA 2007, S. 290, 291f.; *Hidalgo/Rid*, BB 2005, S. 2686, 2689; *Horcher*, BB 2007, S. 2065, 2069, der undifferenziert von 30% ausgeht; *Köhler/Bausewein*, DB 2012, S. 59, 60; *König*, NZA-RR 2012, S. 449, 450f.; *Lembke*, NJW 2010, S. 321; *Mauer*, NZA 2002, S. 540, 543, der allerdings nur undifferenziert einen Wert von 19–31 % anspricht; *Otto/Walk*, BB 2010, S. 373, 375; *Reichel/Böhm*, AuA 2010, S. 568, 569; *Reinfelder*, NZA 2014, Beilage, S. 10, 11; *Reiserer*, NJW 2008, S. 609, 612; *Reiserer*, NZA Beilage 2010, S. 39, 40; *Schrader/Müller*, RdA 2007, S. 145, 146; Erfurter Kommentar – *Preis*, § 310, Rn. 59; Klasen/

BAG sei davon ausgegangen, dass der Anteil unter 25–30% der Gesamtvergütung liegen müsse[645]. Bei den allermeisten dieser Autoren wird einfach pauschal auf diese Rechtsprechung verwiesen und die fixe Grenze ohne weitere Begründung als gegeben angesehen. Dabei wird zur Begründung vorgebracht, dass bei synallagmatischen Entgeltleistungen eine Kürzung größeren Umfangs in den Kernbereich des Arbeitsverhältnisses eingreife und den Arbeitnehmer unangemessen benachteilige[646].

b) Proportionale Anpassung nach Schutzbedürftigkeit

Demgegenüber gehen andere Autoren zwar von den besagten Grenzwerten aus, lassen jedoch eine Einzelfallbetrachtung für den Fall einer besonders gut vergüteten oder sonst herausgehobenen Position des Arbeitnehmers zu[647]. Bei einem hohen Fixgehalt, das den Arbeitnehmer bereits umfassend deutlich über dem Tarifniveau absichert, könne der Anteil der Zielprämie an der Gesamtvergütung höher sein als bei einem geringen Fixgehalt[648]. Die jeweilige Vergütungsstruktur müsse einer Gesamtbetrachtung unterzogen werden, bei der vor allem die Höhe des Fixlohns von Bedeutung sei[649]. Je höher der zu widerrufende Entgeltanteil am Gesamtentgelt ist, desto gewichtiger müssten jedoch nach Ansicht mancher Autoren die

Krebs/Michel/Weber, Personalmanagement und InstitutsVergV – *Klasen*, S. 91, 116; MüKo – *Müller-Glöge*, § 611, Rn. 443; *Mohnke*, Zielvereinbarungen im Arbeitsverhältnis 2006, S. 343.

645 *BAG* vom 12.01.2005 – 5 AZR 364/04; MüHB zum Arbeitsrecht – *R. Krause*, § 56, Rn. 19.

646 *Annuß*, NZA 2007, S. 290, 291f.; *Hidalgo/Rid*, BB 2005, S. 2686, 2689; *Horcher*, BB 2007, S. 2065, 2069; *Köhler/Bausewein*, DB 2012, S. 59, 60; *König*, NZA-RR 2012, S. 449, 450f.; *Lembke*, NJW 2010, S. 321; *Otto/Walk*, BB 2010, S. 373, 375; *Reichel/Böhm*, AuA 2010, S. 568, 569; *Reiserer*, NJW 2008, S. 609, 612; *Reiserer*, NZA Beilage 2010, S. 39, 40; *Schrader/Müller*, RdA 2007, S. 145, 146; Erfurter Kommentar – *Preis*, § 310, Rn. 59; Klasen/Krebs/Michel/Weber, Personalmanagement und InstitutsVergV – *Klasen*, S. 91, 116; MüHB zum Arbeitsrecht – *R. Krause*, § 56, Rn. 19; MüKo – *Müller-Glöge*, § 611, Rn. 443; *Mohnke*, Zielvereinbarungen im Arbeitsverhältnis 2006, S. 343.

647 *Deich*, AuA 2004, S. 8, 12; *Leder*, RdA 2010, S. 93, 97; *A. Lindemann/Simon*, BB 2002, S. 1807, 1811; *Reinecke* NZA 2005, 953, 957; *Reinecke*, BB 2008, S. 554f.; *Schmiedl*, NZA 2006, S. 1195, 1196; *Sievers*, NZA 2002, S. 1182, 1183; *Simon/Hidalgo/Koschker*, NZA 2012, S. 1071, 1073; *Willemsen/Grau* NZA 2005, S. 1137, 1138; *Willemsen/Jansen*, RdA 2010, S. 1, 2; Moll, MüAHB Arbeitsrecht – *Hexel*, § 25, Rn. 31; MüHB zum Arbeitsrecht – *R. Krause*, § 56, Rn. 19, der jedoch auch von einem erweiterten Rahmen bei Spitzenverdienern ausgeht; *Deich*, Die rechtliche Beurteilung von Zielvereinbarungen im Arbeitsverhältnis 2004, S. 192; *Heiden*, Entgeltrelevante Zielvereinbarungen 2007, S. 210f.

648 *BAG* vom 28.05.1997 – 5 AZR 125/96; *Deich*, Die rechtliche Beurteilung von Zielvereinbarungen im Arbeitsverhältnis 2004, S. 192.

649 *A. Lindemann/Simon*, BB 2002, S. 1807, 1811; *Deich*, Die rechtliche Beurteilung von Zielvereinbarungen im Arbeitsverhältnis 2004, S. 192.

Widerrufsgründe sein[650]. Bei einem sehr hohen Gesamtentgelt könne damit eine Entgeltreduzierung durch Widerruf eher und in größerem Umfang zumutbar sein als bei durchschnittlicher Entgelthöhe[651]. Es entspreche der AGB-rechtlichen Dogmatik, dass die zu überprüfende Klausel stets auch vor dem Hintergrund des übrigen Vertragsinhalts bewertet werden müsse[652]. Dabei wird auch der Gedanke geäußert, dass auf die Stellung des Arbeitnehmers im Unternehmen abzustellen ist[653]. Je deutlicher der Arbeitnehmer in Spitzenpositionen durch Verdiensthöhe und Aufgabenbereich herausgehoben sei, desto weniger bedürfe er des Schutzes durch die Rechtsordnung, womit auch ein Widerruf von mehr als 25 % gerechtfertigt sei[654].

Ein Teil der Autoren nennt dabei andere maximale Grenzwerte: So gehen einige von einer maximalen Erhöhung des widerruflichen Volumens auf 35–40 % aus[655]. Andere wiederum setzen die Grenze bei 50 % an[656], während einige sogar bis 70–75 % annehmen[657].

Mittlerweile hat das *BAG* seine Aussage dahin konkretisiert, dass es auch auf den Charakter des Entgeltbestandteils ankomme. Soweit dieser Bestandteil in einem unmittelbaren Gegenseitigkeitsverhältnis zur geleisteten Arbeit des Arbeitnehmers steht, müsse der widerrufliche Anteil an der Gesamtvergütung unter 25% liegen. Bei sonstigen Leistungen erhöhe sich der zulässige Anteil auf bis zu 30%.[658]

c) Proportionalitätsbewertung und keine allgemeinen festen Grenzwerte

Legt man hier zugrunde, dass es sich bei der variablen Vergütung um eine separat synallagmatische Leistung handelt, die neben dem Grundentgelt steht, so ist eine Gesamtbetrachtung vorzunehmen. Im Rahmen dieser Gesamtbetrachtung spielen unterschiedliche Faktoren eine Rolle. Zunächst ist die Relation von Grundgehalt und widerrufbarem Anteil der Vergütung zu berücksichtigen. Denn – wie bereits gezeigt – stellt die feste Grundvergütung den einzig konstanten Maßstab zur Bewertung des variablen Anteils an der Gesamtvergütung dar[659]. Dann kommt es auch

---

650 *Reinecke* NZA 2005, 953, 957; *Willemsen/Grau* NZA 2005, S. 1137, 1138; *Heiden,* Entgeltrelevante Zielvereinbarungen 2007, S. 210.

651 *Bauer* in Deutsches Anwaltsinstitut, Brennpunkte, S. 93, 107; *Heiden,* Entgeltrelevante Zielvereinbarungen 2007, S. 210f.

652 *Willemsen/Grau* NZA 2005, S. 1137, 1138f.

653 *BAG* vom 12.01.2005 – 5 AZR 364/04; *BAG* vom 28.05.1997 – 5 AZR 125/96; *Deich,* AuA 2004, S. 8, 12; *A. Lindemann/Simon,* BB 2002, S. 1807, 1811; *Reinecke,* BB 2008, S. 554, 555; *Sievers,* NZA 2002, S. 1182, 1183; *Simon/Hidalgo/Koschker,* NZA 2012, S. 1071, 1073; Moll, MüAHB Arbeitsrecht – *Hexel,* § 25, Rn. 31.

654 *Reinecke,* BB 2008, S. 554, 555; *Willemsen/Jansen,* RdA 2010, S. 1, 2.

655 MüHB zum Arbeitsrecht – *R. Krause,* § 56, Rn. 19; *Schmiedl,* NZA 2006, S. 1195, 1196.

656 *Deich,* AuA 2004, S. 8, 12; *A. Lindemann/Simon,* BB 2002, S. 1807, 1811.

657 *Leder,* RdA 2010, S. 93, 97.

658 *BAG* vom 11.10.2006, 5 AZR 721/05, NZA 2007, 87; MüHB zum Arbeitsrecht – *R. Krause,* § 56, Rn. 19.

659 Siehe erneut Kapitle B. IV. 2. und C. II. 4.

auf die Art der widerrufbaren variablen Vergütung aus Zielvereinbarungen, also das separate Synallagma an. Schließlich kommt noch der Stellung des Arbeitnehmers im Unternehmen Bedeutung zu und damit der Frage, inwieweit eine Überwälzung des unternehmerischen Risikos auf diesen – etwa bei einer Spitzen- oder Führungsposition – dadurch gerechtfertigt ist. Es ist also das Verhältnis von Risikoverantwortung und Schutzbedürftigkeit des Arbeitnehmers zu bewerten.

Daraus lässt sich ein für Widerrufsvorbehalte allgemeiner Proportionalitätsgrundsatz ableiten, der folgendes besagt: Je höher die Risikoverantwortung des Arbeitnehmers ist, desto höher darf auch der Anteil der widerruflichen Vergütung sein. Das wird auch durch die Tatsache gestützt, dass durch das AGB-Recht keine „Vergütungsobergrenze" geschaffen werden soll[660]. Eine inhaltliche Benachteiligung des Arbeitnehmers ist nämlich schon deswegen nicht möglich, da sich bereits aus dem laufenden Entgelt – ohne Verstoß gegen § 138 BGB – die nichtsittenwidrige, den Arbeitnehmer materiell absichernde Grundvergütung ergibt[661]. Würde man hier die fixen Grenzen anwenden, so würde sich dies als summenmäßige Obergrenze für Zusatzleistungen auswirken[662], was von keinerlei Schutzzweck im Arbeitsrecht gedeckt wäre.

Die Festlegung einer stets fixen Grenze von 25 % entspricht dieser Proportionalität nicht. Eine solche kann allenfalls als Ausgangspunkt dienen. Hinzu kommt, dass in den gesetzlichen Regelungen zur Bankenaufsicht, also den Vergütungsverordnungen und dem CRD IV Entwurf deutlich zum Ausdruck kommt, dass gerade bei Risikoträgern ein gesteigertes Bedürfnis zur Flexibilisierung, also auch zum Widerruf besteht[663]. Darin spiegelt sich die gesetzgeberische Wertung wieder, Risikoträger schärferen Eingriffsmöglichkeiten auszusetzen, was sich angesichts ihrer Verantwortung auch in einer geringeren Schutzbedürftigkeit zeigt. Dies ist ein verallgemeinerungsfähiger Grundsatz, der über den Anwendungsbereich der Vergütungsverordnungen und der CRD IV hinaus trägt. Somit ist zwar generell von einem geringeren Umfang der Kürzung der variablen Vergütung von 25 % der Gesamtvergütung bei nicht leitenden Arbeitnehmern auszugehen. Bei Führungs- und Spitzenkräften sowie speziell zu identifizierenden Risikoträgern erhöht sich dieser Anteil jedoch graduell, bis er die vollständige variable Vergütung erfasst. Dabei ist in der Widerrufsklausel eine Einstufung der Führungs- bzw. Spitzenkraft im System des Unternehmens vorzunehmen und diesen Gruppen jeweils ein maximaler Widerrufsgrenzwert zuzuweisen, damit dem Transparenzgebot aus § 307 Abs. 1 BGB genüge getan wird. Diese Einstufung muss sich dabei an der jeweiligen Tätigkeit, der Hierarchieebene und Führungsverantwortung sowie den jeweiligen Einsatzbereichen des Arbeitnehmers orientieren und ist als Teil der Klausel auch nach den §§ 242, 307 Abs. 1 BGB gerichtlich kontrollierbar. Eine effektive Kontrolle und ein

660 So auch *Preis/Sagan*, NZA 2012, S. 697, 699, allerdings zum Freiwilligkeitsvorbehalt.
661 Wiederum *Preis/Sagan*, NZA 2012, S. 697, 699 zum Freiwilligkeitsvorbehalt.
662 *Preis/Sagan*, NZA 2012, S. 697, 699 zum Freiwilligkeitsvorbehalt.
663 Siehe Kapitel B. III.

Schutz vor willkürlichem Widerruf wird dabei durch die Kontrolle der Widerrufsgründe und der Ausübung des Widerrufs nach § 315 Abs. 3 BGB gewährleistet.

5. Bezugspunkt der Begrenzung der Kürzung durch Widerrufsvorbehalt

Fraglich ist somit, wie der Bezugspunkt der Kürzung variabler Vergütung durch Widerrufsvorbehalt zu bestimmen ist. Hierbei gibt es in der neuen bankenaufsichtsrechtlichen Gesetzgebung bereits angesprochene neue Ansatzpunkte. Auch die bisherige Rechtsprechung enthält bezüglich der Arbeitszeit und dem Anteil an der Vergütung unterschiedliche Ansätze[664]. Bei der Arbeitszeitdauer berechnet das *BAG* die maßgebliche Grenze „von unten“[665], hingegen beim Arbeitsentgelt „von oben“[666], sodass sich bei der Vergütung letztlich höhere Werte ergeben[667]. Gerade bei variabler Vergütung stellt sich nämlich die Frage, wie bei einer sich stetig verändernden Gesamtvergütung ein prozentualer Anteil sinnvoll bestimmt werden kann. Die einzig stetige und sicher bestimmbare Vergütungsform ist die Grundvergütung. Gerade weil die darauf aufbauende variable Vergütung, bestehend aus Zielvereinbarungsvergütung und/oder Tantiemen, Prämien, Provisionen usw. sich von Jahr zu Jahr ändern kann, erscheint es problematisch, diesen Anteil aus der Gesamtvergütung zu ermitteln. Gerade dann, wenn etwa in Krisenzeiten das Vorjahresentgelt als Maßstab herangezogen würde, würden sich im Verhältnis zur tatsächlichen Vergütung im aktuellen Jahr erhebliche Unterschiede ergeben. Vielmehr sollte hier die Grundvergütung in der Relation zur variablen Vergütung herangezogen werden, da sich damit zuverlässigere und einheitlichere Werte ermitteln lassen. Damit wird auch die Rechtsklarheit gefördert. Diesen Weg hat auch die bankenaufsichtsrechtliche Gesetzgebung in der CRD IV, dem KWG und den Vergütungsverordnungen gewählt[668]. Allerdings ist auch miteinzubeziehen, dass es für die Bewertung der Schutzwürdigkeit des Arbeitnehmers im Rahmen der Inhaltskontrolle nach den §§ 242, 307 Abs. 1 BGB einer Betrachtung der gesamten Vergütung speziell bei Widerrufsvorbehalten braucht. Somit ist hier aus der laufenden Zielperiode der Gesamtbetrag von fester und variabler Vergütung zur Bemessung der maximal zulässigen Höhe des Widerrufs zu entnehmen. Allein diese Betrachtung ermöglicht eine zuverlässige Bemessung des jeweils zulässigen Höchstbetrages und bestätigt erneut, dass auch ein Widerruf für die laufende Zielperiode möglich ist. Legt man diesen Ansatz der Bemessung des Bezugspunktes der Kürzung bei variabler Vergütung aus Zielvereinbarungen durch einen Widerrufsvorbehalt zugrunde, so wird man davon ausgehen können, dass bei nicht leitenden Arbeitnehmern, die nicht in einem besonderen Risikobereich beschäftigt sind, die variable Vergütung in Höhe von

664 MüHB zum Arbeitsrecht – *R. Krause*, § 56, Rn. 19.
665 *BAG* vom 07.12.2005 – 5 AZR 535/04.
666 *BAG* vom 12.01.2005 – 5 AZR 364/04; *BAG* vom 11.10.2006 – 5 AZR 721/05.
667 MüHB zum Arbeitsrecht – *R. Krause*, § 56, Rn. 19.
668 Siehe erneut Kapitel B. III. und B. IV. 2.

25 % der gesamten Vergütung aus der laufenden Zielperiode widerrufen werden kann. Bei leitenden Angestellten und Arbeitnehmern in besonderen Risikobereichen umfasst die Kürzung dann je nach Hierarchieebene und Art der Risikotätigkeit bzw. der Kombination beider Faktoren graduell gesteigert auch die gesamte variable Vergütung.

6. Zusammenfassung zum wirksamen Widerrufsvorbehalt

Abschließend kann man also festhalten, dass der Widerrufsvorbehalt – als bewährte Variabilisierungsmöglichkeit – auch hinsichtlich variabler Vergütung aus Zielvereinbarungen anwendbar ist. Er ist dabei anhand der §§ 242, 307 Abs. 1, 308 Nr. 4 BGB zu überprüfen. Dabei greifen im Rahmen der Widerrufsprüfung im Bezug auf variable Vergütung die bekannten Argumente. Es spielen dabei die Stellung des Arbeitnehmers im Unternehmen, das Risiko seiner Tätigkeit, eventuelle Pflichtverstöße, die Höhe seiner Grundvergütung und die wirtschaftliche Lage des Unternehmens, des Betriebes, des Betriebsteils oder der Abteilung eine Rolle.

Als sachliche Gründe für den Widerruf kommen dabei wirtschaftliche, verhaltens- und leistungsbedingte Gründe in Betracht. Diese sind möglichst konkret im Widerrufsvorbehalt anzugeben. Als wirtschaftliche Gründe kommen eine negative Entwicklung des Unternehmens, des Betriebes, des Betriebsteils oder der Abteilung in Betracht. Insbesondere sind dabei die fortgesetzte negative Entwicklung von Umsatz- und Gewinn des Unternehmens oder katastrophale einzelne Ergebnisse des Unternehmens, sodass Massenentlassungen stattfinden, Teilbetriebe oder Betriebe geschlossen werden sowie staatliche Finanzierungshilfen in Anspruch genommen werden müssen, die fortgesetzte negative Entwicklung von Umsatz- und Gewinn des Betriebes/des Teilbetriebes/der Abteilung oder katastrophale einzelne Ergebnisse des Betriebes/ des Teilbetriebes/der Abteilung, sodass Massenentlassungen stattfinden oder Betriebsteile oder Teilbetriebe geschlossen werden müssen, sowie die Änderungen in der Struktur der tarifvertraglichen, unternehmensweiten oder betrieblichen Entlohnungssysteme zu nennen. Verhaltensbedingte Gründe sind Pflichtverletzungen des Arbeitnehmers, die ein Verhalten, welches den Arbeitgeber zu einer außerordentlichen oder ordentlichen Kündigung oder einer Abmahnung (insbesondere bei unberechtigten Fehlzeiten) berechtigt, darstellen. Leistungsbedingt kommt hingegen nur die Veränderung der Tätigkeit des Arbeitnehmers in Betracht.

Die zulässige Höhe der Kürzung ist im Rahmen einer Gesamtbetrachtung zu ermitteln. Dabei kommt es wegen der separat synallagmatischen Rechtsnatur der variablen Vergütung aus Zielvereinbarungen auf die Proportionalität zwischen dem Interesse des Arbeitgebers an Stabilität und Flexibilität einerseits und dem Interesse des Arbeitnehmers an der variablen Vergütung und dem Ausfüllen des darin liegenden Anreizes andererseits an. Bewertungsmaßstab der zulässigen Kürzung ist dabei die Gesamtvergütung in der laufenden Zielperiode. Ausgangspunkt ist ein zulässiger Umfang in Höhe von 25 % der Gesamtvergütung für Arbeitnehmer, die nicht in Führungs- oder Risikobereichen tätig sind. Dieser Grenzwert lässt sich aber abhängig von der Tätigkeit, Hierarchieebene und Risikotätigkeit bis zum gesamten Umfang der variablen Vergütung aus Zielvereinbarungen steigern.

III. Freiwilligkeitsvorbehalt

Ein weiteres bekanntes Variablilisierungsinstrument ist der Freiwilligkeitsvorbehalt. Freiwilligkeitsvorbehalte haben ihren Ursprung im Gratifikationsrecht bei der Verhinderung einer betrieblichen Übung[669]. Bei einem Freiwilligkeitsvorbehalt wird im Vertrag klargestellt, dass dem Arbeitgeber der Verpflichtungswille fehlt, er also einen Rechtsanspruch des Arbeitnehmers für die Zukunft verhindern will[670]. Freiwilligkeits- und Widerrufsvorbehalt schließen sich damit gegenseitig aus, denn letzterer setzt gerade einen solchen Rechtsanspruch voraus[671]. Deshalb ist auch die früher übliche Kombination von Freiwilligkeits- und Widerrufsvorbehalt von der Rechtsprechung als intransparent eingeordnet worden und damit nach § 307 Abs. 1 S. 2 BGB unwirksam[672].

Beim Freiwilligkeitsvorbehalt ist höchst umstritten, ob er gerade im Bereich von variabler Vergütung aus Zielvereinbarungen, aber auch allgemein zulässig ist. Dazu haben auch die in der Vergangenheit verschiedenen Auffassungen des fünften und des zehnten Senates des *BAG* beigetragen[673], wobei sich nach dem Wechsel des Vorsitzenden des zehnten Senates dort eine Annäherung an die Sichtweise des fünften Senates ergeben hat[674].

Der fünfte Senat ging davon aus, dass ein Freiwilligkeitsvorbehalt nicht bei solchen Leistungen möglich sei, die im Gegenseitigkeitsverhältnis, also im Synallagma stehen: Sehe ein vom Arbeitgeber vorformulierter Arbeitsvertrag eine monatlich zu zahlende Leistungszulage unter Ausschluss jeden Rechtsanspruchs vor, benachteilige dies den Arbeitnehmer unangemessen und die Klausel sei unwirksam. In den vom Arbeitgeber vorformulierten Anhängen zum Arbeitsvertrag hieß es: *„Herr W. ... erhält eine monatliche Leistungszulage von 200 Euro. Die Zahlung erfolgt als freiwillige Leistung ohne Anerkennung einer Rechtspflicht. Aus der Zahlung können für die Zukunft keinerlei Rechte hergeleitet werden."* Das *BAG* entschied, dass der Ausschluss jeden Rechtsanspruchs bei der Zusage einer monatlich zusammen mit der

---

669 Erfurter Kommentar – *Preis*, § 611, Rn. 68.

670 *BAG* vom 06.12.1995 – 10 AZR 198/95, NZA 1996, 1027; MüKo – *Müller-Glöge*, §611, Rn. 447; Staudinger, BGB – *Richardi/Fischinger*, § 611, Rn. 419.

671 Ascheid/Preis/Schmidt, Kündigungsrecht – *Künzl*, § 2 KSchG, Rn. 79; Preis, Der Arbeitsvertrag – *Preis*, II V 70 Vorbehalte und Teilbefristung, Rz. 113; Küttner – *Kania*, 6, Rn. 11.

672 *BAG* vom 08.12.2010, 10 AZR 671/09, NZA 2011, 628; *BAG* vom 14.09. 2011, 10 AZR 526/10, NZA 2012, 81; *Bordet/Raif*, ArbRAktuell 2011, S. 607, 608; *Ricken*, ZfA 2012, S. 615, 643.

673 *BAG* vom 25.04.2007, 5 AZR 627/06, NZA 2007, 853; *BAG* vom 30.07.2008, 10 AZR 606/07, NZA 2008, 1173.

674 *BAG* vom 14.09. 2011, 10 AZR 526/10, NZA 2012, 81.

Grundvergütung zahlbaren Leistungszulage von Rechtsvorschriften abweiche und deshalb gem. §§ 305ff., 307 Abs. 1 BGB der Inhaltskontrolle unterliege. Der Arbeitnehmer könne in dem als Dauerschuldverhältnis ausgestalteten Arbeitsverhältnis grundsätzlich auf die Beständigkeit der monatlich zugesagten Zahlung einer Vergütung, die nicht an besondere Voraussetzungen geknüpft ist, vertrauen. Er erbringe im Hinblick hierauf seine Arbeitsleistung und stelle auch sein Leben darauf ein. Der Ausschluss jeden Rechtsanspruchs bei laufendem Arbeitsentgelt widerspreche dem Zweck des Arbeitsvertrags. Denn dem Arbeitgeber solle ermöglicht werden, vom Arbeitnehmer die vollständige Erbringung der geschuldeten Leistung zu verlangen und seinerseits über die von ihm geschuldete Gegenleistung zu disponieren. Damit verhindere der Ausschluss des Rechtsanspruchs die Verwirklichung des Prinzips der Vertragsbindung und löse die synallagmatische Verknüpfung der Leistungen beider Vertragsparteien. Die Möglichkeit, die zugesagte Zahlung grundlos und dazu noch ohne jegliche Erklärung einzustellen, beeinträchtige die Interessen des Arbeitnehmers grundlegend. Dies gelte auch dann, wenn es sich bei den unter einem Vorbehalt stehenden Leistungen nicht um die eigentliche Grundvergütung, sondern um eine zusätzliche Abgeltung der Arbeitsleistung in Form einer Zulage handele. Auch derartige Zulagen stellen laufendes Arbeitsentgelt dar, sind also in das vertragliche Synallagma eingebundene Leistungen. Es sei zwar anzuerkennen, dass der Arbeitgeber wegen der Ungewissheit der wirtschaftlichen Entwicklung des Unternehmens und der allgemeinen Entwicklung des Arbeitsverhältnisses ein anerkennenswertes Interesse daran haben könne, bestimmte Leistungen (insbesondere „Zusatzleistungen") flexibel auszugestalten. Dieses Interesse an einer Flexibilisierung könne der Arbeitgeber in hinreichender Weise mit der Vereinbarung von Widerrufs- oder Anrechnungsvorbehalten verwirklichen. Bei einem derartigen Freiwilligkeitsvorbehalt, wie hier, werde die strukturelle Unterlegenheit des Arbeitnehmers ausgenutzt und es liege keine Rechtfertigung durch objektiv feststellbare Besonderheiten des Arbeitsrechts vor. Diese gelten nur im Bereich von Weihnachtsgeld und Gratifikationen, nicht aber bei einer monatlichen Leistungszulage, die laufendes Arbeitsentgelt darstelle.[675]

Demgegenüber stellte der zehnte Senat fest, dass der Arbeitgeber mit einem Freiwilligkeitsvorbehalt bei Sonderzahlungen die Entstehung eines Anspruchs des Arbeitnehmers auf die Leistung für künftige Bezugszeiträume verhindern könne. Die in Frage stehende, das Weihnachtsgeld betreffende Klausel lautete: *„Der/Die Angestellte erhält Weihnachtsgratifikation in Höhe des Bruttogehaltes/nach den tariflichen Bestimmungen/nach den betrieblichen Vereinbarungen/als betriebliche Leistung mit Rechtsanspruch. Ein Rechtsanspruch auf eine Weihnachtsgratifikation besteht nicht. Wird eine solche gewährt, stellt sie eine freiwillige, stets widerrufbare Leistung des Arbeitgebers dar.*" Für die Wirksamkeit eines solchen Freiwilligkeitsvorbehalts komme es nicht auf den vom Arbeitgeber mit der Sonderzahlung verfolgten Zweck an. Der Arbeitgeber müsse nicht jede Sonderzahlung mit einem Freiwilligkeitsvorbehalt

675 Zum ganzen Absatz *BAG* vom 25.04.2007, 5 AZR 627/06, NZA 2007, 853.

verbinden, wenn er einen Rechtsanspruch des Arbeitnehmers auf die Leistung für künftige Bezugszeiträume ausschließen wolle, es genüge ein klarer und verständlicher Hinweis im Formulararbeitsvertrag. Weise der Arbeitgeber in einem vorformulierten Arbeitsvertrag darauf hin, dass die Gewährung einer Sonderzahlung keinen Rechtsanspruch des Arbeitnehmers auf die Leistung für künftige Bezugszeiträume begründe, benachteilige ein solcher Freiwilligkeitsvorbehalt den Arbeitnehmer nicht unangemessen. Die Klausel ist auch dann wirksam, wenn die Sonderzahlung ausschließlich im Bezugszeitraum geleistete Arbeit zusätzlich vergütet. Dabei ging es zwar um die Gewährung einer Weihnachtsgratifikation, gerade der letzte Orientierungssatz jedoch stand deutlich im Widerspruch zur Rechtsprechung des fünften Senates.[676]

Nunmehr hat sich der zehnte Senat in einer Entscheidung zu einer unzulässigen Kombination von Freiwilligkeits- und Widerrufsvorbehalt dahingehend geäußert, dass ein vertraglicher Freiwilligkeitsvorbehalt, der alle zukünftigen Leistungen – unabhängig von ihrer Art und ihrem Entstehungsgrund – erfasse, den Arbeitnehmer regelmäßig unangemessen im Sinne von § 307 Abs. 1 S. 1, Abs. 2 Nr. 1 und Nr. 2 BGB benachteilige und deshalb unwirksam sei. Der Dritte Leitsatz ist dabei ausdrücklich als Einschränkung der bisherigen Rechtsprechung bezeichnet. In dem zugrundeliegenden Arbeitsvertrag hieß es: *„Sonstige, in diesem Vertrag nicht vereinbarte Leistungen des Arbeitgebers an den Arbeitnehmer sind freiwillig und jederzeit widerruflich."* Der Arbeitgeber hatte jedoch mehrfach ein sog. 13. Monatsgehalt gezahlt. Das *BAG* stellte fest, dass die Klausel wegen der Kombination von Freiwilligkeits- und Widerrufsvorbehalt intransparent sei und gegen § 307 Abs. 1 BGB verstoße. Außerdem sei ein derartig weiter Freiwilligkeitsvorbehalt eine unangemessene Benachteiligung des Arbeitnehmers. In der Gefahr, dass der Vertragspartner des Klauselverwenders wegen unklar abgefasster Allgemeiner Vertragsbedingungen seine Rechte nicht wahrnehme, liege eine unangemessene Benachteiligung, die regelmäßig bei der Kombination von Freiwilligkeits- und Widerrufsvorbehalt gegeben sei. Auch eine auf einen Freiwilligkeitsvorbehalt „reduzierte" Klausel benachteilige den Arbeitnehmer unangemessen. Die bisherige Rechtsprechung müsse in den Fällen eingeschränkt werden, in denen ein vertraglicher Freiwilligkeitsvorbehalt alle zukünftigen Leistungen unabhängig von ihrer Art und ihrem Entstehungsgrund erfassen solle. Ein solcher Freiwilligkeitsvorbehalt beziehe unzulässigerweise laufende Leistungen ein. Die Möglichkeit, eine nach Zeitabschnitten bemessene Vergütung grundlos und noch dazu ohne jegliche Erklärung einzustellen, beeinträchtige die Interessen des Arbeitnehmers grundlegend. Dies gelte auch dann, wenn es sich bei den unter einem Vorbehalt stehenden Leistungen nicht um die eigentliche Grundvergütung, sondern um eine zusätzliche Abgeltung der Arbeitsleistung in Form einer Zulage oder sonstiger laufender Leistungen handele.[677]

---

676 Zum ganzen Absatz *BAG* vom 30.07.2008, 10 AZR 606/07, NZA 2008, 1173.

677 Zum ganzen Abschnitt *BAG* vom 14.09.2011, 10 AZR 526/10, NZA 2012, 81.

Diese Änderung der Rechtsprechung des zehnten Senates verwundert nicht, bedenkt man, dass der neue Vorsitzende Prof. Dr. *Mikosch* vorher stellvertretender Vorsitzender des fünften Senates war.

Generell kann man verschiedene Fallgruppen des Freiwilligkeitsvorbehaltes differenzieren: Zum einen gibt es den konkret anlässlich der Leistung erfolgenden Freiwilligkeitshinweis, zum anderen gibt es – sehr umstrittene – formularmäßige Freiwilligkeitsvorbehalte im Arbeitsvertrag. Bei letzteren lassen sich Pauschalvorbehalte und Spezialvorbehalte, die nur bestimmte Leistungen erfassen, unterscheiden.[678]

Welche Anforderungen hinsichtlich variabler Vergütung an einen wirksamen Freiwilligkeitsvorbehalt zu stellen sind, ist höchst umstritten[679]. Zudem wirken sich die grundsätzlichen Auffassungen vieler Autoren und Entscheidungen zum Freiwilligkeitsvorbehalt im Allgemeinen auch auf die Bewertung bei variabler Vergütung aus Zielvereinbarungen aus. Wie stets lassen sich zwei Extrempositionen gegenüberstellen, zwischen denen sich einige vermittelnde Meinungen angesiedelt haben.

1. Grundsätzliche Ablehnung des formularmäßigen Freiwilligkeitsvorbehaltes

Eine starke Meinung in der Literatur, die sich auf die restriktive Tendenz in der Rechtsprechung des *BAG* stützt, lehnt den formularmäßigen Freiwilligkeitsvorbehalt

678 Zum ganzen Absatz siehe ebenso *Preis/Sagan*, NZA 2012, 697ff.

679 Siehe hierzu zahlreiche Stellungnahmen: *Annuß*, NZA 2007, S. 290, 292; *Bauer/von Medem*, NZA 2012, S. 894ff; *Bordet/Raif*, ArbRAktuell 2011, S. 607, 608; *Crisolli/Zaumseil*, BB 2012, S. 1281ff.; *Deich*, AuA 2004, S. 8f; *Heiden*, RdA 2012, S. 225ff.; *Hidalgo/Rid*, BB 2005, S. 2686ff.; *Horcher*, BB 2007, S. 2065, 2069; *König*, NZA-RR 2012, S. 449, 450f.; *Köhler/Bausewein*, DB 2012, S. 59f.; *Lakies*, ArbRAktuell 2012, S. 496ff.; *Leder*, RdA 2010, S. 93, 95f.; *Lembke*, NJW 2010, S. 257, 259f.; *A. Lindemann/Simon*, BB 2002, S. 1807ff.; *Lingemann/Gotham*, NZA 2008, S. 509ff.; *Lischka*, BB 2007, S. 552, 554; *Löw/Kunz*, AuA 2012, S. 103ff.; *Mauer*, NZA 2002, S. 540ff.; *Otto/Walk*, BB 2010, S. 373, 375; *Preis/Sagan*, NZA 2012, S. 697ff.; *Preis/Sagan*, NZA 2012, S. 1077ff; *Reichel/Böhm*, AuA 2010, S. 568ff.; *Reinecke*, BB 2008, S. 554, 555; *Reiserer*, NZA 2007, S. 1249ff.; *Reiserer*, NJW 2008, S. 609, 612; *Reiserer*, NZA Beilage 2010, S. 39ff.; *Riesenhuber/v. Steinau-Steinrück*, NZA 2005, S. 785, 792; *Schmiedl*, NZA 2006, S. 1195ff.; *Simon/Hidalgo/Koschker*, NZA 2012, S. 1071ff.; *Willemsen/Grau* NZA 2005, S. 1137, 1140; Klasen/Krebs/Michel/Weber, Personalmanagement und InstitutsVergV – *Klasen*, S. 113ff.; MüHB zum Arbeitsrecht – *R. Krause*, § 56, Rn. 6ff.; Moll, MüAHB Arbeitsrecht – *Hexel*, § 25, Rn. 12ff; Preis, Der Arbeitsvertrag – *Preis/V. Lindemann*, II Z 5 Zielvereinbarungen, Rz. 16; Erfurter Kommentar – *Preis*, § 310, Rn. 51ff.; *Deich*, Die rechtliche Beurteilung von Zielvereinbarungen im Arbeitsverhältnis 2004, S. 173ff.; *Heiden*, Entgeltrelevante Zielvereinbarungen 2007, S. 212ff.; *Mohnke*, Zielvereinbarungen im Arbeitsverhältnis 2006, S. 338ff.

gänzlich ab[680]. Ein wesentlicher Ausgangspunkt der Argumentation dieser Meinung entstammt einem Aufsatz von *Strick*, der besagt, dass der Unterschied zwischen einem Widerrufs- und einem Freiwilligkeitsvorbehalt nur auf einer „hauchdünnen rechtskonstruktiven Differenzierung“ beruhe[681]. Der Arbeitgeber könne aufgrund dieser minimalen Differenzierung nicht seine Gegenleistung formularmäßig freiwillig unter Ausschluss eines Rechtsanspruches gewähren, denn sonst bestünde die Gefahr, dass der Arbeitnehmer „Arbeit ohne Lohn“ leiste, was sittenwidrig (§138 BGB) wäre[682].

Daneben wird noch vorgebracht, dass der Arbeitgeber sonst die Möglichkeit hätte, durch freiwillige Leistungen das Wesen des Arbeitsvertrages auszuhöhlen[683]. Auch ein pauschaler, vertraglicher Freiwilligkeitsvorbehalt, der alle zukünftigen Leistungen unabhängig von ihrer Art und ihrem Entstehungsgrund erfasse, benachteilige den Arbeitnehmer regelmäßig unangemessen und sei deshalb unwirksam[684]. Der Ausschluss jeden Rechtsanspruches würde hierbei die Verwirklichung des Prinzips der Vertragsbindung verhindern und die synallagmatische Verknüpfung der Leistungen beider Vertragsparteien auflösen[685]. Damit würde man sich vom

---

680 *Bordet/Raif*, ArbRAktuell 2011, S. 607; *Deich*, AuA 2004, S. 8f; *König*, NZA-RR 2012, S. 449, 450f.; *Köhler/Bausewein*, DB 2012, S. 59f.; *Lakies*, ArbRAktuell 2012, S. 496ff.; *Lembke*, NJW 2010, S. 257, 260f.; *Lischka*, BB 2007, S. 552, 554; *Otto/Walk*, BB 2010, S. 373, 375; *Preis/Sagan*, NZA 2012, S. 697ff.; *Preis/Sagan*, NZA 2012, S. 1077ff; *Reinecke*, BB 2008, S. 554ff.; *Reinfelder*, NZA 2014, Beilage, S. 10, 13; *Reiserer*, NZA 2007, S. 1249, 1251; *Reiserer*, NJW 2008, S. 609, 612; *Riesenhuber/v. Steinau-Steinrück*, NZA 2005, S. 785, 792; Moll, MüAHB Arbeitsrecht – *Hexel*, § 25, Rn. 12ff; Preis, Der Arbeitsvertrag – *Preis/V. Lindemann*, II Z 5 Zielvereinbarungen, Rz. 16; Erfurter Kommentar – *Preis*, § 310, Rn. 51ff; auch *Deich*, Die rechtliche Beurteilung von Zielvereinbarungen im Arbeitsverhältnis 2004, S. 173ff. 181, 184, die allerdings einen Freiwilligkeitsvorbehalt bei Honorierung der Betriebstreue zulässt.

681 *Strick*, NZA 2005, S. 723, 725; darauf vor allem Bezug nehmend *Preis/Sagan*, NZA 2012, S. 697, 699; Erfurter Kommentar – *Preis*, § 310, Rn. 70; ebenso *Lakies*, ArbRAktuell 2012, S. 496ff.

682 *Strick*, NZA 2005, S. 723, 725; zustimmend *Lakies*, ArbRAktuell 2012, S. 496ff.; *Preis/Sagan*, NZA 2012, S. 697, 699; *Preis/Sagan*, NZA 2012, S. 1077ff; Erfurter Kommentar – *Preis*, § 310, Rn. 70; Preis, Der Arbeitsvertrag – *Preis/V. Lindemann*, II Z 5 Zielvereinbarungen, Rz. 16.

683 *BAG* vom 25.04.2007, 5 AZR 627/06, NZA 2007, 853, 855; *Lakies*, ArbRAktuell 2012, S. 496ff.; *Preis/Sagan*, NZA 2012, S. 697, 699; *Preis/Sagan*, NZA 2012, S. 1077ff; Erfurter Kommentar – *Preis*, § 310, Rn. 70; Preis, Der Arbeitsvertrag – *Preis/V. Lindemann*, II Z 5 Zielvereinbarungen, Rz. 16; *Deich*, Die rechtliche Beurteilung von Zielvereinbarungen im Arbeitsverhältnis 2004, S. 173ff., 180.

684 *BAG* vom 14.09.2011 – 10 AZR 526/10, NZA 2012, 81; *Preis/Sagan*, NZA 2012, S. 697, 699f.; Moll, MüAHB Arbeitsrecht – *Hexel*, § 25, Rn. 16; Erfurter Kommentar – *Preis*, § 310, Rn. 70, 72; Preis, Der Arbeitsvertrag – *Preis/V. Lindemann*, II Z 5 Zielvereinbarungen, Rz. 16.

685 *Bauer/Chwalisz*, ZfA 2007, 339, 340f.; *König*, NZA-RR 2012, S. 449, 450f.; *Köhler/Bausewein*, DB 2012, S. 59f.; *Lischka*, BB 2007, S. 552, 554; *Reiserer*, NZA 2007,

zwingenden Grundsatz der Vertragsbindung („pacta sunt servanda") lösen[686]. Entscheidend sei, dass konkrete vertragliche Zusagen von laufenden oder einmaligen Sonderzahlungen nicht mit formularmäßigen Freiwilligkeitsvorbehalten versehen werden könnten, denn darin liege ein Verstoß gegen das Transparenzgebot aus § 307 Abs. 1 S. 2 BGB und das Verbot unangemessener Benachteiligung aus § 307 Abs. 1 S. 1 BGB[687]. Außerdem verstoße ein Freiwilligkeitsvorbehalt ohne Hinweis auf den Vorrang der Individualabrede gegen das Transparenzgebot, obwohl dieser Vorrang bereits im Gesetz in § 305b BGB geregelt sei[688]. Teilweise wird auch das Argument vorgebracht, der Freiwilligkeitsvorbehalt verstoße gegen § 308 Nr. 4 BGB und sei deswegen unwirksam[689].

Dies gelte insbesondere dann, wenn der Arbeitsvertrag dem Arbeitnehmer klar einen Anspruch auf Teilnahme an einem Bonussystem einräumt, aber in einer anderen Vertragsklausel bestimmt, dass Bonuszahlungen jeweils freiwillig erfolgen und kein Rechtsanspruch für die Zukunft begründet würde[690]. Eine Einbindung in das Synallagma könne sich auch bei variablen Erfolgsvergütungen ergeben, wenn diese gerade der Leistungssteigerung des einzelnen Arbeitnehmers durch die Förderung seiner Motivation dienen[691]. Teilweise wird auch vertreten, dass individualleistungsbezogene Boni – wegen ihres „Provisionscharakters" – keine Sonderzahlungen seien und deshalb kein Freiwilligkeitsvorbehalt möglich sei[692]. Es komme nicht darauf an, ob die in Rede stehende Leistung monatsweise, quartalsweise oder jährlich gezahlt

---

S. 1249, 1251; Moll, MüAHB Arbeitsrecht – *Hexel,* § 25, Rn. 15; *Deich,* Die rechtliche Beurteilung von Zielvereinbarungen im Arbeitsverhältnis 2004, S. 173ff., 180.

686 *Lembke,* NJW 2010, S. 257, 261 *Deich,* Die rechtliche Beurteilung von Zielvereinbarungen im Arbeitsverhältnis 2004, S. 173ff., 180.

687 *Köhler/Bausewein,* DB 2012, S. 59f.; *Lakies,* ArbRAktuell 2012, S. 496ff.; *Preis/Sagan,* NZA 2012, S. 697, 699; *Preis/Sagan,* NZA 2012, S. 1077ff.; Erfurter Kommentar – *Preis,* § 310, Rn. 70; Preis, Der Arbeitsvertrag – *Preis/V. Lindemann,* II Z 5 Zielvereinbarungen, Rz. 16; unentschlossen *Reiserer,* in NJW 2008, S. 609, 612 für diese Sichtweise, anders in NZA 2007, S. 1249ff., und NZA Beilage 2010, S. 39ff.

688 *BAG* vom 14.09.2011 – 10 AZR 526/10, NZA 2012, 81; *Lakies,* ArbRAktuell 2012, S. 496ff.; *Preis/Sagan,* NZA 2012, S. 697, 699.

689 *Bordet/Raif,* ArbRAktuell 2011, S. 607, 608; *Riesenhuber/v. Steinau-Steinrück,* NZA 2005, S. 785, 792; a.A. *Preis/Sagan,* NZA 2012, S. 697, 699; Erfurter Kommentar – *Preis,* § 310, Rn. 70.

690 *BAG* vom 24.10.2007, 10 AZR 825/06, NZA 2008, 40; *BAG* vom 30.07.2008 – 10 AZR 606/07, NZA 2008, 1173; *BAG* vom 05.07.2011, 1 AZR 94/10, NZA 2011, 1234; *König,* NZA-RR 2012, S. 449, 450f.; *Lakies,* ArbRAktuell 2012, S. 496ff.; *Preis/Sagan,* NZA 2012, S. 697, 699f.; *Preis/Sagan,* NZA 2012, S. 1077ff.; Erfurter Kommentar – *Preis,* § 310, Rn. 69; Preis, Der Arbeitsvertrag – *Preis/V. Lindemann,* II Z 5 Zielvereinbarungen, Rz. 16.

691 *Reiserer,* NZA 2007, S. 1249, 1251; Moll, MüAHB Arbeitsrecht – *Hexel,* § 25, Rn. 15; *Deich,* Die rechtliche Beurteilung von Zielvereinbarungen im Arbeitsverhältnis 2004, S. 173ff., 180f.

692 *Lembke,* NJW 2010, S. 257, 260.

werden soll[693]. Andere Autoren wiederum stellen – im Anschluss an den fünften Senat des *BAG* – darauf ab, dass es sich bei Bonuszahlungen um Arbeitsentgelt im engeren Sinne handele und deswegen eine unangemessene Benachteiligung vorliege[694]. Eine Vereinbarung eines Freiwilligkeitsvorbehaltes widerspreche dem arbeitsvertraglichen Synallagma und dem Grundsatz „pacta sunt servanda" und sei deswegen unwirksam[695]. Ebenso wenig sei entscheidend, ob die zugesagte Leistung an die Erreichung bestimmter Ziele oder die Erfüllung sonstiger Anspruchsvoraussetzungen gekoppelt sei[696]. Somit bleibe bei Bonussystemen nur die Möglichkeit, einen entsprechenden Widerrufsvorbehalt zu vereinbaren[697].

Einzig für den Fall, dass der Arbeitgeber niemals eine in Rede stehende Leistung zugesagt habe und bei der tatsächlichen Zahlung deutlich macht, dass aus der Zahlung für die Zukunft kein Anspruch entsteht, sei ein „Freiwilligkeitsvorbehalt" bzw. ein „Freiwilligkeitshinweis" zur Vermeidung eines Vertragsänderungsangebotes zulässig[698]. Gerade bei variabler Vergütung aus Zielvereinbarungen ist eine solche Konstellation nicht gegeben, sie kommt allenfalls bei isolierten Einmal- und Gratifikationszahlungen in Betracht.

2. Weitgehende Zulässigkeit des Freiwilligkeitsvorbehaltes

Demgegenüber stehen jedoch auch zahlreiche Autoren, die nach wie vor einen umfassenden Anwendungsbereich für den formularmäßigen Freiwilligkeitsvorbehalt sehen[699]. Dabei stützen sie sich jedoch vorwiegend auf die ältere Rechtsprechung

---

693 *BAG* vom 30.07.2008 – 10 AZR 606/07, NZA 2008, 1173, 1178; *Otto/Walk,* BB 2010, S. 373, 375.

694 *Lembke,* NJW 2010, S. 257, 260; *Lischka,* BB 2007, S. 552, 554; *Reinecke,* BB 2008, S. 554, 555.

695 *Deich,* AuA 2004, S. 8, 9; *König,* NZA-RR 2012, S. 449, 450f; *Lischka,* BB 2007, S. 552, 554; *Deich,* Die rechtliche Beurteilung von Zielvereinbarungen im Arbeitsverhältnis 2004, S. 173ff., 180f.

696 *BAG* vom 24.10.2007, 10 AZR 825/06, NZA 2008, 40; *Otto/Walk,* BB 2010, S. 373, 375.

697 *Deich,* AuA 2004, S. 8, 9; *König,* NZA-RR 2012, S. 449, 450f.; *Otto/Walk,* BB 2010, S. 373, 375; auch *Deich,* Die rechtliche Beurteilung von Zielvereinbarungen im Arbeitsverhältnis 2004, S. 173ff., 181, 184 die allerdings einen Freiwilligkeitsvorbehalt bei Honorierung der Betriebstreue zulässt.

698 *Lakies,* ArbRAktuell 2012, S. 496ff.; *Preis/Sagan,* NZA 2012, S. 697, 699ff.; *Preis/Sagan,* NZA 2012, S. 1077ff; Erfurter Kommentar – *Preis,* § 310, Rn. 70, 72; Preis, Der Arbeitsvertrag – *Preis/V. Lindemann,* II Z 5 Zielvereinbarungen, Rz. 16.

699 *Bauer/von Medem,* NZA 2012, S. 894ff.; *Crisolli/Zaumseil,* BB 2012, S. 1281ff.; *A. Lindemann/Simon,* BB 2002, S. 1807, 1810f.; *Lingemann/Gotham,* NZA 2008, S. 509f.; *Löw/Kunz,* AuA 2012, S. 103f.; *Mauer,* NZA 2002, S. 540 543; *Reichel/Böhm,* AuA 2010, S. 568, 569.; *Reiserer,* NZA Beilage 2010, S. 39, 40; *Schmiedl,* NZA 2006, S. 1195, 1197; *Simon/Hidalgo/Koschker,* NZA 2012, S. 1071, 1072; *Heiden,* Entgeltrelevante Zielvereinbarungen 2007, S. 212, 213; *Mohnke,* Zielvereinbarungen im Arbeitsverhältnis 2006, S. 338ff.

des zehnten Senates[700]. Einer Klarstellung, dass die Individualabrede nach § 305b BGB vorrangig sei, bedürfe es nicht, da dies bereits im benannten Paragraphen geschehen sei[701]. Der Grundsatz „pacta sunt servanda" sei zudem nicht betroffen, da es bei einem Freiwilligkeitsvorbehalt schon im Vorhinein zu keiner verbindlichen Zusage einer Sonderzahlung komme[702]. Dies gelte auch, wenn die Sonderzahlung im Gegenseitigkeitsverhältnis stehe[703], gerade dann, wenn die Zahlung an keine andere Voraussetzung gebunden ist als die reine Arbeitsleistung[704]. Die Abgrenzung zwischen synallagmatischen und nicht synallagmatischen Entgeltleistungen an sich sei derart stumpf, dass eine trennscharfe Zuordnung nicht möglich sei[705]. Zwar sei für den laufenden Zielvereinbarungszeitraum wegen der bereits erbrachten Leistung des Arbeitnehmers keine Ausübung eines Freiwilligkeitsvorbehaltes möglich, die im Synallagma wurzelnde Schutzerwägung greife jedoch nicht für den zukünftigen Zielvereinbarungszeitraum[706]. Es entstehe nämlich kein schutzwürdiges Vertrauen[707].

Es sei nicht erforderlich, dass der Arbeitgeber ständig die Freiwilligkeit der jeweiligen Leistung wiederhole, der Freiwilligkeitsvorbehalt sei ein Mittel des Arbeitgebers zum Schutze seiner Privatautonomie vor der betrieblichen Übung[708]. In der Rahmenvereinbarung könne also ein Freiwilligkeitsvorbehalt für den zukünftigen Zielvereinbarungszeitraum aufgenommen werden, da die vage Aussicht auf einen – der Höhe nach noch nicht näher bestimmten – Bonus keine nennenswerten Verhaltensanreize für den Arbeitnehmer setze[709].

---

700 *BAG* vom 30.07.2008 – 10 AZR 606/07, NZA 2008, 1173; *Crisolli/Zaumseil,* BB 2012, S. 1281f.; *Löw/Kunz,* AuA 2012, S. 103f.

701 *BAG* vom 30.07.2008 – 10 AZR 606/07, NZA 2008, 1173; *Crisolli/Zaumseil,* BB 2012, S. 1281, 1282 *Mohnke,* Zielvereinbarungen im Arbeitsverhältnis 2006, S. 339.

702 *Crisolli/Zaumseil,* BB 2012, S. 1281, 1282; *Heiden,* Entgeltrelevante Zielvereinbarungen 2007, S. 212, 213ff; *Mohnke,* Zielvereinbarungen im Arbeitsverhältnis 2006, S. 340.

703 *BAG* vom 30.07.2008 – 10 AZR 606/07, NZA 2008, 1173; *Crisolli/Zaumseil,* BB 2012, S. 1281, 1282; *Heiden,* Entgeltrelevante Zielvereinbarungen 2007, S. 212, 214; *Mohnke,* Zielvereinbarungen im Arbeitsverhältnis 2006, S. 340f.

704 *BAG* vom 18.03.2009, 10 AZR 289/08, NZA 2009, 535; *Reiserer,* NZA Beilage 2010, S. 39, 40; *Heiden,* Entgeltrelevante Zielvereinbarungen 2007, S. 212, 214; *Mohnke,* Zielvereinbarungen im Arbeitsverhältnis 2006, S. 340f.

705 *Heiden,* Entgeltrelevante Zielvereinbarungen 2007, S. 212, 214, Fn. 1111, 92ff.

706 *A. Lindemann/Simon,* BB 2002, S. 1807, 1810f.; *Lingemann/Gotham,* NZA 2008, S. 509f.; *Schmiedl,* NZA 2006, S. 1195, 1197; *Simon/Hidalgo/Koschker,* NZA 2012, S. 1071, 1073; *Heiden,* Entgeltrelevante Zielvereinbarungen 2007, S. 212, 214; *Mohnke,* Zielvereinbarungen im Arbeitsverhältnis 2006, S. 340f.

707 *A. Lindemann/Simon,* BB 2002, S. 1807, 1810; *Heiden,* Entgeltrelevante Zielvereinbarungen 2007, S. 212, 214; *Mohnke,* Zielvereinbarungen im Arbeitsverhältnis 2006, S. 340f.

708 *Bauer/von Medem,* NZA 2012, S. 894.

709 *A. Lindemann/Simon,* BB 2002, S. 1807, 1810; *Lingemann/Gotham,* NZA 2008, S. 509f.; *Lingemann/Gotham,* DB 2007, 1754, 1756; *Simon/Hidalgo/Koschker,* NZA 2012, S. 1071, 1072.

Auch ein Urteil des *LAG Düsseldorf* wird herangezogen, um eine weitgehende Zulässigkeit des Freiwilligkeitsvorbehaltes zu ermöglichen, denn der Arbeitgeber könne den Zweck der Leistung weitgehend frei festlegen und so durch eine Zuweisung eines Zweckes der „Belohnung für treue Dienste und Ansporn für die Zukunft" bestimmen. In der der Gerichtsentscheidung zugrundeliegenden Vereinbarung heisst es:

> *„Freiwillige Zuwendungen (Weihnachts- und andere Gratifikationen sowie ein übertarifliches Urlaubsgeld) sind Leistungen, auf die ein Rechtsanspruch weder dem Grunde noch der Höhe nach besteht. Die Firma behält sich ausdrücklich vor, diese Leitungen nach eigenem Ermessen festzulegen. Bei Eintritt während des Jahres werden sie nur anteilig gewährt. Von derartigen freiwilligen Zuwendungen ist der Arbeitnehmer u.a. ausgeschlossen:*
> *a) wenn er durch sein Verhalten zu ernstlichen Beanstandungen im Verlauf des Jahres Anlass gegeben hat*
> *b) wenn er sich im gekündigten Arbeitsverhältnis befindet*
> *c) wenn ein Probeverhältnis besteht.*
> *Die freiwilligen Zuwendungen sind nicht nur eine Belohnung für treue Dienste in der Vergangenheit, sondern auch ein Ansporn für zukünftig zu leistende Dienste."*

Das *LAG Düsseldorf* entschied, dass zum einen durch die Formulierung klar werde, dass kein Rechtsanspruch begründet werde und zum anderen ein derartiger Freiwilligkeitsvorbehalt wirksam sei, denn der Arbeitgeber sei frei darin, den Zweck seiner Sonderzahlungen festzulegen.[710]

Eine Begrenzung des Umfanges des Widerrufsvorbehaltes wird dabei abgelehnt, denn der Kernbereich des Arbeitsverhältnisses sei nicht gefährdet[711]. Eine Einschränkung der Privatautonomie des Arbeitgebers durch die Angabe von Gründen oder die Einhaltung von billigem Ermessen sei nicht erforderlich, da sich dafür keine normative Anknüpfung finden lasse[712]. Zudem habe das *BAG* die Erstreckung der Grenzen des Widerrufsvorbehaltes auf den Freiwilligkeitsvorbehalt ausdrücklich abgelehnt[713].

Auch *Mohnke* vertritt in einer Variante dieser Meinung, dass ein formularmäßiger Freiwilligkeitsvorbehalt jedenfalls dann einer Inhaltskontrolle nach den §§ 305ff., 307 BGB standhalte, wenn es sich um variable Vergütung aus unternehmensbezogenen Zielvereinbarungen handelt. Eine Inhaltskontrolle nach § 308 Nr. 4 BGB komme zudem nicht in Betracht, da keine kontrollfähige Leistungspflicht bestehe. Hinsichtlich unternehmensbezogener Ziele greife die Argumentation der Meinung,

---

710 Zum ganzen Abschnitt *LAG Düsseldorf* vom 16.02.2011, 7 Sa 1262/10; *Löw/Kunz,* AuA 2012, S. 103, 104.

711 *Bauer/von Medem,* NZA 2012, S. 894ff.; *Simon/Hidalgo/Koschker,* NZA 2012, S. 1071, 1073; *Heiden,* Entgeltrelevante Zielvereinbarungen 2007, S. 212, 215.

712 *Bauer/von Medem,* NZA 2012, S. 894ff.; *Simon/Hidalgo/Koschker,* NZA 2012, S. 1071, 1073; *Heiden,* Entgeltrelevante Zielvereinbarungen 2007, S. 212, 215.

713 *BAG* vom 18.03.2009 – 10 AZR 289/08, NZA 2009, 535; *Simon/Hidalgo/Koschker,* NZA 2012, S. 1071, 1073.

die Freiwilligkeitsvorbehalte ablehne, nicht, da diesbezüglich kein Bezug zur auf der Arbeitsleistung des Arbeitnehmers basierenden Vergütung gegeben sei. Auch bei den persönlichen Zielen, also den sonstigen Zielvereinbarungen, sei ein Freiwilligkeitsvorbehalt zulässig, da durch diesen das Entstehen einer vertraglichen Bindung und darauf basierenden Vertrauens ausscheide.[714]

3. Bedingte Zulässigkeit von Freiwilligkeitsvorbehalten

Zwischen diesen beiden Extrempositionen existieren einige Meinungen, die einen Anwendungsbereich des formularmäßigen Freiwilligkeitsvorbehaltes unter Zugrundelegung bestimmter Einschränkungen zulassen wollen. Dabei wird allgemein eine Anwendung auf die laufende Zielperiode für unzulässig erachtet. Die am weitesten verbreitete Ansicht schließt aus der Zulässigkeit des Widerrufsvorbehaltes, dass auch ein an diesen angelehnter Freiwilligkeitsvorbehalt zulässig sein müsse. Wenn der Zielbonus nicht mehr als 25 bis 30 % der Gesamtvergütung ausmache, dann könne sich der Arbeitgeber mittels eines formularmäßigen Freiwilligkeitsvorbehaltes davon lösen.[715]

Zusätzlich müsse ein sachlicher Grund für die Ausübung des Freiwilligkeitsvorbehaltes angegeben werden[716]. Teilweise wird sogar geäußert, es komme in materieller Hinsicht weder auf die Höhe, noch auf den Zweck der Leistung an[717]. Bei einer derartigen Beschränkung sei weder der Kernbereich des Arbeitsverhältnisses, noch der Grundsatz der Vertragsbindung („pacta sunt servanda") tangiert[718]. Von einer „Aushöhlung des Arbeitsverhältnisses" könne also nicht die Rede sein[719]. Bei Einhaltung dieser Beschränkungen halte der Freiwilligkeitsvorbehalt auch einer Inhaltskontrolle nach den §§ 242, 307 Abs. 1, Abs. 2, 308 Nr. 4 BGB stand[720]. Er müsse lediglich den allgemeinen arbeitsrechtlichen Gleichbehandlungsgrundsatz beachten[721].

---

714 Zum ganzen Abschnitt *Mohnke,* Zielvereinbarungen im Arbeitsverhältnis 2006, S. 338ff.

715 Zum ganzen Absatz *Annuß,* NZA 2007, S. 290, 292; *Bieder,* NZA 2007, S. 1135, 1139; *Heiden,* RdA 2012, S. 225, 234f.; *Hidalgo/Rid,* BB 2005, S. 2686, 2689; *Horcher,* BB 2007, S. 2065, 2069; *Leder,* RdA 2010, S. 93, 95f.; *Willemsen/Grau* NZA 2005, S. 1137, 1140; Klasen/Krebs/Michel/Weber, Personalmanagement und InstitutsVergV – *Klasen,* S. 113ff.; MüHB zum Arbeitsrecht – *R. Krause,* § 56, Rn. 6ff.; *Deich,* Die rechtliche Beurteilung von Zielvereinbarungen im Arbeitsverhältnis 2004, S. 173ff. 181, 184.

716 *Heiden,* RdA 2012, S. 225, 235.; *Hidalgo/Rid,* BB 2005, S. 2686, 2689.

717 *Leder,* RdA 2010, S. 93, 95f.

718 *Hidalgo/Rid,* BB 2005, S. 2686, 2689; *Willemsen/Grau* NZA 2005, S. 1137, 1140.

719 *Willemsen/Grau* NZA 2005, S. 1137, 1140.

720 *Heiden,* RdA 2012, S. 225, 235.; *Horcher,* BB 2007, S. 2065, 2069; *Willemsen/Grau* NZA 2005, S. 1137, 1140; Klasen/Krebs/Michel/Weber, Personalmanagement und InstitutsVergV – *Klasen,* S. 115.

721 *Hidalgo/Rid,* BB 2005, S. 2686, 2689.

Eine Variante dieser Meinung vertritt *R. Krause*, der zwar auch davon ausgeht, dass der Freiwilligkeitsvorbehalt zulässig sein müsse, wenn der Widerrufsvorbehalt zulässig ist. Eine Inhaltskontrolle nach den §§305 ff. BGB führe jedoch nur dann nicht zu einer unangemessenen Benachteiligung, wenn die prozentuale Grenze bei 12,5 % des Gesamtentgelts, also der Hälfte des Satzes bei Widerrufsvorbehalten, eingehalten werde. Diese Reduzierung wird aus dem Gedanken abgeleitet, dass dem Arbeitnehmer das Wirtschaftsrisiko nicht rechtsmissbräuchlich aufgebürdet werden dürfe. Die Tatsache, dass der Freiwilligkeitsvorbehalt unter leichteren Bedingungen ausgeübt werden könne als der Widerrufsvorbehalt, gebiete den niedrigeren Prozentsatz.[722]

Zuletzt ist noch die Meinung von *Deich* zu nennen, die davon ausgeht, dass Freiwilligkeitsvorbehalte zwar grundsätzlich unzulässig seien, jedoch bei einer Zuweisung eines anderen Zweckes als der reinen Arbeitsleistungsvergütung möglich sind. Nun liege kein Verstoß gegen § 308 Nr. 4 BGB und damit keine unangemessene Benachteiligung nach § 307 Abs. 1, Abs. 2 BGB vor, denn bei Honorierung der Betriebstreue stehe dieser Zweck im Vordergrund.[723]

4. Freiwilligkeitsvorbehalt nur noch innerhalb der Anforderungen an einen Widerrufsvorbehalt zulässig

Begrüßenswert an der ersten Auffassung ist zunächst, dass darin eine Wiedereinbindung des arbeitsrechtlichen Sonderweges der „betrieblichen Übung" in die allgemeine Rechtsgeschäftslehre des BGB liegt. Berücksichtigt man zudem, dass es sich bei variabler Vergütung aus Zielvereinbarungen um einen separat synallagmatischen Teil des Arbeitsverhältnisses handelt[724], so schließt bereits diese grundsätzliche Rechtsnatur einen Freiwilligkeitsvorbehalt aus. Zur Bildung der separaten synallagmatischen Beziehung zwischen Zielerreichungsbemühung und variabler Vergütung bedarf es nämlich gerade einer bindenden vertraglichen Vereinbarung. Eine solche ist aber gerade bei einem Freiwilligkeitsvorbehalt nicht gewollt[725]. Zwar könnte man sich mit der zweiten Auffassung auf den Standpunkt stellen, dass auch bei synallagmatischen Leistungen ein Freiwilligkeitsvorbehalt möglich ist, dagegen spricht aber, dass das Gegenseitigkeitsverhältnis der Leistungen durch eine reine Freiwilligkeit auf Seiten des Arbeitgebers stark beeinträchtigt würde. Dadurch würde zwar nicht der – ohnehin vielfach durchbrochene Grundsatz der Vertragsbindung („pacta sunt servanda") – verletzt, allerdings würde der Arbeitnehmer in einer erheblichen Weise benachteiligt. Somit muss ein Freiwilligkeitsvorbehalt wegen unangemessener Benachteiligung bei einer Inhaltskontrolle nach den §§ 242, 307 Abs.1, Abs. 2, 308 Nr. 4

722 Zum ganzen Abschnitt MüHB zum Arbeitsrecht – *R. Krause*, § 56, Rn. 11f.

723 *Deich*, Die rechtliche Beurteilung von Zielvereinbarungen im Arbeitsverhältnis 2004, S. 184ff., 186.

724 Siehe Kapitel B. IV.

725 Siehe nur Moll, MüAHB Arbeitsrecht – *Hexel*, § 25 , Rn. 15, m.w.N.

BGB unwirksam sein. Dies ergibt sich schon aus dem Wortlaut des § 308 Nr. 4 BGB, der Änderungsvorbehalte – und nicht nur Widerrufsvorbehalte – erfasst. Gerade bei variabler Vergütung aus Zielvereinbarungen handelt es sich auch um versprochene Leistungen des verwendenden Arbeitgebers. Die Auffassung, bei einem formularmäßigen Freiwilligkeitsvorbehalt handele es sich nicht um eine Leistungsbestimmung und damit nicht einmal eine Vertragsbestimmung verkennt hingegen, dass nicht nur Hauptleistungsabreden in allgemeinen Geschäftsbedingungen geregelt werden können, sondern gerade auch Nebenbestimmungen. Ausgehend vom Wortlaut des § 308 Nr. 4 BGB kommt es dann darauf an, ob die Ausübung eines Freiwilligkeitsvorbehaltes unter Berücksichtigung der beiderseitigen Interessen des Verwenders für den anderen Vertragsteil zumutbar ist. Berücksichtigt man dann, dass im Rahmen derselben Prüfung beim Widerrufsvorbehalt[726] ein der jeweiligen Schutzbedürftigkeit des Arbeitnehmers proportional angepasste Widerruf wirksam ist, so muss auch ein als „Freiwilligkeitsvorbehalt" bezeichneter faktischer Widerrufsvorbehalt zulässig sein[727].

Dabei könnte man daran denken, dass darin eine nach dem *BAG* unzulässige Umdeutung eines Freiwilligkeitsvorbehaltes in einen Widerrufsvorbehalt läge[728]. Es handelt sich jedoch tatsächlich um einen bloß anders bezeichneten Änderungsvorbehalt, der der in § 308 Nr. 4 BGB genannten Interessenabwägung genügt. Eine Umdeutung ist also gar nicht nötig. Allerdings stellt sich rein praktisch die Frage, inwieweit eine solche Konstruktion, die inhaltlich einen Widerrufsvorbehalt darstellt, überhaupt sinnvoll ist. Gerade wegen der früheren Entwicklung des Freiwilligkeitsvorbehaltes erscheint es daher sinnvoll – auch zur Vermeidung von Missverständnissen – nur noch den Widerrufsvorbehalt zu verwenden.

Die Meinung von *R.Krause*[729] ist abzulehnen, da eine Reduzierung auf einen geringeren festen Prozentsatz als den von manchen Autoren beim Widerrufsvorbehalt angenommenen, wie dort gezeigt, nicht überzeugend ist. Die dafür als Ausgleich erhaltenen geringen Voraussetzungen des Freiwilligkeitsvorbehaltes, also die grundlose Ausübung und die Verhinderung eines Rechtsanspruches, treffen hingegen nicht die Interessenlage bei variabler Vergütung aus Zielvereinbarungen. Denn auch bei dieser Teilmeinung wird dem separaten Synallagma, also der rechsnaturellen Gegenleistungsbeziehung variabler Vergütung aus Zielvereinbarungen, nicht Rechnung getragen. Auch die Teilmeinung von *Deich*[730], die von einem zulässigen Freiwilligkeitsvorbehalt ausgeht, wenn eine Honorierung der Betriebstreue gegeben ist, verkennt diese Grundkonstellation und ist daher abzulehnen.

---

726 Siehe Kapitel C. II.

727 *Bieder*, NZA 2007, 1135, 1139.

728 *BAG* vom 25.04.2007, 5 AZR 627/06, NZA 2007, 853; *BAG* vom 14.09. 2011, 10 AZR 526/10, NZA 2012, 81; *Bauer/Chwaliz*, ZfA 2007, 339, 342; Moll, MüAHB Arbeitsrecht – *Hexel*, § 25 , Rn. 17.

729 MüHB zum Arbeitsrecht – *R. Krause*, § 56, Rn. 11f.

730 *Deich*, Die rechtliche Beurteilung von Zielvereinbarungen im Arbeitsverhältnis 2004, S. 184ff.

Zusammenfassend kann also festgehalten werden, dass ein formularmäßiger Freiwilligkeitsvorbehalt hinsichtlich einer variablen Vergütung aus Zielvereinbarungen nur noch möglich ist, sofern er inhaltlich identisch zum Widerrufsvorbehalt verwendet wird. Damit ist der Freiwilligkeitsvorbehalt zwar noch möglich, allerdings erscheint seine Verwendung überflüssig und unpraktisch neben dem Widerrufsvorbehalt. Der Freiwilligkeitsvorbehalt ist also im Bereich variabler Vergütung aus Zielvereinbarungen abgelöst worden.

IV. Befristung

Das neueste als umfassende Flexibilisierungslösung im Bereich der variablen Vergütung aus Zielvereinbarungen diskutierte Instrument ist die Befristung der Rahmenregelung zur variablen Vergütung aus Zielvereinbarungen[731].

Dabei handelt es sich rechtsdogmatisch um die Befristung einzelner Arbeitsbedingungen. Diese ist nicht am Maßstab des TzBfG (dort vor allem § 14 TzBfG) zu kontrollieren, sondern unterfällt wie auch andere Vertragsklauseln der Inhaltskontrolle nach den §§ 305ff., 307 Abs. 1 BGB. Weitgehende Einigkeit besteht auch darüber, dass eine Befristung zur Erprobung des Zielvereinbarungssystems und auch auf Wunsch des Arbeitnehmers zulässig ist.[732]

Umstritten ist die Frage, inwieweit eine Befristung mit geringen Voraussetzungen, z.B. ohne Sachgrund oder die Einhaltung der Grenzen, die im Rahmen des Widerrufsvorbehaltes entwickelt wurden, zulässig ist[733].

---

731 *Schmiedl*, NZA 2006, S. 1195, 1197.; Klasen/Krebs/Michel/Weber, Personalmanagement und InstitutsVergV – *Klasen*, S. 117f.

732 Zum ganzen Abschnitt *BAG* vom 03.09.2003 – 7 AZR 106/03, NZA 2004, 255; *Annuß*, NZA 2007, S. 290, 292; *Bordet/Raif*, ArbRAktuell 2011, S. 607, 608; *Deich*, AuA 2004, S. 8, 10; *Hidalgo/Rid*, BB 2005, S. 2686, 2690; *Horcher*, BB 2007, S. 2065, 2069; *Leder*, RdA 2010, S. 93, 98; *Lembke*, NJW 2010, S. 321, 322; *A. Lindemann/Simon*, BB 2002, S. 1807, 1811; *Reinfelder*, NZA 2014, Beilage, S. 10, 14; *Reiserer*, NZA 2007, S. 1249, 1251; *Schramm/Naber*, NZA 2009, 1318, 1319; *Simon/Hidalgo/Koschker*, NZA 2012, S. 1071, 1075; *Willemsen/Grau* NZA 2005, S. 1137, 1140; *Willemsen/Jansen*, RdA 2010, S. 1, 5; *Zundel*, NJW 2013, S. 352, 356; Klasen/Krebs/Michel/Weber, Personalmanagement und InstitutsVergV – *Klasen*, S. 117; Beck-OK – *Bayreuther*, § 14 TzBfG, Rn. 148f.; Erfurter Kommentar – *Müller-Glöge*, § 3 TzBfG, Rn. 16; Erfurter Kommentar – *Preis*, § 611, Rn. 74; Moll, MüAHB Arbeitsrecht – *Hexel*, § 25 , Rn. 42ff.; MüHB zum Arbeitsrecht – *R. Krause*, § 56, Rn. 28, 29; Wolf/Lindacher/Pfeiffer, AGB-Recht – *Stoffels*, Anh. zu § 310, Rn. 135; *Deich*, Die rechtliche Beurteilung von Zielvereinbarungen im Arbeitsverhältnis 2004, S. 208ff.; *Heiden*, Entgeltrelevante Zielvereinbarungen 2007, S. 219ff.

733 Siehe Kapitel C. II.

1. Zulässigkeit der Befristung mit geringen Voraussetzungen

Einige Stimmen in der Literatur gehen davon aus, dass die Befristung einer Rahmenregelung nicht anders zu behandeln sei, als die Befristung einzelner Vertragsbestandteile[734]. Inhaltlich sei dabei die Angabe eines Befristungsgrundes nicht erforderlich, da der Befristungszeitraum kalendarisch bestimmbar sei[735]. Auch spreche vieles dafür, einen Gleichlauf zwischen der Befristung des gesamten Arbeitsverhältnisses und dessen einzelner Bestandteile herzustellen[736]. Eine sachgrundlose Befristung einer einzelnen Vertragsbedingung müsse daher möglich sein, denn sie dürfe nicht schwieriger sein, als die Befristung des gesamten Arbeitsverhältnisses[737].

Da zudem bei der Gesamtbefristung nicht einmal der Befristungsgrund ausgeführt werden müsse, sei bei der Teilbefristung ein solcher erst Recht nicht erforderlich. Die von der Rechtsprechung im Zusammenhang mit Widerrufsvorbehalten entwickelten Schwellenwerte seien zudem nicht auf die Befristung einzelner Vertragsbestandteile anwendbar. Die Befristung sei gegenüber dem Widerrufsvorbehalt das aus strukturellen Gründen schonendere Mittel, da ein Vertrauen auf die Fortgewährung gerade nicht begründet würde. Durch den festen Endtermin sei der Arbeitnehmer viel stärker gewarnt. Außerdem sei die 25%-Grenze nicht auf Hauptabreden wie Zielvereinbarungen oder jährliche Bonusprogramme übertragbar[738].[739]

Einige fordern, dass nur ein Sachgrund vorliegen müsse, nicht aber die Grundsätze aus dem Bereich des Widerrufsvorbehaltes übertragbar seien[740].

Anwendungsfälle einer solchen Befristung mit geringen Voraussetzungen seien vor allem eine „Startphase“ zur Einführung variabler Vergütung aus Zielvereinbarungen

---

734 *Annuß,* NZA 2007, S. 290, 292; *Leder,* RdA 2010, S. 93, 98; *Simon/Hidalgo/Koschker,* NZA 2012, S. 1071, 1075; *Riesenhuber/v. Steinau-Steinrück,* NZA 2005, S. 785, 792; *Willemsen/Grau* NZA 2005, S. 1137, 1140; *Zundel,* NJW 2013, S. 352, 356; Klasen/Krebs/Michel/Weber, Personalmanagement und InstitutsVergV – *Klasen,* S. 117; Preis, Der Arbeitsvertrag – *Preis/V. Lindemann,* II Z 5 Zielvereinbarungen, Rz. 22f.

735 Klasen/Krebs/Michel/Weber, Personalmanagement und InstitutsVergV – *Klasen,* S. 117.

736 *Simon/Hidalgo/Koschker,* NZA 2012, S. 1071, 1076.

737 *Lunk/Leder,* NZA 2008, 504, 507; *Simon/Hidalgo/Koschker,* NZA 2012, S. 1071, 1076; *Zundel,* NJW 2013, S. 352, 356.

738 Erfurter Kommentar – *Preis,* § 611, Rn. 76, der später dann zwar wieder von einer Anwendbarkeit der Schwelle spricht, damit aber wohl die Grundvergütung meint.

739 Zum ganzen Absatz *BAG* vom 03.09.2003 – 7 AZR 106/03, NZA 2004, 255; *Willemsen/Grau* NZA 2005, S. 1137, 1142; Klasen/Krebs/Michel/Weber, Personalmanagement und InstitutsVergV – *Klasen,* S. 118; Preis, Der Arbeitsvertrag – *Preis/V. Lindemann,* II Z 5 Zielvereinbarungen, Rz. 22f.; Preis, Der Arbeitsvertrag – *Preis,* II V 70 Vorbehalte und Teilbefristung, Rz. 84, 89.

740 *Bordet/Raif,* ArbRAktuell 2011, S. 607, 608; *Riesenhuber/v. Steinau-Steinrück,* NZA 2005, S. 785, 792; *Schmiedl,* NZA 2006, S. 1195, 1197; *Sievers,* NZA 2002, S. 1182, 1186; Preis, Der Arbeitsvertrag – *Preis/V. Lindemann,* II Z 5 Zielvereinbarungen, Rz. 22f.

oder eine Projekttätigkeit[741]. Auch der ausdrückliche Wunsch des Mitarbeiters wird genannt[742]. Gemeinsam ist diesen Meinungen der Programmsatz: „Sozialleistungen dürfen nicht versteinern, sonst werden sie nicht gewährt“[743]. Danach werden von diesen Meinungen umfangreiche Teilbefristungsmöglichkeiten zugelassen.

2. Übertragung einer Grenze von 25–30 %, wie beim Widerrufsvorbehalt

Daneben gibt es andere Autoren, die zusätzlich zum Vorliegen eines Sachgrundes noch fordern, dass der befristete Anteil an der Gesamtvergütung nicht 25–30 % der Gesamtvergütung übersteigen dürfe[744]. Damit würden also die vermeintlich fixen Grenzen aus dem Widerrufsvorbehalt unreflektiert auf die Befristung übertragen. Teilweise werden dabei sogar Widerruf und Befristung völlig einheitlich behandelt[745]. Dies sei im Rahmen der Interessenabwägung nach § 307 Abs. 1 S. 1 BGB geboten[746]. Denn bei einer Überschreitung der 25–30 % Grenze sei ein unangemessener Eingriff in den Kernbereich des Arbeitsverhältnisses gegeben[747]. Die Grenze von 25–30 % des Gesamtverdienstes für den variablen Vergütungsbestandteil sei stets einzuhalten[748]. Teilweise wird auch davon ausgegangen, dass bei der Befristung im Rahmen der Abwägung nach § 307 BGB noch schärfer, als beim Widerrufsvorbehalt zu kontrollieren sei, denn es sei keine Angabe des Grundes erforderlich[749].

---

741 *Annuß,* NZA 2007, S. 290, 292; *Simon/Hidalgo/Koschker,* NZA 2012, S. 1071, 1076; Klasen/Krebs/Michel/Weber, Personalmanagement und InstitutsVergV – *Klasen,* S. 118; Preis, Der Arbeitsvertrag – *Preis/V. Lindemann,* II Z 5 Zielvereinbarungen, Rz. 22f.

742 *A. Lindemann/Simon,* BB 2002, S. 1807, 1811; *Simon/Hidalgo/Koschker,* NZA 2012, S. 1071, 1076.

743 *Leder,* RdA 2010, S. 93, 98; *Hanau/Hromadka,* NZA 2005, 73, 78.

744 *Hidalgo/Rid,* BB 2005, S. 2686, 2690; *Horcher,* BB 2007, S. 2065, 2069; *Lembke,* NJW 2010, S. 321, 322; *Mauer,* NZA 2002, S. 540, 543; *Reiserer,* NZA 2007, S. 1249, 1251; *Reiserer,* NJW 2008, S. 609, 612; Beck-OK – *Bayreuther,* § 14 TzBfG, Rn. 150a; Moll, MüAHB Arbeitsrecht – *Hexel,* § 25 , Rn. 47.

745 *Mauer,* NZA 2002, S. 540, 543; *Reiserer,* NJW 2008, S. 609, 612.

746 *Hidalgo/Rid,* BB 2005, S. 2686, 2690; *Lembke,* NJW 2010, S. 321, 322; *Reiserer,* NZA 2007, S. 1249, 1251.

747 *Lembke,* NJW 2010, S. 321, 322; Moll, MüAHB Arbeitsrecht – *Hexel,* § 25 , Rn. 47.

748 *Reiserer,* NJW 2008, S. 609, 612.

749 *Reinfelder,* NZA 2014, Beilage, S. 10, 14.

3. Eingeschränkte Zulässigkeit der Befristung mit wechselnder Argumentation

Zwischen diesen beiden Polen bewegen sich auch hier wieder einige Zwischenmeinungen, die mehr oder weniger intensive Voraussetzungen für die Zulässigkeit der Befristung aufstellen[750].

Einige Autoren fordern eine höher anzusetzende Übertragung der Grenzen aus dem Widerrufsvorbehalt[751]. So geht *Deich* davon aus, dass die Möglichkeit mittels einer Befristung 50% der vereinbarten Zielprämie zu widerrufen, besteht[752]. *Lindemann/Simon* gehen davon aus, dass bei einem höheren befristeten Anteil der variablen Vergütung ein gewichtigerer Grund erforderlich sei und nennen eine Höchstgrenze von 30–40 %[753].

Einen anderen Weg wählen *R. Krause* und *Stoffels*, die zwar davon ausgehen, dass eine Parallele zu den Widerrufsvorbehalten zu ziehen sei, jedoch bei einer Befristung eine Überschreitung der 25%-Grenze zulässig sei[754]. Die Befristung der variablen Vergütung bewege sich zwischen der Befristung des gesamten Arbeitsverhältnisses auf der einen und dem Widerrufsvorbehalt auf der anderen Seite[755]. *R. Krause* schränkt diese Betrachtung auf Einzelbefristungen ein, da bei Kettenbefristungen eine dem Widerrufsvorbehalt vergleichbare Situation entstünde[756].

Die maßgebliche Begründung aller dieser Meinungen ist, dass bei einem klar erkennbaren Befristungsende der Arbeitnehmer weniger schutzbedürftig sei, als bei einem unabsehbaren Widerruf. Außerdem müsse ein deutlicher Unterschied zur Befristung des Arbeitsverhältnisses insgesamt eingehalten werden.[757]

Heiden schließlich geht von einer Interessenabwägung aus, die das rechtlich anerkannte Interesse des Arbeitnehmers dem begründeten und billigenswerten Interesse des Arbeitnehmers gegenüberstellt. Dabei sieht er die Grenze des Umfangs

---

750 *Deich,* AuA 2004, S. 8, 10; *A. Lindemann/Simon,* BB 2002, S. 1807, 1811; MüHB zum Arbeitsrecht – *R. Krause,* § 56, Rn. 28, 29; Wolf/Lindacher/Pfeiffer, AGB-Recht – *Stoffels,* Anh. zu § 310, Rn. 135; *Deich,* Die rechtliche Beurteilung von Zielvereinbarungen im Arbeitsverhältnis 2004, S. 208ff.; *Heiden,* Entgeltrelevante Zielvereinbarungen 2007, S. 219ff.

751 So *Deich,* AuA 2004, S. 8, 10; *A. Lindemann/Simon,* BB 2002, S. 1807, 1811.

752 So *Deich,* AuA 2004, S. 8, 10; *Deich,* Die rechtliche Beurteilung von Zielvereinbarungen im Arbeitsverhältnis 2004, S. 207ff.

753 *A. Lindemann/Simon,* BB 2002, S. 1807, 1811.

754 MüHB zum Arbeitsrecht – *R. Krause,* § 56, Rn. 28, 29; Wolf/Lindacher/Pfeiffer, AGB-Recht – *Stoffels,* Anh. zu § 310, Rn. 135.

755 MüHB zum Arbeitsrecht – *R. Krause,* § 56, Rn. 26.

756 MüHB zum Arbeitsrecht – *R. Krause,* § 56, Rn. 29.

757 Zum ganzen Absatz *Deich,* AuA 2004, S. 8, 10; *A. Lindemann/Simon,* BB 2002, S. 1807, 1811; MüHB zum Arbeitsrecht – *R. Krause,* § 56, Rn. 28, 29; Wolf/Lindacher/Pfeiffer, AGB-Recht – *Stoffels,* Anh. zu § 310, Rn. 135; *Deich,* Die rechtliche Beurteilung von Zielvereinbarungen im Arbeitsverhältnis 2004, S. 208ff.; *Heiden,* Entgeltrelevante Zielvereinbarungen 2007, S. 217ff.

der Befristung beim sittenmäßigen Minimum nach § 138 BGB und lehnt die Widerrufsgrenze von 25–30% ausdrücklich ab. Bei kollektivrechtlichen Regelungen in Betriebsvereinbarungen, Sprecherausschussvereinbarungen und Tarifverträgen ist nach *Heiden* sogar eine voraussetzungslose Befristung zulässig.[758]

4. Keine Übertragung fester Grenzwerte, aber Inhaltskontrolle, wie beim Widerrufsvorbehalt

Die Befristung von variabler Vergütung aus Zielvereinbarungen kann keine völlig unbegrenzte Variabilisierung bewirken, sondern ist vielmehr genau denselben Kontrollmaßstäben nach den §§ 242, 307 Abs. 1 BGB unterworfen, wie andere Klauseln auch. Sieht man einmal von dem damit verbundenen praktischen Problemen jedes Mal eine neue Regelung zu konstruieren ab, so überzeugt eine unbegrenzte Zulässigkeit ohne weitere Voraussetzungen nicht.

Richtig ist die gelegentlich zu findende Überlegung, dass es auch bei der Befristung auf die Stellung des Arbeitnehmers im Unternehmen, die Höhe der Grundvergütung und auch insgesamt die Schutzbedürftigkeit des Arbeitnehmers ankommt[759]. Denn wie bei der Inhaltskontrolle im Rahmen der anderen Variabilisierungselemente kommt es auch bei der Befristung auf eine Interessenabwägung an. Bei einer solchen Interessenabwägung feste Grenzwerte einzufügen, widerspricht der Natur einer Abwägung. Eine Abwägung vermag nämlich verschiedene Aspekte zu würdigen. Legte man das Ergebnis bereits im Vorhinein fest, so fiele diese Abwägung entgegen dem Gesetzeswortlaut aus. Deshalb ist auch hier nicht von einer festen Grenze von 25%–30% auszugehen, sondern eine an der Schutzbedürftigkeit des Arbeitnehmers orientierte Bewertung der Befristung im Rahmen der Kontrolle nach den §§ 242, 307 Abs. 1 BGB vorzunehmen. Dabei gelten grundsätzlich dieselben Maßstäbe, wie beim Widerrufsvorbehalt.

V. Stichtagsklauseln als Bindungsklauseln und Probezeitvereinbarungen

Schließlich ist noch auf weitere „klassische“ Flexibilisierungsmöglichkeiten einzugehen. Hierbei stehen die Bindungsklauseln in ihrer für variable Vergütung aus Zielvereinbarungen wichtigsten Form der „Stichtagsklausel“ im Vordergrund. Bei Rückzahlungs- oder „Clawback“-Klauseln handelt es sich ebenfalls um einen

758 Zum ganzen Abschnitt *Heiden*, Entgeltrelevante Zielvereinbarungen 2007, S. 219ff., 220 Fn. 1145; Näheres siehe auch in Kapitel D.

759 *Deich*, AuA 2004, S. 8, 10; *A. Lindemann/Simon*, BB 2002, S. 1807, 1811; *Simon/Hidalgo/Koschker*, NZA 2012, S. 1071, 1076; *Willemsen/Grau* NZA 2005, S. 1137, 1142; *Willemsen/Jansen*, RdA 2010, S. 1, 7; *Heiden*, Entgeltrelevante Zielvereinbarungen 2007, S. 217ff.

Unterfall der Bindungsklauseln[760]. Auf diese soll anschließend separat eingegangen werden, da dazu seit der Finanzkrise verstärkt neue Ansatzpunkte diskutiert werden[761]. Abschließend werden in diesem Abschnitt die Probezeitvereinbarungen hinsichtlich variabler Vergütung aus Zielvereinbarungen dargestellt. Gemeinsam ist diesen Instrumenten, dass sie die Zahlung der variablen Vergütung aus Zielvereinbarungen an eine zeitliche Komponente knüpfen. Allerdings unterscheiden sie sich in ihrer Wirkung und Zulässigkeit erheblich.

1. Stichtags- und Bindungsklauseln

Bindungsklauseln sehen allgemein für den Fall des Ausscheidens des Arbeitnehmers den Verfall von Lohnansprüchen oder die Rückzahlung von Lohn vor[762]. Dies ist grundsätzlich zulässig, wenn Arbeitsleistung und Betriebstreue honoriert werden sollen[763]. Besondere Bedeutung für variable Vergütung aus Zielvereinbarungen haben Bindungsklauseln in der Gestalt von Stichtagsklauseln[764]. Bei Stichtagsklauseln handelt es sich um Klauseln, die die Auszahlung der variablen Vergütung an das Bestehen des ungekündigten Arbeitsverhältnisses zu einem bestimmten Stichtag knüpfen[765]. Nachdem bereits der erste Senat des *BAG* in mehreren Entscheidungen die Zulässigkeit der Stichtagsklauseln im Bezug auf variable Vergütung aus Zielvereinbarungen verneint hatte[766], hat nunmehr – nach dem Vorsitzwechsel – der zehnte Senat seine ursprüngliche Sichtweise[767] geändert und hält Stichtagsklauseln nicht mehr für zulässig[768]. In den Entscheidungen des ersten Senates ging es jeweils um Stichtagsklauseln in Betriebsvereinbarungen zur variablen Vergütung aus Zielvereinbarungen zweier Banken und einer Grundbesitzinvestment-Gesellschaft in denen es hieß:

---

760 *Heiden*, RdA 2012, S. 225; diese sollen hier jedoch in einem eigenen Kapitel erörtert werden: siehe Kapitel C VI.

761 So etwa *Schuster* in Festschrift Bauer 2010, S. 973 ff. oder *Dzida/Naber*, BB 2011, S. 2613ff.

762 Moll, MüAHB Arbeitsrecht – *Hexel*, § 20, Rn. 110.

763 *Lembke* BB 2001, 1469, 1474; Moll, MüAHB Arbeitsrecht – *Hexel*, § 20, Rn. 110.

764 Erfurter Kommentar – *Preis*, § 310, Rn. 50; Moll, MüAHB Arbeitsrecht – *Hexel*, § 20, Rn. 110.

765 *Crisolli/Zaumseil* BB 2012, S. 1281, 1282; *Leder*, RdA 2010, S. 93, 98; *Mauer*, NZA 2002, S. 540, 545; *Riesenhuber/v. Steinau-Steinrück*, NZA 2005, S. 785, 790; Schaub, AR-HB – *Linck* § 77 , Rn. 23.

766 *BAG* vom 12.04.2011, 1 AZR 412/09, NZA 2011, S. 989; *BAG* vom 07.06.2011, 1 AZR 807/09, NZA 2011, S. 1234; *BAG* vom 05.07.2011, 1 AZR 94/10.

767 Vor allem *BAG* vom 28.03.2007, 10 AZR 261/06; *BAG* vom 06.05.2009, 10 AZR 443/08, NZA 2009, 783.

768 *BAG* vom 18.01.2012, 10 AZR 612/10, NZA 2012, 561; *BAG* vom 18.01.2012, 10 AZR 667/10, NZA 2012, S. 620, auch GWR 2012, 233, NJW-Spezial 2012, 274; *BAG* vom 18.01.2012, 10 AZR 670/10, NZA 2012, 499.

„Eine Ist-VE (d.h. erfolgsabhängige Vergütung) kommt nicht zur Auszahlung, wenn der Mitarbeiter unterjährig durch Kündigung ausscheidet oder bis zum Auszahlungstag das Arbeitsverhältnis gekündigt wird. Bei Austritt durch Erreichen der Altersgrenze oder Vorruhestand sowie bei Mutterschutz-/Erziehungsurlaub und Erwerbsunfähigkeit kommt die Ist-VE pro rata temporis zur Auszahlung."

„Die Bonusauszahlung steht grundsätzlich unter der Bedingung des Bestehens eines ungekündigten Anstellungsverhältnisses am Auszahlungstag. Ausgenommen von diesem Grundsatz sind solche Fälle, in denen das Arbeitsverhältnis aus betriebsbedingten Gründen beendet wird bzw. der tatsächliche Grund des Ausscheidens auf betriebsbedingten Gründen beruht, der Mitarbeiter aber eine Eigenkündigung vorzieht. In diesen Fällen erfolgt eine Leistungsbewertung rechtzeitig und ggf. unter Berücksichtigung der eingeschränkten Möglichkeiten des Mitarbeiters, die Leistungsbestandteile im vereinbarten Umfang zu erbringen. Die Festlegung der individuellen, anteiligen Bonushöhe sowie die Zahlung des Bonus erfolgt unmittelbar. Ebenfalls ausgenommen sind die Fälle, in denen das Anstellungsverhältnis aus folgenden Gründen beendet wird: Pensionierung, Vorruhe- und Wartestand, Erwerbsminderung, Tod." (Anmerkung: Identische Klausel bei der zweiten Bank und der Grundbesitz-Investmentgesellschaft)

In allen drei Fällen entschied der erste Senat des *BAG*, dass diese Stichtagsklauseln den Arbeitnehmer übermäßig in seiner durch Art. 12 Abs. 1 GG geschützten Berufsfreiheit beeinträchtigen und deswegen unwirksam seien.[769]

In den Entscheidungen des zehnten Senates des *BAG* ging es um die individuelle Zusage einer Leistungsvergütung, die Auszahlung einer leistungsabhängigen „Tantieme" und die Auszahlung von Weihnachtsgeld in entsprechenden Schreiben. Die betreffenden Klauseln lauteten:

„...wir freuen uns Ihnen mitteilen zu dürfen, dass wir Ihnen auf Grund Ihres Beitrages zum Erfolg unseres Unternehmens im Geschäftsjahr 2004 eine freiwillige einmalige Sonderzahlung in Höhe von EUR 15.300,00 brutto zahlen werden. Wir weisen darauf hin, dass die Sonderzahlung stets unter dem Widerspruchsvorbehalt steht und eine etwaige wiederholte Zahlung keinen Rechtsanspruch auf zukünftige Zahlung begründet. Neben der vorgenannten Sonderzahlung möchten wir Ihnen mitteilen, dass wir für den Fall, dass das mit Ihnen bestehende Arbeitsverhältnis am 15. April 2008 ungekündigt fortbesteht, Ihnen eine Gratifikation in Höhe von EUR 15.300,00 brutto zur Honorierung der Betriebszugehörigkeit zahlen werden."

„Wir zahlen unseren außertariflich besoldeten Mitarbeitern eine Abschlussvergütung, deren Höhe in unserem Ermessen liegt. Sie kommt nur zur Auszahlung, wenn die C AG ihren Aktionären eine Dividende ausschüttet und Sie sich zum Zeitpunkt der Fälligkeit im ungekündigten Dienstverhältnis befinden."

769 Zum ganzen Abschnitt *BAG* vom 12.04.2011, 1 AZR 412/09, NZA 2011, S. 989; *BAG* vom 07.06.2011, 1 AZR 807/09, NZA 2011, S. 1234; *BAG* vom 05.07.2011, 1 AZR 94/10.

„Der Angestellte erhält mit der Vergütung nach Abs. 1 jeweils für den Monat November eine Weihnachtsgratifikation... Der Anspruch auf Gratifikation ist ausgeschlossen, wenn sich das Anstellungsverhältnis im Zeitpunkt der Auszahlung in gekündigtem Zustand befindet.“

Hierzu entschied der zehnte Senat des *BAG* in den vom gleichen Tag datierenden Entscheidungen, dass die hier zur Beurteilung stehenden Stichtagsklauseln der Inhaltskontrolle nach § 307 BGB nicht standhalten, wenn sie eine Leistung betreffen, für die der Arbeitnehmer bereits Arbeitsleistungen erbracht hat. Eine Sonderzahlung, die jedenfalls auch eine Vergütung für bereits erbrachte Arbeitsleistung darstellt, könne nicht vom ungekündigten Bestand des Arbeitsverhältnisses zu einem Zeitpunkt außerhalb des Bezugszeitraums, in dem die Arbeitsleistung erbracht wurde, abhängig gemacht werden. Es benachteiligt den Arbeitnehmer regelmäßig unangemessen, die Zusage einer Erfolgsvergütung an das Bestehen eines ungekündigten Dienstverhältnisses zum Zeitpunkt der Fälligkeit zu knüpfen, weil entstandene Ansprüche auf Arbeitsentgelt nicht durch eine Stichtagsklausel nach Ablauf des Leistungszeitraums wieder entzogen werden können. Er merkte hinsichtlich des Weihnachtsgeldes auch an, dass nur, wenn eine Sonderzuwendung nicht der Vergütung geleisteter Arbeit dient und an den Bestand des Arbeitsverhältnisses anknüpft, keine unangemessene Benachteiligung gemäß § 307 BGB entsteht, wenn der ungekündigte Bestand des Arbeitsverhältnisses zum Auszahlungstag als Anspruchsvoraussetzung bestimmt wird. Umgekehrt ist also bei der Anknüpfung an die geleistete Arbeit keine Stichtagsklausel möglich.[770]

Dem Streit zwischen den Senaten lag dabei die grundsätzliche Einschätzung der Rechtsnatur variabler Vergütung aus Zielvereinbarungen zugrunde, und auch heute noch bestehen in der Literatur unterschiedliche Auffassungen hinsichtlich der Zulässigkeit von Stichtagsklauseln. Wie groß die Unsicherheit in diesem Bereich der Variabilisierung ist, kann man auch daran sehen, dass einige Autoren das Thema zwar besprechen, sich jedoch zu keiner Position ausdrücklich bekennen[771]. Inhaltlich identisch werden als „Rückforderungsklauseln“ bezeichnete Konstruktionen behandelt, die eine Bindung für bestimmte Zeiträume bewirken sollen und ebenfalls an das Ausscheiden des Arbeitnehmers anknüpfen[772]. Diese sind jedoch nicht identisch mit

770 Zum ganzen Abschnitt *BAG* vom 18.01.2012, 10 AZR 612/10, NZA 2012, 561; *BAG* vom 18.01.2012, 10 AZR 667/10, NZA 2012, S. 620, auch GWR 2012, 233, NJW-Spezial 2012, 274; *BAG* vom 18.01.2012, 10 AZR 670/10, NZA 2012, 499.

771 *Albicker,* AuA 2012, S. 20, 21; *Annuß,* NZA 2007, S. 290, 294; *Grobys,* NJW-Spezial 2004, S. 177; *Pelzer,* L+G 2012, S. 58, 59; *Reinecke,* BB 2008, S. 554, 555; Klasen/Krebs/Michel/Weber, Personalmanagement und InstitutsVergV – *Klasen,* S. 91, 132f.

772 *BAG* vom 19.03.1980, 5 AZR 362/78; *BAG* vom 24.10.2007, NZA 2008, 40; *BAG* vom 18.03.2008, 9 AZR 186/07; *BAG* vom 18.11.2008, 3 AZR 192/07; *Annuß,* NZA 2007, S. 290, 294; *Dzida/Naber,* BB 2011, S. 2613, 2616; *Heiden,* RdA 2012, S. 225, 231; *König,* NZA-RR 2012, S. 449, 451; *Leder,* RdA 2010, S. 93, 98f.; *Lembke,* NJW 2010, S. 321, 323; *Lingemann/Gotham,* NZA 2008, 509; *Mauer,* NZA 2002, S. 540, 546; *Otto/Walk,* BB 2010, S. 373, 377; *Reiserer/Fallenstein,* DStR 2011, S. 1572, 1573; *Salomon,*

den „Rückforderungsklauseln“, die einen „Clawback“ erfassen[773]. Nunmehr sollen die verschiedenen Auffassungen zur Zulässigkeit von Stichtagsklauseln dargestellt werden.

a) Zulässigkeit von begrenzten Stichtagsklauseln

Eine große Anzahl von Autoren geht davon aus, dass Stichtagsklauseln bei variabler Vergütung aus Zielvereinbarungen dann zulässig sind, wenn ein bestimmter Rahmen eingehalten wird oder nur bestimmte Teile der variablen Vergütung betroffen sind[774]. Dieser Sichtweise liegt die Annahme zugrunde, es handele sich bei der variablen Vergütung aus Zielvereinbarungen um eine sog. „Sonderzahlung mit Mischcharakter“[775]. Dieser Mischcharakter ergebe sich aus der zulässigen Kombination von Vergütungszweck und Betriebstreuehonorierung[776].

Es handele sich nach Auffassung vieler bei Boni um Vergütungsbestandteile mit unsicherer Werthaltigkeit, die nur dann den Arbeitnehmer nicht unangemessen benachteiligen, wenn die Sonderzahlung weniger als 25 % der Gesamtvergütung ausmache[777].

Teilweise wird an dieser Stelle sogar angenommen, dass *BAG* habe eine allgemeine Flexibilisierungsgrenze von 25 % entwickelt, denn bei Überschreiten dieser

---

NZA 2010, S. 314, 316; *Simon/Hidalgo/Koschker*, NZA 2012, S. 1071, 1075; *Zundel*, NJW 2013, S. 352, 355; so etwa in BeckOK – Joussen, § 611 BGB, Rn. 201ff; Moll, MüAHB Arbeitsrecht – *Hexel*, § 20 , Rn. 81; *Heiden*, Entgeltrelevante Zielvereinbarungen 2007, S. 344ff.; *Mohnke*, Zielvereinbarungen im Arbeitsverhältnis 2006, S. 358ff.; siehe auch Erfurter Kommentar – *Preis*, § 611 BGB, Rn. 436ff. m.w.N.

773 Siehe dazu das folgende Kapitel C. VI.

774 *Bordet/Raif*, ArbRAktuell 2011, S. 607, 609; *Leder*, RdA 2010, S. 93, 98f.; *Lembke*, NJW 2010, S. 321, 323ff.; *Lingemann/Gotham*, NZA 2008, S. 509, 511f; *Otto/Walk*, BB 2010, S. 373, 378; *Reiserer/Fallenstein*, DStR 2011, S. 1572ff., 1576; *Riesenhuber/v. Steinau-Steinrück*, NZA 2005, S. 785, 790; *Salomon*, NZA 2010, S. 314, 316f.; *Simon/Hidalgo/Koschker*, NZA 2012, S. 1071, 1074f; *Mohnke*, Zielvereinbarungen im Arbeitsverhältnis 2006, S. 358ff.; Schaub, AR-HB – *Linck* § 77 , Rn. 23.

775 *BAG* vom 28.03.2007, 10 AZR 261/06; *BAG* vom 06.05.2009, 10 AZR 443/08, NZA 2009, 783; *Bordet/Raif*, ArbRAktuell 2011, S. 607, 609; *Otto/Walk*, BB 2010, S. 373, 378; *Reiserer/Fallenstein*, DStR 2011, S. 1572, 1575; *Salomon*, NZA 2010, S. 314, 316; *Mohnke*, Zielvereinbarungen im Arbeitsverhältnis 2006, S. 358ff, 361f.

776 *Bordet/Raif*, ArbRAktuell 2011, S. 607, 609; *Leder*, RdA 2010, S. 93, 98f.; *Lembke*, NJW 2010, S. 321, 323ff.; *Lingemann/Gotham*, NZA 2008, S. 509, 511f; *Otto/Walk*, BB 2010, S. 373, 378; *Reiserer/Fallenstein*, DStR 2011, S. 1572ff., 1576; *Salomon*, NZA 2010, S. 314, 316f.; *Mohnke*, Zielvereinbarungen im Arbeitsverhältnis 2006, S. 358ff.; Schaub, AR-HB – *Linck* § 77 , Rn. 23.

777 *Leder*, RdA 2010, S. 93, 98; *Lembke*, NJW 2010, S. 321, 324; *Lingemann/Gotham*, NZA 2008, S. 509, 511; *Otto/Walk*, BB 2010, S. 373, 378; *Reiserer/Fallenstein*, DStR 2011, S. 1572, 1575; *Salomon*, NZA 2010, S. 314, 317; *Simon/Hidalgo/Koschker*, NZA 2012, S. 1071, 1075.

prozentualen Grenze trete die Betriebstreuehonorierung hinter die Einordnung als Entgeltleistung für erbrachte Leistungen zurück[778].

Ferner soll nach Auffassung einiger Autoren zusätzlich der Wegfall der Entgeltleistung ausscheiden, wenn der Grund allein in die Risikosphäre des Arbeitgebers fällt[779].

Andere Autoren differenzieren zusätzlich danach, um welche Ziele es bei der jeweiligen Vergütung ggf. auch anteilig geht und gehen davon aus, dass bei unternehmensbezogenen Zielen stets eine Stichtagsklausel möglich sei, während bei persönlichen Zielen eine Betriebstreuehonorierung erforderlich sei[780].

Simon, Hidalgo und *Koschker* sowie *Salomon* differenzieren nach der zeitlichen Bindung im Bezugszeitraum und darüber hinaus[781]. Eine zeitliche Bindung im Bezugszeitraum sei bei der Vereinbarung von Jahreszielen zulässig, denn ein von Jahreszielen abhängiger Bonus entziehe gerade kein bereits verdientes Entgelt, denn dieses werde eben nicht anteilig monatlich erworben, sondern jährlich[782]. Bei einer zeitlich über den Bezugszeitraum hinausgehenden Stichtagsfestsetzung sei hingegen die Einhaltung der 25%-Grenze alleinige Voraussetzung[783].

Schließlich kritisieren einige Autoren die Entscheidungen der neueren Rechtsprechung scharf und stellen darauf ab, dass gerade bei der variablen Vergütung auch eine intensive Bindung des Arbeitnehmers an das Unternehmen gewollt ist. Gerade in Zeiten des Fachkräftemangels sei diese Bindung legitim und ihrerseits durch Art. 12 GG verfassungsrechtlich geschützt. Zudem würde dem Arbeitnehmer gerade keine bereits erworbene Vergütung entzogen, denn diese sei, solange die Betriebstreue nicht gegeben sei, noch nicht verdient. Zudem sei die Ansicht des *BAG* vor dem Hintergrund der Institutsvergütungsverordnung nicht nachvollziehbar, denn in deren Anwendungsbereich müssten Vergütungssysteme gerade auf Nachhaltigkeit ausgerichtet sein. Dies werde durch die Bindung mittels Stichtagsklauseln erreicht und es sei nicht nachvollziehbar, warum dieser Gedanke nicht auch außerhalb des Anwendungsbereiches der InstVergV gelten solle.[784]

---

778 *Lingemann/Gotham,* NZA 2008, S. 509, 511; *Salomon,* NZA 2010, S. 314, 317.

779 *Lembke,* NJW 2010, S. 321, 324; *Otto/Walk,* BB 2010, S. 373, 378.

780 *Bordet/Raif,* ArbRAktuell 2011, S. 607, 609; *Riesenhuber/v. Steinau-Steinrück,* NZA 2005, S. 785, 790; *Mohnke,* Zielvereinbarungen im Arbeitsverhältnis 2006, S. 365.

781 *Salomon,* NZA 2013, 590, 596; *Simon/Hidalgo/Koschker,* NZA 2012, S. 1071, 1074.

782 *Salomon,* NZA 2013, 590, 596; *Simon/Hidalgo/Koschker,* NZA 2012, S. 1071, 1074 unter Berufung auf *BAG* vom 18.01.2012, 10 AZR 667/10, NZA 2012, S. 620, auch GWR 2012, 233, NJW-Spezial 2012, 274; a.A. *BAG* vom 12.04.2011, 1 AZR 412/09, NZA 2011, S. 989.

783 *Simon/Hidalgo/Koschker,* NZA 2012, S. 1071, 1075.

784 Zum ganzen Abschnitt *Crisolli/Zaumseil* BB 2012, S. 1281, 1282; *Grau/Sittard,* BB 2011, S. 2811, 2815; zur InstVergV siehe auch Kapitel B. III.

b) *Unzulässigkeit von Stichtagsklauseln*

Demgegenüber lehnen viele im Anschluss an die neuen Entscheidungen des *BAG* die Zulässigkeit von Stichtagsklauseln bei variabler Vergütung aus Zielvereinbarungen ab[785]. Die wesentliche Begründung und allen Autoren gemeine Ablehnung von Stichtagsklauseln liegt in der Auffassung, dass es sich bei der variablen Vergütung aus Zielvereinbarungen um bereits erdientes Entgelt handele[786]. Durch die Stichtagsklausel würde in die durch Art. 12 GG geschützte Berufsfreiheit und die ebenfalls umfasste Arbeitsplatzwahlfreiheit eingegriffen[787]. Sie stelle eine unzulässige Kündigungserschwerung und damit zudem einen Verstoß gegen § 622 Abs. 6 BGB dar, der zur Nichtigkeit der Verfall- und Rückzahlungsklausel nach § 134 BGB führe[788]. Die Vereinbarung, dass eine variable Vergütung bei Eigenkündigung des Arbeitnehmers ganz entfallen soll sei, sittenwidrig, da sie eine unangemessene Beschränkung des Kündigungsrechtes darstelle[789]. Es sei auch unerheblich, aus welchen Gründen das

785 *BAG* vom 13.11.2013, 10 AZR 848/12, NZA 2014, 368; *BAG* vom 18.01.2012, 10 AZR 612/10, NZA 2012, 561; *BAG* vom 18.01.2012, 10 AZR 667/10, NZA 2012, S. 620, auch GWR 2012, 233, NJW-Spezial 2012, 274; *BAG* vom 18.01.2012, 10 AZR 670/10, NZA 2012, 499ff.; *BAG* vom 12.04.2011, 1 AZR 412/09, NZA 2011, S. 989; *BAG* vom 07.06.2011, 1 AZR 807/09, NZA 2011, S. 1234; *BAG* vom 05.07.2011, 1 AZR 94/10; *Ceruti*, DB 2014, S. 2167ff.; *Deich*, AuA 2004, S. 8, 11; *Hidalgo/Rid*, BB 2005, S. 2686, 2690; *Horcher*, BB 2007, S. 2065, 2067; *König*, NZA-RR 2012, S. 449, 451; *A. Lindemann/Simon*, BB 2002, S. 1807, 1813; *C. Lindemann*, ArbRA 2012, 446ff.; *Mauer*, NZA 2002, S. 540, 545; *Reinfelder*, NZA 2014, Beilage, S. 10, 13f.; *Reiserer*, NJW 2008, S. 609, 612; *Deich*, Die rechtliche Beurteilung von Zielvereinbarungen im Arbeitsverhältnis 2004, S. 222ff.; Preis, Der Arbeitsvertrag – *Preis/V. Lindemann*, II Z 5 Zielvereinbarungen, Rz. 29.

786 *BAG* vom 13.11.2013, 10 AZR 848/12, NZA 2014, 368; *BAG* vom 18.01.2012, 10 AZR 612/10, NZA 2012, 561; *BAG* vom 18.01.2012, 10 AZR 667/10, NZA 2012, S. 620, auch GWR 2012, 233, NJW-Spezial 2012, 274; *BAG* vom 18.01.2012, 10 AZR 670/10, NZA 2012, 499ff.; *BAG* vom 12.04.2011, 1 AZR 412/09, NZA 2011, S. 989; *BAG* vom 07.06.2011, 1 AZR 807/09, NZA 2011, S. 1234; *BAG* vom 05.07.2011, 1 AZR 94/10; *Ceruti*, DB 2014, S. 2167ff.; *Deich*, AuA 2004, S. 8, 11; *Hidalgo/Rid*, BB 2005, S. 2686, 2690; *Horcher*, BB 2007, S. 2065, 2067; *König*, NZA-RR 2012, S. 449, 451; *A. Lindemann/Simon*, BB 2002, S. 1807, 1813; *Mauer*, NZA 2002, S. 540, 545; *Reiserer*, NJW 2008, S. 609, 612; *Deich*, Die rechtliche Beurteilung von Zielvereinbarungen im Arbeitsverhältnis 2004, S. 222ff.; Preis, Der Arbeitsvertrag – *Preis/V. Lindemann*, II Z 5 Zielvereinbarungen, Rz. 29.

787 *König*, NZA-RR 2012, S. 449, 451.

788 *Hidalgo/Rid*, BB 2005, S. 2686, 2690; *A. Lindemann/Simon*, BB 2002, S. 1807, 1813; *Reiserer*, NJW 2008, S. 609, 612; *Deich*, Die rechtliche Beurteilung von Zielvereinbarungen im Arbeitsverhältnis 2004, S. 224.

789 *Mauer*, NZA 2002, S. 540, 545.

Arbeitsverhältnis beendet worden ist, denn eine Bemühung um die Zielerreichung sei zumindest anteilig gegeben[790].

Einige machen die Unwirksamkeit auch an § 307 Abs. 1 BGB, wegen einer unangemessenen Benachteiligung, fest und bringen inhaltlich dieselben Argumente vor[791].

c) Eingeschränkte Zulässigkeit von Stichtagsklauseln

Wie üblich gibt es auch hier andere Sichtweisen zwischen den beiden Extremmeinungen. *Köhler* und *Bausewein* gehen wenig überzeugend davon aus, dass individualvertragliche Stichtagsklauseln stets zulässig seien, lediglich formularmäßige und in Betriebsvereinbarungen verankerte Klauseln seien eine unzulässige Benachteiligung entgegen § 307 Abs. 1 BGB, Art. 12 GG[792].

Auch *Heiden* vertritt hier einen Ansatz, der von einer umfassenden inhaltlichen Kontrolle der Stichtagsklausel entweder nach § 307 BGB bei allgemeinen Geschäftsbedingungen oder nach § 242 BGB bei Individualklauseln ausgeht. Dabei lehnt er ausdrücklich die „überkommene" dogmatische Differenzierung zwischen laufendem Entgelt und Sondervergütungen bzw. Sonderzahlungen ab. Eine Unterscheidung sei, trotz der Legaldefinition in § 4a EFZG nicht sinnvoll möglich, denn die nicht einheitliche Rechtsprechung lasse keine Zuordnung von immer ausdifferenzierteren Vergütungsinstrumenten zu. Zudem gebe es keine Rechtfertigung für eine unterschiedliche Behandlung von Sonderzahlungen und laufendem Entgelt. Es könne nicht davon ausgegangen werden, dass der Arbeitnehmer Entgeltbestandteile mit besonderer Fälligkeit, also Jahressonderzahlungen, nicht in seine Finanzplanung miteinbeziehe, womit dem Arbeitgeber auch kein größeres Flexibilisierungsinteresse bei Sonderzahlungen zuzubilligen sei. Im Übrigen sei auch wegen der fehlenden Rechtssicherheit bei Sonderzahlungen eine einheitliche Bewertung geboten. Deshalb plädiert er für eine Inhaltskontrolle unabhängig vom Sonderzahlungscharakter. Dabei greift er jedoch später wieder auf die „im eigenständigen Austauschverhältnis stehende Leistungsabrede" zurück, die als eine von mehreren Austauschbeziehungen innerhalb eines Vertragsverhältnisses bestehen könne. Allerdings bestreitet er sodann in einer Fußnote den synallagmatischen Charakter dieser Austauschbeziehung.[793]

---

790 *Deich,* Die rechtliche Beurteilung von Zielvereinbarungen im Arbeitsverhältnis 2004, S. 224.

791 *Horcher,* BB 2007, S. 2065, 2067; *Löw/Kunz* AuA 2012, S. 103, 105; Preis, Der Arbeitsvertrag – *Preis/V. Lindemann,* II Z 5 Zielvereinbarungen, Rz. 29.

792 *Köhler/Bausewein,* DB 2012, S. 59ff.

793 Zum ganzen Abschnitt *Heiden,* RdA 2012, S. 225ff; *Heiden,* Entgeltrelevante Zielvereinbarungen 2007, S. 336ff.

d) *Proportionalitätsbewertung führt zur Unzulässigkeit von Stichtagsklauseln*

Zunächst einmal ist festzustellen, dass die Differenzierung danach, ob laufendes Entgelt, eine Sonderzahlung, oder eine Sonderzahlung mit Mischcharakter vorliegt, gerade im Bereich der Stichtagsklauseln durch die Rechtsentwicklung überholt ist. Denn mit der Rechtsprechungsänderung durch den 10. Senat des *BAG* entfällt die Möglichkeit der Betriebstreuehonorierung bei Sonderzahlungen mit Mischcharakter, denn der alleinige Entgeltcharakter setzt sich für die Bewertung gegenüber anderen denkbaren Zwecken durch. Hinzu kommt, dass die AGB-Kontrolle seit der Schuldrechtsreform weitgehend Einzug in die arbeitsrechtliche Klauselkontrolle gehalten hat und damit einen einheitlichen Maßstab zur Bewertung von arbeitsvertraglichen Flexibilisierungsklauseln wie der Stichtagsklausel vorgibt[794].

Der Meinung von *Heiden* ist insoweit zuzustimmen, als er davon ausgeht, dass eine nur auf Stichtagsklauseln bezogene Bewertung von Flexibilisierungsklauseln nicht sinnvoll erscheint und in diesem Bereich eine Vereinheitlichung der Maßstäbe anzustreben ist. Die im Bereich der Flexibilisierungsklauseln vorherrschenden Einzelklauselentscheidungen erscheinen gerade durch die Einführung eines einheitlichen Kontrollmaßstabes in den §§ 305 ff. BGB überholt. Der Maßstab der §§ 305 ff. BGB, insbesondere § 307 BGB bietet die Basis zur Entwicklung von an festen Parametern orientierten Interessenabwägungen, die eine sachgerechte Bewertung der Klauseln im Einzelfall ermöglichen. Wie bereits bei den Freiwilligkeits- und Widerrufsvorbehalten gezeigt, sind dabei die Rechtsnatur der betroffenen Vergütungsleistung, die Stellung des Arbeitnehmers im Unternehmen, damit verbunden seine Schutzbedürftigkeit und die Intensität des Vertrauens in die Leistung sowie das Berücksichtigen eventueller Pflichtverletzungen seitens des Arbeitnehmers in die Bewertung der Klauseln miteinzubeziehen. Dabei kann man keinesfalls, wie *Heiden* es tut, Sonderzahlungen, variable Vergütung aus Zielvereinbarungen und laufendes Entgelt gleich behandeln. Gerade die Tatsache, dass es sich bei variabler Vergütung aus Zielvereinbarungen um eine separate synallagmatische Entgeltleistung handelt, zeigt deutlich die Differenzen zu dieser völlig vereinheitlichenden Auffassung[795]. Zwar mag es richtig sein, dass ein Arbeitnehmer die neben dem laufenden Entgelt existenten Zahlungen in seine Finanzplanung miteinbezieht. Gerade wenn es sich um variable Vergütungsbestandteile handelt, weiß er jedoch von vorneherein um die unsichere Höhe dieser Bestandteile, womit seine Schutzbedürftigkeit geringer zu bewerten ist. Deshalb ist die von *Heiden* pauschal getroffene Aussage, dass keine geringere Schutzwürdigkeit von Sonderzahlungen gegeben sei, nicht zu teilen. Hinzu kommt, was auch die Insitutsvergütungsverordnung und die übrige Bankenaufsichtsänderung zeigt, dass die Stellung des Mitarbeiters und eventuelle Pflichtverletzungen durch Risikoträger und

794 Siehe nur Erfurter Kommentar – *Preis*, § 305ff. BGB, m.w.N.; siehe auch Kapitel B. IV. und Kapitel C. II.

795 Siehe Kapitel B. IV.

Führungskräfte ein gesteigertes Arbeitgeberinteresse an einer Flexibilisierung bewirkt. Auch dieser Umstand verändert die Bewertung der Schutzwürdigkeit. Hier einfach eine undifferenzierte Inhaltskontrolle durchzuführen erscheint, nicht sachgerecht.

Damit ist auch die Übertragung einer fixen Grenze von 25 %, die wie bereits beim Widerrufsvorbehalt gezeigt wurde[796], zweifelhaft ist, abzulehnen. Diese pauschale Einordnung erlaubt keine angemessene Bewertung der Frage der Zulässigkeit einer derartigen Stichtagsklausel, da sie wesentliche Elemente im separaten Synallagma und im gesamten Arbeitsverhältnis vereinfachend außer Betracht lässt. Auch zeigt die Regelung in § 25a Abs. 5 KWG[797], dass eine Grenze von 25 % vom Gesetzgeber nicht beabsichtigt ist, sondern vielmehr ein höherer Anteil von im Bankbereich 50–67% der Gesamtvergütung und in anderen Bereichen auch höherer Anteile möglich sein muss.

Somit ist zusammenfassend festzuhalten, dass auch im Bereich der Bindungs- und Stichtagsklauseln ein einheitlicher Maßstab der AGB-Kontrolle nach §§ 305ff. BGB anzuwenden ist, der die Stellung des Arbeitnehmers im Unternehmen, eventuelle Risikoelemente in seiner Tätigkeit, Pflichtverletzungen und seine allgemeine Schutzbedürftigkeit, sowie sein Vertrauen in die Leistung berücksichtigen muss. Nimmt man diese Bewertung nun vor, so ist bei einer Stichtagsklausel das in §§ 242, 622 Abs. 6 BGB, Art. 12 Abs.1 GG zum Ausdruck kommende besondere Interesse des Arbeitnehmers an der freien Wahl des Berufes, unabhängig von Kündigungserschwerungen zu berücksichtigen. Dieses Interesse ist nicht mit dem Interesse des Arbeitgebers an der Honorierung der Betriebstreue aufzuwiegen. Allerdings besteht möglicherweise ein überwiegendes und damit rechtfertigendes Element beim besonderen Interesse des Arbeitgebers an der Stabilität des Unternehmens und bei besonders herausgehobener Führungsposition des Arbeitnehmers, risikogesteigerter Tätigkeit und/oder besonders hoher Grundvergütung. Diese Umstände sind geeignet, eine Kündigungserschwernis zulasten des Arbeitnehmers zu rechtfertigen, was auch durch die Regelungen der Vergütungsverordnungen bestätigt wird. Somit haben in diesem eng umgrenzten Feld Stichtagsklauseln einen verbleibenden Anwendungsbereich, denn dort überwiegt das Flexibilisierungs- und Stabilitätsinteresse des Arbeitgebers.

2. Probezeitvereinbarungen

Denkbar sind auch Probezeitvereinbarungen zu variabler Vergütung aus Zielvereinbarungen, die regeln, dass die variable Vergütung nur während einer Erprobungsperiode gezahlt wird oder erst nach einer Wartezeit aufgenommen wird[798].

---

796 Siehe Kapitel C. II.

797 Siehe Kapitel B III.

798 *Annuß,* NZA 2007, S. 290, 294; *Bordet/Raif,* ArbRAktuell 2011, S. 607, 609; *Deich,* AuA 2004, S. 8, 12; *Mauer,* NZA 2002, S. 540, 546; *Reiserer,* NJW 2008, S. 609, 612 Klasen/Krebs/Michel/Weber, Personalmanagement und InstitutsVergV – *Klasen,* S. 91, 133; Preis, Der Arbeitsvertrag – *Preis/V. Lindemann,* II Z 5 Zielvereinbarungen,

Nach allgemeiner Meinung ist die Vereinbarung solcher Probe- und Wartezeiten, in denen noch nicht oder erst nach deren Ablauf an dem System variabler Vergütungen aus Zielvereinbarungen teilgenommen wird, möglich und zulässig[799]. Dabei gilt nach hier vertretener Auffassung ebenfalls derselbe Prüfungsmaßstab zur Kontrolle von Variabilisierungsklauseln bei Zielvereinbarungsvergütung, der aber wegen des geringen Interesses des Arbeitnehmers weniger Ausführungen und Anforderungen an das Flexibilisierungs- und Stabilitätsinteresse des Arbeitgebers stellt.

3. Zusammenfassung

Auch bei Stichtags- und Probezeitklauseln gilt der allgemeine Prüfungsmaßstab zur Kontrolle von Variabilisierungsklauseln für variable Vergütung aus Zielvereinbarungen im Rahmen der Kontrolle nach den §§ 242, 307 Abs. 1 BGB. Dabei sind Probezeitklauseln stets zulässig, während bei Stichtagsklauseln hohe Anforderungen an das Flexibilisierungs- und Stabilitätsinteresse des Arbeitgebers zu stellen sind. Diese sind nur gegeben, wenn es sich um einen führenden Arbeitnehmer in einer besonderen Risikotätigkeit mit hohem Fixgehalt und großem Einfluss auf die Stabilität des Unternehmens handelt. In allen andern Fällen sind Stichtagsklauseln hingegen wegen einer unzulässigen Kündigungserschwerung entgegen den §§ 134, 242, 307 Abs. 1, 622 Abs. 6 BGB, Art. 12 Abs. 1 GG unwirksam.

VI. „Clawback" – und Rückforderungsgestaltungen

Wie bereits erwähnt, sollen nun die seit der Finanzkrise verstärkt in den Fokus geratenen „Clawback"- und Rückforderungsklauseln, als besonderer Unterfall der Bindungsklauseln, besprochen werden. Bei den sog. „Clawback"- oder Rückforderungsgestaltungen ist zunächst der Begriff der „Clawback"-Klausel zu definieren und die Rückforderungsklausel von der Stichtagsklausel abzugrenzen. Auch soll eine kurze Abgrenzung zur Rückforderung bei Fort- und Ausbildungskosten vorgenommen werden. Sodann ist auf die widerstreitenden Sichtweisen zur Zulässigkeit von „Clawback"- und Rückforderungsklauseln einzugehen.

Rz. 24; *Deich,* Die rechtliche Beurteilung von Zielvereinbarungen im Arbeitsverhältnis 2004, S. 227f.

799 *Annuß,* NZA 2007, S. 290, 294; *Bordet/Raif,* ArbRAktuell 2011, S. 607, 609; *Deich,* AuA 2004, S. 8, 12; *Mauer,* NZA 2002, S. 540, 546; *Reiserer,* NJW 2008, S. 609, 612; Klasen/Krebs/Michel/Weber, Personalmanagement und InstitutsVergV – *Klasen,* S. 91, 133; Preis, Der Arbeitsvertrag – *Preis/V. Lindemann,* II Z 5 Zielvereinbarungen, Rz. 24; *Deich,* Die rechtliche Beurteilung von Zielvereinbarungen im Arbeitsverhältnis 2004, S. 227f.

1. Begriffliche Einordnung von „Clawback"- und Rückforderungsklauseln

Der Begriff des „Clawbacks" stammt aus dem Englischen und bedeutet „Rückforderung"[800]. Im Zusammenhang mit Bonuszahlungen wird er für die Rückforderung bereits ausgezahlter Bonus- oder sonstiger leistungsabhängiger Vergütungselemente verwendet[801]. Dabei gehen die US-amerikanischen Rechtssysteme von einem „Clawback" gegenüber Führungskräften ohne große Beschränkungen aus[802]. Oft werden „Clawback"-Klauseln dabei in Bonus-Malus-Systemen verwendet, wobei eine Berücksichtigung negativer Zielerreichungen oder bestimmter definierter Ergebnisse oder Ereignisse zu einem Abzug auch bereits erworbener Vergütung führen kann[803]. Dabei werden auch Compliance-Verstöße oder der Verstoß gegen sozialversicherungsrechtliche Vorgaben als Gründe für einen „Clawback" angeführt[804]. Teilweise wird auch die Reduzierung von zukünftigen Abschlagszahlungen nach bereits erfolgten ersten Abschlagszahlungen als Konstruktionsmöglichkeit in den USA angedacht[805].

Demgegenüber wird in vielen deutschen Veröffentlichungen und Urteilen die Rückforderungsklausel verengend nur für den Fall behandelt, dass ein vorzeitiges Ausscheiden des Arbeitnehmers aus dem Arbeitsverhältnis dadurch sanktioniert werden soll[806]. Sie wird dabei oft mit der oben bereits angesprochenen Stichtagsklausel zusammen diskutiert[807]. Hier soll nur die Prüfung der nicht

800 *Dzida/Naber*, BB 2011, S. 2613, 2615; *Schuster* in Festschrift Bauer 2010, S. 973.

801 *Schuster* in Festschrift Bauer 2010, S. 973.

802 *Schuster* in Festschrift Bauer 2010, S. 973.

803 *Dzida/Naber*, BB 2011, S. 2613, 2615f.; *Lingemann*, BB 2009, 1918, 1919; *Schuster* in Festschrift Bauer 2010, S. 973.

804 *Dzida/Naber*, BB 2011, S. 2613, 2615.

805 *Deilmann/Otte*, GWR 2009, 261; *Thüsing*, AG 2009, 517, 521; *Schuster* in Festschrift Bauer 2010, S. 973, 974.

806 *BAG* vom 19.03.1980, 5 AZR 362/78; *BAG* vom 24.10.2007, NZA 2008, 40; *BAG* vom 18.03.2008, 9 AZR 186/07; *BAG* vom 18.11.2008, 3 AZR 192/07; *Annuß*, NZA 2007, S. 290, 294; *Dzida/Naber*, BB 2011, S. 2613, 2616; *Heiden*, RdA 2012, S. 225, 231; *König*, NZA-RR 2012, S. 449, 451; *Leder*, RdA 2010, S. 93, 98f.; *Lembke*, NJW 2010, S. 321, 323; *Lingemann/Gotham*, NZA 2008, 509; *Mauer*, NZA 2002, S. 540, 546; *Otto/Walk*, BB 2010, S. 373, 377; *Reiserer/Fallenstein*, DStR 2011, S. 1572, 1573; *Salomon*, NZA 2010, S. 314, 316; *Simon/Hidalgo/Koschker*, NZA 2012, S. 1071, 1075; *Zundel*, NJW 2013, S. 352, 355; so etwa in BeckOK – Joussen, § 611 BGB, Rn. 201ff; Moll, MüAHB Arbeitsrecht – *Hexel*, § 20 , Rn. 81; *Heiden*, Entgeltrelevante Zielvereinbarungen 2007, S. 344ff.; *Mohnke*, Zielvereinbarungen im Arbeitsverhältnis 2006, S. 358ff.; siehe auch Erfurter Kommentar – *Preis*, § 611 BGB, Rn. 436ff. m.w.N.

807 So bei *Annuß*, NZA 2007, S. 290, 294; *Bordet/Raif*, ArbRAktuell 2011, S. 607, 609; *Heiden*, RdA 2012, S. 225, 231; *Hidalgo/Rid*, BB 2005, S. 2686, 2690; *König*, NZA-RR 2012, S. 449, 451; *Leder*, RdA 2010, S. 93, 98f.; *Lembke*, NJW 2010, S. 321, 323; *A. Lindemann/Simon*, BB 2002, S. 1807, 1813; *Lingemann/Gotham*, NZA 2008, 509;

ausscheidensbezogenen Rückforderungsklausel, also der „Clawback"-Klausel erfolgen. Hinsichtlich der auf einen Stichtag und das Ausscheiden des Arbeitnehmers bezogenen Rückforderungsklausel sei deshalb nach oben verwiesen[808].

Außerdem ist auch zur Rückzahlung von Fort- und Ausbildungskosten abzugrenzen, zu der sich eine eigene sehr detaillierte Rechtsprechung herausgebildet hat, die aber im Zusammenhang mit variabler Vergütung aus Zielvereinbarungen nur eine untergeordnete Rolle spielt. Dabei geht es um die Rückzahlung von durch den Arbeitgeber übernommenen Kosten einer Aus- oder Fortbildung, die für diesen durch den Weggang des Mitarbeiters nicht mehr nutzbar sind. Dieser Typus der Rückzahlungsklausel wird als grundsätzlich zulässig bewertet, wobei eine Inhaltskontrolle nach § 242 BGB im Individualvertrag und nach § 307 Abs. 1 BGB in Allgemeinen Geschäftsbedingungen stattfindet[809]. Im Rahmen dieser Inhaltskontrolle wird eine Interessenabwägung vorgenommen, bei der das berechtigte finanzielle Interesse des Arbeitgebers an der Nutzung der durch den Mitarbeiter erworbenen Qualifikation mit dem Recht des Mitarbeiters auf freie Wahl des Berufes aus Art. 12 Abs. 1 GG abgewogen wird[810]. Entscheidend ist dabei, ob die Ausbildung den „Marktwert" des Mitarbeiters erhöht hat[811]. Dabei ist eine Klausel, die eine Rückzahlung auch dann vorschreibt, wenn die Gründe der Beendigung ausschließlich im Verantwortungs- und Risikobereich des Arbeitgebers liegen, unangemessen benachteiligend und damit unwirksam[812]. Der Unterschied zu den „Clawback"-Klauseln liegt hier im Wesentlichen darin, dass es um das Ausscheiden des Arbeitnehmers aus dem Arbeitsverhältnis geht. Wie noch zu zeigen sein wird, ist die Grundstruktur dieser Prüfung auch bei den nicht ausscheidensbezogenen „Clawback"-Klauseln relevant[813].

Bei den nichtausscheidensbezogenen Rückforderungsklauseln, die im Folgenden nur noch „Clawback"-Klauseln genannt werden, steht also weniger die Bindung des Mitarbeiters als der Anreiz, unangemessene Risiken für den Arbeitgeber zu vermeiden und die langfristige Zielerreichung des Unternehmens zu fördern, im

---

Löw/Kunz AuA 2012, S. 103, 104; *Mauer,* NZA 2002, S. 540, 546; *Otto/Walk,* BB 2010, S. 373, 377; *Reiserer/Fallenstein,* DStR 2011, S. 1572, 1573; *Salomon,* NZA 2010, S. 314, 316; *Simon/Hidalgo/Koschker,* NZA 2012, S. 1071, 1075; *Zundel,* NJW 2013, S. 352, 355; Moll, MüAHB Arbeitsrecht – *Hexel,* § 20, Rn. 81; *Heiden,* Entgeltrelevante Zielvereinbarungen 2007, S. 344ff.; *Mohnke,* Zielvereinbarungen im Arbeitsverhältnis 2006, S. 358ff.

808 Siehe vorstehendes Kapitel C. V.

809 *Hromadka/Maschmann,* ArbR I, § 10 Rn. 431; BeckOK – Joussen, § 611 BGB, Rn. 208.

810 *BAG* vom 20.02.1975, 5 AZR 240/74; *BAG* vom 16.03.1995, 5 AZR 339/92; *Hromadka/Maschmann,* ArbR I, § 10 Rn. 431; BeckOK – Joussen, § 611 BGB, Rn. 207f.

811 *BAG* vom 18.08.1976, 5 AZR 399/75; *BAG* vom 24.07.1991, 5 AZR 443/90; *Hromadka/Maschmann,* ArbR I, § 10 Rn. 431.

812 *BAG* vom 11.04.2006, 9 AZR 610/05, NZA 2006, 1042, 1044; *Hromadka/Maschmann,* ArbR I, § 10 Rn. 431f.

813 Siehe Kapitel C. VI. 4. Zur Abgrenzung auch *Schuster* in Festschrift Bauer 2010, S. 973, 982f.

Zentrum[814]. Dieser Anreiz wird durch die Androhung einer Kürzung bereits erworbener variabler Vergütung aus Zielvereinbarungen bewirkt. Hintergrund dieser „Clawback"-Klauseln ist die Tatsache, dass bei Risikogeschäften oft erst nach einem längeren Zeitraum umfassend beurteilt werden kann, ob eine zusätzlich zu vergütende Leistung tatsächlich vorgelegen hat[815] bzw. ob eine Sanktion von Fehlverhalten im Arbeitsverhältnis erforderlich ist. Ob eine derartige Sanktion aber überhaupt zulässig ist, ist in der Literatur umstritten.

2. Ablehnung von „Clawback"- Klauseln

Einige Autoren gehen davon aus, dass „Clawback"- und vergleichbare Rückforderungsklauseln generell einen unzulässigen Eingriff in bereits erworbene Vergütung darstellen und damit unzulässig den Arbeitnehmer entgegen §§ 242, 307 Abs. 1 BGB benachteiligen. Dabei wird in Bezug auf variable Vergütung aus Zielvereinbarungen oft auf deren (vermeintliche[816]) Rechtsnatur als Vergütung im engeren Sinne, bzw. deren reinen Entgeltcharakter abgestellt. Dabei werde allein die Arbeitsleistung vergütet, wobei eine Honorierung der Betriebstreue nicht möglich sei. Der Verfall oder die Rückzahlung verstoße bei Knüpfung an die Beendigung des Arbeitsverhältnisses zusätzlich gegen §§ 622 Abs. 6, 134 BGB.[817]

3. Teilweise Zulässigkeit in engen Voraussetzungen

Dagegen gehen andere Autoren davon aus, dass „Clawback"-Klauseln unter engen Voraussetzungen ebenso wie ausscheidensbezogene Rückzahlungsklauseln zulässig seien[818]. Die Begründungen und Anforderungen an die Klauseln unterscheiden sich dabei jedoch mitunter erheblich.

Lembke und *Bartel/Bilobrk/Zopf* gehen davon aus, dass „Clawback"-Klauseln zwar grundsätzlich wegen einer unangemessenen Benachteiligung nach §§ 242, 307 Abs. 1 BGB unwirksam seien, jedoch ausnahmsweise zulässig seien, sofern sie einseitig auf den Arbeitgeber zurückgehende Ereignisse ausnehmen und – wie beim Widerrufsvorbehalt – nicht 25% der Gesamtvergütung überschreiten. Zur Begründung könne auf die Rechtsprechung zur Rückzahlung von Fort- und Ausbildungskosten zurückgegriffen werden. Dabei sei ein an den Voraussetzungen der VersVergV eng orientierter Wortlaut zu wählen. *Bartel/Bilobrk/Zopf* halten daneben

---

814 *Schuster* in Festschrift Bauer 2010, S. 973, 975.

815 *Dzida/Naber*, BB 2011, S. 2613, 2616.

816 Siehe oben Kapitel B. IV.

817 *Hidalgo/Rid*, BB 2005, S. 2686, 2690; *A. Lindemann/Simon*, BB 2002, S. 1807, 1813; *Reiserer/Fallenstein*, DStR 2011, S. 1572, 1573; Preis, Der Arbeitsvertrag – *Preis/V. Lindemann*, II Z 5 Zielvereinbarungen, Rz. 29; *Deich*, Die rechtliche Beurteilung von Zielvereinbarungen im Arbeitsverhältnis 2004, S. 221f; *Heiden*, Entgeltrelevante Zielvereinbarungen 2007, S. 344ff.

818 *Dzida/Naber*, BB 2011, S. 2613, 2616; *Schuster* in Festschrift Bauer 2010, S. 973ff.

noch eine Konstruktion durch einen aufschiebend bedingten Anspruch auf den zurückbehaltenen Anteil der variablen Vergütung für möglich. Dieser könne im Rahmen eines „Bonusbank"-Modells verwaltet werden, bei dem der Bonus im Rahmen eines virtuellen Kontos über mehrere Jahre zurückbehalten werden kann, bevor es zu einer Fälligkeit des eigentlichen Auszahlungsanspruches kommt.[819]

Dzida/Naber gehen davon aus, dass „Clawback"-Klauseln nur möglich sind, soweit sie die ohnehin mögliche Rückforderung von ungerechtfertigter Bereicherung nach den §§ 812ff. BGB nachbilden. Nur dann stelle die Verpflichtung zur Rückzahlung der variablen Vergütung keine unangemessene Benachteiligung entgegen §§ 242, 307 Abs. 1 BGB dar. Anderenfalls handele es sich um eine nach dem Rechtsgedanken des § 309 Nr. 6 BGB unzulässige „Strafzahlung". Es sei eine wirtschaftliche Betrachtungsweise geboten, nach der es keinen Unterschied mache, ob eine Vergütung mehrjährig zurückbehalten werde, es also erst zu einer Verzögerung der Auszahlung komme oder ob die Vergütung zunächst gezahlt und dann wieder zurückgefordert werden könne, weil die Voraussetzungen dafür tatsächlich nicht vorgelegen haben. Allerdings sei, wie beim Widerrufsvorbehalt ein maximaler Umfang von bis zu 25% zulässig.[820]

Schuster geht davon aus, dass es zwei Varianten der „Clawback"-Klausel gibt: Einerseits eine nach dem Vorbild des Widerrufsvorbehalts und andererseits eine als auflösende Bedingung nach § 158 Abs. 2 BGB gestaltete. Daneben komme auch noch eine die Grundsätze der §§ 812ff. BGB wiedergebende und damit inhaltsleere „Clawback"-Klausel in Betracht. Vorgaben für die Gestaltung von „Clawback"-Klauseln zieht *Schuster* dabei aus den internationalen und supranationalen Vorgaben des G 20 Gipfels, des FSF (heute FSB[821]), des CEBS der EU-Kommission sowie den nationalen Regelungen im Finanzmarktstabilisierungsfondsgesetz und im VorstAG. Daraus leitet sie ab, dass variable Vergütung in einem angemessenen Verhältnis zu einer Grundvergütung stehen müsse und Bonuszahlungen auch zurückzubehalten seien. Dies gelte in gesteigertem Maße für Mitarbeiter des Finanzdienstleistungssektors, deren Tätigkeit Auswirkung auf das Risikoprofil des Unternehmens habe und Vorstände börsennotierter Unternehmen, wobei die EU-Kommission für beide Gruppen „Clawback"-Klauseln empfehle. Auch in den MaRisk, den Vorläufern der Vergütungsverordnungen, seien besondere Anforderungen für die variable Vergütung von Mitarbeitern, die aufgrund ihrer Kompetenzen hohe Risikopositionen begründen können, gefordert. „Clawback"-Klauseln seien als Teil eines langfristigen Bonussystems unverzichtbar. Auch seien die Begrenzungen im Rahmen der Vorstandsvergütung des VorstAG als Anhaltspunkte für die Auslegung und Wirksamkeit der „Clawback"-Klauseln auch bei leitenden Angestellten, also im arbeitsvertraglichen Bereich, heranzuziehen. Die allgemeine AGB-Kontrolle nach § 307

---

819 *Bartel/Bilobrk/Zopf*, BB 2011, S. 1269, 1275; *Lembke*, NJW 2010, S. 321, 323; *Lingemann*, BB 2009, 1918, 1919.

820 Zum ganzen Absatz *Dzida/Naber*, BB 2011, S. 2613, 2616.

821 Siehe Kapitel B. III. 1.

Abs. 1 BGB von „Clawback"-Klauseln sei vor dem Hintergrund dieser Regelungen vorzunehmen, wobei sich eine deutliche Unterscheidung bei der Bewertung von solchen Klauseln bei Spitzenverdienern, leitenden Angestellten und „normalen" Arbeitnehmern ergebe. Außerdem sei eine andere Bewertung als bei Klauseln geboten, bei denen das Arbeitsverhältnis ende. Zusätzlich sei auch die wirtschaftliche Entwicklung des Konzerns bzw. des Unternehmens als Anlass zur Bonuszahlungsreduzierung zu berücksichtigen. Ferner sei es im Rahmen des Transparenzgebotes aus § 307 Abs. 1 S. 2 BGB erforderlich, dass die einzelnen Kriterien für ein Eingreifen der „Clawback"-Klausel deutlich herausgestellt werden und die Rückforderung der Höhe – etwa in Prozent – und Art nach konkret bezeichnet wird. Auch sei ein Widerspruch zwischen der Rückforderung wegen der Verfehlung individueller Ziele und unternehmerischer Ziele zu vermeiden. Bei als Widerrufsvorbehalt ausgestalteten „Clawback"-Klauseln sei eine reguläre Prüfung nach den Grundsätzen der Überprüfung von Widerrufsklauseln vorzunehmen. Es müsse also ein rechtfertigender Widerrufsgrund vorliegen, der die Art und Höhe der konkret bezeichneten Leistung, sowie die Stellung des Arbeitnehmers im Betrieb berücksichtige. Die Grenze von 25 % aus der Rechtsprechung zum Widerrufsvorbehalt gelte dabei nur für „normale" Arbeitnehmer, während bei leitenden Angestellten, Risikoträgern und Spitzenkräften auch ein erhöhter Flexibilisierungsrahmen gegeben sei. Auch hierbei wirke sich die Wertung in § 87 AktG aus dem VorstAG so aus, dass eine „Clawback"-Klausel durch Widerruf nicht generell als unzulässig anzusehen sei[822]. § 87 AktG besagt nämlich, dass grundsätzlich bei der Festsetzung der Gesamtbezüge einzelner Vorstandsmitglieder dafür zu sorgen ist, dass diese in einem angemessenen Verhältnis zu den Aufgaben und Leistungen des Vorstandsmitglieds sowie zur Lage der Gesellschaft stehen und die übliche Vergütung nicht ohne besondere Gründe übersteigen[823]. Die Vergütungsstruktur ist bei börsennotierten Gesellschaften auf eine nachhaltige Unternehmensentwicklung auszurichten. Variable Vergütungsbestandteile sollen daher eine mehrjährige Bemessungsgrundlage haben; für außerordentliche Entwicklungen soll der Aufsichtsrat eine Begrenzungsmöglichkeit vereinbaren. Verschlechtert sich die Lage der Gesellschaft nach der Festsetzung so, dass die Weitergewährung der Bezüge unbillig für die Gesellschaft wäre, so soll der Aufsichtsrat oder das Gericht auf Antrag des Aufsichtsrats die Bezüge auf die angemessene Höhe herabsetzen.[824]

4. Zulässigkeit von „Clawback"-Klauseln

Letztlich sind viele der Ansatzpunkte von *Schuster* im Bezug auf „Clawback"-Klauseln bei variabler Vergütung aus Zielvereinbarungen überzeugend. Eine Orientierung an den neuen gesetzlichen Rahmenregelungen in Folge der Finanzkrise ist letztlich

822 so auch *Rubner*, NJW-Spezial 2010, S. 655; *Rubner*, NZG 2010, 1288, 1291.
823 *Fonk*, NZG 2011, S. 321; ähnlich auch *Rubner*, NJW-Spezial 2010, S. 655.
824 Zum ganzen Abschnitt *Schuster* in Festschrift Bauer 2010, S. 973, 975ff.

nur konsequent, denn darin wird variable Vergütung aus Zielvereinbarungen zum ersten Mal gesetzlich geregelt[825]. Durch das in diesen Regelungen getroffene Bekenntnis, auch mittels „Clawback"-Klauseln eine Berücksichtigung von negativen individuellen Beiträgen von Risikoträgern, leitenden Angestellten und Vorständen, zu ermöglichen[826], ist eine generelle Ablehnung solcher Konstruktionen als unzulässig benachteiligend entgegen den §§ 242, 307 Abs. 1 BGB nicht mehr möglich. Dies zeigen bereits die grundsätzlichen Erwägungen zur Zulässigkeit eines Widerrufsvorbehaltes, der gerade einen solchen Zugriff unter bestimmten Voraussetzungen erlaubt[827]. Der Gesetzgeber hat nach hier vertretener Auffassung mit der Einführung der europäischen und nationalen Regelungen zur Bankenaufsicht einer pauschal ablehnenden Meinung den Boden entzogen. Im Rahmen der trotzdem erforderlichen Kontrolle nach § 242 BGB im Individualvertrag und nach § 307 Abs. 1 BGB im Formularvertrag kommt es sodann erneut auf die Stellung des Arbeitnehmers im Unternehmen, die Höhe der verbleibende Grundvergütung, besondere Risiken der Tätigkeit, eventuelle schwerwiegende Compliance-Verstöße und die wirtschaftliche Entwicklung des Unternehmens an. Damit zeigt sich auch hier, dass es bei der Variabilisierung von Vergütung aus Zielvereinbarungen eine einheitliche Kontrolle von Flexibilisierungsklauseln nach den §§ 242, 307 BGB mit immer gleichbleibenden Abwägungskriterien gibt. Es gilt auch hier der Proportionalitätsgrundsatz, der die Stellung des Arbeitnehmers im Unternehmen, die verbleibende Grundvergütung und eventuelle risikoreiche Tätigkeiten oder Führungsaufgaben erfasst. Damit ist auch hier eine Flexibilisierung durch eine „Clawback"-Klausel möglich, die über die Grenze von 25 % der Gesamtvergütung hinausgeht, wenn eine hohe Grundvergütung besteht oder der Arbeitnehmer in risikoreicher oder leitender Stellung tätig ist. Zulässige Gründe für den „Clawback" sind damit auch hier schwerwiegende Compliance-Verstöße, oder andere individuell-verhaltensbezogene Pflichtverletzungen, sowie eine desaströse Entwicklung des Unternehmens. Auf die Frage, ob dabei eine unzulässige Kündigungserschwerung entgegen §§ 242, 622 Abs. 6, 134 BGB, Art. 12 Abs. 1 GG vorliegt, kommt es nicht an, denn die „Clawback"-Klausel im hiesigen Sinn ist unabhängig vom Fortbestehen des Arbeitsverhältnisses. Somit wird dem Arbeitnehmer die Kündigung auch nicht erschwert.

Einzig die Auffassung, eine „Clawback"-Klausel könne als Bedingung nach § 158ff. BGB gestaltet sein, ist abzulehnen. Denn es handelt sich bei variabler Vergütung aus Zielvereinbarungen gerade nicht um bedingtes Entgelt, sondern um eine separat synallagmatische Entgeltleistung[828]. Damit ist auch eine Anwendung der §§ 158ff. BGB grundsätzlich nicht möglich[829].

---

825 Siehe Kapitel B. III.

826 Vor allem die Vorgaben in den CEBS-Guidelines und die Entwicklung der CRD IV – Näheres in Kapitel B. III. 1.

827 Siehe auch Kapitel C. II.

828 Siehe Kapitel B. IV.

829 Siehe Kapitel B. IV., ebenso in Kapitel C. X. 3.

Gerade bei dieser nachgelagerten Rückforderung stellt sich im Arbeitsrecht auch die Frage, inwieweit Ausschlussfristen eine tatsächliche Durchsetzung einer Rückforderung verhindern können. Diese auch Verfallsklauseln genannten Regelungen – die zum Standardrepertoire der Tarifverträge gehören – sorgen dafür, dass der Anspruch erlischt, wenn er nicht innerhalb eines bestimmten Zeitraums nach Fälligkeit geltend gemacht wird. Ihr Zweck ist es, Rechtsklarheit und Rechtsfrieden zu bewirken. Fälligkeit ist in dann gegeben, wenn der Gläubiger den Anspruch annähernd beziffern kann. Ist die Ausschlussfrist weit gefasst und erfasst „alle Ansprüche aus dem Arbeitsverhältnis", so fallen ohne eine entsprechende Ausnahme auch die Rückforderungsansprüche aus einer „Clawback"-Klausel darunter[830]. Somit wird in der Praxis häufig eine Rückforderung durch die arbeitsvertraglichen Ausschlussfristen blockiert sein.[831]

5. Zusammenfassung

Im Ergebnis kann man also sagen, dass die neuen gesetzlichen Regelungen im Rahmen der Finanzaufsichtsreform nach der Krise hier eine Änderung der Betrachtung von „Clawback"-Klauseln bewirken. Diese sind nunmehr als grundsätzlich zulässig anzusehen, unterliegen aber einer Inhaltskontrolle nach den §§ 242 BGB, 307 Abs. 1 BGB. Dabei ist eine unangemessene Benachteiligung anhand der allgemeingültigen Interessenabwägung zwischen dem Rückforderungsinteresse des Arbeitgebers einerseits und dem Auszahlungsinteresse des Arbeitnehmers andererseits vorzunehmen. Der Arbeitnehmer ist dabei weniger schutzwürdig, wenn er in leitender Funktion tätig ist, ihm eine hohe Grundvergütung verbleibt, ihm schwerwiegende Pflichtverletzungen, wie beim Widerrufsvorbehalt[832] vorzuwerfen sind und die Auszahlung auch seiner Vergütung den Bestand des Unternehmens gefährden kann. Damit zeigen sich auch hier dieselben – verallgemeinerungsfähigen – Kriterien, die eine Abwägung nach den §§ 242, 307 Abs. 1 BGB leiten. Im Ergebnis sind „Clawback"- und Rückforderungsklauseln, die dieser Prüfung standhalten, also als zulässig zu bewerten. In der Praxis werden jedoch vielfach die Rückforderungs- oder „Clawback"-Klauseln an tarifvertraglichen Ausschlussklauseln scheitern, deren oft sehr kurze Fristen gerade die Geltendmachung derartiger Ansprüche verhindern.

830 Allgemein zu Rückzahlungsansprüchen z.B. *BAG* vom 01.10.2002, 9 AZR 215/01, NZA 2003, 567 betreffend Urlaubsgeld; *BAG* vom 16.02.2002; 5 AZR 430/00, NZA 2002, 746; *BAG* vom 25.05.2005, 5 AZR 572/04, NZA 05, 1111 betreffend Entgeltfortzahlung; *BAG* vom 20.03.1984, DB 1984, 1888 betreffend den Lohnsteuererstattungsanspruch.

831 Zum ganzen Abschnitt nur *BAG* vom 01.03.2006, 5 AZR 511/05, NZA 2006, 783, 784; *Hromadka/Maschmann,* ArbR I, § 7, Rn. 78, § 10, Rn. 125; Küttner, Personalbuch 2013 – *Eisemann,* Ausschlussfrist, Rn. 1ff.; Wiedemann, TVG – *Wank,* § 4, Rn. 713.

832 Siehe dort in Kapitel C. II.

VII. Fälligkeitsverschiebungen

Eine weitere Konstruktionsmöglichkeit, die seit der Finanzkrise verstärkt im Bezug auf variable Vergütung aus Zielvereinbarungen diskutiert wird, ist die Einführung sog. „deferral periods" oder Fälligkeitsverschiebungen. Mit dem Begriff „deferral periods" sind allgemein Aufschubzeiträume gemeint, in denen die Vergütung noch nicht ausgezahlt, sondern vorbehaltlich der dauerhaften Konsequenzen der Leistung des Arbeitnehmers zurückbehalten werden. Dabei sind zwei Konstruktionsvarianten denkbar. Zum einen kann die Zielvereinbarungsperiode der konkreten Zielvereinbarungen auf einen längeren Zeitraum als ein Jahr – beispielsweise die in den Vergütungsverordnungen genannten drei bis fünf Jahre – erweitert werden[833]. Zum anderen ist auch eine Verschiebung der Fälligkeit der erworbenen Ansprüche auf einen in der Zukunft liegenden Zeitpunkt nach dem Ende der Zielvereinbarungsperiode denkbar[834].

1. Verlängerungen der Zielvereinbarungsperiode

Die Verlängerung der Zielvereinbarungsperiode könnte hier als unechte Fälligkeitsverschiebung bezeichnet werden, denn eigentlich wird der Zeitpunkt der Fälligkeit im Verhältnis zur Grundkonstruktion der variablen Vergütung aus Zielvereinbarungen nicht verschoben, sondern lediglich der gesamte Vorgang verlängert. Damit zeigt sich auch schon, dass für diesen Fall grundsätzlich keine anderen Regeln gelten können als für den Fall der einjährigen Zielvereinbarung[835]. Zudem ist nach § 614 BGB die Vergütung grundsätzlich erst nach der Leistung zu entrichten, was in diesem Fall erst nach dem Ablauf der verlängerten Zielperiode der Fall ist. Dabei ist allerdings zu berücksichtigen, dass bei der erheblichen Verlängerung der Zielvereinbarungsperioden eine starke und dauerhafte Bindung des Arbeitnehmers an den Arbeitgeber entstehen kann[836]. Denn je länger die Zielvereinbarungsperiode ist, desto länger ist der Arbeitnehmer bei der Zielerreichung auch daran gebunden, diese Ziele zu verfolgen. Scheidet er aus dem Arbeitsverhältnis aus, so wird er in der Regel die Erreichung dieser langfristigen Ziele nicht verwirklichen können und damit finanziellen Einbußen bei seiner variablen Vergütung ausgesetzt. Dies könnte eine unzulässige Kündigungserschwerung nach den §§ 134, 622 Abs. 6 BGB, Art. 12 Abs. 1 GG darstellen. Damit könnte eine Regelung in einem Zielvereinbarungssystem, die längere Zielperioden von mehr als einem Jahr vorsieht, bei einer Inhaltskontrolle nach den §§ 242, 307 Abs. 1 BGB eine unzulässige Benachteiligung darstellen. Bedenkt man, dass der Arbeitnehmer dabei durchaus ernsthafte Einschnitte in seine Gesamtvergütung hinnehmen muss, so ist jedenfalls ein Eingriff in die Berufsfreiheit aus Art. 12

---

833 So auch *Dzida/Naber*, BB 2011, S. 2613, 2614; siehe auch Kapitel B. III.

834 *Dzida/Naber*, BB 2011, S. 2613, 2614.

835 Ähnlich *Dzida/Naber*, BB 2011, S. 2613, 2614, die aber auch ein „Anstoßen an arbeitsvertragliche Grenzen sehen" ohne näher darauf einzugehen.

836 *Dzida/Naber*, BB 2011, S. 2613, 2614.

Abs. 1 GG und auch eine Hürde zur Kündigung durch den Arbeitnehmer entgegen § 622 Abs. 6 BGB gegeben[837]. Dieser Eingriff kann nur dann gerechtfertigt sein, wenn überwiegende Interessen des Arbeitgebers diese Maßnahme rechtfertigen. Dies ist in den durch die Vergütungsverordnungen angeordneten Fällen gegeben, denn dabei besteht ein überwiegendes Interesse des Arbeitgebers an der Stabilität des eigenen Unternehmens. Außerdem liegt in den Vergütungsverordnungen eine gesetzgeberische Wertung, die derartige Regelungen erlaubt[838].

Abweichend davon sieht dies in anderen Bereichen aus, für die es keine entsprechenden Regelungen durch Verordnungen gibt[839]. Hier kommt eine derartige Bindung des Arbeitnehmers nur in Betracht, wenn er besonders durch seine (leitende) Funktion, eine hohe fixe Grundvergütung oder seine besonders risikobehaftete Tätigkeit herausgehoben ist. Dabei spielen auch schwere Pflichtverletzungen und Compliance-Verstöße eine Rolle[840]. Zudem kann ein besonderes Stabilitätsinteresse des Arbeitgebers, das demjenigen in den Vergütungsverordnungen gleichsteht, gegeben sein. Dieses Stabilitätsinteresse überwiegt, wenn das Unternehmen in einer derart schlechten wirtschaftlichen Verfassung ist, dass die Auszahlung der variablen Vergütung (an den Arbeitnehmer, eine Gruppe oder alle Arbeitnehmer) den Bestand des Unternehmens gefährdet. Das Stabilitätsinteresse des Arbeitgebers überwiegt dasjenige des Arbeitnehmers eher, wenn die Verlängerung der Zielperiode relativ kürzer ist und umgekehrt. Beim „normalen" Arbeitnehmer, also demjenigen, der keine leitende Funktion bekleidet oder eine besondere Risikotätigkeit ausübt, liegt hingegen eine unzulässige Kündigungserschwerung entgegen §§ 134, 622 Abs. 6 BGB, Art. 12 Abs. 1 GG vor. Damit sind dort unechte Fälligkeitsverschiebungen durch Zielperiodenverlängerung nach den §§ 242, 307 Abs. 1 BGB unzulässig.

Die schon deutlich ältere Rechtsprechung des *BAG* zur Fälligkeit bei Gratifikationen, die besagt, dass es ohne Auswirkungen auf die Fälligkeit von Vergütung bleibt, wenn das Arbeitsverhältnis vorher endet, ist nicht übertragbar, da sie sich zum einen auf Gratifikationen bezieht und sich zum anderen mit der längerfristigen Bindung des Arbeitnehmers gar nicht auseinandersetzt[841].

2. Verschieben der Fälligkeit auf einen späteren Zeitpunkt

Gänzlich anders stellt sich die Lage bei der vertraglichen Verschiebung der Fälligkeit der variablen Vergütung aus Zielvereinbarungen auf einen Auszahlungszeitpunkt nach dem Ende der Zielperiode dar[842]. Diese könnte man in Abgrenzung dazu als

837 Im Ergebnis auch *Dzida/Naber*, BB 2011, S. 2613, 2614f.

838 So ähnlich auch *Dzida/Naber*, BB 2011, S. 2613, 2614; siehe auch Kapitel B. III.

839 A.A. *Dzida/Naber*, BB 2011, S. 2613, 2615, die davon ausgehen, dass die Wertungen der Vergütungsverordnung nicht auf andere Bereiche übertragen werden können.

840 Näheres siehe Kapitel C. II.

841 *BAG* vom 12.10.1972, 5 AZR 227/72; *BAG* vom 08.11.1978, 5 AZR 358/77; BeckOK – *Joussen*, § 614 BGB, Rn. 4.

842 Ähnlich auch *Dzida/Naber*, BB 2011, S. 2613, 2614.

echte Fälligkeitsverschiebung bezeichnen. Hier wird gerade das Risiko der Zielverfehlung durch das vorherige Verlassen des Unternehmens nicht gegeben sein. Allerdings könnte man auch hier durch die langfristige Bindung über den Fälligkeitstermin an eine Kündigungserschwernis entgegen §§ 134, 622 Abs. 6 BGB, Art. 12 Abs. 1 BGB denken. Dabei muss man aber berücksichtigen, dass hier kein so intensiver Einschnitt gegeben ist, wie bei der Zielperiodenverlängerung, denn die Voraussetzungen des Anspruchs werden anders als dort nicht gefährdet. Somit sind auch an die Rechtfertigung geringere Anforderungen zu stellen, denn die Geltendmachung eines Anspruches nach Ablauf der Fälligkeitsverschiebung ist auch dem ausgeschiedenen Arbeitnehmer möglich. Letztlich wird man sogar von keinem Verstoß gegen die §§ 134, 622 Abs. 6 BGB, Art. 12 Abs. 1 GG ausgehen müssen, denn es bleibt dem Arbeitnehmer unbelassen, den Arbeitgeber zu wechseln. Der einmal erworbene Anspruch bleibt ja auch über das Arbeitsverhältnis hinaus bestehen. Somit fällt eine Inhaltskontrolle nach den §§ 242, 307 Abs.1 BGB hier positiv aus[843]. Deshalb ist eine derartige Fälligkeitsverschiebung rein rechtlich möglich. Allerdings ist der Motivationseffekt solcher Regelungen äußerst zweifelhaft, denn die Unmittelbarkeit zwischen Leistung und Entlohnung durch variable Vergütung wird hier unterbrochen. Außerdem sind in der betrieblichen Praxis das praktische Problem der Verwaltung der „Konten“ für solche fälligkeitsverschobene Vergütung und der damit verbundene Aufwand zu berücksichtigen. Ein solcher Aufwand wird sich nur dann lohnen, wenn eine Fälligkeitsverschiebung, wie in den Vergütungsverordnungen für bedeutende Institute, vorgeschrieben ist.

3. Eingeschränkte Zulässigkeit von Fälligkeitsverschiebungen

Damit lässt sich abschließend zur Konstruktion von Fälligkeitsverschiebungen, die einen länger andauernden Zugriff des Arbeitgebers auf die variable Vergütung aus Zielvereinbarungen ermöglichen, sagen, dass beide Konstruktionsmöglichkeiten arbeitsrechtlich denkbar sind.

Bei einer unechten Fälligkeitsverschiebung durch Verlängerung der Zielperioden ist eine Anwendung dieses Flexibilisierungsinstrumentes nur möglich, sofern ein Fall der Anordnung durch die Vergütungsverordnungen oder ein diesen vergleichbares überwiegendes Interesse des Arbeitgebers an Stabilität und Risikomanagement bei leitenden Angestellten und in Risikobereichen tätigen Arbeitnehmern gegeben ist.

Die echte Fälligkeitsverschiebung ist hingegen ohne weitere Voraussetzungen möglich, wenngleich sie auch mit erheblichem praktischen Aufwand verbunden ist und gerade im Zusammenhang mit variabler Vergütung aus Zielvereinbarungen

843 So grundsätzlich auch *Dzida/Naber*, BB 2011, S. 2613, 2614, die davon ausgehen, dass eine Prüfung mit den Wertungen des *BAG* zu Widerrufsvorbehalten stattzufinden habe.

nur wenig Motivation bietet. Sie ist deswegen nur im Anwendungsbereich der Vergütungsverordnungen praktisch sinnvoll einzusetzen.

VIII. Bonuspoolgestaltungen

Schließlich gibt es noch die sog. „Bonuspool"-Systeme, die in der Praxis zunehmend anzutreffen sind und seit der Finanzkrise auch Gegenstand mehrerer Entscheidungen der Arbeitsgerichte und des *BAG* waren[844].

Dabei handelt es sich um Bonussysteme, bei denen ein „Bonuspool" unbestimmten Umfangs einmal jährlich vom Unternehmen festgelegt wird, an dem die Arbeitnehmer sodann entsprechend ihrer individuellen Zielerreichung aus der Zielvereinbarung beteiligt werden. Letztlich werden hier also Zielvereinbarung und Zielvorgabe miteinander kombiniert, wobei die gerichtliche Prüfung einhellig von einer einseitigen Leistungsbestimmung nach § 315 BGB ausgeht. Die Zielvorgabe setzt sich also durch. Es findet somit eine Kontrolle der Ausübung der Festsetzung nach billigem Ermessen gem. § 315 BGB durch das Gericht statt.[845]

Allenfalls in Bezug auf die individuelle Findung des Zieleinkommens kommt zusätzlich eine Inhaltskontrolle nach den §§ 242, 307 Abs. 1 BGB in Betracht[846].

In den Entscheidungen des *BAG* zu solchen „Bonuspool"-Gestaltungen ging es um mehrere Bankmitarbeiter, die auf Auszahlung eines Bonus klagten, nachdem ihre Arbeitgeber den Bonuspool auf Null herabgesetzt hatten, sodass die sich daraus ergebende variable Vergütung entfiel.

1. In der ersten Entscheidung war im Arbeitsvertrag eines außertariflichen Angestellten folgende Regelung enthalten:

> *„Der Mitarbeiter erhält folgende Bezüge, durch die zugleich Ansprüche auf Mehrarbeitsvergütung abgegolten sind: ... b) Eine zusätzliche Vergütung, die unter Berücksichtigung der Ertragslage des D Geschäftes der Bank individuell nach Leistungsgesichtspunkten jährlich neu festgelegt wird. Die Auszahlung erfolgt im Frühjahr des folgenden Geschäftsjahres, sofern der Mitarbeiter zu diesem Zeitpunkt in einem ungekündigten Arbeitsverhältnis steht."*

---

844 *BAG* vom 12.10.2011, 10 AZR 746/10, NZA 2012, S. 450ff.; *BAG* vom 12.10.2011, 10 AZR 649/10, NZA 2012, S. 464ff.; *BAG* vom 14.11.2012, 10 AZR 783/11; *LAG Hessen* vom 20.09.2010, 7 Sa 2082/09 mit kritischen Anmerkungen von *Ulrici*, jurisPR-ArbR 12/2011 Anm. 1; *LAG Hamm* vom 06.10.2010 – 3 Sa 854/10; *LAG Baden-Württemberg*, Urteil vom 14.01.2013, 1 Sa 27/12; *König*, NZA-RR 2012, S. 449, 452.

845 Zum ganzen Absatz *BAG* vom 12.10.2011, 10 AZR 746/10, NZA 2012, S. 450ff.; *BAG* vom 12.10.2011, 10 AZR 649/10, NZA 2012, S. 464ff.; *LAG Hessen* vom 20.09.2010, 7 Sa 2082/09.

846 *BAG* vom 14.11.2012, 10 AZR 783/11, mit Anmerkungen von *v. Medem* in ArbRAktuell 2013, 101 auch NJW-Spezial 2013, 82, auch Anmerkungen von *Chwalisz/Poschitz* in GWR 2013, 343255.

Sodann veröffentlichte die beklagte Bank im Intranet ein Schreiben folgenden Inhaltes:

„Bonusvolumen 2008: Liebe Mitarbeiterinnen und Mitarbeiter, wir freuen uns, Ihnen mitteilen zu können, dass der Vorstand für das Kalenderjahr 2008 ein Bonusvolumen in Höhe von 100 % des Bonusvolumens 2007 - angepasst an den Mitarbeiterbestand 2008 - pro Funktion und Division (exclusive DKIB Frontoffice) zugesagt hat. Mit dieser Entscheidung verbunden ist der Dank für Ihr Engagement und Ihren Einsatz für unsere Bank im laufenden Jahr, auf den wir auch in Zukunft vertrauen. Die Festsetzung der individuellen Bonusbeträge erfolgt wie in den vergangenen Jahren leistungsabhängig. Über die individuelle Bonusfestsetzung werden die Führungskräfte ihre Mitarbeiter rechtzeitig in einem persönlichen Gespräch informieren. Die Auszahlung des Bonus erfolgt im Frühjahr 2009."

Der Kläger erhielt zudem ein Schreiben, in dem ihm mitgeteilt wurde, dass für ihn ein konkret festgelegter Betrag festgesetzt wurde. Darin hieß es aber auch:

„Die vorläufige Bonusfestsetzung steht unter dem Vorbehalt eines Reviews für den Fall, dass im Rahmen der Aufstellung des Jahresabschlusses 2008 weitere wesentliche negative Abweichungen in Ertrag und Ergebnis von DKIB zum Forecast für die Monate November und Dezember 2008 festgestellt werden, d. h. die Ergebnissituation in DKIB sich in diesem Zeitraum wesentlich verschlechtert. Dieser Review wird im Januar 2009 unter der Führung von Herrn Dr. J durchgeführt. Sollten solche weiteren wesentlichen negativen Abweichungen festgestellt werden, behält sich die Bank das Recht vor, Ihre vorläufige Bonusfestsetzung zu überprüfen und, falls erforderlich, den Betrag der vorläufigen Bonusfestsetzung zu reduzieren. Im Februar 2009 erhalten Sie eine detaillierte Aufstellung Ihrer für das Kalenderjahr 2008 zustehenden Zahlung der endgültigen variablen Vergütung gem. Ihres Arbeitsvertrages."

Die Mitteilung im Februar 2009 reduzierte dann den zuvor genannten Betrag von 140.000 Euro auf ein Bruttomonatsgehalt von ca. 17.000 Euro wegen des stark negativen Ergebnisses der Arbeitgeberin. Das *BAG* entschied hierzu, dass bei einer Festlegung eines Bonusvolumens für das laufende Geschäftsjahr der Arbeitgeber im Rahmen seiner nach § 315 BGB kontrollierbaren Ermessensentscheidung eine vorläufige Festlegung mit einbeziehen muss, er aber von dieser nur bei Vorliegen außergewöhnlicher Umstände, wie in diesem Fall, abweichen könne. Bei der Festlegung des Bonuspools handele es sich noch nicht um die zu prüfende Leistungsbestimmung. Dies sei eine reine Bestimmung von Abwägungsfaktoren. Erst die konkrete individuelle Auszahlungsfestlegung im Februar 2009 stelle die Leistungsbestimmung dar.[847]

2. Die zweite Entscheidung beschäftigt sich mit der Festlegung durch eine Betriebsvereinbarung *„Bonus im Tarif"*, die bestimmte, dass

847 Zum ganzen Abschnitt 1. *BAG* vom 12.10.2011, 10 AZR 746/10, NZA 2012, S. 450ff.

„Der Vorstand den Bonuspool für tariflich vergütete Mitarbeiter in Abhängigkeit von dem Geschäftsergebnis der Bank festlegt. Bei einer planungsgemäßen Performance der Bank beinhaltet der Bonuspool mindestens die Summe der im Dezember des jeweiligen Geschäftsjahres gezahlten tariflichen Monatsgehälter aller gemäß Ziffer 2 unter diese Vereinbarung fallenden Mitarbeiter. Im Falle einer weit über der Planung liegenden Performance werden auf der gleichen Berechnungsbasis bis zu 1,5 Gehälter pro Mitarbeiter, bei einer weit unter der Planung liegenden Performance mindestens 0,5 Gehälter in den Pool eingestellt (Gesamtpoolfaktor). Die Performancelevels orientieren sich an dem jeweils am Anfang des Jahres festgelegten EVA-Ziel. Der Vorstand kann eine weitere Reduzierung der Poolvolumina unter 0,5 Gehälter beschließen, wenn der EVA unter minus 100 Mio. EURO oder das erreichte EVA-Ziel 75 % unter der Planung liegt. Der Bonus wird zusätzlich zu dem tariflichen Arbeitsentgelt einschließlich tariflicher Sonderzahlungen gemäß § 10 MTV gezahlt.
Der Bonus eines Mitarbeiters ist grundsätzlich von zwei Faktoren abhängig: Von der Höhe des für seine Einheit zur Verfügung stehenden Anteils am Bonuspool und von seiner individuellen Leistung.
a) Der Bonuspool wird zunächst linear, d. h. entsprechend dem jeweiligen Anteil an der Gehaltssumme, auf die Divisionen und Funktionen verteilt…
b) Die verantwortliche Führungskraft verteilt den ihr für ihre Einheit zur Verfügung stehenden Anteil am Bonuspool (im Folgenden Teampool) wie nachstehend beschrieben: Jeder Mitarbeiter erhält als Teambonus 40 % seines individuellen Monatsgehalts multipliziert mit den Spreizungsfaktoren der Einheit, der er zugeordnet ist. In jedem Falle jedoch den Mindestbonus. Die Höhe des jeweiligen Mindestbonus ergibt sich aus Anlage 3. Die Anpassung des Mindestbonus erfolgt entsprechend der prozentualen Entwicklung der Tarifgehälter nach dem Gehaltstarifvertrag des privaten Bankgewerbes. Die Höhe des individuellen Bonus legt der jeweilige Vorgesetzte auf der Basis einer individuellen Leistungsbewertung fest.
c) Die Leistungsbewertung zur Bestimmung des individuellen Bonus erfolgt derzeit nach den Regelungen über das Mitarbeitergespräch (MAG). Die individuelle Beurteilung soll die Mitarbeiterleistung eines gesamten Jahres abbilden und zum Auszahlungszeitpunkt nicht älter als drei Monate sein. Die Parteien werden auf der Basis des bisherigen Verhandlungsergebnisses Gespräche über die Einführung einer Leistungsbewertung nach dem Modell ‚Führen mit Zielen' aufnehmen. Ziel ist es, hierdurch die Leistungsbewertung nach dem MAG abzulösen."

Auch in diesem Fall erfolgte eine im Wortlaut mit der ersten Entscheidung identische Mitteilung im Intranet. In dem Mitarbeiterbrief an die Tarifmitarbeiter, also auch den hier betroffenen Kläger, wurde dann der Ausfall jedweder Bonuszahlungen angekündigt und eine „einmalige freiwillige Prämie" von 1000 Euro angekündigt.

Das *BAG* hat hierzu entschieden, dass bei einem durch eine Betriebsvereinbarung eingeräumten Recht, das Bonusvolumen in Abhängigkeit von dem Geschäftsergebnis festzulegen, der Arbeitgeber die abschießend getroffene Leistungsbestimmung nicht einseitig ändern kann. Das Regelungssystem sei ein anderes, als in der ersten Entscheidung. Die Betriebsvereinbarung „Bonus im Tarif" schließe eine

einseitige Änderung der Leistungsbestimmung oder eine einseitige Neubestimmung der Leistung durch die Arbeitgeberin nach Festsetzung des Bonuspools aus. Eine einvernehmliche Anpassung der Betriebsvereinbarung durch Arbeitgeberin und Gesamtbetriebsrat sei ebenso wenig erfolgt wie eine betriebsverfassungsrechtlich wirksame Beseitigung der anspruchsbegründenden Regelungen für den individuellen Bonus in der Betriebsvereinbarung „Bonus im Tarif".[848]
In der dritten Entscheidung wurde schließlich der Anstellungsvertrag eines Geschäftsführers mit folgendem Inhalt entschieden:

„Für den Fall eines günstigen Jahresabschlusses der C ist die Zahlung einer jährlichen Abschlussgratifikation vorgesehen. Ein Rechtsanspruch hierauf besteht nicht. Der Aufsichtsrat der C wird in jedem Jahr auf Vorschlag des Vorstandes darüber beschließen, ob und in welcher Höhe diese Gratifikation gezahlt werden soll. Die Abschlussgratifikation wird zeitanteilig gekürzt, soweit während des Geschäftsjahres, auf das sich die Abschlussgratifikation bezieht, keine laufenden Bezüge gezahlt worden sind (z. B. bei Eintritt und Ausscheiden im Geschäftsjahr, bei einer länger dauernden Krankheit ab der 7. Woche, bei unbezahltem Urlaub etc.)."

Später wurde dann eine Änderung bzw. Ergänzung vorgenommen:

„...Die Festbezüge (Gehalt) betragen 60 % der Gesamtbezüge bzw. des Zieleinkommens. Ein eventuell erworbener Besitzstand bleibt erhalten. Soweit aufgrund eines Besitzstandes die Festbezüge 60 % der Gesamtbezüge bzw. des Zieleinkommens überschreiten, verringert sich entsprechend der Anteil der variablen Bezüge. Die variablen Bezüge (Tantieme) betragen 40 % der Gesamtbezüge bzw. des Zieleinkommens. Im Übrigen gilt zum 1. Juli 2006 das beigefügte Partnervergütungssystem."

Das Partnervergütungssystem beinhaltet diese Regelungen zur variablen Vergütung:

„Die Gesamtbezüge orientieren sich an den von dem Partner/der Partnerin in dem jeweiligen Geschäftsjahr wahrgenommenen Aufgaben, an seiner/ihrer Verantwortung, an den in dem Geschäftsjahr erbrachten individuellen Leistungen des Partners/der Partnerin sowie an dem Erfolg des Unternehmens und der Einheit, in der der Partner/die Partnerin tätig ist. Die variablen Bezüge (Tantieme) betragen 40 % des Zieleinkommens. Durch die Mitteilung der Gesamtvergütung (Zieleinkommen) wird auf Auszahlung der variablen Bezüge weder dem Grunde noch der Höhe nach ein Anspruch begründet. Vielmehr folgt sowohl aus der Leistungsbezogenheit der variablen Bezüge als auch aus der Anknüpfung an den Erfolg des Unternehmens bzw. der jeweiligen Unternehmenseinheit, dass sie den Charakter einer Tantieme haben und in jedem Jahr neu verdient werden müssen. Insbesondere begründet die Zahlung variabler Bezüge im Vorjahr keinen Anspruch auf Gewährung von variablen Bezügen für das Folgejahr; Besitzstände können nicht erdient werden. Außerdem liegt der Bemessung der Tantieme die Erwartung zu Grunde, dass der Partner/die Partnerin auch im Folgejahr weiter erfolgreich für das Unternehmen tätig ist (Betriebstreue). Dieser

848 Zum ganzen Abschnitt 2. *BAG* vom 12.10.2011, 10 AZR 649/10, NZA 2012, S. 464ff.

Aspekt bleibt im Falle planmäßigen altersbedingten Ausscheidens außer Betracht. Die Bemessung der variablen Bezüge berücksichtigt die individuellen Leistungen des Partners/der Partnerin im abgelaufenen Geschäftsjahr. Außerdem ist die Höhe der variablen Bezüge von dem Erfolg des Unternehmens P AG in der abgelaufenen Periode sowie dem Erfolg der Unternehmenseinheit, zu der der Partner/die Partnerin gehört, abhängig... Nach Ablauf des Geschäftsjahres wird das Isteinkommen festgelegt. Diese nachträgliche Festlegung betrifft den variablen Teil der Bezüge. Grundlage für die endgültige Festlegung der variablen Bezüge sind die mit Hilfe der Zielvereinbarung festgestellten individuellen Leistungen des Partners/der Partnerin im abgelaufenen Geschäftsjahr (Ergebnisse des Partnerzielvereinbarungs- und -beurteilungssystems) sowie der tatsächlich erzielte Erfolg des Unternehmens und der Unternehmenseinheit und die Betriebstreue. Unter Berücksichtigung der individuellen Leistungen und des Unternehmenserfolgs sowie der Betriebstreue kann der variable Teil der Bezüge niedriger, aber auch höher festgesetzt werden als mit dem Betrag, der als Teil des Zieleinkommens vorgesehen war. Grundlage für die Bemessung der individuellen Partnerperformance sind servicelineübergreifende Beurteilungskriterien, deren Erfüllungsgrad von dem Primary Reporting Partner (von der Primary Reporting Partnerin), ggf. dem Secondary Reporting Partner (der Secondary Reporting Partnerin), dem LoS-Leadershipteam und dem Unternehmens-Leadershipteam beurteilt wird. Hieraus wird die Entscheidung über die Vergütung abgeleitet.“

Hierzu hat das *BAG* entschieden, dass der Arbeitgeber bei der abschließenden Entscheidung nach billigem Ermessen gemäß § 315 BGB unter Beachtung bestimmter Faktoren über die Höhe eines variablen Vergütungsbestandteils die Darlegungs- und Beweislast auch dann trägt, wenn sich diese an der individuellen Leistung des Arbeitnehmers nach dem Erreichen vereinbarter Ziele richtet. Der Umfang der Darlegungspflicht bestimmt sich nach dem Maß des Bestreitens durch den Arbeitnehmer. Hierin liegt eine wesentliche Abweichung zur Beweislastverteilung für die Zielerreichung im Bereich einer zweiseitigen Zielvereinbarung[849].[850]

Insgesamt kann man also festhalten, dass sich bei derartigen „Bonuspool“-Gestaltungen aufgrund des einseitigen Vorgehens des Arbeitgebers Besonderheiten für die Kontrolle nach § 315 BGB ergeben. Wie vom *BAG* entschieden reicht die Ankündigung eines „vorläufigen“ Bonusbetrages, der noch einem internen „Review“ unterliegt, nicht aus, um eine einseitige bindende Leistungsbestimmung nach § 315 BGB bereits anzunehmen[851]. Ebenso fehlt es an einer solchen Festsetzung, wenn die individuelle Bonushöhe noch nicht bestimmt ist[852]. Auch liege in dem dieser

849 Näheres sogleich in Kapitel C. X.

850 Zum ganzen Abschnitt 3. *BAG* vom 14.11.2012, 10 AZR 783/11.

851 *LAG Hessen* vom 20.09.2010, 7 Sa 2082/09 mit Anmerkungen von *Ulrici*, jurisPR-ArbR 12/2011 Anm. 1.

852 *BAG* vom 12.10.2011, 10 AZR 746/10, NZA 2012, S. 450ff.

Veröffentlichung zugrundeliegenden Beschluss des Vorstandes keine bindende Gesamtzusage[853].

Bindet der Arbeitgeber sich jedoch im Rahmen einer Betriebsvereinbarung, so ist mit der Festlegung des Bonuspools nach den Regelungen der Betriebsvereinbarung dieser Faktor bindend geworden und der Arbeitgeber kann sich nicht mehr einseitig davon lösen[854].

Ebenso ist dann, wenn ein Mindestbonus bereits im laufenden Geschäftsjahr festgestellt wird, hinsichtlich dieses Mindestbetrages eine einseitige bindende Leistungsbestimmung nach § 315 BGB gegeben[855]. Dabei sprechen Formulierungen, wie „Entscheidung" und „Festlegung" für eine bindende Festsetzung[856]. Diese vorzeitige Festlegung kann nicht mehr rückgängig gemacht oder von der wirtschaftlichen Entwicklung des Unternehmens abhängig gemacht werden[857].

Hat der Arbeitgeber im Rahmen eines solchen Bonuspools eine Festlegung der variablen Vergütung vorgenommen, bei der sich die Beteiligung des Arbeitnehmers nach der individuellen Leistung des Arbeitnehmers bemisst, so ist er auch für den Grad der Zielerreichung darlegungs- und beweispflichtig[858].

Im Rahmen der Ermessenskontrolle nach § 315 BGB berücksichtigt das *BAG* in seinen Entscheidungen dann vor allem die wirtschaftlich desaströse Lage der betroffenen Unternehmen, um zu einer Rechtfertigung der Streichung der gesamten variablen Vergütung in Bonuspoolsystemen zu kommen[859].

Zusammenfassend kann man also festhalten, dass es sich bei „Bonuspool"-Gestaltungen um die Kontrolle von Zielvorgaben und nicht von echten Zielvereinbarungen handelt. Diese Kontrolle erfolgt durch eine Überprüfung des Ermessens des Arbeitgebers auf Billigkeit nach § 315 BGB. Dabei greift das *BAG* mit dem Abstellen auf die desaströse Lage des Unternehmens jedoch ein Begründungselement auf, das auch bei der Inhaltskontrolle von Zielvereinbarungen nach §§ 242, 307 Abs. 1 BGB eine Rolle spielt. Es ist daher anzunehmen, dass die dort geltenden Parameter hinsichtlich der Stellung des Arbeitnehmers, seines Risikoprofils, eventueller Compliance-Verstöße und Pflichtverletzungen und der Relation zur Grundvergütung sowie der wirtschaftlichen Lage des Unternehmens auch auf die Kontrolle der „Bonuspool"-Gestaltungen zu übertragen ist. Würde man bei der einseitigen

---

853 *LAG Hessen* vom 20.09.2010, 7 Sa 2082/09 mit Anmerkungen von *Ulrici*, jurisPR-ArbR 12/2011 Anm. 1.

854 *BAG* vom 12.10.2011, 10 AZR 649/10, NZA 2012, S. 464ff.

855 *LAG Baden-Württemberg*, Urteil vom 14.01.2013, 1 Sa 27/12.

856 *LAG Hamm* vom 06.10.2010 – 3 Sa 854/10; *König*, NZA-RR 2012, S. 449, 452.

857 *LAG Baden-Württemberg*, Urteil vom 14.01.2013, 1 Sa 27/12.

858 *BAG* vom 14.11.2012, 10 AZR 783/11, mit Anmerkungen von *Medem* in ArbRAktuell 2013, 101 auch NJW-Spezial 2013, 82, auch Anmerkungen von *Chwalisz/Poschitz* in GWR 2013, 343255.

859 *BAG* vom 12.10.2011, 10 AZR 746/10, NZA 2012, S. 450ff.; *BAG* vom 12.10.2011, 10 AZR 649/10, NZA 2012, S. 464ff.; *LAG Baden-Württemberg*, Urteil vom 14.01.2013, 1 Sa 27/12.

Leistungsbestimmung erheblich abweichende Maßstäbe anlegen, so würden sich bedenklich weite Spielräume des Arbeitgebers ergeben[860]. Somit zeigt sich auch hier der einheitliche Maßstab zur Kontrolle von Variabilisierungsinstrumenten bei variabler Vergütung.

IX. Sonstige Konstruktionsmöglichkeiten

Abschließend sind noch drei andere Konstruktionsansätze zu diskutieren, die ebenfalls die Variabilisierung von Vergütung aus Zielvereinbarungen zum Gegenstand haben. Vereinzelt werden nämlich auch konsensuale Kürzungsoptionen[861] und Vertragsstrafen[862] angesprochen. Daneben kommt noch der weniger relevante Anrechnungsvorbehalt in Betracht, der allenfalls eine indirekte Variabilisierung von variabler Vergütung aus Zielvereinbarungen ermöglicht.

1. Konsensuale Kürzungsoptionen

Die konsensuale Kürzung der variablen Vergütung aus Zielvereinbarungen erfolgt durch zweiseitige Vereinbarung zwischen Arbeitgeber und Arbeitnehmer[863].

Die konsensuale Kürzung sei dabei ein „milderes Mittel“ im Verhältnis zur einseitigen Kürzung durch den Arbeitgeber und außerdem personalpolitisch vorteilhafter[864]. Nach dem Grundsatz der Vertragsfreiheit sei eine einvernehmliche Änderung der vereinbarten Vergütung – also auch der variablen Vergütung aus Zielvereinbarungen – jederzeit bis zur Grenze der Sittenwidrigkeit und unter Ausnahme der tariflichen Ansprüche möglich. Meist werden die Eingriffe in die Vergütung zudem durch besondere Gegenleistungen gegenüber den Mitarbeitern und ihren Vertretern (Gewerkschaften, Betriebsrat) erkauft.[865]

Erforderlich zu einer einvernehmlichen Änderung des Arbeitsvertrages sind bei der Kürzung der Vergütung grundsätzlich Angebot des Arbeitgebers und Annahme des Arbeitnehmers[866]. Nach der vom *BAG* entwickelten sog. „Spürbarkeitstheorie“ und den durch § 308 Nr. 5 BGB normierten Hinweis- und Belehrungspflichten

860 Vertiefend Ulmer/Brandner/Hensen, AGB-Recht – *Fuchs/Bieder*, Anhang zu § 310 BGB, Rn. 78.

861 *Melot de Beauregard/Schwimmbeck/Gleich*, DB 2012, S. 2853, 2856; *Otto/Walk*, BB 2010, S. 373ff.; *Reiserer*, NZA Beilage 2010, S. 39, 44; Moll, MüAHB Arbeitsrecht – *Hexel*, § 25, Rn. 51.

862 *Heiden*, Entgeltrelevante Zielvereinbarungen 2007, S. 347f.

863 *Melot de Beauregard/Schwimmbeck/Gleich*, DB 2012, S. 2853, 2856; *Otto/Walk*, BB 2010, S. 373ff.; *Reiserer*, NZA Beilage 2010, S. 39, 44; Moll, MüAHB Arbeitsrecht – *Hexel*, § 25, Rn. 51.

864 *Otto/Walk*, BB 2010, S. 373.

865 Zum ganzen Abschnitt *Otto/Walk*, BB 2010, S. 373; Moll, MüAHB Arbeitsrecht – *Hexel*, § 25, Rn. 51, 52.

866 Moll, MüAHB Arbeitsrecht – *Hexel*, § 25, Rn. 52.

kommt dabei eine stillschweigende Annahme durch den Arbeitnehmer nur in sehr engen Grenzen in Betracht[867]. Dabei geht aber *Reiserer* davon aus, dass eine entsprechende Fiktionswirkung des Schweigens bereits im Arbeitsvertrag durch eine Klausel vereinbart werden könne[868]. Erforderlich sei dabei eine an der Drei-Wochen-Frist des Kündigungsrechtes orientierte „Schweigensfrist", eine nach § 308 Nr. 5 BGB ausreichende Belehrung und der nachweisliche Zugang des Angebotes[869]. Sind bei dem Verzicht tarifliche Ansprüche betroffen, so müssen neben dem Arbeitnehmer auch die Tarifvertragsparteien nach § 4 Abs. 4 S. 1 TVG dem Entgeltverzicht zustimmen[870].

Eine Variante der konsensualen Kürzung ist dabei die Kürzung gegen Gewährung eines Besserungsscheines. Der Begriff des „Besserungsscheines" ist aus der Insolvenzpraxis entlehnt und meint, dass diejenigen Gläubiger, die auf einen Teil ihrer Forderung verzichten, Nachzahlungen erhalten, wenn und soweit sich die Vermögensverhältnisse des Schuldners bessern.[871]

Dabei ist die Rechtsnatur dieses „Besserungsscheines" umstritten und es ist letztlich von der konkreten Formulierung abhängig, ob es sich um einen unbedingten Forderungsverzicht mit aufschiebend bedingter Neuverpflichtung, einen unbedingten Forderungsverzicht mit auflösend bedingtem Wiederaufleben des Altanspruches, ein aufschiebend bedingtes Schuldanerkenntnis oder eine Stundung mit aufschiebend bedingter Fälligkeit handelt[872]. Letztlich unterscheidet sich diese Variante aber nur durch die eigentümliche Gegenleistung von den sonstigen konsensualen Lösungen und ist unter denselben Voraussetzungen möglich.

2. Vertragsstrafe

Vertragsstrafen im Sinne der §§ 339ff. BGB sind im Arbeitsrecht nach der herrschenden Meinung grundsätzlich zulässig[873]. Allerdings gilt dieser Grundsatz im Arbeitsrecht, weil die Arbeitsleistung, wegen des Vollstreckungshemmnisses aus § 888 Abs. 3 ZPO, nicht vollstreckt werden kann und dem Arbeitgeber bei einem

---

867 *BAG* NZA 1986, 474; *BAG* NZA 2003, 924; *BAG* NZA 2005, 349; *BAG* vom 18.03.2009; NZA 2009, 601; *Reiserer*, NZA Beilage 2010, S. 39, 44; Moll, MüAHB Arbeitsrecht – *Hexel*, § 25, Rn. 52.

868 *Reiserer*, NZA Beilage 2010, S. 39, 44 unter Bezugnahme auf *BAG* vom 18.03.2009, NZA 2009, 601.

869 *Reiserer*, NZA Beilage 2010, S. 39, 44.

870 *Otto/Walk*, BB 2010, S. 373, 374.

871 *Otto/Walk*, BB 2010, S. 373; *BGH* vom 13.06.1984, Iva ZR 196/82, NJW 1984, 2762.

872 *Otto/Walk*, BB 2010, S. 373; *BFH* vom 21.04.2009, II R 57/07; MüKo – *Breuer*, §224 InsO, Rn. 12; *Obermüller*, Insolvenzrecht in der Bankpraxis, Teil 1, Rn. 1010–1030.

873 *Henssler*, RdA 2002, 129, 138; *Schrader/Schubert*, NZA-RR 2005, 225, 231; *Thüsing/Bodenstedt*, AuR 2004, 369, 372; Erfurter Kommentar – *Preis*, §§ 305–310 BGB, Rn. 93f. Erfurter Kommentar – *Müller-Glöge*, §§ 339–345 BGB, Rn. 11; *Heiden*, Entgeltrelevante Zielvereinbarungen 2007, S. 347; exemplarisch *BAG* vom 04.03.2004, 8 AZR 344/03.

Vertragsbruch des Arbeitnehmers ein erhebliches Beweisproblem hinsichtlich des Schadens entsteht[874]. Sie greifen also bei unterlassener Arbeitsaufnahme, Auflösung des Arbeitsverhältnisses ohne Einhaltung der Kündigungsfrist und Wettbewerbsverboten[875]. Dient die Vertragsstrafe hingegen nicht dazu, den Arbeitnehmer zur Einhaltung seiner einseitigen Pflichten anzuhalten, so bewirkt sie einen einseitigen, unzulässigen Vorteil des Arbeitgebers nach den §§ 138, 242, 307 Abs. 1 BGB[876]. Gerade darum geht es aber bei der Kürzung der variablen Vergütung aus Zielvereinbarungen nicht, weswegen Vertragsstrafeklauseln, die eine solche Kürzung durch die Verwirkung einer Vertragsstrafe vorsehen, unzulässig nach den §§ 138, 242, 307 Abs. 1 BGB sind[877].

3. Der Anrechnungsvorbehalt

Grundsätzlich kommt auch bei variabler Vergütung aus Zielvereinbarungen ein Anrechnungsvorbehalt im Rahmen tariflicher Entgelterhöhungen in Frage. Wird die variable Vergütung aus Zielvereinbarungen nicht als Teil des tariflichen Entgelts gezahlt, sondern als übertarifliche Leistung, so führt der Anrechnungsvorbehalt dazu, dass der Arbeitgeber das vertraglich zugesagte Entgelt nicht um den entsprechenden angerechneten Teil erhöht[878]. Ein solcher Anrechnungsvorbehalt kommt in seiner Wirkung einem Widerrufsvorbehalt für den Fall der Tariflohnerhöhung sehr nahe[879]. Es gelten somit grundsätzlich dieselben Voraussetzungen wie beim Widerrufsvorbehalt[880], wobei jedoch im Rahmen der Inhaltskontrolle nach den §§ 242, 307 Abs. 1 BGB davon auszugehen ist, dass die Erhöhung der Personalkosten durch die Tariflohnerhöhung als Sachgrund ausreicht[881]. Da aber beim Anrechnungsvorbehalt nur indirekt durch die Tariferhöhung auf die variable Vergütung aus Zielvereinbarungen eingewirkt wird und außerdem der Anreiz zur Zielerreichung durch

874 *BAG* vom 04.03.2004, 8 AZR 196/03; *BAG* vom 21.04.2005, 8 AZR 425/04; *Lingemann/Gottschalk* DStR 2011, 774; *Schrader/Schubert*, NZA-RR 2005, 225, 231; MüKo, BGB – *Müller-Glöge*, § 611 BGB, Rn. 1046; *Heiden*, Entgeltrelevante Zielvereinbarungen 2007, S. 347f.

875 *Lingemann/Gottschalk* DStR 2011, 774, 776f; *Schrader/Schubert*, NZA-RR 2005, 225, 231.

876 *Lingemann/Gottschalk* DStR 2011, 774, 776; *Schrader/Schubert*, NZA-RR 2005, 225, 231; MüKo, BGB – *Müller-Glöge*, § 611 BGB, Rn. 1049, 1050; *Heiden*, Entgeltrelevante Zielvereinbarungen 2007, S. 348.

877 So auch *Heiden*, Entgeltrelevante Zielvereinbarungen 2007, S. 347ff.

878 *Hromadka/Maschmann*, ArbR I, § 7 Rn. 50g.

879 *Hromadka/Maschmann*, ArbR I, § 7 Rn. 50g; *Heiden*, Entgeltrelevante Zielvereinbarungen 2007, S. 221.

880 Siehe Kapitel C. II.

881 *Rieble*, NZA 2000 Sonderbeilage 3, S. 34, 41; Reiserer, NZA 2007, 1249, 1251; *Heiden*, Entgeltrelevante Zielvereinbarungen 2007, S. 222.

die Reduzierung abgesenkt wird, ist dieses Variabilisierungsinstrument nur wenig sinnvoll durch den Arbeitgeber einsetzbar[882].

4. Unzulässige Vertragsstrafe, zulässige aber unpraktische Konsenskürzung

Zwar ist eine konsensuale Kürzung von variabler Vergütung durch Absprachen verschiedener Art denkbar und auch bis zur Grenze der Sittenwidrigkeit und unter Ausnahme der tariflichen Ansprüche zulässig. Allerdings steht dabei eher die tatsächliche als die rechtliche Möglichkeit einer Kürzung im Vordergrund. Im tariflichen Bereich ist zudem eine Zustimmung der Tarifparteien erforderlich, die den Anwendungsbereich dieser Kürzungsmöglichkeit weiter einschränkt. Somit ist hier eine weitere Variabilisierungsmöglichkeit von Vergütung aus Zielvereinbarungen gegeben, die aber eher Verhandlungsprobleme, als arbeitsrechtliche Schwierigkeiten aufweist.

Die Vertragsstrafe ist hingegen als Variabilisierungsinstrument von Vergütung aus Zielvereinbarungen ungeeignet, denn es handelt sich dabei gerade nicht um einen Fall, bei dem sie aufgrund arbeitsrechtlicher Besonderheiten zulässig ist. Eine Vertragsstraferegelung zur Kürzung von variabler Vergütung aus Zielvereinbarungen ist nach den §§ 138, 242, 307 Abs. 1 BGB unzulässig, sofern sie nicht entsprechend den zum Widerrufsvorbehalt dargestellten Grundsätzen entspricht.

Der Anrechnungsvorbehalt schließlich ist bei übertariflicher variabler Vergütung aus Zielvereinbarungen auch möglich und richtet sich nach denselben Grundsätzen wie der Widerrufsvorbehalt. Dabei ist wegen der Personalkostensteigerung stets von einem gegebenen Widerrufsgrund auszugehen. Allerdings eignet er sich nur indirekt zur Variabilisierung durch den Arbeitgeber und ist zudem wenig zweckmäßig, da der Anreiz zur Zielerreichung vermindert wird.

X. Kürzung bei Zielverfehlung, Zielfeststellung, Beweislastverteilung und unterbliebene Zielvereinbarung

Zur Variabilisierung von Vergütung aus Zielvereinbarungen kommen nicht nur die klassischen Flexibilisierungsklauseln in Frage, sondern auch die Kürzung wegen Zielverfehlung aus der Zielvereinbarung selbst. Dabei ist zunächst allgemein dieser Kürzungsmechanismus darzustellen, wobei auf die Frage der (gemeinsamen) Feststellung des Zielerreichungsgrades einzugehen ist, sodann kurz die Beweislastverteilung angesprochen werden soll und abschließend die Frage, was bei unterbliebener Zielvereinbarung zu tun ist, behandelt wird.

---

882 So auch *Reiserer*, NZA 2007, 1249, 1251; *Heiden*, Entgeltrelevante Zielvereinbarungen 2007, S. 222.

1. Kürzung bei Zielverfehlung

Bereits bei der Frage, auf welche dogmatische Grundlage die Kürzung bei Zielverfehlung zu gründen ist und wie der Zielerreichungsgrad festgestellt wird, existieren divergierende Meinungen in der Literatur. Dabei bilden diese grundsätzlichen Auffassungen die Basis der Auseinandersetzungen um die Frage, nach welchen Vorschriften bei unterbliebener Zielvereinbarung vorzugehen ist[883]. Auch spiegeln sich hier die unterschiedlichen Auffassungen zur Rechtsnatur der variablen Vergütung aus Zielvereinbarungen wieder[884]. Einigkeit besteht hingegen darin, dass die eigentliche Feststellung der Zielerreichung im Rahmen eines gemeinsamen Soll-Ist-Vergleichs von Arbeitnehmer und Arbeitgeber erfolgt, bei dem ein gewisser Zielerreichungsgrad festgelegt wird[885]. Auf eine umfangreiche Darstellung der Abgrenzung zur Zielvorgabe, die nach § 315 BGB kontrollierbar ist, wird an dieser Stelle verzichtet[886].

a) Einseitige Leistungsbestimmung des Arbeitgebers nach § 315 BGB (analog)

Einige Autoren gehen davon aus, dass die Kürzung aus der Zielvereinbarung bei Zielverfehlung eine einseitige Leistungsbestimmung durch den Arbeitgeber nach § 315 BGB (z.T. analog) darstellt[887]. Bei der Feststellung der Zielerreichung handele es sich um einen Beurteilungsakt, bei dem die Arbeitgeberseite (analog) § 315 BGB an den Maßstab des – gerichtlich überprüfbaren – billigen Ermessens gebunden sei[888]. Dies habe zur Konsequenz, dass das Gericht im Streitfall den Grad der Zielerreichung

---

883 Siehe Kapitel C. X. 3.

884 Siehe Kapitel B. IV.

885 *Annuß,* NZA 2007, S. 290, 294; *Bauer/Diller/Göpfert,* BB 2002, S. 882, 885; *Behrens/Rinsdorf,* NZA 2003, S. 364; *Heiden,* DB 2009, S. 2714, 2716; *Mauer,* NZA 2002, S. 540, 541; *Reiserer,* NJW 2008, S. 609, 610; *Riesenhuber/v. Steinau-Steinrück,* NZA 2005, S. 785, 789; Klasen/Krebs/Michel/Weber, Personalmanagement und Instituts-VergV – *Klasen,* S. 91, 120; Preis, Der Arbeitsvertrag – *Preis/V. Lindemann,* II Z 5 Zielvereinbarungen, Rz. 31; *Deich,* Die rechtliche Beurteilung von Zielvereinbarungen im Arbeitsverhältnis 2004, S. 236; *Heiden,* Entgeltrelevante Zielvereinbarungen 2007, S. 308; *Mohnke,* Zielvereinbarungen im Arbeitsverhältnis 2006, S. 295.

886 Siehe dazu Kapitel B. II. 3.

887 *Annuß,* NZA 2007, S. 290, 294f; *Bordet/Raif,* ArbRAktuell 2011, S. 607ff.; *Heiden,* DB 2009, S. 2714, 2716; *Hümmerich,* NJW 2006, S. 2294, 2296; *König,* NZA-RR 2012, S. 449, 452f.; *Mauer,* NZA 2002, S. 540, 547; *Plander,* ZTR 2002/4, S. 155, 157ff.; *Deich,* Die rechtliche Beurteilung von Zielvereinbarungen im Arbeitsverhältnis 2004, S. 234ff.; Preis, Der Arbeitsvertrag – *Preis/V. Lindemann,* II Z 5 Zielvereinbarungen, Rz. 29ff.

888 *Heiden,* DB 2009, S. 2714, 2716; Preis, Der Arbeitsvertrag – *Preis/V. Lindemann,* II Z 5 Zielvereinbarungen, Rz. 33.

nach § 315 Abs. 3 BGB festsetzen könne[889]. Die Vorschrift des § 315 BGB betreffe zwar dem Wortlaut nach nur die Rechtsfolgen, nicht aber die Anspruchsvoraussetzungen, dies sei jedoch unproblematisch, da das *BAG* bei ihrer Anwendung großzügig verfahre[890]. Auch sei im Bereich tariflicher Leistungsbestimmungen eine Anwendung des § 315 BGB allgemein anerkannt[891]. Deshalb sei im Zweifel stets davon auszugehen, dass sich der Arbeitgeber seines einseitigen Leistungsbestimmungsrechtes nicht begebe, sondern ein ebensolches ausübe[892].

b) Eigenständige Anwendung der Zielvereinbarung selbst

Demgegenüber vertritt die überwiegende Mehrzahl der Autoren und auch das *BAG* die Auffassung, dass es sich bei der (gemeinsamen) Bestimmung des Zielerreichungsgrades nicht um eine einseitige Leistungsbestimmung, sondern um eine wechselseitige vertragliche Regelung der Leistungsbestimmung handelt[893]. Diese sei – notfalls im Wege ergänzender Vertragsauslegung – nach §§ 133, 157 BGB auszulegen, um die Bestimmung des Zielerreichungsgrades zu beurteilen[894]. Denn bei der Frage der Zielerreichung handele es sich um eine Frage des Tatbestandes, nicht der auf Rechtsfolgenseite angesiedelten einseitigen Leistungsbestimmung[895]. Dabei findet sich auch die Einordnung als „Primäranspruch“[896], was eine danebenstehende Sekundärebene indiziert, die im Rahmen der Diskussion um die unterbliebene Zielvereinbarung eine Rolle spielt[897].

---

889 *Annuß,* NZA 2007, S. 290, 294; *Bordet/Raif,* ArbRAktuell 2011, S. 607, 608; *Mauer,* NZA 2002, S. 540, 547.

890 *BAG* vom 04.05.1993, 3 AZR 625/92, NZA 1994, 361; *Rieble/Gutzeit,* JArbR 2000/37, S .41, 57; *Deich,* Die rechtliche Beurteilung von Zielvereinbarungen im Arbeitsverhältnis 2004, S. 234.

891 *Deich,* Die rechtliche Beurteilung von Zielvereinbarungen im Arbeitsverhältnis 2004, S. 235.

892 *Plander,* ZTR 2002/4, S. 155, 157ff.

893 *BAG* vom 12.10.2011, 10 AZR 746/10, NZA 2012, S. 450ff.; *Bauer/Diller/Göpfert,* BB 2002, S. 882, 885; *Behrens/Rinsdorf,* NZA 2003, S. 364ff.; *Berwanger,* BB 2004, S. 551, 554; *Brors,* RdA 2004, S. 273, 276; *Gaul/Rauf,* DB 2008, S. 869ff.; *Klein,* NZA 2006, S. 1129, 1131; *Reiserer,* NJW 2008, S. 609, 610; *Ricken,* ZfA 4/2012, S. 615, 643; *Riesenhuber/v. Steinau-Steinrück,* NZA 2005, S. 785, 791; *Schmiedl,* BB 2006, S. 2417, 2418; *Treichel,* NJOZ 2012, S. 1097; MüHB zum Arbeitsrecht – *R. Krause,* § 57, Rn. 43; *Heiden,* Entgeltrelevante Zielvereinbarungen 2007, S. 305ff.

894 *Berwanger,* BB 2004, S. 551, 554; *Gaul/Rauf,* DB 2008, S. 869; *Klein,* NZA 2006, S. 1129, 1131; *Treichel,* NJOZ 2012, S. 1097.

895 *Behrens/Rinsdorf,* NZA 2003, S. 364.

896 *Heiden,* DB 2009, S. 1705, 1706.

897 Mehr dazu sogleich in Kapitel C. X. 3.

Einige Autoren gehen dabei davon aus, dass es sich um eine Ergänzung der arbeitsvertraglichen Vergütungsabrede handele[898].

Andere bezeichnen die Zielvereinbarung ihrer Natur nach als Vertrag, für den die einvernehmliche Festlegung und Bewertung der Ziele typisch sei. Gerade dieser Charakter widerspreche der einseitigen Leistungsbestimmung nach § 315 BGB, denn dieses unterlaufe den Grundsatz der Vertragsbindung („pacta sunt servanda"). Hinzu komme noch, dass § 315 BGB gerade kein eigenes Leistungsbestimmungsrecht begründe, sondern ein solches voraussetze, was aber gerade bei der Zielvereinbarung nicht der Fall sei[899].[900]

Auch die Möglichkeit, einen Widerrufsvorbehalt zu vereinbaren, spreche nicht gegen diese Sichtweise, denn dieses Instrument sei separat in seiner Ausübung zu bewerten[901].

In den Zielvereinbarungen liege gerade eine Abkehr von dem sonst üblichen einseitigen Vorgehen des Arbeitgebers, denn der Arbeitnehmer solle gerade in die Zielbestimmung und -feststellung einbezogen werden. Auch zeige die Einrichtung von Konfliktlösungsstellen, dass eben kein einseitiges Vorgehen durch den Arbeitgeber erwünscht sei.[902]

c) Zielvereinbarungsinhalt ist maßgeblich

Geht man von der separaten synallagmatischen Verbindung von Zielerreichungsbemühung und variabler Vergütung aus der Zielvereinbarung – wie hier[903] – aus, so ist letztere Sichtweise deutlich vorzuziehen. Bei der Zielvereinbarung stehen sich in dieser Sonderverbindung eindeutig bezeichnete Primärpflichten gegenüber, die sich unmittelbar aus der konkreten Zielvereinbarung ergeben. Deshalb handelt es sich hier um eine gegenseitige Leistungsabrede im Arbeitsvertrag. Berücksichtigt man die Grundkonstruktion der Zielvereinbarung, die eine gemeinsame Zielfestlegung und Zielfeststellung durch Arbeitgeber und Arbeitnehmer vorsieht, so widerspricht die Annahme eines einseitigen Leistungsbestimmungsrechtes dieser Grundkonstruktion. Durch ein solches einseitiges Leistungsbestimmungsrecht würde der konsensuale Charakter gestört und das separate Synallagma negiert. Würde man dem Arbeitgeber zusätzlich bei seiner Entscheidung im Rahmen des gemeinsamen Zielvereinbarungsgespräches eine Kontrolle nach § 315 BGB, wie bei einem

898 *Bauer/Diller/Göpfert*, BB 2002, S. 882, 885; *Schmiedl*, BB 2004, S. 329; *Treichel*, NJOZ 2012, S. 1097.

899 *Heiden*, Entgeltrelevante Zielvereinbarungen 2007, S. 306.

900 Zum ganzen Abschnitt *Brors*, RdA 2004, S. 273, 276; *Klein*, NZA 2006, S. 1129, 1131; *Schmiedl*, BB 2004, S. 329; *Schmiedl*, BB 2006, S. 2417, 2418; *Heiden*, Entgeltrelevante Zielvereinbarungen 2007, S. 305.

901 *Brors*, RdA 2004, S. 273, 276; *Klein*, NZA 2006, S. 1129, 1131; *Heiden*, Entgeltrelevante Zielvereinbarungen 2007, S. 306.

902 Zum ganzen Absatz *Berwanger*, BB 2004, S. 551, 554.

903 Siehe Kapitel B. IV.

einseitigen Leistungsbestimmungsrecht aufbürden, so wäre die Balance zwischen den Parteien der separat synallagmatischen Zielvereinbarung gefährdet. Gerade die Tatsache, dass der Arbeitgeber sich auch an die vereinbarten Ziele bindet, würde dabei einseitig außer Acht gelassen. Bei der Zielvereinbarung gehen nämlich sowohl Arbeitgeber, als auch Arbeitnehmer das Risiko der Zielerreichung, bzw. -verfehlung ein[904].

Dies ist auch unabhängig von der Möglichkeit eines Widerrufsvorbehaltes anzunehmen, da dieser bei bereits entstandenem Anspruch, also bei Zielerreichung eingreift. Hier aber geht es gar nicht um diesen Fall, denn es geht um die Kürzung bei Zielverfehlung. Zudem handelt es sich bei der Ausübung des Widerrufsvorbehaltes gerade um eine einseitige Maßnahme, die das Primärleistungsverhältnis im separaten Synallagma nur indirekt betrifft.

Gerade der vorgreifende Blick auf die Rechtsfolgen bei unterbliebener Zielvereinbarung zeigt, dass es hier um die Tatbestandsvoraussetzungen der Primärpflicht gehen muss. Nimmt man nämlich dort, wie noch zu zeigen sein wird, einen sekundären Schadenersatzanspruch nach §§ 280 Abs. 1, Abs. 3, 283 BGB statt der Leistung an, so muss es ein entsprechendes Primärleistungsverhältnis geben[905]. Handelt es sich hingegen um die Verletzung eines einseitigen Leistungsbestimmungsrechtes, so kommt ein Anspruch nur aus § 280 Abs. 1 BGB in Betracht. Somit sprechen auch die Erwägungen zur unterbliebenen Zielvereinbarung für die Annahme einer separat synallagmatischen Primärbeziehung.

Das Zurückgreifen auf das allgemeine Leistungsstörungsrecht wird auch durch den Grundsatz „kein Lohn ohne Arbeit" bestätigt[906]. Dieser kommt in § 326 Abs. 1 BGB zum Ausdruck und gelangt im Rahmen der proportionalen Kürzung bei Fehlzeiten mit Lohnfortzahlung – wie bereits aufgezeigt – zur Anwendung[907]. Auch durch diese Sichtweise wird die hier gefundene Anwendung des Schadenersatzes statt der Leistung bestätigt, denn es handelt es sich um ein weiteres Versatzstück aus dem allgemeinen Leistungsstörungsrecht. Ebenso bestätigt dies erneut den separat synallagmatischen Charakter der variablen Vergütung aus Zielvereinbarungen.

Somit ist davon auszugehen, dass es sich bei der Reduzierung von variabler Vergütung aus Zielvereinbarungen bei Zielverfehlung um eine gemeinsame Festlegung der Höhe der Primärpflicht im separaten Synallagma handelt und die Regelung in der Zielvereinbarung maßgeblich für die Kürzung ist.

2. Die Beweislast bei der Zielfeststellung

Auch hinsichtlich der Beweislastverteilung bei der Frage nach der Zielerreichung bestehen unterschiedliche Meinungen, die hier angesprochen werden sollen, da sie

904 Siehe Kapitel C. I. und Kapitel C. X. 3.
905 Siehe dort Kapitel C. X. 3.
906 Siehe oben Kapitel C. I. 1.
907 Siehe oben Kapitel C. I. 1.

einen wesentlichen Einfluss auf die gerichtliche Behandlung der Kürzung variabler Vergütung aus Zielvereinbarungen bei Zielverfehlung haben.

a) Analogie zum Zeugnisrecht

Nach einer Auffassung ist die Darlegungs- und Beweislast entsprechend den durch die Rechtsprechung entwickelten Grundsätzen bei Zeugnisstreitigkeiten zu verteilen[908]. Die Beweislast für eine überdurchschnittliche Leistung treffe dann den Arbeitnehmer, diejenige für eine unterdurchschnittliche Leistung den Arbeitgeber[909]. Voraussetzung sei jedoch, dass eine durchschnittliche Leistung aus der Zielvereinbarung erkennbar sei, sonst griffen die allgemeinen Grundsätze der Darlegungs- und Beweislast[910]. Gerade in dem Bereich, in dem es um der Sphäre des Arbeitgebers zugeordnete Tatsachen gehe, müsse diese Regel greifen, denn dem Arbeitnehmer sei oft der Zugriff auf diese Tatsachen nicht möglich[911]. Darüber hinaus sei dem Arbeitnehmer auch noch ein Auskunftsanspruch gegen den Arbeitgeber zuzusprechen, der im Wege der Stufenklage mit der Geltendmachung des Zahlungsanspruches verbunden werden könne[912].

b) Beweislast beim Arbeitnehmer

Demgegenüber gehen andere davon aus, dass die Beweislast, nach dem Beibringungsgrundsatz vollständig beim Arbeitnehmer liegt[913]. Der Zweck der Zielvereinbarung bestehe gerade darin den Arbeitnehmer zu überdurchschnittlichen Leistungen zu bewegen, weshalb das Abstellen auf eine durchschnittliche Zielerreichung fehlgehe[914]. Außerdem bestehe keine vergleichbare Situation zur Zeugniserteilung, da bei dieser ein Dokumentationsproblem für die Bewertung lange andauernder Arbeitsverhältnisse entstehe, welches beim in der Regel einjährigen

908 *Annuß,* NZA 2007, S. 290, 294; *Mauer,* NZA 2002, S. 540, 549; *Hümmerich,* NJW 2006, S. 2294, 2296; Moll, MüAHB Arbeitsrecht – *Hexel,* § 20 , Rn. 63.

909 *Annuß,* NZA 2007, S. 290, 294; *Mauer,* NZA 2002, S. 540, 549.

910 *Annuß,* NZA 2007, S. 290, 294; ambivalent *Riesenhuber/v. Steinau-Steinrück,* NZA 2005, S. 785, 791.

911 *Mauer,* NZA 2002, S. 540, 549.

912 *Annuß,* NZA 2007, S. 290, 294; Moll, MüAHB Arbeitsrecht – *Hexel,* § 20 , Rn. 63; LAG Düsseldorf vom 09.11.2010, 17 Sa 278/10; a.A. LAG Hessen vom 30.05.2011, 7 Sa 1646/10.

913 *Behrens/Rinsdorf,* NZA 2003, S. 364ff.; *Behrens/Rinsdorf,* NZA 2006, S. 830, 832; *Brors,* RdA 2004, S. 273, 276f.; *Riesenhuber/v. Steinau-Steinrück,* NZA 2005, S. 785, 791; MüHB zum Arbeitsrecht – *R. Krause,* § 57, Rn. 46; *Mohnke,* Zielvereinbarungen im Arbeitsverhältnis 2006, S. 297ff.; LAG Hessen vom 30.05.2011, 7 Sa 1646/10.

914 *Behrens/Rinsdorf,* NZA 2003, S. 364. 365; *Riesenhuber/v. Steinau-Steinrück,* NZA 2005, S. 785, 791; *Mohnke,* Zielvereinbarungen im Arbeitsverhältnis 2006, S. 298.

Zielvereinbarungszeitraum nicht der Fall sei[915]. Bei Zielvereinbarungen würde zudem eine Bewertung im Rahmen des Zielgespräches bewirkt, sodass es an der einseitigen Bewertung durch den Arbeitgeber und damit einer vergleichbaren Interessenlage fehle[916]. Außerdem sei ein Vergleich zur Eingruppierung, bei welcher der Arbeitnehmer beweisbelastet sei, treffender[917]. Hinzu komme, dass die Verschiebung der Beweislast auf den Arbeitgeber die Anreizfunktion – auch im Verhältnis zu Kollegen – gefährde, denn bei einer Belohnung durch variable Vergütung, die auch bei Zielverfehlung im Zweifel gezahlt werde, sei die gerade bezweckte Leistungssteigerung nicht mehr zu erwarten[918]. Nach einigen Autoren dieser Gruppe bestehe ein Auskunftsanspruch nicht, da bei einem noch nicht feststehenden zielvereinbarungsbasierten Leistungsanspruch kein rechtlich geschütztes Interesse daran bestehe[919]. Einzig *Brors* geht davon aus, dass sich ein Auskunftsanspruch aus den §§ 65, 87c HGB ergebe[920].

c) Modifizierte Beweislast beim Arbeitnehmer

Vor allem in den Dissertationen zu Zielvereinbarungen werden noch andere Lösungsansätze diskutiert. *Deich* geht davon aus, dass die Übertragung der Grundsätze aus den Zeugnisstreitigkeiten unzulässig sei, da darin eine Modifikation der Beweislast liege, die einzelfallbezogene Billigkeitserwägungen über die Grundsätze der Beweisverteilung stelle[921]. Gegebenenfalls soll durch Beweiserleichterungen ein bestehendes Ungleichgewicht ausgeglichen werden[922].

Eine Beweiserleichterung über den Beweis des ersten Anscheins gehe jedoch ins Leere, da gerade bei Zielvereinbarungen kein Erfahrungssatz hinsichtlich eines bestimmten Zielerreichungsgrades möglich sei. Allerdings komme die Ausübung eines Auskunftsanspruches im Rahmen der §§ 421ff. ZPO in Betracht, bei der es ausreicht, dass der Arbeitnehmer vorträgt, dass der Arbeitgeber die maßgeblichen Unterlagen besitzt und das Gericht daraufhin die Vorlage durch Beschluss anordnet. Daneben komme auch noch eine Parteivernehmung des Arbeitgebers nach § 445ff. ZPO in

915 *Behrens/Rinsdorf,* NZA 2003, S. 364; 365; *Mohnke,* Zielvereinbarungen im Arbeitsverhältnis 2006, S. 298.

916 *Behrens/Rinsdorf,* NZA 2003, S. 364; 365; *Mohnke,* Zielvereinbarungen im Arbeitsverhältnis 2006, S. 298f.

917 *Behrens/Rinsdorf,* NZA 2003, S. 364; 365; *Mohnke,* Zielvereinbarungen im Arbeitsverhältnis 2006, S. 298.

918 *Behrens/Rinsdorf,* NZA 2003, S. 364, 366.

919 *LAG Hessen* vom 30.05.2011, 7 Sa 1646/10.

920 *Brors,* RdA 2004, S. 273, 276f.

921 *Deich,* Die rechtliche Beurteilung von Zielvereinbarungen im Arbeitsverhältnis 2004, S. 245 unter Verweis auf *BGH* vom 17.12.1996, VersR 1997, 878; *Baumgärtel/Laumen/Prütting,* Beweislastpraxis, Rn. 450ff.; MüKo-ZPO – *Prütting,* § 286, Rn. 119.

922 Zöller, ZPO – *Greger,* Vor § 284, Rn. 25; *Deich,* Die rechtliche Beurteilung von Zielvereinbarungen im Arbeitsverhältnis 2004, S. 246.

Betracht. *Deich* vertritt aber letzlich doch die Auffassung, dass in der Zielvereinbarung abweichend von diesen Grundsätzen auch noch eine Beweislastverteilung nach den Grundsätzen der Zeugnisstreitigkeiten vereinbart werden könne, dies sei aber für den Arbeitgeber äußerst unvorteilhaft.[923]

Schließlich gibt es noch die Meinung von *Heiden*, der davon ausgeht, dass zwar grundsätzlich die Beweislast beim Arbeitnehmer liegt, dieser jedoch unterstützende Informationsansprüche habe. Für eine Anwendung der Zeugnisgrundsätze fehle es an der typischen, auf die gesamte Dauer des Arbeitsverhältnisses bezogenen Leistungsbewertung. Außerdem sei der Schluss auf eine durchschnittliche Zielerreichung nicht gerechtfertigt. Der Informations- und Auskunftsanspruch des Arbeitnehmers gegen den Arbeitgeber ergebe sich als vertragliche Nebenpflicht anknüpfend an § 108 GewO.[924]

Weitere Grundlage sei § 82 Abs. 2 BetrVG, der besagt, dass der Arbeitnehmer verlangen kann, dass ihm die Berechnung und Zusammensetzung seines Arbeitsentgelts erläutert und mit ihm die Beurteilung seiner Leistungen sowie die Möglichkeiten seiner beruflichen Entwicklung im Betrieb erörtert werden. Dieser sei unabhängig vom Bestehen eines Betriebsrates anwendbar sei[925]. Die §§ 65, 87c HGB hingegen seien, wegen ihres Bezuges zur Provision und der Tatsache, dass aufgrund der anderen Vorschriften bereits keine Regelungslücke bestehe, nicht anwendbar. Der Auskunftsanspruch umfasse sämtliche unmittelbar für die Ergebnisgrößen der Zielvereinbarung relevanten Kennzahlen und Daten, wobei diese bei Personenbezug – wegen des Datenschutzes – anonymisiert werden müssten.[926]

d) Beweislast beim Arbeitnehmer und Auskunftsanspruch

Geht man von einer synallagmatischen Verknüpfung der Zielerreichungsbemühung einerseits und der variablen Vergütung andererseits aus, so ist zunächst die Auffassung, die die Grundsätze der Beweislastverteilung bei Zeugnisstreitigkeiten anwendet, abzulehnen. Zwar findet auch bei der Zielvereinbarung eine Bewertung der Zielerreichung statt. Anders als beim Arbeitszeugnis erfolgt diese aber nicht einseitig, sondern durch die Parteien der Zielvereinbarung im Rahmen eines gemeinsamen Gespräches. Auch erfasst das Zeugnis einen viel längeren Zeitraum, bei dem eine Leistungserfassung nicht wie bei der in der Regel einjährigen Zielvereinbarung

923 Zum ganzen Abschnitt *Deich*, Die rechtliche Beurteilung von Zielvereinbarungen im Arbeitsverhältnis 2004, S. 249ff. ; a.A. *LAG Nürnberg*, AuR 2002, 382.

924 Zum ganzen Absatz *Heiden*, DB 2009, S. 2714, 2717f; *Heiden*, Entgeltrelevante Zielvereinbarungen 2007, S. 315ff.

925 *Heiden*, Entgeltrelevante Zielvereinbarungen 2007, S. 318, ebenso *Deich*, Die rechtliche Beurteilung von Zielvereinbarungen im Arbeitsverhältnis 2004, S. 237, die aber nicht zu einer allgemeinen Anwendbarkeit äußert.

926 Zum ganzen Absatz *Heiden*, DB 2009, S. 2714, 2717f; *Heiden*, Entgeltrelevante Zielvereinbarungen 2007, S. 315ff.

klar gegliedert ist[927]. Hinzu kommt, dass die Zeugniserteilung viel genereller gehalten ist als die Bewertung der einzelnen Ziele der Zielvereinbarung, und somit auch insoweit keine Vergleichbarkeit besteht. Sie ist auch anders gegliedert, damit fehlt es an einer vergleichbaren Interessenlage. Außerdem handelt es sich bei der Beweislastverteilung im Rahmen der Zeugniserteilung um eine speziell für diesen Fall konstruierte Rechtsfigur der Rechtsprechung[928]. Bereits diese Grundkonstruktion ist als Spezialregelung analogiefeindlich, weil sie gerade keine generell übertragbare Regel aufstellt. Auch dies spricht gegen eine vergleichbare Interessenlage. Die Basis wird der Analogie jedoch endgültig dadurch entzogen, dass auch keine planwidrige Regelungslücke besteht, die eine Analogie überhaupt erst erforderlich machen würde. Die allgemeinen Grundsätze der Beweislastverteilung, nämlich, dass der Anspruchsteller die Beweislast für die rechtsbegründenden, der Anspruchsgegner sie für die rechtsvernichtenden, rechtshindernden und rechtshemmenden Tatbestandsmerkmale trägt[929], sind hier völlig ausreichend. Bei der Zielerreichung handelt es sich nämlich um ein Tatbestandsmerkmal des Anspruches auf die variable Vergütung, womit der Arbeitnehmer dafür beweisbelastet ist. Somit bedarf es auch keiner Analogie zur Zeugniserteilung.

Allerdings hat der Arbeitnehmer einen Anspruch auf Auskunft hinsichtlich der die Zielerreichung begründenden Parameter. Dieser Anspruch ergibt sich aus dem allgemeinen Anspruch auf Erläuterung der Berechnung und Zusammensetzung des Arbeitsentgeltes aus § 82 Abs. 2 BetrVG. Zwar handelt es sich nach der hier vertretenen Auffassung um eine separat vom Grundgehalt zu betrachtende Vergütung, die auf der Basis einer separaten Vereinbarung im Arbeitsverhältnis besteht. Unter Arbeitsentgelt im Sinne des § 82 Abs. 2 BetrVG ist jedoch die Gesamtheit der dem Arbeitnehmer zustehenden Bezüge zu verstehen[930]. Dieser kann demnach eine detaillierte Darstellung der Zusammensetzung des Arbeitsentgelts, also Gehalt, Zulagen, Prämien, Provision etc. sowie deren Höhe verlangen[931]. Soweit § 82 Abs. 2 BetrVG nicht anwendbar ist ergibt sich aus § 242 BGB ein identischer allgemeiner Auskunftsanspruch des Arbeitnehmers[932]. Gerade dieser Auskunftsanspruch bestätigt erneut, dass eine Analogie zur Zeugniserteilung nicht nötig ist, denn durch ihn werden eventuell befürchtete Nachteile des Arbeitnehmers hinreichend ausgeglichen.

---

927 *Behrens/Rinsdorf*, NZA 2003, S. 364ff.; *Behrens/Rinsdorf*, NZA 2006, S. 830, 832; *Brors*, RdA 2004, S. 273, 276f.; *Riesenhuber/v. Steinau-Steinrück*, NZA 2005, S. 785, 791; MüHB zum Arbeitsrecht – *R. Krause*, § 57, Rn. 46; *Mohnke*, Zielvereinbarungen im Arbeitsverhältnis 2006, S. 297ff.; *LAG Hessen* vom 30.05.2011, 7 Sa 1646/10.

928 So zum Zeugnisrecht *BAG* vom 14.10.2003, 9 AZR 12/03; NZA 2004, 843; *BAG* vom 23.09.1992, 5 AZR 573/91; *BAG* vom 21.06.2012; 8 AZR 364/11.

929 Zöller, ZPO – *Greger*, Vor § 284, Rn. 17a; *BGH* vom 14.01.1991, II ZR 190/89, NJW 1991, 1052.

930 Siehe nur Erfurter Kommentar – *Kania*, § 82 BetrVG, Rn. 6.

931 Erfurter Kommentar – *Kania*, § 82 BetrVG, Rn. 6.

932 *Loritz*, RdA 1998, 257, 259; *Heiden*, Entgeltrelevante Zielvereinbarungen 2007, S. 318 m.w.N.

3. Unterbliebene konkrete Zielvereinbarung

Schließlich stellt sich noch die Frage, ob und in welchem Umfang eine Variabilisierung der Vergütung auch bei unterbliebener konkreter Zielvereinbarung möglich ist. Dieses Versäumnis kann durch die Vergesslichkeit der Beteiligten, Kommunikationsstörungen, Kommunikationsverweigerung, die Annahme, dass die Vorjahresregelung weitergelte, aber auch bewusst herbeigeführt werden, um einen Zielbonus zu verhindern[933]. Zentral ist bei diesem Konflikt, dass beide Parteien der Rahmenzielvereinbarung es letztlich unterlassen, eine neue konkrete Zielvereinbarung abzuschließen. Es können also grundsätzlich Mitwirkungspflichten auf beiden Seiten verletzt werden[934].

Dabei werden auch hier unterschiedlichste Lösungsansätze diskutiert, die ebenfalls wesentlich an die Einschätzung der Rechtsnatur der variablen Vergütung aus Zielvereinbarungen gebunden sind.

a) Ergänzende Vertragsauslegung §§ 133, 157 BGB

Einige Autoren und Landesarbeitsgerichte gehen davon aus, dass bei unterbliebener konkreter Zielvereinbarung anhand einer ergänzenden Vertragsauslegung nach den §§ 133, 157 BGB zu ermitteln sei, ob eine Vergütung und wenn ja in welcher Höhe zu zahlen sei[935].

Gelegentlich wird auch mit gleichem Inhalt eine ergänzende Auslegung der Vergütungsabrede nach § 612 Abs. 2 BGB durchgeführt. Zur Begründung wird vorgetragen, es gehe nicht um das Erlöschen eines Entgeltanspruches, sondern um ein lückenhaftes Bonusversprechen. Dabei sei nach der Auffassung, die § 612 Abs. 2 BGB anwendet, die Vertragsergänzung durch das dispositive Gesetzesrecht vorzunehmen.[936]

Diese Auffassungen geben der Vertragsauslegung den Vorzug gegenüber einer Festsetzung nach § 315 Abs. 3 BGB, bzw. § 162 BGB (analog), da diese Regelung im

---

933 Siehe z. B. *Hümmerich,* NJW 2006, S. 2294, 2297; *Klein,* NZA 2006, S. 1129.

934 *Hümmerich,* NJW 2006, S. 2294, 2297.

935 *Gehlhaar,* NZA-RR 2007, S. 113ff; *Hümmerich,* NJW 2006, S. 2294, 2297; teilweise auch *Klein,* NZA 2006, S. 1129ff für den Fall der fehlenden Einigung; wohl auch *Reiserer,* NJW 2008, S. 609, 611; *Schmiedl,* BB 2004, S. 329, 331; *Schmiedl,* BB 2006, S. 2417ff.; *Deich,* Die rechtliche Beurteilung von Zielvereinbarungen im Arbeitsverhältnis 2004, S. 274ff.; wohl auch *LAG Köln* vom 01.09.2003 – 2 Sa 471/03 (zit. bei *Hümmerich,* NJW 2006, S. 2294, 2297); *LAG Hamm,* AuA 2005, 236; *LAG Hamm* vom 24.06.2010, 16 Sa 385/10.

936 Zum ganzen Absatz *Heiden,* DB 2009, S. 1705ff; *Heiden,* Entgeltrelevante Zielvereinbarungen 2007, S. 367ff, der allerdings daneben noch einen Anspruch aus §§ 280 Abs. 2, 286 BGB sieht.

Einklang mit der generellen Kontrolle allgemeiner Geschäftsbedingungen durchzuführen sei[937].

§ 162 BGB ermögliche zudem keinen Ermessenspielraum für die Auswahl unter vielen denkbaren Zielfestlegungen. Zudem sei § 162 BGB zu unflexibel zur Berücksichtigung treuwidrigen Verhaltens der Parteien und würde überdies durch eine Analogie in seinem Anwendungsbereich zu einer doppelten unzulässigen Fiktion von Zielen und Zielerreichungsvergütung führen.[938]

Außerdem sei die ergänzende Vertragsauslegung generell gegenüber der einseitigen Leistungsbestimmung nach § 315 BGB vorrangig[939]. Diese sei schlussendlich nur im Rahmen von Zielvorgaben anwendbar, die gerade bei Zielvereinbarungen nicht gegeben sei[940]. Eine derartige richterliche Ersatzleistung sei zudem durch das Gericht nicht sachgerecht auf die individuelle Situation des Arbeitnehmers anzupassen, da den Gerichten diese Einschätzungsfähigkeit grundsätzlich und damit der Maßstab für eine Bewertung nach § 315 BGB fehle[941]. Zudem sei es der „ehrlichste" aller Lösungswege, um zu erklären, dass letztlich das Gericht irgendwie den Anspruch und seine Höhe festlege[942].

Allein dadurch könne anhand des hypothetischen Parteiwillens ermittelt werden, was die Parteien bei angemessener Abwägung ihrer Interessen nach Treu und Glauben redlicherweise vereinbart hätten. Dabei seien die Zusammensetzung der Ziele in der Rahmenregelung und die Gewichtung der Ziele Ausgangspunkt der Bestimmung. Dabei sei zu berücksichtigen, dass die Zielvereinbarungen einerseits die Arbeitspflicht des Beschäftigten konkretisieren und ergänzen, andererseits die erbrachte Leistung dafür vergüten sollen. Unter Beachtung des Gleichbehandlungsgrundsatzes seien dann die Ergebnisse vergleichbarer Arbeitnehmer[943] und das Vorjahresergebnis[944] zur Festsetzung des fiktiven Zielerreichungsgrades heranzuziehen[945].[946]

---

937 *Hümmerich*, NJW 2006, S. 2294, 2297; *Heiden*, Entgeltrelevante Zielvereinbarungen 2007, S. 369ff.

938 *Heiden*, Entgeltrelevante Zielvereinbarungen 2007, S. 369, 370.

939 *Deich*, Die rechtliche Beurteilung von Zielvereinbarungen im Arbeitsverhältnis 2004, S. 274; MüHB – *Hanau*, § 63, Rn. 13.

940 *Deich*, Die rechtliche Beurteilung von Zielvereinbarungen im Arbeitsverhältnis 2004, S. 274, 275, 277; *Heiden*, Entgeltrelevante Zielvereinbarungen 2007, S. 370, 371.

941 *Heiden*, Entgeltrelevante Zielvereinbarungen 2007, S. 371.

942 *Gehlhaar*, NZA-RR 2007, S. 113, 116.

943 *Schmiedl*, BB 2004, S. 329, 331.

944 *Klein*, NZA 2006, S. 1129, 1131, 1132; *Deich*, Die rechtliche Beurteilung von Zielvereinbarungen im Arbeitsverhältnis 2004, S. 276.

945 *Deich*, Die rechtliche Beurteilung von Zielvereinbarungen im Arbeitsverhältnis 2004, S. 276.

946 zum ganzen Abschnitt *Schmiedl*, BB 2004, S. 329, 331; *Deich*, Die rechtliche Beurteilung von Zielvereinbarungen im Arbeitsverhältnis 2004, S. 275f.

b) Lösung über § 162 BGB

Dagegen gingen das *Bundessozialgericht (BSG)*, eine Kammer des *LAG Köln* und eine Kammer des *LAG Düsseldorf* davon aus, dass sich aus dem Gedanken der Bedingungsvereitelung nach § 162 Abs. 2 BGB ein Anspruch des Arbeitnehmers auf die variable Vergütung ergebe[947]. Der Fall des Bundessozialgerichtes erfasste die Frage, in welcher Höhe einem Arbeitnehmer, der auch Anspruch auf variable Vergütung aus einer Zielvereinbarung hatte, Insolvenzgeld gewährt werden muss. Dabei ging das *BSG* davon aus, dass das Gericht die Höhe der variablen Vergütung nach § 162 BGB festzusetzen habe, wenn die Zielvereinbarung aus nicht vom Arbeitnehmer zu vertretenden Gründen nicht zustande kommt. In der Entscheidung des *LAG Köln* ging es um einen Personalleiter, dem im Zusammenhang mit seiner Elternzeit gekündigt worden war und für den infolgedessen auch keine Ziele mehr festgesetzt wurden. Das *LAG Köln* erklärte die Kündigungen für unwirksam und sprach dem Kläger nach dem Rechtsgedanken des § 162 Abs. 2 BGB den Höchstbetrag der variablen Vergütung zu. Das *LAG Düsseldorf* entschied, dass in dem Fall, in dem der Arbeitgeber es versäumt eine Zielvorgabe zu erteilen ebenfalls nach § 162 Abs. 2 BGB über den Gedanken des Bedingungsausfalls dem Arbeitnehmer der Höchstbetrag der variablen Vergütung zuzusprechen sei. § 315 BGB könne nach Auffassung des *LAG Düsseldorf* daneben anwendbar sein, aber nur die Zielvereinbarung an sich und nicht den Betrag ergeben.

Dies wird auch von einigen Autoren in der Literatur unterstützt[948]. Dahinter steht der Gedanke, dass es sich bei der variablen Vergütung aus Zielvereinbarungen um aufschiebend bedingtes Entgelt handelt[949].

Da die §§ 158ff. BGB aber nur die Bedingung des gesamten Rechtsgeschäftes erfassen[950], kommt nach einigen Vertretern dieser Auffassung eine analoge Anwendung des § 162 BGB auf das bedingte Entgelt aus Zielvereinbarungen in Betracht. Die vergleichbare Interessenlage ergebe sich aus dem Gedanken, dass der Arbeitgeber, der – aus welchen Gründen auch immer – das Zielvereinbarungsgespräch nicht vornehme, diesen Bedingungseintritt vereitelt. Damit brauche das Gericht nur noch die Zielerreichung nach § 162 Abs. 1 BGB analog zu fingieren, um zu einer Ermittlung der variablen Vergütung zu kommen.[951]

Andere Autoren wiederum gehen von einer direkten Anwendbarkeit von §162 Abs. 1 BGB aus, indem sie eine Parallele zu dessen Anwendungsfall bei Provisionen im Handelsrecht nach den §§ 65, 87a Abs. 3 HGB ziehen. Nach dieser Auffassung

947 *BSG* vom 23.03.2006, B 11 aAL 29/05 R, NZA-RR 2007, S. 101ff; *LAG Köln* vom 22.08.2007, 3 Sa 358/07; *LAG Düsseldorf* vom 28.07.2006, 17 Sa 465/06.

948 *Klein*, NZA 2006, S. 1129, 1130, für den Fall des nichterfolgten Zielvereinbarungsgespräches; *Rieble/Gutzeit*, JArbR 2000/37, S .41, 53, 57.

949 *Klein*, NZA 2006, S. 1129, 1130; *Rieble/Gutzeit*, JArbR 2000/37, S .41, 54.

950 Palandt, BGB – *Hinrichs*, § Vorb. §158, Rn. 1.

951 Zum ganzen Absatz *Klein*, NZA 2006, S. 1129, 1130 unter Bezugnahme auf *LAG Düsseldorf* vom 28.07.2006, 17 Sa 465/06.

besteht kein Raum für einen mit gesteigerten Voraussetzungen (z. B. Vertretenmüssen) versehenen Schadenersatzanspruch. § 315 Abs. 3 BGB helfe nicht weiter, denn durch ihn könne nur die Zielvereinbarung, nicht aber der Zielerreichungsgrad fingiert werden. Die ergänzende Vertragsauslegung nach den §§ 133, 157 BGB komme nicht in Betracht, da die vertragliche Regelung klar sei und lediglich eine Ergänzung zu dieser in Gestalt der konkreten Zielvereinbarung fehle. Somit handele es sich bei der Festlegung durch das Gericht um eine „Ersetzung" und nicht um eine „Ergänzung" der vertraglichen Regelung.[952]

c) *Festsetzung nach § 315 Abs. 3 BGB*

Wiederum andere Autoren, das *Hessische LAG* und eine andere Kammer des *LAG Düsseldorf* sehen Raum für eine freie Festsetzung des Zielerreichungsentgeltes durch das Gericht nach § 315 Abs. 3 BGB[953]. In der Entscheidung des *Hessischen LAG* ging es um ein durch Aufhebungsvertrag beendetes Arbeitsverhältnis, im Rahmen dessen eine unklare Regelung zur variablen Vergütung zu einer Festlegung durch das Gericht nach § 315 Abs. 3 BGB führte. Das *LAG Düsseldorf* befasste sich mit der variablen Vergütung aus einem „Partnervergütungssystem" bei dem keine klare Gewichtung der Ziele zueinander gegeben war. Die Beklagte hatte sodann eine andere Gewichtung vorgenommen als der Kläger, was letztlich dazu führte, dass das Gericht eine eigene Bewertung nach § 315 BGB vornahm. Die einheitliche Argumentation stellte dabei darauf ab, dass der Arbeitgeber bei Zielvereinbarungen eine Leistungsbestimmungspflicht, bzw. ein Leistungsbestimmungsrecht ausübe, die durch das Gericht nach § 315 Abs. 3 BGB – bei Fehlen – zu ersetzen sei[954]. Diese Ersetzung sei der einzig gangbare Weg, da anderweitige normative Vorgaben fehlten[955].

Das Leistungsstörungsrecht der §§ 280ff. BGB sei unpassend, da es auf die Störungen bei der Erbringung der nach den bestehenden vertraglichen Grundlagen geschuldeten Leistungen ausgerichtet sei. Beim Fehlen der Zielvereinbarung fehle aber die Bestimmung dieser Grundlagen planwidrig. Auch sei die abstrakte Schadensberechnung nach § 252 BGB nicht anwendbar, denn es handele sich bei Zielvereinbarungen um auf den Arbeitnehmer speziell zugeschnittene Vereinbarungen, die keinen Marktpreis hätten.[956]

---

952 Zum Ganzen *Rieble/Gutzeit*, JArbR 2000/37, S .41, 54ff., 55, 57 ebenfalls unter Bezugnahme auf *LAG Düsseldorf* vom 28.07.2006, 17 Sa 465/06 und *LAG Köln* vom 22.08.2007, 3 Sa 358/07.

953 *Annuß*, NZA 2007, S. 290, 294; *Behrens/Rinsdorf*, NZA 2006, S. 830, 834f.; wohl auch *Mauer*, NZA 2002, S. 540, 547; *LAG Hessen* vom 29.01.2002, 7 Sa 836/01; *LAG Düsseldorf* vom 18.08.2011, 5 Sa 490/11.

954 *Annuß*, NZA 2007, S. 290, 294; *Behrens/Rinsdorf*, NZA 2006, S. 830, 835; *LAG Hessen* vom 29.01.2002, 7 Sa 836/01.

955 *Annuß*, NZA 2007, S. 290, 294; *Behrens/Rinsdorf*, NZA 2006, S. 830, 835.

956 Dazu im Ganzen *Behrens/Rinsdorf*, NZA 2006, S. 830, 834.

Allenfalls könne es sich um einen identisch zu lösenden „Leistungsvorbehalt" handeln, bei dem eine Ausübung des wechselseitigen Leistungsbestimmungsrechtes durch eine richterliche „Ersatz"-Vertragsauslegung erfolge[957]. Dabei sei eine Zielerreichung von in der Regel 100% zu unterstellen und nur bei besonderen Umständen ein Abschlag vorzunehmen[958].

d) Schadenersatzansprüche

Eine große Strömung in Literatur und Rechtsprechung verfolgt hingegen das Konzept eines Ausgleichs über Schadenersatzansprüche aus dem allgemeinen Leistungsstörungsrecht. Darin liegt aus hier vertretener Sicht die Anerkennung einer speziellen vertraglichen Primärebene, die sodann eine Regulierung auf sekundärrechtlicher Ebene erfordert[959].

Einige Autoren nehmen an, dass es sich um einen Verzugsschadenersatzanspruch nach §§ 280 Abs. 1, Abs. 2, 286 BGB handelt, bei dem es einer Mahnung durch den Arbeitnehmer bedürfe[960]. Dabei sei ein Mitverschulden des Arbeitnehmers im Rahmen von § 254 BGB zu berücksichtigen[961]. Mit ähnlichen Überlegungen wird vereinzelt auch ein Schadenersatzanspruch nach § 280 Abs. 1 BGB allein angenommen[962].

Die große Mehrzahl der Autoren, andere Kammern des *LAG Köln* und des *LAG Düsseldorf* und auch das *BAG* gehen hingegen von einem Schadenersatzanspruch statt der Leistung des Arbeitnehmers bei unterbliebener Zielvereinbarung nach den §§ 280 Abs. 1, Abs. 3, 283 bzw. 281 BGB aus[963]. Das *LAG Köln* hatte den Fall zu entscheiden, dass einem Arbeitnehmer personenbedingt wegen Leistungsmängeln

---

957 So *Mauer,* NZA 2002, S. 540, 547, der hier eine große Unschärfe und Nähe zur Lösung über eine ergänzende Vertragsauslegung zeigt.

958 *Behrens/Rinsdorf,* NZA 2006, S. 830, 835.

959 Siehe Kapitel B. IV.

960 *Riesenhuber/v. Steinau-Steinrück,* NZA 2005, S. 785, 792; *Schönhöft,* BB 2013, S. 1529, 1530; *ArbG Frankfurt* vom 11.12.2002, ZTR 2003, 577, 578; für den Fall, dass die Zielvereinbarungsperiode noch nicht abgelaufen ist auch *Lembke,* NJW 2010, S. 321, 325.

961 *Riesenhuber/v. Steinau-Steinrück,* NZA 2005, S. 785, 792; *ArbG Frankfurt* vom 11.12.2002, ZTR 2003, 577, 578.

962 *Treichel,* NJOZ 2012, S. 1097, 1100.

963 *BAG* vom 12.12.2007, 10 AZR 97/07; *BAG* vom 10.12.2008, 10 AZR 889/07; *LAG Düsseldorf* vom 30.04.2009, 11 Sa 1504/08; *LAG Köln* vom 23.05.2002, 7 Sa 71/02; *Gaul/Rauf,* DB 2008, S. 869, 870; *Lembke,* NJW 2010, S. 321, 325 (zumindest nach Ablauf der Zielvereinabrungsperiode); *Otto/Walk,* BB 2010, S. 373, 377; *Reiserer,* NZA Beilage 2010, S. 39, 41; *von Steinau-Steinrück/Ziegler,* NJW-Spezial 2008, S. 722ff; Klasen/Krebs/Michel/Weber, Personalmanagement und InstitutsVergV – *Klasen,* S. 91, 122ff., 125 (die jedoch für den Fall, dass trotz angemessener Ziel keine Einigung stattfindet doch wieder auf § 315 BGB zurückfällt); *Mohnke,* Zielvereinbarungen im Arbeitsverhältnis 2006, S. 312ff.; Preis, Der Arbeitsvertrag – *Preis/V. Lindemann,* II Z 5 Zielvereinbarungen, Rz. 40ff, 42; Moll, MüAHB

gekündigt wurde, obwohl er einen Zielerreichungsgrad von 102,5% für die vergangene Zielperiode aufwies. Dabei erörtert das *LAG Köln* am Rande, dass sich ein Anspruch des unwirksam gekündigten Arbeitnehmers entweder aus dem Gedanken des § 162 BGB, besser jedoch aus dem Gedanken der positiven Vertragsverletzung einer vertraglichen Nebenpflicht ergebe. Das *LAG Düsseldorf* beschäftigte sich mit der variablen Vergütung eines Projektteam-Mitarbeiters, bei der geregelt war, dass die Zielvereinbarung der vergangenen Zielperiode bei fehlender Folgevereinbarung fortgelte. Zwar bejahte es darin die grundsätzliche Möglichkeit einen Schadenersatzanspruch aus den §§ 280 Abs. 1, Abs. 3, 283 BGB geltend zu machen. Mit Ablauf der Zielperiode sei die Zielvereinbarung nämlich unmöglich nach § 275 Abs. 1 BGB geworden. Durch die vereinbarte Nachwirkung der Zielvereinbarung der vergangenen Zielperiode entfalle aber ein Verschulden des Arbeitgebers. Im ersten Fall befasst sich das *BAG* mit einer Softwareentwicklungsfirma, die in ihrem Arbeitsvertrag mit dem Arbeitnehmer folgende Formulierung verwendete: *„Die Prämie wird anhand von für das Kalenderjahr festzulegenden Zielen ausgezahlt und soll bei einer 100% Erreichung der Ziele EUR 50.000 brutto betragen."* Dabei wurden in der Praxis monatsweise Verkaufsziele für den Kläger festgelegt, wobei dies für einige Monate nicht erfolgte. Das *BAG* entschied, wenn der Arbeitnehmer auf Grund einer Rahmenvereinbarung im Arbeitsvertrag Anspruch auf einen Bonus in bestimmter Höhe hat, und er die von den Arbeitsvertragsparteien für jedes Kalenderjahr gemeinsam festzulegenden Ziele erreicht, ihm wegen entgangener Bonuszahlung Schadensersatz zusteht, wenn aus vom Arbeitgeber zu vertretenden Gründen für ein Kalenderjahr keine Zielvereinbarung getroffen wurde. Dabei ging es von einem Schadenersatzanspruch aus den §§ 280 Abs. 1, Abs. 3, 283 BGB nach Ablauf der Zielperiode aus. Außerdem erörterte es einen Schadenersatzanspruch aus den §§ 280 Abs. 1, Abs. 3, 281 BGB vor Ablauf der Zielperiode. Die Festsetzung der Schadenshöhe nahm das *BAG* nach den §§ 249ff., 252 BGB, 287 ZPO vor.

Im zweiten Fall hatte das *BAG* schließlich über die arbeitsvertragliche Vereinbarung eines Großhandelsunternehmens mit einer Arbeitnehmerin zu entscheiden, die bestimmte, dass *„Die Zielvereinbarungen jeweils für ein Jahr gelten und dann neu zu verhandeln sind"*. Auch hier war keine neuerliche Zielvereinbarung erfolgt, weshalb das *BAG* auch hier von einem Schadneersatzanspruch nach den §§ 280 Abs. 1, Abs. 3, 283 BGB ausging. Allerdings ging das *BAG* bei einer zweiseitig verpflichtenden Formulierung, wie hier davon aus, dass ein Mitverschulden der Arbeitnehmerin nach § 254 BGB bei der Bemessung der Schadenshöhe zu berücksichtigen sei.

Ausgangspunkt ist die vertragliche Nebenpflicht des Arbeitgebers, mit dem Arbeitnehmer rechtzeitig Ziele festzulegen, wenn rahmenmäßig bestimmt ist, dass für die jeweilige Zielperiode Zielvereinbarungen abzuschließen sind[964]. Verletze der

---

Arbeitsrecht – *Hexel*, § 20 , Rn. 64; MüHB zum Arbeitsrecht – *R. Krause*, § 57, Rn. 45; MüKo – *Müller-Glöge*, § 611, Rn. 759.

964 *BAG* vom 12.12.2007, 10 AZR 97/07; *LAG Köln* vom 23.05.2002, 7 Sa 71/02; *Behrens/Rinsdorf*, NZA 2006, S. 830, 834; *Gaul/Rauf*, DB 2008, S. 869, 870; *Lembke*, NJW

Arbeitgeber diese Pflicht aus dem Arbeitsverhältnis, so habe er dem Arbeitnehmer die zu erwartende Bonuszahlung als Schaden zu ersetzen[965]. Entscheidend sei dabei die in der Rahmenvereinbarung geregelte Initiativpflicht für das Zielvereinbarungsgespräch[966]. Weise der Arbeitgeber jedoch nach, dass er das Nichtzustandekommen einer Zielvereinbarung nicht zu vertreten habe, sondern seiner arbeitsvertraglichen Verpflichtung durch den Vorschlag erreichbarer Ziele nachgekommen ist, so lägen weder Pflichtverletzung noch Schadenersatzanspruch vor[967].

Vorteil dieser Lösung sei, dass gerade nicht ein einseitiges Leistungsbestimmungsrecht nach § 315 BGB fingiert werden müsse[968]. Auch sei die in § 315 Abs. 3 BGB geregelte richterliche Ersatzleistungsbestimmung nicht für eine allgemeine richterliche Vertragshilfe nutzbar zu machen[969]. Auch biete der Schadenersatz über § 254 BGB mehr Flexibilität, als § 162 Abs. 1 BGB und die Grenzen der ergänzenden Vertragsauslegung müssten nicht allzu weit überdehnt werden[970]. Wegen des Schadenersatzanspruches sei auch eine Analogie zu § 162 Abs. 1 BGB mangels Regelungslücke nicht erforderlich[971]. § 162 Abs. 1 BGB sei zudem nicht direkt anwendbar, da es sich bei der Zielvereinbarung nicht um eine Bedingung handele[972].

2010, S. 321, 325; *Otto/Walk,* BB 2010, S. 373, 377; *von Steinau-Steinrück/Ziegler,* NJW-Spezial 2008, S. 722; Preis, Der Arbeitsvertrag – *Preis/V. Lindemann,* II Z 5 Zielvereinbarungen, Rz. 43; Moll, MüAHB Arbeitsrecht – *Hexel,* § 20 , Rn. 67; Klasen/Krebs/Michel/Weber, Personalmanagement und InstitutsVergV – *Klasen,* S. 91, 122; *Mohnke,* Zielvereinbarungen im Arbeitsverhältnis 2006, S. 317ff.

965 *Lembke,* NJW 2010, S. 321, 325; *von Steinau-Steinrück/Ziegler,* NJW-Spezial 2008, S. 722; Moll, MüAHB Arbeitsrecht – *Hexel,* § 20 , Rn. 67; Klasen/Krebs/Michel/Weber, Personalmanagement und InstitutsVergV – *Klasen,* S. 91, 122; *Mohnke,* Zielvereinbarungen im Arbeitsverhältnis 2006, S. 317ff.; *LAG Köln* vom 23.05.2002, 7 Sa 71/02.

966 *BAG* vom 12.12.2007, 10 AZR 97/07; *Behrens/Rinsdorf,* NZA 2006, S. 830, 835; *Lembke,* NJW 2010, S. 321, 325; *von Steinau-Steinrück/Ziegler,* NJW-Spezial 2008, S. 722; Klasen/Krebs/Michel/Weber, Personalmanagement und InstitutsVergV – *Klasen,* S. 91, 122; Moll, MüAHB Arbeitsrecht – *Hexel,* § 20 , Rn. 67.

967 *BAG* vom 10.12.2008, 10 AZR 889/07; Moll, MüAHB Arbeitsrecht – *Hexel,* § 20 , Rn. 68.

968 *Treichel,* NJOZ 2012, S. 1097, 1100; *Mohnke,* Zielvereinbarungen im Arbeitsverhältnis 2006, S. 317.

969 Preis, Der Arbeitsvertrag – *Preis/V. Lindemann,* II Z 5 Zielvereinbarungen, Rz. 40; Moll, MüAHB Arbeitsrecht – *Hexel,* § 20 , Rn. 64; *Mohnke,* Zielvereinbarungen im Arbeitsverhältnis 2006, S. 317.

970 *Treichel,* NJOZ 2012, S. 1097, 1100; Preis, Der Arbeitsvertrag – *Preis/V. Lindemann,* II Z 5 Zielvereinbarungen, Rz. 43; MüHB zum Arbeitsrecht – *R. Krause,* § 57, Rn. 45; *Mohnke,* Zielvereinbarungen im Arbeitsverhältnis 2006, S. 317.

971 Preis, Der Arbeitsvertrag – *Preis/V. Lindemann,* II Z 5 Zielvereinbarungen, Rz. 42; Moll, MüAHB Arbeitsrecht – *Hexel,* § 20 , Rn. 66.

972 *von Steinau-Steinrück/Ziegler,* NJW-Spezial 2008, S. 722; *Treichel,* NJOZ 2012, S. 1097, 1100; Preis, Der Arbeitsvertrag – *Preis/V. Lindemann,* II Z 5 Zielvereinbarungen, Rz. 42.

Der ergänzenden Vertragsauslegung fehle es zudem an einer unbewussten Regelungslücke im Vertrag[973]. Ein Schadenersatz statt der Leistung sei anzunehmen, weil nach Ablauf des Geschäftsjahres die Vereinbarung von Zielen unmöglich geworden sei, sodass Konsequenz dieser Unmöglichkeit ein Schadenersatzanspruch nach §§ 280 Abs. 1, Abs. 3, 283 BGB sei[974]. Die Unmöglichkeit nach § 275 Abs. 1 BGB begründe sich daraus, dass ein Motivationseffekt, wie er durch die Zielvereinbarung bezweckt sei, nicht mehr im Nachhinein zu berücksichtigen sei, auch wenn man die Ziele rückwirkend festlege[975]. Vor Ablauf der Zielperiode könne der Abschluss der Zielvereinbarung noch nachgeholt oder fingiert werden, weshalb ein Vorgehen des Arbeitnehmers nur nach § 280 Abs. 1, Abs. 3, 281 BGB in Betracht komme[976]. Erforderlich sei dann noch die erfolglose Setzung einer Nachfrist nach § 281 Abs. 1 BGB, bzw. deren Entbehrlichkeit nach § 281 Abs. 2 BGB[977]. Der Schadenersatzanspruch aus § 280 Abs. 1 BGB sei nicht anwendbar, denn er trete im Gegensatz zu den Ansprüchen aus §§ 280 Abs. 1, Abs. 3, 281, 283 BGB nicht an die Stelle, sondern neben den Erfüllungsanspruch[978].

Der entstandene Schaden sei sodann nach den §§ 249ff., 252 S. 1 BGB zu ersetzen, die gerade den Anspruch auf den Verdienst aus abhängiger Arbeit und damit auch die Bonuszahlungen umfassen[979]. Im Prozess findet sodann eine Schätzung nach § 287 ZPO statt, die eine erhebliche Beweiserleichterung für den Gläubiger beinhaltet, um aus den Umständen unter Berücksichtigung des gewöhnlichen Verlaufes der Dinge und den besonderen Umständen des Falles die Wahrscheinlichkeit des Gewinneintritts zu ermitteln[980]. Ist keine einheitliche Höhe des Zielerreichungsbonus

973 *von Steinau-Steinrück/Ziegler,* NJW-Spezial 2008, S. 722; *Treichel,* NJOZ 2012, S. 1097, 1100.

974 *BAG* vom 12.12.2007, 10 AZR 97/07; *Gaul/Rauf,* DB 2008, S. 869, 870; Preis, Der Arbeitsvertrag – *Preis/V. Lindemann,* II Z 5 Zielvereinbarungen, Rz. 43.

975 Preis, Der Arbeitsvertrag – *Preis/V. Lindemann,* II Z 5 Zielvereinbarungen, Rz. 43; *BAG* vom 12.12.2007, 10 AZR 97/07; *BAG* vom 10.12.2008, 10 AZR 889/07.

976 *Mohnke,* Zielvereinbarungen im Arbeitsverhältnis 2006, S. 319ff.

977 *Mohnke,* Zielvereinbarungen im Arbeitsverhältnis 2006, S. 319.

978 *BAG* vom 12.12.2007, 10 AZR 97/07; *Mohnke,* Zielvereinbarungen im Arbeitsverhältnis 2006, S. 318.

979 *BAG* vom 12.12.2007, 10 AZR 97/07; *Gaul/Rauf,* DB 2008, S. 869, 870; *Lembke,* NJW 2010, S. 321, 325; *Reiserer,* NZA Beilage 2010, S. 39, 41; *von Steinau-Steinrück/Ziegler,* NJW-Spezial 2008, S. 722, 723; Preis, Der Arbeitsvertrag – *Preis/V. Lindemann,* II Z 5 Zielvereinbarungen, Rz. 43, 44; Moll, MüAHB Arbeitsrecht – *Hexel,* § 20 , Rn. 69; Palandt, BGB – *Grüneberg,* § 252, Rn. 8; Klasen/Krebs/Michel/Weber, Personalmanagement und InstitutsVergV – *Klasen,* S. 91, 122; *Mohnke,* Zielvereinbarungen im Arbeitsverhältnis 2006, S. 320.

980 *BAG* vom 12.12.2007, 10 AZR 97/07; *Gaul/Rauf,* DB 2008, S. 869, 871; *Lembke,* NJW 2010, S. 321, 325; *Otto/Walk,* BB 2010, S. 373, 377; *von Steinau-Steinrück/Ziegler,* NJW-Spezial 2008, S. 722, 723; Preis, Der Arbeitsvertrag – *Preis/V. Lindemann,* II Z 5 Zielvereinbarungen, Rz. 44; Moll, MüAHB Arbeitsrecht – *Hexel,* § 20 , Rn. 69; *Mohnke,* Zielvereinbarungen im Arbeitsverhältnis 2006, S. 321.

zu ermitteln, da auch diese jährlich variiert, so ist die Höhe der in der Vergangenheit vereinbarten Boni bei voller Zielerreichung maßgeblich[981]. Dabei ist grundsätzlich von der Annahme auszugehen, dass der Arbeitnehmer vereinbarte Ziele erreicht hätte, wenn nicht besondere Umstände diese Annahme ausschließen[982]. Allerdings ist auch ein Verschulden des Arbeitnehmers am Nichtzustandekommen der konkreten Zielvereinbarung im Rahmen des Mitverschuldens nach § 254 BGB angemessen zu berücksichtigen[983]. Ein solches Mitverschulden komme etwa in Betracht, wenn dem Arbeitnehmer zumindest teilweise die Initiative zur Führung des Zielvereinbarungsgespräches aufgebürdet wurde, bei fehlender Mitwirkung an der Festlegung der einzelnen Ziele oder völliger Untätigkeit des Arbeitnehmers nach Ergreifen der Initiative durch den Arbeitgeber[984].

e) Schadenersatz statt der Leistung im separaten Synallagma

Gerade letztere Sichtweise bestätigt nicht nur den separat synallagmatischen Charakter der variablen Vergütung aus Zielvereinbarungen, sie setzt ihn zudem geradezu voraus. Bei der variablen Vergütung handelt es sich nämlich, wie bereits gezeigt, um die Gegenleistung des Arbeitgebers zur Zielerreichungsbemühung des Arbeitnehmers[985]. Der Schadenersatzanspruch nach §§ 280 Abs. 1, Abs. 3, 283 BGB erfasst gerade das Gegenleistungsverhältnis[986]. Denn anderenfalls könnte kein Schadenersatz statt der ganzen Leistung nach § 280 Abs.1, Abs. 3, 283 BGB geltend gemacht werden. Damit ist schon nach der hier vertretenen Auffassung zur Rechtsnatur variabler Vergütung aus Zielvereinbarungen[987] letztere Sichtweise vorzugswürdig.

Hinzu kommt, dass die anderen Lösungswege nicht überzeugend sind. Die Regelung über eine ergänzende Vertragsauslegung nach §§ 133, 157 BGB bzw. § 612 a BGB ist abzulehnen, weil hierbei ein hypothetischer Parteiwille fingiert werden muss, der aber gerade beim Ausbleiben der der konkreten Zielvereinbarung schwer zu ermitteln ist. Denn es müsste dabei das Ergebnis der Zielfestlegung und auch

981 *BAG* vom 12.12.2007, 10 AZR 97/07; *von Steinau-Steinrück/Ziegler*, NJW-Spezial 2008, S. 722, 723; Moll, MüAHB Arbeitsrecht – *Hexel*, § 20 , Rn. 70; Klasen/Krebs/Michel/Weber, Personalmanagement und InstitutsVergV – *Klasen*, S. 91, 123.

982 *BAG* vom 12.12.2007, 10 AZR 97/07; *Gaul/Rauf*, DB 2008, S. 869, 871; *Lembke*, NJW 2010, S. 321, 325.

983 *BAG* vom 12.12.2007, 10 AZR 97/07; *Gaul/Rauf*, DB 2008, S. 869, 871; *Lembke*, NJW 2010, S. 321, 325; *Otto/Walk*, BB 2010, S. 373, 377; MüHB zum Arbeitsrecht – *R. Krause*, § 57, Rn. 45.

984 *Gaul/Rauf*, DB 2008, S. 869, 871.

985 Siehe Kapitel B. IV.

986 Palandt, BGB – *Grüneberg*, § 283, Rn. 1, 7.

987 Siehe Kapitel B. IV.

dasjenige der Zielfeststellung fingiert werden[988]. Außerdem wird dabei die synallagmatische Beziehung zwischen der Zielerreichungsbemühung und der variablen Vergütung aus Zielvereinbarungen verkannt. Die im Ausbleiben der Zielvereinbarung liegende Leistungsstörung ist dabei sachgerechter über die auf das Synallagma ausgelegten Schadenersatzregelungen abzuwickeln als über die Konstruktion eines fiktiven hypothetischen Parteiwillens.

Auch die Lösung über § 162 Abs. 1 BGB (analog) überzeugt nicht, da es sich bei der variablen Vergütung aus Zielvereinbarungen nicht um bedingtes Entgelt handelt[989]. Die konkrete Zielvereinbarung ist zwar Voraussetzung, nicht jedoch Bedingung der variablen Vergütung aus Zielvereinbarungen. Hinzu kommt, dass bei der Bedingungsvereitelung tatsächlich eine der Variabilität der oft in prozentualen Angaben festgelegten Zielerreichungsgrade nicht angemessene Fixierung stattfinden würde. Auch passt diese Auffassung nicht zur separat synallagmatischen Konstruktion von variabler Vergütung aus Zielvereinbarungen. Deshalb ist auch keine vergleichbare Interessenlage für eine Analogie gegeben. Zusätzlich fehlt es dafür auch an einer planwidrigen Regelungslücke, denn über den Schadenersatz statt der Leistung nach den §§ 280 Abs. 1, Abs. 3, 281 bzw. 283 BGB lässt sich eine adäquate Lösung schon im allgemeinen Leistungsstörungsrecht finden. Eine „Ersetzung" der Vereinbarung ist somit nicht erforderlich.

Mit demselben Argument lässt sich auch die Lösung über § 315 Abs. 3 BGB ablehnen. Eine derartig freie Festsetzung durch das Gericht ist nicht geboten. Zum einen fehlt wie bei der Lösung nach § 162 BGB auch hier der entsprechende Anknüpfungspunkt. Denn es liegt gerade keine im Rahmen von § 315 BGB erforderliche einseitige Leistungsbestimmung vor. Gerade bei Zielvereinbarungen ist nämlich – anders als bei Zielvorgaben – eine gemeinsame Zielfestlegung gegeben. Dann doch noch eine einseitige Leistungsbestimungskompetenz des Arbeitgebers in Zweifelsfällen zu konstruieren ist nicht überzeugend. Zum einen lässt sich der Fall auch über das allgemeine Leistungsstörungsrecht sachgerecht und der Rechtsnatur entsprechend lösen. Zum anderen würde damit die Grenze zur Zielvorgabe unnötigerweise verwischt. Schließlich lässt sich deshalb auch keine planwidrige Regelungslücke oder

---

988 Siehe ebenfalls ablehnend *BAG* vom 12.12.2007, 10 AZR 97/07; *BAG* vom 10.12.2008, 10 AZR 889/07; *LAG Düsseldorf* vom 30.04.2009, 11 Sa 1504/08; *LAG Köln* vom 23.05.2002, 7 Sa 71/02; *Gaul/Rauf*, DB 2008, S. 869, 870; *Lembke*, NJW 2010, S. 321, 325 (zumindest nach Ablauf der Zielvereinabrungsperiode); *Otto/Walk*, BB 2010, S. 373, 377; *Reiserer*, NZA Beilage 2010, S. 39, 41; *von Steinau-Steinrück/Ziegler*, NJW-Spezial 2008, S. 722ff; Klasen/Krebs/Michel/Weber, Personalmanagement und InstitutsVergV – *Klasen*, S. 91, 122ff., 125 (die jedoch für den Fall, dass trotz angemessener Ziel keine Einigung stattfindet doch wieder auf § 315 BGB zurückfällt); *Mohnke*, Zielvereinbarungen im Arbeitsverhältnis 2006, S. 312ff.; Preis, Der Arbeitsvertrag – *Preis/V. Lindemann*, II Z 5 Zielvereinbarungen, Rz. 40ff, 42; Moll, MüAHB Arbeitsrecht – *Hexel*, § 20 , Rn. 64; MüHB zum Arbeitsrecht – *R. Krause*, § 57, Rn. 45; MüKo – *Müller-Glöge*, § 611, Rn. 759.

989 Siehe Kapitel B. IV.

eine vergleichbare Interessenlage konstruieren, sodass auch eine Analogie zu § 315 Abs. 3 BGB ausscheidet.

Eine Konstruktion eines Verzugsschadenersatzes nach § 280 Abs. 1, Abs. 2, 286 BGB ist abzulehnen. Zwar bietet sie den Reiz, dass durch die Mahnung die Zweiseitigkeit der Zielvereinbarung eingebunden werden kann, sie trifft aber nicht den Fall der Störung des Gegenleistungsverhältnisses. Der Ausfall der variablen Vergütung ist darüber aber nicht abzubilden, denn der Verzugsschadenersatz erfasst immer nur den aus der Verzögerung entstehenden Verzögerungsschaden[990], nicht aber den Schaden für das Ausbleiben der Leistung. Hierzu sind die Regelungen der §§ 280 Abs.1, Abs. 3, 281 bzw. 283 BGB weitaus besser geeignet. Auch auf Rechtsfolgenseite fällt auf, dass die Gewähr eines Verzugszinsenanspruches nach § 288 BGB wenig passend für die Regulierung der ausgefallenen Leistung wäre. Somit sprechen hinsichtlich des Schadenersatzanspruches aus § 280 Abs. 1, Abs. 2, 286 BGB vor allem die Rechtsfolgen gegen eine Anwendung. Hinsichtlich des Schadenersatzes aus § 280 Abs. 1 BGB spricht die Tatsache, dass dieser Anspruch in seinen Voraussetzungen gerade nicht die Leistungsbezeihung in den Vordergrund stellt gegen eine Anwendung[991]. Hierfür sieht das BGB gerade die besonderen Vorschriften der §§ 281, 283 BGB vor, welche somit als speziellere Normen vorzuziehen sind.

Insgesamt stellt also die Lösung über den Schadenersatz statt der Leistung nach §§ 280 Abs. 1, Abs. 3, 281 bzw. 283 BGB die überzeugendste Lösung dar. Dabei wird eine entsprechende Anwendung von Vorschriften vermieden, die ihren Grund in grundsätzlich anderen Konstellationen haben und nicht der Rechtsnatur variabler Vergütung aus Zielvereinbarungen entsprechen. Das synallagmatische Verhältnis von Zielerreichungsbemühung und variabler Vergütung wird dabei bestmöglich abgebildet. Außerdem ermöglicht diese Lösung über die Berücksichtigung des Mitverschuldens im Rahmen von § 254 BGB auch die unterschiedlichen Verschuldensbeiträge der zum Abschluss der Zielvereinbarung verpflichteten beiden Parteien.

4. Zusammenfassung

Abschließend lässt sich also festhalten, dass, solange die Kürzung aus der Zielvereinbarung stattfindet, also das Primärleistungsverhältnis betroffen ist, die Zielvereinbarung selbst – nötigenfalls durch Auslegung nach den §§ 133, 157 BGB – maßgeblich ist. Die Beweislast für die Zielerreichung trägt dabei grundsätzlich der Arbeitnehmer, wobei ihm ein Informationsanspruch nach § 82 Abs. 2 BetrVG bzw. § 242 BGB zuzugestehen ist. Abzulehnen ist dagegen eine Analogie zu den Zeugnisstreitigkeiten, da es mangels planwidriger Regelungslücke einer solchen nicht bedarf und auch keine vergleichbare Interessenlage besteht.

990 Palandt, BGB – *Grüneberg*, § 286, Rn. 40f.
991 Palandt, BGB – *Grüneberg*, § 280, Rn. 2, 6.

Kommt es hingegen zu einer Störung des primären separaten Synallagmas aus der Zielvereinbarung, so greifen auf sekundärer Ebene die Regelungen über den Schadenersatz statt der Leistung nach den §§ 280 Abs. 1, Abs. 3, 281 bzw. 283 BGB.

Lösungen über § 315 BGB sind generell abzulehnen, denn sie erfassen nur die einseitige Leistungsbestimmung, wie sie im Rahmen der Zielvorgabe besteht, aber gerade für die Zielvereinbarung nicht prägend ist. Auch Ansätze, die die variable Vergütung aus Zielvereinbarungen als bedingtes Entgelt ansehen, sind abzulehnen. Schließlich mag zwar die Auslegung nach §133, 157 BGB noch auf der Ebene der Primärpflichten überzeugen, auf der Sekundärebene greifen aber die Regelungen des Leistungsstörungsrechtes. Dabei wird ein Verzugsschadenersatz der Tatsache nicht gerecht, dass das positive Interesse, also Schadenersatz statt der Leistung gewollt ist und nicht der aus der Verzögerung entstandene Schaden.

XI. Zusammenfassung zu den individualarbeitsrechtlichen Variabilisierungsmöglichkeiten

Abschließend kann man also feststellen, dass es zahlreiche individualarbeitsrechtliche Variabilisierungsmöglichkeiten im Bereich variabler Vergütung aus Zielvereinbarungen gibt. Dabei ergeben sich manche Möglichkeiten schon aus der Auslegung der Zielvereinbarung an sich, die meisten sind jedoch nur durch eine am Maßstab der §§ 242, 307 Abs. 1 BGB zu prüfende besondere Variabilisierungsvereinbarung zu erreichen. Dabei sind grundsätzlich hohe Anforderungen an die entsprechenden Klauseln zu stellen, weshalb einige Instrumente hinsichtlich variabler Vergütung aus Zielvereinbarungen unzulässig sind. Wiederum andere Konstruktionen sind nicht auf variable Vergütung aus Zielvereinbarungen übertragbar oder praktisch nur schwer umsetzbar.

Es gibt zunächst Variabilisierungsinstrumente, die sich schon aus der Auslegung der Zielvereinbarung an sich gemäß den §§ 133, 157 BGB ergeben. Ausgangspunkt der Auslegung bei Fehlzeiten ist der sich aus § 326 Abs. 1 S. 1 BGB ergebende Grundsatz „Ohne Arbeit kein Lohn". Dabei ist wegen der synallagmatischen Rechtsnatur der Zielvereinbarung eine Auslegung, die eine Kürzung bei Zielerreichung ergibt, nicht möglich, denn die geforderte Arbeitsleistung wurde trotz der Fehlzeiten erbracht. Bei Zielverfehlung ist eine Kürzung bei Fehlzeiten mit Lohnfortzahlung nicht möglich, wenn die Fehlzeit allein auf dem die Lohnfortzahlung begründenden Umstand resultiert. Bei berechtigten Fehlzeiten ohne Lohnfortzahlung kommt eine proportionale Kürzung bei Zielverfehlung in Betracht. Diesen Grundsätzen widersprechende Vereinbarungen von Kürzungsklauseln sind zudem nach den §§ 242, 307 Abs. 1 BGB wegen einer ungerechtfertigten Benachteiligung der Arbeitnehmer unwirksam. Bei unberechtigten Fehlzeiten hingegen ist im Rahmen der Auslegung nach den §§ 133, 157 BGB ebenfalls nur eine proportionale Kürzung zulässig. Allerdings ist hier eine klauselmäßige Vereinbarung einer überproportionalen Kürzung sowohl bei Zielverfehlung als auch bei Zielerreichung im Rahmen der §§ 242, 307 Abs. 1 BGB (etwa durch einen Widerrufsvorbehalt) möglich, denn der unberechtigt fehlende Arbeitnehmer ist insoweit nicht schutzwürdig. Der Bezugspunkt der jeweiligen proportionalen Kürzungen wegen Fehlzeiten ist dabei der Anteil der Fehlzeiten in der jeweiligen Zielperiode im Verhältnis zu der in dieser Zielperiode erwirtschafteten gesamten variablen Vergütung aus Zielvereinbarungen. Die Grundvergütung oder andere variable Vergütungselemente werden wegen des separaten Synallagmas nicht mit einbezogen.

Die wohl wichtigste Variabilisierungsmöglichkeit bietet der Widerrufsvorbehalt, dessen Zulässigkeit anhand der §§ 242, 307 Abs. 1, 308 Nr. 4 BGB zu prüfen ist. Im Rahmen dieser Prüfung spielen die Stellung des Arbeitnehmers im Unternehmen, das Risiko seiner Tätigkeit, eventuelle Pflichtverstöße, die Höhe seiner Grundvergütung und die wirtschaftliche Lage des Unternehmens, des Betriebes, des Betriebsteils oder der Abteilung eine Rolle. Als sachliche Gründe für den Widerruf kommen dabei wirtschaftliche, verhaltens- und leistungsbedingte Gründe in Betracht. Diese sind möglichst konkret im Widerrufsvorbehalt anzugeben. Als wirtschaftliche Gründe sind insbesondere die fortgesetzte negative Entwicklung von Umsatz- und Gewinn des Unternehmens oder katastrophale einzelne Ergebnisse des Unternehmens, sodass Massenentlassungen stattfinden, Teilbetriebe oder Betriebe geschlossen werden sowie staatliche Finanzierungshilfen in Anspruch genommen werden müssen, die fortgesetzte negative Entwicklung von Umsatz- und Gewinn des Betriebes/des Teilbetriebes/der Abteilung oder katastrophale einzelne Ergebnisse des Betriebes/des Teilbetriebes/der Abteilung, sodass Massenentlassungen stattfinden oder Betriebsteile oder Teilbetriebe geschlossen werden müssen, sowie die Änderungen in der Struktur der tarifvertraglichen, unternehmensweiten oder betrieblichen Entlohnungssysteme zu nennen. Als verhaltensbedingte Gründe kommen Pflichtverletzungen des Arbeitnehmers, die ein Verhalten, welches den Arbeitgeber zu einer außerordentlichen oder ordentlichen Kündigung oder einer Abmahnung (insbesondere bei unberechtigten Fehlzeiten) berechtigt, in Frage. Leistungsbedingt ist hingegen nur die Veränderung der Tätigkeit des Arbeitnehmers relevant. Der zulässige Umfang der Kürzung beim Widerrufsvorbehalt ist im Rahmen einer Gesamtbetrachtung zu ermitteln, bei der es wegen der separat synallagmatischen Rechtsnatur der variablen Vergütung aus Zielvereinbarungen auf die Proportionalität zwischen dem Interesse des Arbeitgebers an Stabilität und Flexibilität und dem Interesse des Arbeitnehmers an der variablen Vergütung und dem Ausfüllen des darin liegenden Anreizes ankommt. Bewertungsmaßstab der zulässigen Kürzung ist ausnahmsweise die Gesamtvergütung in der laufenden Zielperiode. Ausgangspunkt ist ein zulässiger Umfang in Höhe von 25 % der Gesamtvergütung für Arbeitnehmer, die nicht in Führungs- oder Risikobereichen tätig sind. Dieser Grenzwert lässt sich aber abhängig von der Tätigkeit, Hierarchieebene und Risikotätigkeit bis zum gesamten Umfang der variablen Vergütung aus Zielvereinbarungen steigern.

Der Freiwilligkeitsvorbehalt ist hingegen nur noch unter denselben Voraussetzungen, wie der Widerrufsvorbehalt möglich und damit praktisch entbehrlich geworden. Auch bei der Prüfung der Zulässigkeit einer Befristung der variablen Vergütung aus Zielvereinbarungen gelten dieselben Grundsätze wie bei der Kürzung mittels Widerrufsvorbehalt für die Bewertung nach den §§ 242, 307 Abs. 1 BGB. Ein gesteigerter Flexibilisierungsrahmen besteht insoweit also nicht. Auch bei

Stichtags- und Probezeitklauseln gilt der allgemeine Prüfungsmaßstab zur Kontrolle von Variabilisierungsklauseln für variable Vergütung aus Zielvereinbarungen im Rahmen der Kontrolle nach den §§ 242, 307 Abs. 1 BGB. Dabei sind Probezeitklauseln stets zulässig, während bei Stichtagsklauseln hohe Anforderungen an das Flexibilisierungs- und Stabilitätsinteresse des Arbeitgebers zu stellen sind. Diese sind nur gegeben, wenn es sich um einen führenden Arbeitnehmer in einer besonderen Risikotätigkeit mit hohem Fixgehalt und großem Einfluss auf die Stabilität des Unternehmens handelt. In allen andern Fällen sind Stichtagsklauseln hingegen wegen einer unzulässigen Kündigungserschwerung entgegen den §§ 134, 242, 307 Abs. 1, 622 Abs. 6 BGB, Art. 12 Abs. 1 GG unwirksam.

Die seit der Finanz- und Wirtschaftskrise neuerdings diskutierten Variabilisierungsmöglichkeiten sind unterschiedlich zu bewerten.

Rückforderungs- oder „Clawback"-Klauseln sind seit der ausdrücklichen Nennung in der bankenaufsichtsrechtlichen Regulierung nicht mehr ohne weiteres als unzulässig anzusehen. Allerdings unterliegen auch sie einer Inhaltskontrolle nach den §§ 242 BGB, 307 Abs. 1 BGB. Auch hierbei gilt der Grundsatz, dass derjenige Arbeitnehmer, der in leitender Position oder in einem Risikobereich tätig ist, dem eine hohe Grundvergütung verbleibt oder dem schwerwiegende Pflichtverletzungen vorzuwerfen sind weniger schutzwürdig ist, wodurch eine entsprechende Rückforderung oder ein „Clawback" möglich wird. Es gelten also auch hier dieselben Maßstäbe wie beim Widerrufsvorbehalt.

Die unter dem Stichwort „deferral periods" diskutierten Fälligkeitsverschiebungen sind sowohl als unechte Fälligkeitsverschiebungen, bei denen die Zielperioden schlicht verlängert werden als auch als echte Fälligkeitsverschiebungen, bei denen nur die Fälligkeit der variablen Vergütung verschoben wird, denkbar. Unechte Fälligkeitsverschiebungen sind vor dem Hintergrund der §§ 242, 307 BGB jedoch nur möglich und sinnvoll, sofern – wie im Anwendungsbereich der Vergütungsverordnungen – ein besonders gesteigertes Interesse des Arbeitgebers an Stabilität und Risikomanagement bei leitenden Angestellten und in Risikobereichen tätigen Arbeitnehmern gegeben ist. Die echte Fälligkeitsverschiebung ist zwar ohne besondere Voraussetzungen möglich, aber praktisch sehr aufwändig und mit Blick auf die Motivationswirkung von Zielvereinbarungen zweifelhaft, weswegen sie nur im zwingenden Anwendungsbereich der Vergütungsverordnungen zweckmäßig ist.

Bei sogenannten „Bonuspool"-Gestaltungen handelt es sich letztlich an § 315 BGB zu messende Zielvorgabesysteme, die nicht auf variable Vergütung aus Zielvereinbarungen übertragbar sind. Allerdings orientiert sich auch hier die Bewertung der Zulässigkeit von Variabilisierungen an der Stellung des Arbeitnehmers im Unternehmen, dem Risiko seiner Tätigkeit, eventuellen Pflichtverstößen, der Höhe seiner Grundvergütung und der wirtschaftlichen Lage des Unternehmens, des Betriebes, des Betriebsteils oder der Abteilung.

Für weitere Konstruktionsmöglichkeiten, wie eine Vertragsstrafe gelten dieselben Maßstäbe im Rahmen der Kontrolle nach den §§ 242, 307 Abs. 1 BGB. Ein Anrechnungsvorbehalt ist ebenfalls unter denselben Voraussetzungen möglich, wobei er wegen seiner lediglich indirekten Wirkung eine untergeordnete Rolle spielt. Auch sind im Rahmen tariflicher Grenzen und der Sittenwidrigkeit grundsätzlich auch konsensuale Kürzungen denkbar.

Speziell aus der Zielvereinbarung ist natürlich auch eine Kürzung bei Zielverfehlung möglich, die sich aus der Auslegung der jeweiligen Vereinbarung nach den §§ 133, 157 BGB ergibt. Die Beweislast für die Zielerreichung trägt dabei grundsätzlich der Arbeitnehmer, wobei ihm ein Informationsanspruch nach § 82 Abs. 2 BetrVG bzw. § 242 BGB zuzugestehen ist. Unterbleibt die Zielvereinbarung oder wirkt eine der Parteien in sonstiger Weise störend auf das separate Synallagma ein, so findet ein Ausgleich über einen Schadenersatzanspruch nach den §§ 280 Abs. 1, Abs. 3, 281 oder 283 BGB statt. Dabei wird der Schaden nach den §§ 249ff., 252 BGB, 287 ZPO bemessen und ein Mitverschulden des Arbeitnehmers wird über § 254 BGB berücksichtigt.

D. Kollektivarbeitsrechtliche Variabilisierungsmöglichkeiten

Auch im Bereich des kollektiven Arbeitsrechtes gibt es Variabilisierungsmöglichkeiten von Vergütung aus Zielvereinbarungen. Gerade bei der Rahmenregelung von Zielvereinbarungssystemen bietet sich eine kollektive Regelung durch eine Betriebsvereinbarung, Sprecherausschussvereinbarung oder einen Haus- oder Flächentarifvertrag an. Häufig werden diese Regelungen auch durch Flächentarifverträge den Rahmenbedingungen nach vorgegeben. Dabei ist in die Auslegung und inhaltliche Kontrolle der Regelungen miteinzubeziehen, dass die betrieblichen Arbeitnehmervertretungen und Gewerkschaften gegenüber den einzelnen Arbeitnehmern eine bessere Verhandlungsposition besitzen, die möglicherweise zu einem gesteigerten Gestaltungsspielraum und anderen Ergebnissen bei Auslegung und Kontrollabwägungen führen können. Welches die grundlegenden Voraussetzungen und Bedingungen für derartige Regelungen auf den einzelnen Ebenen sind und wie weit der Gestaltungsspielraum reicht, soll in diesem Kapitel erörtert werden. Dabei sollen jeweils die Rahmenbedingungen solcher Vereinbarungen dargestellt werden, bevor auf die einzelnen Variabilisierungsgestaltungen eingegangen wird. Auch sollen im Wesentlichen zwei Beispiele aus der Praxis im Finanz- und Automobilbereich exemplarisch vorgestellt werden.

I. Betriebsvereinbarungen

Betriebsvereinbarungen stellen im Bereich der Regelung von variabler Vergütung aus Zielvereinbarungen den wohl wichtigsten kollektiven Regelungsbereich dar, denn in ihnen ist eine konkrete Regelung der Rahmenbedingungen eines Zielvereinbarungssystems auf den jeweiligen Betrieb bezogen möglich. Durch Betriebsvereinbarungen können die Betriebsparteien im Rahmen ihrer nach überwiegender Meinung umfassenden, nur durch die funktionale Zuständigkeit begrenzten Regelungskompetenz alle Fragen der sozialen, personellen und wirtschaftlichen Angelegenheiten des Betriebes regeln[992]. Hierbei spielen in vielen Wirtschaftsbereichen auch Tarifverträge, die den Rahmen für die Regelung durch Betriebsvereinbarung setzen eine entscheidende Rolle. Gerade für Systeme variabler Vergütung aus Zielvereinbarungen bietet sich eine solche Regelung im Rahmen der „Zielkaskade“ an[993]. Diese umfasst – ausgehend vom Tarifvertrag – nicht nur die zwingenden

---

992 *BAG* vom 16.09.1986, NZA 1987, 168, 173; *BAG* vom 10.12.2002, 3 AZR 92/02, NZA 2004, 271; *Fitting*, BetrVG, § 77, Rn. 46; MüHB zum Arbeitsrecht – *Matthes*, §238, Rn. 30ff. (m.w.N.); *Heiden*, Entgeltrelevante Zielvereinbarungen 2007, S. 111; a.A. u.a. *Richardi*, BetrVG, § 77, Rn. 66ff; Näheres in Kapitel D. I. 2.

993 *Breisig*, Zielvereinbarungen 2013, S. 129.

Tatbestände der Mitbestimmung nach dem BetrVG, es ist auch, wie § 88 BetrVG zeigt, eine Einigung im Rahmen einer freiwilligen Betriebsvereinbarung möglich. Allerdings kommen durch die Vielschichtigkeit der Systeme variabler Vergütung aus Zielvereinbarungen und der mit ihnen verbundenen Controlling Systeme wie der „Balanced Scorecard“[994] zahlreiche Mitbestimmungs- und Mitwirkungsrechte des Betriebsrates in Betracht. Den Betriebsvereinbarungen kommt unmittelbare und zwingende Wirkung für die einzelnen Arbeitsverhältnisse in ihrem Geltungsbereich zu, sodass sie sich zur Bildung übergreifender Zielvereinbarungssysteme, insbesondere zur Festlegung bestimmter Rahmenbedingungen und Leitlinien anbieten[995].

Allerdings ist bei Betriebsvereinbarungen stets auch der Gesetzes- und Tarifvorrang nach den Vorschriften der §§ 77 Abs. 3 und 87 Abs. 1 HS. 1 BetrVG zu beachten. Nach § 87 Abs. 1 HS. 1 BetrVG hat der Betriebsrat in den sozialen Angelegenheiten der Nummern des § 87 Abs. 1 BetrVG nur mitzubestimmen, soweit eine gesetzliche oder tarifliche Regelung nicht besteht. Nach § 77 Abs. 3 BetrVG können Arbeitsbedingungen, insbesondere Arbeitsentgelte, die durch Tarifvertrag geregelt sind oder üblicherweise geregelt werden, nicht Gegenstand einer Betriebsvereinbarung sein, sofern der Tarifvertrag keine entsprechende Öffnungsklausel enthält. Über das Verhältnis der beiden Vorschriften zueinander besteht ein Streit, der im Bereich der bloßen Tarifüblichkeit praktische Auswirkungen entfaltet, denn er betrifft die Frage, ob beide Vorschriften nebeneinander als sog. „Zwei-Stufen“ anzuwenden sind[996] oder ob § 87 Abs. 1 HS. 1 BetrVG einen Spezialtatbestand, der vorrangig vor § 77 BetrVG (sog. „Vorrangtheorie“) ist[997], darstellt[998]. Dabei hat sich die sog. „Vorrangtheorie“[999] durchgesetzt, denn das Kernargument der Gegenmeinung, durch eine Spezialregelung im Bereich des § 87 BetrVG würde die Tarifautonomie geschwächt, verfängt nicht[1000]. Die bloße Tarifüblichkeit entfaltet nämlich keinen Schutz zugunsten der

994 Siehe Kapitel B. I. 1. c).

995 *Bauer/Diller/Göpfert,* BB 2002, S. 882, 886; *Breisig,* Zielvereinbarungen 2013, S. 129; *Göpfert,* AuA 2003, S. 28, 29; MüHB zum Arbeitsrecht – *Matthes,* § 239, Rn. 24ff.; *Heiden,* Entgeltrelevante Zielvereinbarungen 2007, S. 111.

996 *BAG* vom 29.03.1977, 1 ABR 123/74; *BAG* vom 22.01.1980, 1 ABR 48/77; *BAG* vom 17.12.1985, 1 ABR 6/84; *BAG* vom 27.01.1987, 1 ABR 66/85; *Boewer,* DB 1973, 522, 526; *Conze* DB 1978, 490, 492; *Gutzeit,* BB 1996, 106, 108; *Hanau,* RdA 1973, 281, 283f.; *Haug,* BB 1986, 1921, 1923ff.; *Hromadka,* DB 1987, 1991 ff.; *Joost,* ZfA 1993, 257, 266ff.; *Kirchner,* BB 1972, 1279ff.; *Konzen,* BB 1977, 1307, 1312; *Löwisch,* AuR 1978, 97, 106; *Richardi,* ZfA 1976, 1, 2ff; *Jahnke,* Tarifautonomie und Mitbestimmung 1984, S. 167 ff.

997 *Kempen,* RdA 1994, 140, 151f.; *Schlachter,* RdA 1993, 313, 321; *Trittin,* AuR 1991, 329, 331f; *Fitting,* BetrVG, § 87, Rn. 58ff.; Däubler/Kittner/Klebe/Wedde, BetrVG – *Klebe,* § 87, Rn. 32; MüHB zum Arbeitsrecht – *Matthes,* § 238, Rn. 66ff.; *Richardi,* BetrVG, § 87, Rn. 166f.

998 Siehe hierzu ausführlich *Fitting,* BetrVG, § 87, Rn. 58ff. m.w.N.

999 Siehe die vorletzte Fußnote.

1000 MüHB zum Arbeitsrecht – *Matthes,* § 238, Rn. 66ff. m.w.N.

Arbeitnehmer, sondern würde diesen Schutz vielmehr einschränken[1001]. Somit ist hier davon auszugehen, dass es sich bei § 87 Abs. 1 HS. 1 BetrVG um eine vorrangige Spezialvorschrift zu § 77 Abs. 3 BetrVG handelt. Damit kommt es also im Anwendungsbereich der zwingenden Mitbestimmung nach § 87 Abs. 1 BetrVG nur auf die Frage an, ob eine ausschließliche tarifliche Regelung besteht und nicht, ob eine Regelung zu Zielvereinbarungen tarifüblich ist[1002]. Eine betriebliche Regelung ist somit grundsätzlich im Anwendungsbereich von § 87 Abs. 1 BetrVG möglich, sofern keine tarifliche oder gesetzliche Regelung zu Zielvereinbarungen besteht. Außerdem kann bei bestehender tariflicher Regelung eine Öffnungsklausel zugunsten einer betrieblichen Regelung zu einer Zulässigkeit der betrieblichen Regelung von Zielvereinbarungen führen[1003]. Zudem kommt daneben gerade für den besonders wichtigen Bereich der außertariflich Angestellten eine Regelung von variabler Vergütung aus Zielvereinbarungen durch Betriebsvereinbarungen in Betracht[1004].[1005]

Hier sollen nunmehr zunächst im Überblick die tariflichen Regelungen unter Einbeziehung zweier Beispiele aus dem Banken- und Automobilbereich und ihre Besonderheiten dargestellt werden, bevor auf die Frage der Regelungskomptenz der Betriebsparteien eingegangen werden soll und dann die (zwingenden) Mitbestimmungsrechte des Betriebsrates bei Zielvereinbarungssystemen, seine Mitwirkungsrechte und zwei weitere ausgewählte betriebliche Praxisbeispiele aus dem Banken- und Automobilbereich dargestellt werden. Anschließend soll auf die zentrale Frage eingegangen werden, welche Maßstäbe bei einer Inhalts- bzw. Rechts- und Billigkeitskontrolle von Variabilisierungsmöglichkeiten in Betriebsvereinbarungen anzulegen sind und welche Besonderheiten im Verhältnis zur individualarbeitsrechtlichen Bewertung bestehen.

1. Überblick zu tarifvertraglichen Regelungen variabler Vergütung aus Zielvereinbarungen

Vorab sollen im Überblick die tarifliche Regelung von Zielvereinbarungssystemen und die dabei bestehenden Variabilisierungsmöglichkeiten angesprochen werden. Hierbei soll zunächst Allgemeines zur Regelung von Zielvereinbarungssystemen in Tarifverträgen aufgezeigt werden, bevor zwei für den Banken- und

---

1001 *Schlachter*, RdA 1993, 313, 321; *Fitting*, BetrVG, § 87, Rn. 59; MüHB zum Arbeitsrecht – *Matthes*, § 238, Rn. 67; *Mohnke*, Zielvereinbarungen im Arbeitsverhältnis 2006, S. 247ff.

1002 *Deich*, Die rechtliche Beurteilung von Zielvereinbarungen im Arbeitsverhältnis 2004, S. 315ff.

1003 *Deich*, Die rechtliche Beurteilung von Zielvereinbarungen im Arbeitsverhältnis 2004, S. 317; *Heiden*, Entgeltrelevante Zielvereinbarungen 2007, S. 114f.

1004 *Fitting*, BetrVG, § 87, Rn. 489; *Heiden*, Entgeltrelevante Zielvereinbarungen 2007, S. 124.

1005 *Reiter*, BB 2004, S. 437, 438; *Heiden*, Entgeltrelevante Zielvereinbarungen 2007, S. 114ff.

Automobilbereich ausgewählte zentrale praktische Beispiele vorgestellt werden sollen. Abschließend soll dann die Frage einer Inhaltskontrolle von Tarifverträgen und darin enthaltener Zielvereinbarungssysteme diskutiert werden.

a) Allgemeines zu Zielvereinbarungen in Tarifverträgen

Gerade für die unteren Hierarchieebenen bietet sich die Regelung von variabler Vergütung aus Zielvereinbarungen auch durch einen Haus- oder Flächentarifvertrag an. Dabei besteht der Vorteil, dass eine einheitliche Regelung geschaffen werden kann, die wegen der unmittelbaren und zwingenden Wirkung der Tarifnormen nach § 4 Abs. 1 S. 1 TVG für alle Arbeitnehmer im Anwendungsbereich gilt. Somit können hier ungewollte und eventuell risikoreiche Abweichungen vermieden werden. Mittels eines sog. „Haustarifvertrages", der zwischen den Gewerkschaften und einem einzelnen Arbeitgeber speziell für dessen Unternehmen abgeschlossen wird, ist dabei ein Zuschnitt auf das jeweilige Unternehmen möglich. Gerade diese Tarifverträge können dann auch ähnlich wie die Betriebsvereinbarungen ein komplettes Rahmensystem zur variablen Vergütung aus Zielvereinbarungen enthalten. Demgegenüber erfassen sog. „Flächentarifverträge", also zwischen Gewerkschaften und Arbeitgeberverbänden geschlossene Tarifverträge für alle dem Verband angeschlossenen Arbeitgeber geltende allgemeine Regeln der variablen Vergütung aus Zielvereinbarungen. Dabei zeigt die Praxis aber auch hier, dass ein recht hoher Detaillierungsgrad erreicht werden kann[1006]. Dennoch wird dabei meist eine Konkretisierung auf den nachgeordneten Ebenen durch Betriebsvereinbarungen und individualvertragliche Klauseln zur Anpassung an die Gegebenheiten vor Ort nötig sein[1007].[1008]

Allerdings gelten Tarifverträge nach § 4 Abs. 1 S. 1 TVG unmittelbar und zwingend grundsätzlich nur zwischen den beiderseits Tarifgebundenen nach § 3 Abs. 1 TVG, die unter den Geltungsbereich des Tarifvertrages fallen. Dies erfasst den Arbeitgeber selbst oder die Mitglieder des Arbeitgeberverbandes einerseits und andererseits die Mitglieder der Gewerkschaft. Eine darüber hinausgehende Wirkung, die sich auf alle Arbeitnehmer im Anwendungsbereich erstreckt, ist nur bei einer Allgemeinverbindlichkeitserklärung durch das Bundesministerium für Arbeit und Soziales nach § 5 Abs. 1 TVG möglich. Somit sind nicht organisierte Arbeitnehmer grundsätzlich nicht erfasst, weshalb üblicherweise arbeitsvertragliche Bezugnahmeklauseln auf den betreffenden Tarifvertrag vereinbart werden. Dies geschieht allein schon, um den Erwartungen der nicht organisierten Arbeitnehmer hinsichtlich einer Gleichbehandlung zu entsprechen, dadurch Spannungen im Betrieb zu vermeiden und nicht zuletzt, um keinen Anreiz zu schaffen, in die Gewerkschaft einzutreten.

1006 So z.B. in dem im Folgenden (Kapitel D. I. 1. b) bb)) exemplarisch dargestellten ERA Tarifvertrag NB/NW.

1007 So auch in § 1 LEV TV (Kapitel D. I. 1. b) aa)) und in §§ 16, 17, 21 ERA Tarifvertrag NB/NW (Kapitel D. I. 1. b) bb))

1008 *Heiden*, Entgeltrelevante Zielvereinbarungen 2007, S. 107ff.

Die Wirkung der in Bezug genommenen Tarifnormen ist dann allerdings lediglich schuldrechtlich[1009]. Durch eine dynamische Bezugnahmeklausel kann dabei auch auf die jeweils gültige Fassung des Tarifvertrages verwiesen werden, wodurch eine Koppelung an weitere Entwicklungen ermöglicht wird, ohne dass dazu fortlaufende Änderungen des Arbeitsvertrages erforderlich wären.[1010]

Inhaltlich lässt sich sagen, dass die Grundstrukturen der tariflichen Entgeltsysteme sich – vor allem durch die neue Leistungsorientierung, insbesondere variable Vergütung aus Zielvereinbarungen und Controlling-Konzepte wie die „Balanced Scorecard"[1011] – stark geändert haben. Dabei werden die herkömmlichen Zeitlohnsysteme nun häufig mit einem Leistungslohn, der in der Regel auch variable Vergütung aus Zielvereinbarungen erfasst, kombiniert, sodass sich eine fixe Grundvergütung und eine variable Leistungsvergütung ergibt. Wegen der Bedeutung von Zielvereinbarungen für ganze Wirtschaftsbranchen und besonders große Unternehmen wird eine zumindest die Öffnung für betriebliche Regelungen ansprechende Tarifnorm als sinnvoll erachtet[1012]. Teilweise wird auch eine Verbesserung der tatsächlichen, zweiseitigen Unabhängigkeit der Zielvereinbarungen und der Stellung des Arbeitnehmers, gerade im Rahmen der „Zielkaskade"[1013] durch einheitliche tarifliche Regelungen angeregt[1014]. Auch ließen sich durch eine einheitliche tarifliche Regelung eventuelle Diskriminierungs- und Transparenzprobleme vermeiden. In der tariflichen Regelung können dann die Leistungsmerkmale der Zielvereinbarung, bestimmte Zieltypen, etwa prozess-, kunden-, produkt-, mitarbeiter- oder finanzbezogene Ziele, die Zielvereinbarungsperiode, die Struktur von Individual- und Teamzielen und auch die Rahmenbedingungen einer betrieblichen Konfliktlösungsinstanz geregelt werden[1015].[1016]

b) Ausgewählte Beispiele aus der Praxis

Nachdem nun abstrakt die allgemeinen Regelungsmöglichkeiten zu variabler Vergütung aus Zielvereinbarungen in Tarifverträgen aufgezeigt wurden, sollen nun die praktischen Regelungen im LEV-TV und ERA-Tarifvertrag Nordbaden/Nordwürttemberg (ERA NB/NW) vergleichend betrachtet werden. Diese beiden tariflichen Werke

---

1009 *BAG* vom 19.03.2003, 4 AZR 331/02, NZA 2003, 1207.

1010 *Hromadka/Maschmann*, ArbR II, § 13, Rn. 252f., 254f.; *Heiden*, Entgeltrelevante Zielvereinbarungen 2007, S. 107ff.;

1011 Siehe Kapitel B. I. und B. II.

1012 Kempen/Zachert, TVG – *Stein*, §1, Rn. 201.

1013 Siehe Kapitel B. I. 2. und *Breisig*, Zielvereinbarungen 2013, S. 46.

1014 Däubler, TVG – *Winter*, § 1, Rn. 427a; Kempen/Zachert, TVG – *Stein*, §1, Rn. 202.

1015 *Schaub*, RdA 2006, S. 374, 375f.

1016 Däubler, TVG – *Winter*, § 1, Rn. 420ff., 427a; Henssler/Moll/Bepler, Der Tarifvertrag – *Steffan*, Teil 5, (3) Rz. 4ff.; Thüsing/Braun, Tarifrecht – *Wißmann*, Kap. 4, Rn. 39.

erfassen dabei einen wichtigen Teil der tariflich geregelten Zielvereinbarungen und gelten für die für Zielvereinbarungssysteme bedeutsamsten Wirtschaftsbereiche[1017].

Angesichts der sich verändernden Rahmenbedingungen wurde bereits während des letzten Jahrzehnts offenbar, dass die klassische Dreiteilung der tariflichen Entgeltmethoden in Zeitlohn, Akkordlohn und Prämienlohn – bei denen auf „harte“ Faktoren wie Stückzahl, Zeitaufwand oder Abschlussanzahl abgestellt wird – nicht mehr zeitgemäß war[1018]. In den Jahren 2002/2003 kam es erstmalig zu einer Verankerung von variabler Vergütung aus Zielvereinbarungen in großen Flächentarifverträgen[1019]. Im Tarifvertrag zur leistungs- und/oder erfolgsorientierten variablen Vergütung für das private und öffentliche Bankgewerbe (LEV-TV), im Tarifvertrag zur leistungs- und/oder erfolgsorientierten variablen Vergütung für die Volksbanken und Raiffeisenbanken sowie die genossenschaftlichen Zentralbanken (LEV-TV Geno) und im Tarifvertrag öffentlicher Dienst für den Dienstleistungsbereich Sparkassen (TVöD-S) wurde jeweils die Möglichkeit der Einführung eines variablen Vergütungsanteils vorgesehen, der auf einer Zielvereinbarung beruhen kann bzw. beruht[1020]. Auch im Bereich der Metall- und Elektroindustrie wurde im Rahmen der umfassenden Neuregelung der Tarifvergütung durch Einführung des Entgeltrahmentarifvertrages (ERA) die Möglichkeit, variable Vergütung auf Zielvereinbarungsbasis zu nutzen, eingeführt[1021]. Mit dem einheitlichen Rahmenabkommen und durch die ERA-Tarifverträge wurde erstmals für den Bereich der Metall- und Elektroindustrie flächendeckend die Möglichkeit geschaffen, tarifliche Arbeitnehmer mittels auf Zielvereinbarungen basierenden Leistungslohnes zu entlohnen[1022].

Exemplarisch sollen hier die tarifliche Regelung im privaten Bankenbereich, der sog. LEV-TV, und der ERA-Tarifvertrag im Bereich der Metall- und Elektroindustrie in Nordbaden und Nordwürttemberg und ihre betriebliche Umsetzung in zwei DAX-Unternehmen vorgestellt werden:

aa) Der LEV-TV

Der LEV-TV legt in seinem § 1 fest, dass in Betrieben mit Betriebs-/Personalrat eine leistungs- und/oder erfolgsorientierte Vergütung durch freiwillige Betriebs-/Dienstvereinbarung eingeführt werden kann.

1017 Siehe Kapitel B. I. 2. b), c), d).

1018 *Heiden*, Entgeltrelevante Zielvereinbarungen 2007, S. 9.

1019 *Heiden*, Entgeltrelevante Zielvereinbarungen 2007, S. 10.

1020 *Heiden*, Entgeltrelevante Zielvereinbarungen 2007, S. 10; Tarifvertrag zur leistungs- und oder erfolgsorientierten variablen Vergütung für das private und öffentliche Bankgewerbe vom 01.09.2006 (erstmals vom 13.12.2002) und Tarifvertrag zur leistungs- und/oder erfolgsorientierten Vergütung für Genossenschaftsbanken vom 28.05.2003; ebenso.

1021 §14 Entgeltrahmentarifvertrag der Metall- und Elektroindustrie in Nordbaden und Nordwürttemberg (ERA-TV NB/NW) aus dem August 2006.

1022 *Becker/Hering*, Leistung und Lohn, 2/2014, S. 29; *Schaub*, RdA 2006, S. 374, 375.

In § 2 LEV-TV wird ein Variabilisierungsvolumen von 8 % der jährlichen Tarifvergütung im Rahmen des Grundmodells festgelegt. Dieses Grundmodell nach § 2 LEV-TV regelt die Dotierung/Ausschüttung einschließlich der Festlegung eines Stichtages für die Ausschüttung, die Handhabung für Neuzugänge, die Festlegung eines Zusatz- und eines Gesamtbudgets für die variable Vergütung und das Informationsrecht des Betriebsrates. § 3 LEV-TV beinhaltet eine Basiserweiterungsmöglichkeit, die an betriebswirtschaftliche Kennzahlen anknüpft und über das Variabilisierungsvolumen von 8 % hinausgehen kann, wenn auf eine bestimmte tarifliche Sonderzahlung verzichtet wird.

In § 4 LEV-TV werden dann konkrete Anforderungen an Verteilungsregeln bei Systemen variabler Vergütung geregelt. So wird vorgegeben, dass die Art der Leistungsbestimmung und Gewichtung, die Verknüpfung zwischen Leistungserbringung und variabler Vergütung und eventuelle Zusatzboni enthalten sein müssen. Als Optionen zur Leistungsermittlung werden sodann Leistungsbeurteilungen und Zielvereinbarungen festgelegt.

Hinsichtlich der Zielvereinbarungen wird geregelt, dass der Zielvereinbarungszeitraum in der Regel 12 Monate betragen soll. Dabei sollen pro Zielvereinbarungszeitraum mehrere unterschiedlich gewichtete quantitative oder qualitative Ziele festgelegt werden, wobei auch ein Stufenmodell möglich ist. Ferner soll eine spezifisch-individuelle Konkretisierung vorgenommen werden. Zudem wird festgestellt, dass die Zielerreichung arbeitnehmerseitig beeinflussbar sein muss. Die der variablen Vergütung zu Grunde liegenden Ziele sind für den Vergütungszeitraum schriftlich zu fixieren. Im Ausnahmefall sind Korrekturen der Ziele bzw. Erfolgskriterien möglich, falls sich für die Zielvereinbarung maßgebliche Rahmenbedingungen gravierend geändert haben. Zielkorrekturen können nur einvernehmlich erfolgen. Die jeweilige Zielerreichung ist auf der Grundlage eines Soll-Ist-Vergleichs festzustellen und auf Wunsch dem Arbeitnehmer zu erläutern. Zwischengespräche können betrieblich vorgesehen werden. Die Ausschüttung muss die Zielerreichung im Rahmen des Budgets angemessen honorieren; eine individuelle Ausschüttung erfolgt auch unterhalb von 100 % Zielerreichung.

Abschließend wird noch eine zwingende Einrichtung eines Konfliktlösungsinstrumentes in umsetzenden Betriebs-/Personalvereinbarung geregelt.

Zusammenfassend kann man also sagen, dass zum einen das überraschend niedrige Variabilisierungsvolumen von nur 8 % auffällt, welches jedoch nach § 3 erheblich erweiterbar ist und zum anderen überwiegend allgemeine Aussagen zu Zielvereinbarungssystemen getroffen werden. Die ausdrückliche Delegation an die Betriebsparteien und auch die Verwendung von vielen „Soll"-Bestimmungen zeigt, dass in diesem Bereich die tarifliche Regelung allenfalls allgemeinste Rahmenbedingungen und die Zulässigkeit des Zielvereinbarungssystems an sich regelt. Variabilisierungsinstrumente sind gar nicht enthalten.

bb) Der ERA-Tarifvertrag

Der ERA-Tarifvertrag hat 2003 im Bereich der Metall- und Elektroindustrie das Leistungsentgelt als gemeinsamen Oberbegriff unter Einbeziehung zielvereinbarungsbasierter variabler Vergütung eingeführt. Er stellt eine Neuordnung der tariflichen Vergütung in der Metallindustrie dar[1023]. Die Lohn und Gehaltsarten wurden auf ein einheitliches Entgelt reduziert, das sich aus Grund-, Leistungs- und Belastungsentgelt zusammensetzt[1024]. Für den Tarifbereich Nordbaden/Nordwürttemberg ist in den §§ 14 bis 21 ERA-TV NW/NB das Leistungsentgelt geregelt.

§ 14 ERA-TV NB/NW, der die Grundsätze zur Ermittlung des Leistungsentgelts festsetzt, regelt, dass nach sechs Monaten Betriebszugehörigkeit ein Leistungsentgelt zu zahlen ist. Es wird klargestellt, dass mit dem Leistungsentgelt ein über der tariflichen Bezugsbasis liegendes Leistungsergebnis abgegolten wird. Zudem müssen vergleichbare Leistungsergebnisse zu gleichen Verdienstchancen führen. Maßgeblich für das Leistungsentgelt ist das jeweilige Leistungsergebnis, wobei ein Gruppenbezug der Zustimmung des Betriebsrates bedarf.

§ 15 ERA-TV NB/NW regelt sodann die Methoden zur Ermittlung des Leistungsergebnisses. Als zulässige Methoden werden das Beurteilen, ein Kennzahlenvergleich und die Feststellung der Zielerfüllung im Rahmen von Zielvereinbarungen festgesetzt.

Nach § 16 ERA-TV NB/NW ist die Auswahl der Methoden und eine etwaige Kombination und die konkrete Ausgestaltung mit dem Betriebsrat zu vereinbaren.

In § 17 ERA-TV NB/NW werden dann die einzelnen Methoden näher beschrieben. Neben dem Beurteilen und dem Kennzahlenvergleich wird auch die Zielvereinbarung konkretisiert. Danach erfolgt die Ermittlung des Leistungsergebnisses durch Vergleich der Zielerfüllung mit der Zielvereinbarung. In einer Betriebsvereinbarung können kennzeichnende und beeinflussende Leistungsmerkmale, insbesondere Quantität, Qualität und Verhalten der Beschäftigten festgelegt werden, wobei dies nicht gegen den Willen des Arbeitgebers geschehen darf. Leistungsmerkmale können prozess-, kunden-, produkt-, mitarbeiter- und/oder finanzbezogen sein und müssen im ursächlichen Zusammenhang mit der Arbeitsaufgabe handhabbar und nachvollziehbar sein. Die Zielvereinbarungen schließt der Arbeitgeber mit den einzelnen Beschäftigten ab. Sie können bei Vorliegen entsprechender Arbeitsbedingungen auch mit mehreren Beschäftigten abgeschlossen werden und basieren auf dem gegenseitigen Einvernehmen zwischen Beschäftigten und Vorgesetzten. Übliche Veränderungen der Rahmenbedingungen werden berücksichtigt und erforderliche Ressourcen werden in der Zielvereinbarung festgehalten. Die Betriebsparteien können für den Fall der Nichteinigung eine andere Methode oder ein innerbetriebliches Einigungsverfahren festlegen. Treten im Verlauf der Zielvereinbarungsperiode für die Zielerfüllung wesentliche Veränderungen der Voraussetzungen auf, so werden die Ziele auf Initiative des Beschäftigten oder des Vorgesetzten entsprechend

---

1023 *Reiter*, BB 2004, S. 437; *Schaub*, RdA 2006, S. 374, 375.
1024 *Reiter*, BB 2004, S. 437. *Schaub*, RdA 2006, S. 374, 375.

einvernehmlich angepasst. In einer Betriebsvereinbarung sind sodann die formale Gestaltung und der organisatorische Ablauf der Zielvereinbarungen, die Dokumentation und die Leistung-Entgelt-Relation sowie der Zielerfüllungsgrad zu regeln. Abschließend erfolgt die Feststellung des Leistungsergebnisses in einem Zielerfüllungsgespräch unter Angabe einer Begründung.[1025]

Die Ermittlung des Leistungsergebnisses ist in § 18 ERA-TV NB/NW geregelt und erfolgt durch den Arbeitgeber. Dabei besteht ein Recht zur begründeten Reklamation, die zu einer Nachprüfung verpflichtet, deren Ergebnis dem Beschäftigten und dem Betriebsrat mitzuteilen ist. Danach soll vor Beschreiten des Rechtswegs eine betriebliche Konfliktlösungsinstanz angerufen werden.

§ 19 ERA-TV NB/NW regelt sodann die Abrechnungsmodalitäten, während in § 20 ERA-TV NB/NW festgesetzt wird, dass die Leistung-Entgelt-Relation unabhängig von der Methode so gestaltet sein muss, dass im Durchschnitt der von der Vereinbarung erfassten Beschäftigten regelmäßig ein Leistungsentgelt von 16 % der Grundentgeltsumme dieser Beschäftigten erreicht werden kann.

Das betriebliche Leistungsentgeltvolumen soll nach § 21 ERA-TV NB/NW 15 % der Grundentgeltsumme im Betrieb ergeben, wobei Beschäftigte mit einer Betriebszugehörigkeit unter sechs Monaten bei der Ermittlung des Durchschnitts unberücksichtigt bleiben. Dabei wird eine Konsultationspflicht zwischen Arbeitgeber und Betriebsrat geregelt, wenn das Leistungsentgelt 14 % unterschreitet.

Zusammenfassend kann man feststellen, dass der ERA-TV NB/BW sehr stringent den gesamten Bereich des Leistungsentgeltes abdeckt und den betrieblichen Partnern genaue Vorgaben für die individuelle Ausgestaltung gemacht werden. Dabei liegt der Variabilisierungsgrad mit 16 % relativ hoch und es ist bemerkenswert, dass eine Konsultationspflicht besteht, wenn er unter die Marke von 14 % fällt. Auch ist das Verfahren der Zielvereinbarung recht detailliert vorgegeben. Konkrete Variabilisierungsinstrumente sind jedoch auch hier nicht enthalten. Allerdings bleibt durch entsprechende Öffnungsklauseln auch noch viel Raum für eine betriebliche Konkretisierung.

c) Kontrolle und Auslegung von Tarifverträgen

Auch bei dieser kollektivarbeitsrechtlichen Ebene stellt sich die Frage, inwieweit der Inhalt von Tarifnormen zu variabler Vergütung aus Zielvereinbarungen auf seinen Inhalt hin durch das Gericht kontrollierbar ist und wie sich die Besonderheiten des Tarifvertrages darauf und auf die Auslegung von Normen zu variabler Vergütung in Zielvereinbarungen auswirken.

1025 Zum ganzen Abschnitt auch *Reiter*, BB 2004, S. 437. *Schaub*, RdA 2006, S. 374, 375.

aa) Kontrolle des Inhaltes von Tarifverträgen zu variabler Vergütung aus Zielvereinbarungen

Bei Tarifnormen findet nach § 310 Abs. 4 S. 1 BGB ebenso, wie bei Betriebsvereinbarungen keine Inhaltskontrolle im Sinne einer Kontrolle allgemeiner Geschäftsbedingungen nach den §§ 305ff., 307 BGB statt. Vielmehr stehen die Tarifverträge den Rechtsvorschriften im Sinne von § 307 Abs. 3 BGB gleich, womit eine Abweichung von ihnen genauso behandelt wird, wie eine Abweichung von sonstigem Gesetzesrecht. Hinzu kommt, dass im TVG keine dem § 75 Abs. 1 BetrVG entsprechende Norm enthalten ist, die eine Bindung an die Grundsätze von Recht und Billigkeit und damit das höherrangige Verfassungs-, Gesetzes- oder Richterrecht vermitteln würde[1026]. Vorab ist hier noch anzumerken, dass bei der arbeitsvertraglichen Bezugnahme auf Tarifnormen zur variablen Vergütung aus Zielvereinbarungen auch keine direkte Inhaltskontrolle der Tarifnormen selbst nach den §§ 305ff., 307 BGB stattfindet, denn eine solche Kontrolle würde eine mittelbare „Tarifzensur" darstellen[1027]. Allerdings findet eine Kontrolle der Bezugnahmeklausel selbst daraufhin statt, ob das Bezugnahmeobejekt unüblich, unklar und damit überraschend entgegen § 305c BGB ist oder ob durch die Bezugnahme nur auf bestimmte Teile von Tarifverträgen eine unangemessene Benachteiligung im Sinne von § 307 Abs. 1 BGB entsteht[1028].

Somit kommt auch beim Inhalt von Tarifverträgen grundsätzlich nur eine allgemeine Rechtskontrolle in Betracht, die keine Zweckmäßigkeits- oder Billigkeitserwägungen enthält[1029]. Wie der Maßstab dieser Rechtskontrolle konkret zu gestaltet ist, ist jedoch umstritten, wobei hier nur im Rahmen eines kurzen Überblicks auf die Bindung an das europäische Primärrecht, eine unmittelbare Drittwirkung der Grundrechte und die Sittenwidrigkeit nach § 138 BGB eingegangen werden soll[1030]. Daneben kommt natürlich auch eine Kontrolle vor dem höherrangigen einfachen Gesetzesrecht in Frage. Insoweit gelten also auch die zu § 242 BGB bei Sprecherausschussvereinbarungen und Betriebsvereinbarungen geltenden Grundsätze.[1031]

1026 Siehe hierzu bei Betriebsvereinbarungen Kapitel D. I. 2. b).

1027 HWK, TVG – *Henssler*, § 3, Rz. 18; *Heiden*, Entgeltrelevante Zielvereinbarungen 2007, S. 110.

1028 Erfurter Kommentar – Preis, BGB § 310, Rn. 80a; *Bieder*, RdA 2011, 142, 149f.; *Stoffels/Bieder*, RdA 2012, S. 27, 29, 30; Wolf/Lindacher/Pfeiffer, AGB–Recht – *Stoffels;* Anhang zu § 310 BGB, Rn 119; vertiefend auch Ulmer/Brandner/Hensen, AGB-Recht – *Fuchs/Bieder*, Anhang zu § 310 BGB, Rn. 31ff.

1029 *BAG* vom 19.12.1958, 1 AZR 109/58, *BAG* vom 06.09.1995, 5 AZR 174/94, NZA 1996, 437; *Hromadka*, NJW 2002, 2523, 2525.

1030 Zur Primärrechtsbindung *EuGH* vom 04.08.1976, C 43/75 (Defrenne) Celex-Nr. 61975CJ0043; *Schlachter*, Casebook, S. 113ff.; *EuGH* vom 06.06.2000, C 281/98 (Angonese), zitiert nach juris; Zur Grundrechtsbindung *BAG* vom 27.05.2004, 6 AZR 129/03, DB 2004, 2538; *BAG* vom 08.12.2010, 7 ABR 98/09, NZA 2011, 751; *Gornik*, NZA 2012, 1399; zur Sittenwidrigkeit *BAG* vom 24.03.2004, 5 AZR 303/03, NZA 2004, 971, m.w.N.

1031 *Heiden*, Entgeltrelevante Zielvereinbarungen 2007, S. 109ff.

(1) Unmittelbare Bindung an europäisches Primärrecht und Bindung an die Grundrechte

Dem *EuGH* folgend sind auch Tarifverträge an den Diskriminierungsverboten des europäischen Primärrechtes (insbesondere Art. 157 AEUV, 45 AEUV) zu messen, die tarifparteien sind also hierduch unmittelbar gebunden[1032]. Zudem wirkt sich hier der vom EuGH entwickelte allgemeine europarechtliche Grundsatz der Antidiskriminierung aus, der einen umfassenden Grundsatz der Gleichbehandlung in Beschäftigung und Beruf beinhaltet, der seinen Ursprung in verschiedenen völkerrechtlichen Verträgen und den gemeinsamen Verfassungstraditionen der Mitgliedstaaten hat[1033]. Dieser Grundsatz wirkt über die Bindung der mitgliedstaatlichen Gerichte auch zwischen Privaten und damit auch gegenüber den Tarifparteien[1034].

Außerdem ist nach der Rechtsprechung des *BAG* von einer Bindung der Tarifvertragsparteien an die Grundrechte auszugehen[1035]. Wie weit diese Bindung reicht, ob also eine unmittelbare Drittwirkung der Grundrechte im kollektiven Arbeitsrecht – anders als im Individualarbeitsrecht[1036] – möglich ist, ist zuletzt wieder heftiger umstritten[1037]. Da sich jedoch speziell für die Inhaltskontrolle von Tarifnormen zu variabler Vergütung aus Zielvereinbarungen keine wesentlichen Abweichungen ergeben, soll dieser Streit hier ausgespart bleiben. Denn letztlich ist davon auszugehen, dass zumindest eine Bewertung vor dem Hintergrund der Grundrechte stattfindet, wobei insbesondere die Grundrechte aus Art. 12 Abs. 1 und Art. 3 Abs. 1 Art. GG zu berücksichtigen sind. Ein erweiterter Spielraum der Tarifvertragsparteien lässt sich vor diesem Hintergrund nicht annehmen.

1032 Zum ganzen Abschnitt *EuGH* vom 04.08.1976, C 43/75 (Defrenne) Celex-Nr. 61975CJ0043; *EuGH* vom 06.06.2000, C 281/98 (Angonese), zitiert nach juris; *Schlachter*, Casebook, S. 113ff.

1033 *EuGH* vom 19.01.2010, C-555/07 (Kücükdeveci); EuGH vom 22.11.2005, C-144/04 (Mangold).

1034 *Thüsing/Traut*, RdA 2012, S. 65, 72; *EuGH* vom 19.01.2010, C-555/07 (Kücükdeveci).

1035 *BAG* vom 08.12.2010, 7 ABR 98/09, NZA 2011, 751.

1036 Gegen eine unmittelbare Drittwirkung im Individualarbeitsrecht: *BVerfGE* 7, 198, 205ff.; NJW 1958, 257; *BVerfGE* 61, 82, 108f; offen gelassen hingegn für den kollektiven Bereich: *Gornik*, NZA 2012, S. 1399, 1402; *BVerfGE* 82, 126, 154, NZA 1990, 721; *BVerfGE* 90, 46, 58, NZA 1994, 661; *BVerfG-Kammer*, AP BGB § 620 Altersgrenze Nr. 25, GewA 2005, 243.

1037 So *BAG* vom 08.12.2010, 7 ABR 98/09, NZA 2011, 751; Däubler, TVG – *Schieck*, Einleitung , Rn. 168ff. m.w.N.; dagegen nur für eine „grundrechtsgeleitete Kontrolle“: *BAG* vom 25.02.1998, 7 AZR 641/96, AP Nr. 11 zu § 1 TVG Luftfahrt; *BAG* vom 11.03.1998, 7 AZR 700/96, AP Nr. 12 zu § 1 TVG Luftfahrt; *BAG* vom 27.05.2004, 6 AZR 129/03, DB 2004, 2538; *Dieterich*, RdA 2001, 112, 114; *Gornik*, NZA 2012, S. 1399, 1400f. m.w.N.; *Heiden*, Entgeltrelevante Zielvereinbarungen 2007, S. 109.

(2) Sittenwidrigkeitskontrolle

Schließlich kann man sich noch dogmatisch fragen, ob auch Tarifverträge einer Sittenwidrigkeitskontrolle nach § 138 BGB unterworfen sind und damit auch die tariflichen Regelungen zur variablen Vergütung aus Zielvereinbarungen. Dabei ist es letztlich unerheblich, ob man diese Bewertung aus § 138 BGB oder der allgemeinen Rechtskontrolle herleitet. In die Bewertung, die grundsätzlich nach denselben Maßstäben wie im Individualarbeitsrecht vorzunehmen ist, ist jedoch einzubeziehen, dass die Ausbeutung einer Schwächeposition bei den Tarifpartnern ausscheidet und auch die Schutzbedürftigkeit des durch die Gewerkschaft vertretenen Arbeitnehmers geringer zu bewerten ist[1038]. Somit ist bei der Bewertung der Sittenwidrigkeit von variabler Vergütung aus Zielvereinbarungen die stärkere Stellung der Arbeitnehmervertreter zugunsten des Arbeitgebers zu berücksichtigen und erweitert den Gestaltungsspielraum.[1039]

Zusammenfassend lässt sich feststellen, dass eine Rechtskontrolle der tariflichen Regelungen zu variabler Vergütung aus Zielvereinbarungen vor dem Hintergrund des europäischen Primärrechtes, des Verfassungsrechtes, des einfachen Gesetzesrechtes und des Richterrechtes erfolgt. Dabei ist hier lediglich ein leicht erweiterter Gestaltungsspielraum im Verhältnis zum Individualarbeitsrecht anzunehmen, da die Schutzbedürftigkeit des Arbeitnehmers, der von tarifmächtigen Gewerkschaften vertreten wird, geringer zu bewerten ist. Einzelne Teilelemente können dabei voraussetzungslos befristet werden.[1040]

bb) Auslegung von Tarifverträgen zu variabler Vergütung aus Zielvereinbarungen

Auch bei der Auslegung des Tarifvertrages gilt es die Auslegung des schuldrechtlichen Teiles der Vereinbarung von der Auslegung der unmittelbar und zwingend wirkenden Tarifnormen zu unterscheiden. Für die Auslegung der Regelungen zu variabler Vergütung aus Zielvereinbarungen, als Inhaltsnormen des Tarifvertrages kommt es dabei vor allem auf die Normauslegung an. Während sich die Auslegung des schuldrechtlichen Teils des Tarifvertrages nach den allgemeinen zivilrechtlichen Grundsätzen, also §§ 133, 157 BGB richtet[1041], sind die Tarifnormen wie Gesetze auszulegen[1042]. Somit kommt es auch hier auf den Wortlaut, den sich daraus ergebenden Wortsinn, den systematischen Regelungszusammenhang, die Entstehungsgeschichte und vor allem den Sinn und Zweck der Regelung an. Ebenso spielt auch

---

1038 So auch *Rieble/Gutzeit,* JArbR 2000/37, S .41, 51.

1039 Zum ganzen Abschnitt *Heiden,* Entgeltrelevante Zielvereinbarungen 2007, S. 109f. m.w.N. Siehe auch Kapitel B. IV. 2. a).

1040 HWK, TVG – *Henssler,* § 1, Rn. 21; *Heiden,* Entgeltrelevante Zielvereinbarungen 2007, S. 217.

1041 Kempen/Zachert, TVG – *Zachert,* Grundl. , Rn. 371; Wiedemann, TVG – *Wank,* § 1, Rn. 984.

1042 *BAG* vom 02.06.1961, AP Nr. 68 zu Art. 3 GG.

die Praktikabilität eine Rolle, denn im Zweifel ist derjenigen Tarifauslegung der Vorzug zu geben, die zu einer vernünftigen, sachgerechten, zweckorientierten und praktikablen Regelung führt.[1043] [1044]

Die Auslegung von Regelungen in Tarifverträgen zur variablen Vergütung aus Zielvereinbarungen war schon Gegenstand einiger Urteile von Landesarbeitsgerichten. So hat etwa das *LAG Baden-Württemberg* in einem Fall zum ERA-TV entschieden, dass darin ein komplett neues Vergütungssystem eingerichtet wurde und nicht etwa die Änderung bestehender Leistungsvergütungsregelungen abgesichert werden sollte[1045]. Auch das *LAG Berlin-Brandenburg* beschäftigte sich mit der Auslegung eines Tarifvertrages über Zielvereinbarungen, wobei es allerdings nur um die Frage ging, wie der Begriff „Zugang" des Betriebsrates zu den Leistungsdaten der Betroffenen zu verstehen war[1046]. Schließlich entschied auch das *LAG Hamm* zu diesem Thema, dass die Formulierung „Ziele vereinbart" in einem Tarifvertrag bindend sei und keine nachträgliche Zielvereinbarung durch ein allgemeines Konfliktlösungsinstrument im Tarifvertrag hinsichtlich eines Schadenersatzanspruches aus den §§ 280 Abs. 1, Abs. 3, 283 eingreifen könne[1047]. All diese Entscheidungen betreffen aber eher Einzelfragen von Zielvereinbarungssystemen, weshalb sich keine allgemeinen Grundsätze für Variabilisierungen durch Tarifverträge daraus ableiten lassen.

Somit lässt sich auch hier feststellen, dass bei der Auslegung von Tarifnormen zu variabler Vergütung aus Zielvereinbarungen ein verobjektivierter Maßstab gilt, der nicht den tatsächlichen Willen der Tarifparteien, sondern die Bedeutung vom objektiven Empfängerhorizont aus erfasst. Außerdem ist auch hier in die Auslegung miteinzubeziehen, dass eine generelle Regelung durch ein im Verhältnis zum einzelnen Arbeitnehmer stärkerem Kollektivorgan, hier sogar dem mächtigsten Zusammenschluss von Arbeitnehmern, gegeben ist. Deshalb ist bei der Auslegung gerade von Tarifnormen davon auszugehen, dass diese ein ausgewogenes Verhandlungsergebnis repräsentieren, weshalb bei einer Flexibilisierung ein leicht erweiterter Spielraum anzunehmen ist.

d) Zusammenfassung

Schließlich kann man bei Tarifverträgen festhalten, dass sich bei der erforderlichen Rechtskontrolle unter Berücksichtigung des europäischen Primärrechtes und der Grundrechte sowie des höherrangigen Gesetzesrechtes ein lediglich leicht erweiterter Gestaltungsspielraum zur Variabilisierung von Vergütung aus Zielvereinbarungen ergibt, der sich aus der kollektiven Regelungsebene herleitet. Außerdem ist

---

1043 *BAG* vom 12.09.1984, AP Nr. 135 zu § 1 TVG Auslegung; *BAG* vom 22.10.2003, NZA 2004, 444; zuletzt *BAG* vom 11.12.2013, 10 AZR 364/13, zitiert nach juris.

1044 *Hromadka/Maschmann,* ArbR II, § 13, Rn. 119ff.

1045 *LAG Baden-Württemberg* vom 28.11.2012, 10 Sa 60/12, zitiert nach juris.

1046 *LAG Berlin-Brandenburg* vom 19.03.2009, 20 TaBV 1022/08, BeckRS 2011, 67106.

1047 *LAG Hamm* vom 30.08. 2011, 9 Sa 856/11, BeckRS 2011, 78955.

auch hier eine voraussetzungslose Befristung des Vergütungssystems und einzelner Teilelemente möglich. Ihre Bedeutung liegt also vor allem darin, dass sie den Rahmen der – im Folgenden näher zu erläuternden – betrieblichen Regelung vorgeben.

2. Regelungskompetenz der Betriebsparteien

Inwieweit die Betriebsparteien eine umfassende Regelungskompetenz haben und den Bereich materieller Arbeitsbedingungen überhaupt regeln können oder im Rahmen ihrer gesetzlich übertragenen Regelungskompetenz beschränkt sind, ist umstritten. Bei der Regelung variabler Vergütung aus Zielvereinbarungen handelt es sich um eine separat synallagmatische Austauschbeziehung, die eine wichtige Rolle im Arbeitsverhältnis spielen kann. Es sind gerade Arbeitsbedingungen und Arbeitsentgelt betroffen, womit dieser Streit auch entscheidend für die Frage ist, inwieweit eine Regelungskompetenz der Betriebsparteien auch hierfür besteht.

a) Ablehnung einer Regelungskompetenz der Betriebsparteien

Einige bedeutende Stimmen aus Lehre und Literatur vertreten die Auffassung, dass eine Regelungskompetenz der Betriebsparteien nur im Rahmen der an sie vom Gesetzgeber delegierte Regelungsmacht besteht und darüber hinaus ausgeschlossen ist[1048]. Dabei wird angenommen, dass die Regelungsmacht der Betriebsparteien dort beschränkt ist, wo die Privatautonomie als Ausgestaltung der Individualfreiheit greift, denn die Fremdbestimmung durch die Betriebsparteien dürfe hierein nicht eingreifen[1049]. Damit wäre eine Regelung der variablen Vergütung aus Zielvereinbarungen als Arbeitsbedingung möglicherweise von der Regelungsmacht der Betriebsparteien ausgenommen, wenn man sich auf den Standpunkt stellt, dass diese Vergütung als Teil des Entgelts in einem eindimensionalen Synallagma stehen würde. Geht man aber, wie hier vertreten, von einem separaten Synallagma aus, so könnte man bei einem engen Verständnis der Beschränkung der Regelungsmacht der Betriebsparteien von einer trotzdem bestehenden Regelungskompetenz ausgehen, da gerade nicht das grundlegende arbeitsvertragliche Synallagma betroffen ist, sondern das separat in der Zielvereinbarung daneben stehende.

Eine Variante der Auffassung von einer beschränkten Regelungsmacht der Betriebsparteien geht davon aus, dass es sich zwar um private Rechtsetzung handele, diese jedoch fremdbestimmt und deswegen vergleichbar zu beschränken sei. Dabei geht auch diese Meinung davon aus, dass die Betriebsparteien keine Regelungsbefugnis haben, die den Arbeitsvertrag ersetzt. Gerade für den Bereich

1048 *Picker*, NZA 2002, S. 761, 769; *Picker*, RdA 2001, S. 259, 271f. *Kreutz*, Betriebsautonomie, S. 74; *H. Hanau*, Individualautonomie, S. 59ff., 69f.; *Veit*, Zuständigkeit des Betriebsrats, S. 169ff.;

1049 *Picker*, NZA 2002, S. 761, 768f.

der Arbeitsentgelte und Arbeitsbedingungen kann danach eine Beschränkung bestehen.[1050]

Insofern wäre auch danach eine Regelung von variabler Verügung aus Zielvereinbarungen bei Annahme eines eindimensionalen Synallagmas nicht möglich. Bei einem engen Verständnis der Beschränkung wäre hingegen bei Annahme eines separaten Synallagmas bei variabler Vergütung aus Zielvereinbarungen durchaus eine Regelungsmacht der Betriebsparteien denkbar.

b) Umfassende Regelungskompetenz der Betriebsparteien

Demgegenüber geht die herrschende Lehre und die Rechtsprechung des BAG davon aus, dass die Betriebsparteien eine umfassende Regelungskompetenz haben[1051]. Dies wird aus § 77 Abs. 3 S. 1 BetrVG in Verbindung mit dem gesetzlichen Gesamtzusammenhang hergeleitet, der eine umfassende Regelungskompetenz vermuten lässt[1052]. Hierzu wird auch der nicht beschränkte Wortlaut des § 88 BetrVG und die Gesetzesbegründung herangezogen[1053]. Damit wäre für den Bereich der variablen Vergütung aus Zielvereinbarungen eine umfassende Regelungskompetenz der Betriebsparteien anzunehmen.

c) Umfassende Regelungskomptenz auch im Bereich variabler Vergütung aus Zielvereinbarungen

Berücksichtigt man gerade den Gesamtzusammenhang des Betriebsverfassungsgesetzes, der eine auf den Betrieb bezogene, umfassende Regelungskompetenz der Betriebsparteien vermuten lässt und zieht hierzu die Gesetzesbegründung[1054] heran, die ebenfalls von einer solchen ausgeht, so ist eine so geartete Regelungskompetenz anzunehmen. Hierfür spricht auch, dass durch § 75 BetrVG bereits eine Bindung der Betriebsparteien an die Grundsätze von Recht und Billigkeit gegeben ist. Hierdurch

---

1050 *Richardi*, BetrVG, § 77, Rn. 64ff., 72; *Waltermann*, Betriebsvereinbarung, S. 131ff.; *Richardi*, Kollektivgewalt, S. 313.

1051 *BAG* vom 16.09.1986, NZA 1987, 168, 173; *BAG* vom 10.12.2002, 3 AZR 92/02, NZA 2004, 271; *BAG* vom 12.12.2006, 1 AZR 96/06, NZA 2007, S. 453 ; *BAG* vom 07.06.2011, 1 AZR 807/09, NZA 2011, 1234; *BAG* vom 05.03.2013, 1 AZR 417/12, NZA 2013, 916; Erfurter Kommentar – *Kania*, § 77 BetrVG, Rn. 36; *Fitting*, BetrVG, § 77, Rn. 46; MüHB zum Arbeitsrecht – *Matthes*, §238, Rn. 30ff. (m.w.N.); *Richardi*, BetrVG, § 77, Rn. 66 unter Verweis auf *Hueck/Nipperdey/Säcker*, Band II/2, S. 1262f.; *Säcker*, Gruppenautonomie, S. 342f.; *Hueck*, Betriebsvereinbarung, S. 65ff.; *Heiden*, Entgeltrelevante Zielvereinbarungen 2007, S. 111.

1052 *Linsenmaier*, RdA 2008, S. 1, 3ff.; *Fitting*, BetrVG, § 77, Rn. 46.

1053 *BAG* vom 12.12.2006, 1 AZR 96/06, NZA 2007, S. 453; *Fitting*, BetrVG, § 77, Rn. 46; BT-Drs. VI/1786, S. 47.

1054 BT-Drs. VI/1786, S. 46, 47, 49.

wird eine verbindliche Leitlinie geschaffen, die die Regelungsmacht der Betriebsparteien bereits ausreichend begrenzt und eine inhaltliche Kontrolle ermöglicht[1055].

Somit wird hier von einer umfassenden Regelungskompetenz der Betriebsparteien auch im Bezug auf variable Vergütung aus Zielvereinbarungen ausgegangen.

3. Betriebsratsrechte bei Zielvereinbarungssystemen

Der Betriebsrat kann durch zahlreiche Mitbestimmungs- und Mitwirkungsrechte auf Zielvereinbarungssysteme im Betrieb Einfluss nehmen. Gerade im Bereich der Mitbestimmung in sozialen Angelegenheiten nach § 87 BetrVG kann der Arbeitgeber ein kollektives Zielvereinbarungssystem nur dann einführen, wenn der Betriebsrat sein Mitbestimmungsrecht ausgeübt hat oder die Einigungsstelle einen bindenden Spruch gefällt hat[1056]. Daneben kommen noch zwingende Mitbestimmungsrechte aus den §§ 91 S. 1, 94 Abs. 2 Var. 2, 111 BetrVG in Betracht. Bei den einschlägigen Mitwirkungsrechten ist ebenfalls auf zahlreiche Paragraphen, jedoch vor allem auf die §§ 80 Abs. 2, 90 und 106, 108 Abs. 5 BetrVG einzugehen.[1057]

a) Mitbestimmungsrechte

Die Mitbestimmungsrechte sind die stärkste Form der Beteiligung des Betriebsrates, wobei die Mitbestimmung in sozialen Angelegenheiten nach § 87 BetrVG den Schwerpunkt der umfassenden Mitbestimmungsrechte bildet und damit auch für die Einführung von variabler Vergütung aus Zielvereinbarungen am Wichtigsten ist[1058]. Für die hier in Frage kommenden Mitbestimmungsrechte aus § 87 Abs. 1 Nr. 1, Nr. 6, Nr. 10, Nr. 11 und Nr. 13 besteht Einigkeit darüber, dass nur kollektive Regelungen mitbestimmungspflichtig sind[1059]. Entscheidend zur Abgrenzung ist dabei, ob eine Maßnahme abstrakt auf den ganzen Betrieb oder eine Gruppe von Arbeitnehmern oder einen Arbeitsplatz generell, ohne Ansehen des einzelnen Arbeitnehmers bezieht und dadurch einen kollektiven Bezug aufweist[1060]. Oder umgekehrt formuliert fehlt der kollektive Bezug nur dann, wenn die Vereinbarungen den besonderen

1055 *Fitting*, BetrVG, § 75, Rn. 25ff.; Näheres in Kapitel D. I. 3.

1056 *Deich*, Die rechtliche Beurteilung von Zielvereinbarungen im Arbeitsverhältnis 2004, S. 315.

1057 Zum ganzen Absatz *Mohnke*, Zielvereinbarungen im Arbeitsverhältnis 2006, S. 195ff.

1058 So auch *Deich*, Die rechtliche Beurteilung von Zielvereinbarungen im Arbeitsverhältnis 2004, S. 315.

1059 *BAG* vom 03.12.1991, GS 1/90, DB 1991, 2593; *BAG* vom 03.12.1991, GS 2/90, NZA 1992, 749; *BAG* vom 22.09.1992, 1 AZR 459/90, NZA 1993, 566; *Fitting*, BetrVG, § 87, Rn. 14ff.; Erfurter Kommentar – *Kania*, § 87 BetrVG, Rn. 6; *Hromadka/Maschmann*, ArbR II, § 16 Rn. 429; *Mohnke*, Zielvereinbarungen im Arbeitsverhältnis 2006, S. 197.

1060 *Fitting*, BetrVG, § 87, Rn. 16; Erfurter Kommentar – *Kania*, § 87 BetrVG, Rn. 6; *Deich*, Die rechtliche Beurteilung von Zielvereinbarungen im Arbeitsverhältnis 2004, S. 317ff.; *Mohnke*, Zielvereinbarungen im Arbeitsverhältnis 2006, S. 197f.

Verhältnissen einzelner Arbeitsverhältnisse Rechnung tragen und sich deren Auswirkungen auf dessen konkretes Arbeitsverhältnis beschränken[1061]. Danach lässt sich folgende Abgrenzung im Bezug auf Zielvereinbarungssysteme ziehen: Die Rahmenregelung, die allgemeine Grundsätze des Zielvereinbarungsverfahrens regelt, ist jedenfalls ein kollektiver Tatbestand, während individuell ausgehandelte konkrete Zielvereinbarungen, die sich auf das jeweilige Arbeitsverhältnis beziehen, keinen kollektiven Tatbestand darstellen[1062]. Gerade bei der konkreten Zielvereinbarung soll ja durch die gemeinsamen Gestaltungsmöglichkeiten von Arbeitgeber und Arbeitnehmer eine besondere individuelle Motivation erreicht werden[1063]. Werden jedoch konkrete Zielvereinbarungen pauschalisierend oder generell für einzelne Arbeitnehmergruppen festgelegt, so kommt auch ein mitbestimmungspflichtiger kollektiver Tatbestand in Frage[1064].

Daneben kommen aber auch noch zahlreiche andere Mitbestimmungstatbestände in Frage, die je nach Ausgestaltung des jeweiligen Zielvereinbarungssystems betroffen sein können. Dabei ist an die Verwendung von Personalfragebögen im Sinne des § 94 Abs. 1 BetrVG, die Einführung von allgemeinen Beurteilungsgrundsätzen nach § 94 Abs. 2 Var. 2 BetrVG und sogar eine Betriebsänderung nach § 111 BetrVG zu denken.

aa) § 87 Abs. 1 Nr. 1 BetrVG: Verhalten und Ordnung im Betrieb

Die ständige Rechtsprechung des *BAG* unterscheidet zwischen mitbestimmungspflichtigem Ordnungsverhalten und mitbestimmungsfreiem Arbeitsverhalten, wobei ersteres die Gestaltung des Zusammenlebens und Zusammenwirkens der Arbeitnehmer im Betrieb und letzteres das Verhältnis des Arbeitgebers zum Arbeitnehmer betrifft[1065]. Das mitbestimmungspflichtige Ordnungsverhalten kann dabei im Bezug auf Zielvereinbarungsvergütungssysteme hinsichtlich der Führung der

1061 *BAG* vom 03.12.1991, GS 1/90, DB 1991, 2593; *BAG* vom 03.12.1991, GS 2/90, NZA 1992, 749; *Fitting*, BetrVG, § 87, Rn. 16; Erfurter Kommentar – *Kania*, § 87 BetrVG, Rn. 6; *Hromadka/Maschmann*, ArbR II, § 16 Rn. 429; *Mohnke*, Zielvereinbarungen im Arbeitsverhältnis 2006, S. 197f.

1062 So auch *Deich*, Die rechtliche Beurteilung von Zielvereinbarungen im Arbeitsverhältnis 2004, S. 317ff.; *Mohnke*, Zielvereinbarungen im Arbeitsverhältnis 2006, S. 197f.

1063 *Deich*, Die rechtliche Beurteilung von Zielvereinbarungen im Arbeitsverhältnis 2004, S. 318; siehe auch Kapitel B. I. 1. a) aa), bb), dd).

1064 *Deich*, Die rechtliche Beurteilung von Zielvereinbarungen im Arbeitsverhältnis 2004, S. 317ff.

1065 *Fitting*, BetrVG, § 87, Rn. 64; Erfurter Kommentar – *Kania*, § 87 BetrVG, Rn. 18; *Richardi*, BetrVG, § 87, Rn. 177ff. *U. Krause*, Zielvereinbarungen und leistungsorientierte Vergütung 2002, S. 320; *Deich*, Die rechtliche Beurteilung von Zielvereinbarungen im Arbeitsverhältnis 2004, S. 319; *Mohnke*, Zielvereinbarungen im Arbeitsverhältnis 2006, S. 198f.;

Zielvereinbarungsgespräche als Mitarbeitergespräche, der Zielbestimmung und der Einführung von Kontroll- und Disziplinarmaßnahmen bestehen[1066].

Die Zielvereinbarungsgespräche als Mitarbeitergespräche werden durchaus unterschiedlich hinsichtlich einer Mitbestimmungspflicht nach § 87 Abs. 1 Nr. 1 BetrVG beurteilt. *U. Krause* geht davon aus, dass es sich dabei lediglich um eine Konkretisierung der Arbeitspflicht handele und die Gespräche deshalb mitbestimmungsfrei seien[1067]. Demgegenüber gehen die juristischen Autoren und die Rechtsprechung des *LAG Baden-Württemberg* und des *VGH Mannheim* durchgängig von einer Mitbestimmungspflicht der Zielvereinbarungsgespräche aus[1068]. Das LAG Baden-Württemberg entschied, dass ein Mitbestimmungsrecht nach § 87 Abs. 1 Nr. 1 BetrVG besteht, wenn es nicht um die bloße Verwirklichung sogenannter arbeitsnotwendiger Maßnahmen, sondern darum geht, die Mitarbeiterinnen und Mitarbeiter kollektiv und verbindlich in eine die Arbeitspflicht übergreifende Unternehmensstrategie einzubeziehen. Der *VGH Mannheim* entschied, dass die Einführung von Mitarbeitergesprächen mit Zielvereinbarung in der Landesanstalt für Umweltschutz Baden-Württemberg nach § 79 Abs. 1Nr. 12 LPVG mitbestimmungspflichtig ist, weil es sich dabei um eine Regelung der Ordnung in der Dienststelle und des Verhaltens der Beschäftigen handele.

Zwar fände das Zielvereinbarungsgespräch zwischen dem Arbeitnehmer und dem Vorgesetzten als Vertreter des Arbeitgebers statt, aber es handele sich bei den Rahmenbedingungen des Zielvereinbarungsgespräches nicht um eine bloße Arbeitsanweisung für den Vorgesetzten, sondern um eine Regulierung des Verhaltens der Arbeitnehmer bei den Gesprächen[1069]. Schließlich handele es sich nicht um eine bloße Arbeitsbesprechung, sondern um die Vorbestimmung des Verhaltens des Arbeitnehmers auch im Verhältnis zu anderen Mitarbeitern für die kommende Zielvereinbarungsperiode[1070]. Gerade in den Rahmenvereinbarungen zu Zielvereinbarungssystemen geht es um die Teilnahmepflicht, Initiative, den Turnus, die beteiligten Personen und die Rahmenbedingungen des Inhaltes des Gespräches, sodass gerade dann eine Mitbestimmungspflicht nach § 87 Abs. 1 Nr. 1 BetrVG

1066 *Berwanger,* BB 2003, S. 1499, 1502; *Däubler,* AiB 2001, S. 208, 213ff.; *Göpfert,* AuA 2003, S. 28; *Olbert,* AuA 2006, S. 84; *Trittin/Fischer,* AuR 2006, S. 261, 262; *Deich,* Die rechtliche Beurteilung von Zielvereinbarungen im Arbeitsverhältnis 2004, S. 320f.; *Mohnke,* Zielvereinbarungen im Arbeitsverhältnis 2006, S. 199ff.

1067 *U. Krause,* Zielvereinbarungen und leistungsorientierte Vergütung 2002, S. 321f.

1068 *LAG Baden-Württemberg* vom 12.06.1995, 16 TaBV 12/94; *VGH Mannheim* vom 09.05.2000, AP Nr. 10 zu § 79 LPVG Baden-Württemberg; *Bauer/Diller/Göpfert,* BB 2002, S. 882, 886; *Däubler,* AiB 2001, S. 208, 221; *Geffken,* NZA 2000, S. 1033, 1037; *Deich,* Die rechtliche Beurteilung von Zielvereinbarungen im Arbeitsverhältnis 2004, S. 320f.; *Mohnke,* Zielvereinbarungen im Arbeitsverhältnis 2006, S. 199ff;.

1069 *Mohnke,* Zielvereinbarungen im Arbeitsverhältnis 2006, S. 200.

1070 *Deich,* Die rechtliche Beurteilung von Zielvereinbarungen im Arbeitsverhältnis 2004, S. 320.

besteht. Bei Zielvereinbarungen, die gerade keine Zielvorgaben sind[1071], ist es auch nicht denkbar, dass bloß einseitige Anweisungen an den Arbeitnehmer ergehen, weshalb man auch für diesen Fall keine Mitbestimmungsfreiheit annehmen kann, denn sonst läge keine Zielvereinbarung mehr vor[1072]. Somit liegt in der kollektiven Regelung von Zielvereinbarungsgesprächen ein Mitbestimmungsrecht des Betriebsrates nach § 87 Abs. 1 Nr. 1 BetrVG.

Hinsichtlich der Zielfestlegung ist davon auszugehen, dass es nur bei der kollektiven Regelung persönlicher Ziele eine Mitbestimmung bei auf zwischenmenschliche Beziehungen zwischen Arbeitnehmern abstellenden Zielen gibt (z. B. Verbesserungsziele bei interner Zusammenarbeit oder bei Umfragewerten zum Betriebs- oder Abteilungsklima o.ä.). Demgegenüber bleiben sonstige kollektive Ziel(-typen) festlegungen mitbestimmungsfrei, denn sie stellen nur eine Konkretisierung des Arbeitsverhaltens der Arbeitnehmer dar.[1073]

Schließlich kann auch die kollektive Regelung von Kontroll- und Disziplinarmaßnahmen in Zielvereinbarungssystemen ein Mitbestimmungsrecht des Betriebsrates nach § 87 Abs. 1 Nr. 1 BetrVG auslösen.[1074] Auch hierbei gilt es zu unterscheiden, ob eine kollektive, das Verhalten der Arbeitnehmer generell betreffende Regelung getroffen wird oder bloß eine individuell auf das Arbeitsverhalten des Arbeitnehmers bezogene Maßnahme. Die Regelung einer allgemeinen Kontrolle, etwa durch Befragungen der Kunden zur Erreichbarkeit des Arbeitnehmers ist dabei der Sache nach nichts anderes als eine mittelbare Anwesenheitskontrolle, die nach § 87 Abs. 1 Nr. 1 BetrVG mitbestimmungspflichtig ist[1075]. Ebenfalls eine generelle, das Verhalten der Arbeitnehmer regelnde und damit mitbestimmungspflichtige Regelung ist die Anwendung einer Betriebsbußenordnung im Zusammenhang mit dem Zielvereinbarungssystem[1076]. Mitbestimmungsfrei sind hingegen Regelungen zur Ermittlung der individuellen Qualität der Arbeitsleistung, etwa die Befragung von Kunden, ob ein

---

1071 Siehe dazu Kapitel B. II. 3.

1072 So aber *Mohnke,* Zielvereinbarungen im Arbeitsverhältnis 2006, S. 201.

1073 Zum ganzen Abschnitt *Breisig,* Zielvereinbarungen, S. 90; *Däubler,* AiB 2001, S. 208, 220f.; *Geffken,* NZA 2000, S. 1033, 1037; *Göpfert,* AuA 2003, S. 28; *Olbert,* AuA 2006, S. 84ff.; *Trittin/Fischer,* AuR 2006, S. 261, 262; *Deich,* Die rechtliche Beurteilung von Zielvereinbarungen im Arbeitsverhältnis 2004, S. 321; *U. Krause,* Zielvereinbarungen und leistungsorientierte Vergütung 2002, S. 321; *Mohnke,* Zielvereinbarungen im Arbeitsverhältnis 2006, S. 201.

1074 *Deich,* Die rechtliche Beurteilung von Zielvereinbarungen im Arbeitsverhältnis 2004, S. 321; *Mohnke,* Zielvereinbarungen im Arbeitsverhältnis 2006, S. 202.

1075 *Däubler,* AiB 2001, 208, 220; *Mohnke,* Zielvereinbarungen im Arbeitsverhältnis 2006, S. 201; *LAG Baden-Württemberg* vom 09.06.1989, 8 TaBV 7/88; *LAG Düsseldorf* vom 03.09.1973, 1 TaBV 49/73, AuR 1974, 92.

1076 *BAG* vom 22.10.1985, AP Nr. 18 zu § 87 BetrVG 1972 Lohngestaltung; *Deich,* Die rechtliche Beurteilung von Zielvereinbarungen im Arbeitsverhältnis 2004, S. 321.

Verkäufer freundlich war oder individuelle Beratungen nützlich waren[1077]. Auch die Abmahnung, die lediglich die Ausübung des individualvertraglichen Rügerechtes des Arbeitgebers darstellt, ist als solche nicht der Mitbestimmung unterworfen[1078]. Dasselbe gilt, wenn der Arbeitgeber sich in der Regelung zur Zielvereinbarung vorbehält, dem Arbeitnehmer neue Aufgaben zuzuweisen oder zu kündigen[1079]. Zusammenfassend kann man also sagen, dass individuelle Disziplinarmaßnahmen und Kontrollmechanismen mitbestimmungsfrei sind, während kollektive oder generelle Disziplinarordnungen und Kontrollmaßstäbe und Anwesenheitskontrollen mitbestimmungspflichtig sind.

bb) § 87 Abs. 1 Nr. 6 BetrVG: Technische Überwachung

Nunmehr kommt die Mitbestimmung bei technischen Überwachungseinrichtungen gemäß § 87 Abs. 1 Nr. 6 BetrVG in Betracht. Gerade dann, wenn Zielvereinbarungsprozesse mit EDV-technisch fundierten Controlling- und Kennzahlensystemen wie der „Balanced Scorecard"[1080] eingeführt werden, liegt ein derartiges Mittbestimmungsrecht nahe. Denn dabei werden gerade solche personenbezogenen Beurteilungsdaten für den Soll-Ist-Vergleich im Rahmen der Zielkontrolle elektronisch erhoben und verarbeitet. Dabei macht es keinen Unterschied, ob die Daten durch technische Überwachungseinrichtungen oder sonstige Einrichtungen erhoben werden, entscheidend ist allein, dass sie ggf. auch im Anschluss an die sonstige Erhebung technisch ausgewertet werden[1081]. Denn eine Gefährdung des Persönlichkeitsrechtes des Arbeitnehmers als Schutzgut des § 87 Abs. 1 Nr. 6 BetrVG besteht auch bei der Einspeicherung von manuell oder sonstig erhobenen Daten. Wird also bei einem Zielvereinbarungssystem die Zielerreichung oder der Zielerreichungsgrad

---

1077 *BAG* vom 18.04.2000, 1 ABR 22/99, NZA 2000, 1176; *Däubler*, AiB 2001, 208, 220; *Mohnke*, Zielvereinbarungen im Arbeitsverhältnis 2006, S. 201.

1078 MüHB zum Arbeitsrecht – *Matthes*, § 243, Rn. 24; *Deich*, Die rechtliche Beurteilung von Zielvereinbarungen im Arbeitsverhältnis 2004, S. 321; grundlegend *BAG* vom 30.01.1979, AP Nr. 2 zu § 87 BetrVG 1972 Betriebsbuße.

1079 MüHB zum Arbeitsrecht – *Matthes*, § 243, Rn. 24; *Deich*, Die rechtliche Beurteilung von Zielvereinbarungen im Arbeitsverhältnis 2004, S. 321.

1080 Siehe Kapitel B. I. 1. c).

1081 So die h.M. *BAG* vom 14.09.1984, 1 ABR 23/82, NJW 1985, 450; *BAG* vom 23.04.1985, 1 ABR 39/81, NZA 1985, 421; *BAG* vom 11.03.1986, 1 ABR 12/84, NZA 1986, 526; *Jedzig*, DB 1991, 753, 757; *Breisig*, Zielvereinbarungen, S. 90; Däubler, Gläserne Belegschaften 2009, Rn. 718ff.; *Fitting*, BetrVG, §87, Rn. 240; MüHB zum Arbeitsrecht – *Matthes*, § 248, Rn. 13; *Richardi*, BetrVG, § 87, Rn. 491; *Deich*, Die rechtliche Beurteilung von Zielvereinbarungen im Arbeitsverhältnis 2004, S. 322; *Mohnke*, Zielvereinbarungen im Arbeitsverhältnis 2006, S. 205; a.A. *Goos*, BB 1983, 581, 584; *Herschel*, BB 1982, 2128, 2130; *Jahnke* DB 1978, 1691f.; *Zöllner*, DB 1984, 241, 244f.

mittels elektronischer Einrichtungen ausgewertet, was heutezutage meist der Fall sein wird, so besteht ein Mitbestimmungsrecht des Betriebsrates.[1082]

cc) § 87 Abs. 1 Nr. 10 BetrVG: Betriebliche Lohngestaltung

Ein weiterer einschlägiger Tatbestand ist § 87 Abs.1 Nr. 10 BetrVG, der die betriebliche Lohngestaltung, insbesondere die Aufstellung von Entlohnungsgrundsätzen und die Einführung und Anwendung von neuen Entlohnungsmethoden und deren Änderung erfasst. Zweck ist die angemessene und transparente Gestaltung des betrieblichen Lohngefüges und die Wahrung der innerbetrieblichen Lohn- und Verteilungsgerechtigkeit[1083].

Der Begriff „Lohn" im Sinne der Vorschrift ist als Arbeitsentgelt schlechthin zu verstehen und umfasst alle vermögenswerten Leistungen, die der Arbeitgeber als Gegenleistung für die vom Arbeitnehmer erbrachte Arbeit gewährt, ohne Rücksicht auf die Bezeichnung oder die Frage, ob sie einmalig oder dauerhaft erbracht werden[1084]. „Entlohnungsgrundsätze" sind die übergeordneten allgemeinen Vorschriften, nach denen die gesamte Entlohnung für den Betrieb, für bestimmte Betriebsabteilungen oder Gruppen von Arbeitnehmern geordnet wird; erfasst wird dabei das technische Verfahren sowie die Art und Weise der Ausführung und Durchführung, jedoch nicht die Lohnhöhe[1085]. Unter den weiten Lohnbegriff fällt somit auch die separat synallagmatische variable Vergütung aus Zielvereinbarungen, denn auch sie stellt eine Gegenleistung des Arbeitgebers speziell für die Zielerreichungsbemühung dar[1086]. Entscheidend ist jedoch auch hier, dass ein kollektiver Tatbestand gegeben ist. Somit kann nicht pauschal davon ausgegangen werden, dass eine Zielvereinbarungsvergütung unabhängig von der Größe des betroffenen Personenkreises immer

---

1082 Zum ganzen Abschnitt *Berwanger,* BB 2003, S. 1499,1502; *Däubler,* AiB 2001, S. 208, 213ff.; *Olbert,* AuA 2006, S. 84ff.; *Rieble/Gistel,* BB 2004, S. 2462, 2463; *Deich,* Die rechtliche Beurteilung von Zielvereinbarungen im Arbeitsverhältnis 2004, S. 322f.; *Mohnke,* Zielvereinbarungen im Arbeitsverhältnis 2006, S. 204ff.

1083 *BAG* vom 11.06.2002, AP Nr. 113 zu § 87 BetrVG 1972 Lohngestaltung; *BAG* vom 02.03.2004, AP Nr. 31 zu § 8 TVG; *Fitting,* BetrVG, § 87, Rn. 407; *Mohnke,* Zielvereinbarungen im Arbeitsverhältnis 2006, S. 207.

1084 *BAG* vom 30.01.1990, AP Nr. 41 zu § 87 BetrVG 1972 Lohngestaltung; *BAG* vom 29.02.2000, AP Nr. 105 zu § 87 BetrVG 1972 Lohngestaltung; *BAG* vom 26.01.1988, AP Nr. 31 zu § 80 BetrVG 1972; *Fitting,* BetrVG, § 87, Rn. 412; *Mohnke,* Zielvereinbarungen im Arbeitsverhältnis 2006, S. 207.

1085 *BAG* vom 22.01.1980, 1 ABR 48/77, NJW 1981, 75; *Fitting,* BetrVG, § 87, Rn. 425; *Mohnke,* Zielvereinbarungen im Arbeitsverhältnis 2006, S. 208.

1086 Siehe Kapitel B. IV. mit gleichem Ergebnis auch *Tondorf,* AiB 1998, 322, 324; *Breisig,* Zielvereinbarungen 2013, S. 82ff, 95 ff.; *Deich,* Die rechtliche Beurteilung von Zielvereinbarungen im Arbeitsverhältnis 2004, S. 323; *Mohnke,* Zielvereinbarungen im Arbeitsverhältnis 2006, S. 209.

der Mitbestimmung des Betriebsrates unterliegt[1087]. Vielmehr ist im Ausnahmefall davon auszugehen, dass bei individuellen Sonderregelungen auf Wunsch der betroffenen Arbeitnehmer, auch wenn diese gehäuft auftreten jeweils individuelle mitbestimmungsfreie Regelungen gegeben sind. Nur dann, wenn diese individuellen Regelungen zueinander ins Verhältnis gesetzt werden, kann ein kollektiver Zusammenhang und damit Mitbestimmungspflicht eintreten[1088]. Die Mitbestimmung erfasst dabei zunächst das „Ob“ der Einführung eines Zielvergütungssystemes und auch die dabei zu regelnde Frage, wie das grundsätzliche Verhältnis zwischen fixer und variabler Vergütung zu bestimmen ist[1089]. Im Anwendungsbereich der Vergütungsverordnungen sind die dabei geltenden Maximalwerte zu beachten[1090]. Zudem ist der Betriebsrat an der Bestimmung der allgemeinen Berechnungsgrundsätze, des dabei verwendeten Verfahrens und deren technischer Durchführung ebenso zu beteiligen, wie an der Festlegung der allgemeinen Zielparameter für Individual- und Gruppenziele.[1091]

dd) § 87 Abs. 1 Nr. 11 BetrVG: Leistungsbezogene Entgelte

Bedeutsam für variable Vergütung aus Zielvereinbarungen ist auch noch das auf leistungsbezogenen Entgelte ausgerichtete Mitbestimmungsrecht aus § 87 Abs. 1 Nr. 11 BetrVG. Danach hat der Betriebsrat bei der Festsetzung der Akkord- und Prämiensätze und vergleichbarer leistungsbezogener Entgelte einschließlich der Geldfaktoren mitzubestimmen. Dieses besondere Mitbestimmungsrecht gilt für alle Entgeltformen, bei denen eine unmittelbare Beziehung zwischen Leistung und Entgelt besteht, also auch für variable Vergütung aus Zielvereinbarungen[1092]. Die Vorschrift steht dabei in engem Zusammenhang mit Nr. 10, erfasst jedoch die Mitbestimmung des Betriebsrates bei der konkreten Ausgestaltung der Entlohnungsgrundsätze und -methoden leistungsbezogener Entgelte[1093]. Diese Erweiterung im Verhältnis zur allgemeineren Vorschrift der Nr. 10 besteht wegen der besonderen

---

1087 So aber *U. Krause*, Zielvereinbarungen und leistungsorientierte Vergütung 2002, S. 329.

1088 *BAG* vom 22.09.1992, 1 AZR 459/90, NZA 1993, 566; *Schlachter*, RdA 1993, 313, 322; Erfurter Kommentar – *Kania*, § 87 BetrVG, Rn. 99; *Fitting*, BetrVG, § 87, Rn. 422.

1089 *Richardi*, BetrVG, § 87 Rn. 755; *U. Krause*, Zielvereinbarungen und leistungsorientierte Vergütung 2002, S. 329; *Schang*, Die Mitbestimmung des Betriebsrats bei neuen Formen der Leistungsvergütung 2002, S. 149.

1090 Siehe Kapitel B. III.

1091 Zum ganzen Abschnitt siehe auch *Berwanger*, BB 2003, S. 1499, 1502; *Däubler*, AiB 2001, S. 208, 213ff., 223; *Göpfert*, AuA 2003, S. 28; *Olbert*, AuA 2006, S. 84ff.; *Rieble/Gistel*, BB 2004, S. 2462, 2463; *Trittin/Fischer*, AuR 2006, S. 261, 262f.; Schaub, AR-HB – *Linck*, § 77 , Rn. 24; *Deich*, Die rechtliche Beurteilung von Zielvereinbarungen im Arbeitsverhältnis 2004, S. 323ff.; *Mohnke*, Zielvereinbarungen im Arbeitsverhältnis 2006, S. 209ff.

1092 *BAG* vom 15.05.2001, 1 ABR 39/00, NZA 2001, 1154; *Däubler*, NZA 2005, 793; *Fitting*, BetrVG, § 87, Rn. 498; *Mohnke*, Zielvereinbarungen im Arbeitsverhältnis 2006, S. 212.

1093 *Fitting*, BetrVG, § 87, Rn. 497.

Belastungen für den Arbeitnehmer bei der Zahlung leistungsbezogener Entgelte[1094]. Die Beteiligung des Betriebsrates soll gewährleisten, dass die von den Arbeitnehmern erwartete Zusatzleistung sachgerecht bewertet wird, in einem angemessenen Verhältnis zu dem erzielbaren Mehrverdienst steht und der Arbeitnehmer vor Überforderung und damit verbundenen gesundheitlichen Gefahren geschützt wird[1095].

Im Bezug auf Zielvereinbarungen gehen einige Autoren und das *BAG* davon aus, dass allein die Auswahl mess- und zählbarer Größen ausreiche, um die variable Vergütung aus Zielvereinbarungen als vergleichbares leistungsbezogenes Entgelt im Sinne des § 87 Abs. 1 Nr. 11 BetrVG einzuordnen[1096].

Mohnke und *Däubler* hingegen gehen davon aus, dass es darauf ankomme, ob Unternehmens- oder persönliche Ziele vereinbart sind. Dabei seien Unternehmensziele, die sich der Beeinflussbarkeit des Arbeitnehmers entziehen, nicht mitbestimmungspflichtig. Aus der Tatsache, dass „Leistungszulagen“ ebenso wenig wie Leistungen, die in ihrer Höhe von einem früheren Beurteilungsspielraum abhängen, erfasst würden, könne man schließen, dass nur bei persönlichen Zielen eine Mitbestimmung erfolge könne[1097]. Die Höhe des Leistungsentgeltes müsse sich unmittelbar aus dem Vergleich der tatsächlichen mit der Bezugsleistung ergeben[1098]. Bei „weichen“ Zielen würde jedoch diese unmittelbare Beziehung fehlen, denn es komme allein auf eine Beurteilungsentscheidung an. Dies gelte nur dann nicht, wenn persönlich messbare Kriterien durch den Arbeitgeber zur Ermittlung des Zielerreichungsgrades entwickelt würden.[1099]

Linck und *Koch* differenzieren hingegen danach, ob es sich um mitbestimmungspflichtige quantitativ messbare Ziele wie das Erreichen eines näher bestimmten Planumsatzes handelt oder um nicht mitbestimmungspflichtige, qualitativ durch einen Vorgesetzten zu bewertende Leistungen[1100]. Ähnlich gehen auch *Rieble* und *Gistel* davon aus, dass bei einer Bewertung oder einer Koppelung an Unternehmensziele

---

1094 *BAG* vom 29.03.1977, 1 ABR 123/74, NJW 1977, 1654; *BAG* vom 13.09.1983, 1 ABR 32/81, BB 1983, 2051; *Fitting*, BetrVG , § 87, Rn. 499; *Mohnke*, Zielvereinbarungen im Arbeitsverhältnis 2006, S. 212.

1095 *BAG* vom 15.05.2001, 1 ABR 39/00, NZA 2001, 1154; *Fitting*, BetrVG , § 87, Rn. 499; *Mohnke*, Zielvereinbarungen im Arbeitsverhältnis 2006, S. 212f.

1096 *BAG* vom 21.03.2003, 1 ABR 39/02, BB 2004, 2467; *Göpfert*, AuA 2003, S. 28 unter Verweis auf *Kolmhuber*, ArbRB 2003, 117; *Range-Ditz*, ArbRB 2003, 123, 125; *Becker/Engländer*, Angewandte Arbeitswissenschaften 1994, 23, 38ff.; *Siegel/Hochgesand*, Zielvereinbarungen, S. 9; *Reichel/Cmiel*, Angewandte Arbeitswissenschaften 1994, 13, 20.

1097 Vgl. *Fitting*, BetrVG, §87, Rn. 532.

1098 *BAG* vom 28.07.1981, 1 ABR 56/78, BB 1982, 1050; *BAG* vom 13.03.1984, 1 ABR 57/82, NZA 1984, 296; *BAG* vom 22.10.1985, 1 ABR 67/83, NZA 1986, 296; *BAG* vom 29.02.2000, 1 ABR 4/99, NZA 2000, 1066; *Fitting*, BetrVG, § 87, Rn. 530; Däubler/Kittner/Klebe/Wedde, BetrVG – *Klebe*, § 87, Rn. 281; *Richardi*, BetrVG, § 87 Rn. 887.

1099 Zum ganzen Abschnitt *Däubler*, AiB 2001, S. 208, 213ff., 223; *Olbert*, AuA 2006, S. 84ff.; *Mohnke*, Zielvereinbarungen im Arbeitsverhältnis 2006, S. 213ff.

1100 Schaub, AR-HB – *Linck* § 77 , Rn. 24; *Linck/Koch*, FS Bepler, S. 373.

eine unmittelbare Beeinflussbarkeit durch den Arbeitnehmer fehlt, und damit kein Mitbestimmungsrecht nach § 87 Abs. 1 Nr. 11 BetrVG entsteht.[1101]

Andere gehen davon aus, dass es entscheidend auf die Beeinflussbarkeit der Zielerreichung durch den Arbeitnehmer ankomme. Komme es etwa auf betriebswirtschaftliche Erfolgskennziffern an, so sei in aller Regel davon auszugehen, dass der einzelne Arbeitnehmer keinen Einfluss auf die Höhe habe. Insofern sei die Situation mit einer Gewinnbeteiligung vergleichbar, bei der das Vorliegen einer Mitbestimmung nach § 87 Abs. 1 Nr. 11 BetrVG ausscheide[1102]. Somit sei bei derartigen Zielvereinbarungen auch kein Mitbestimmungsrecht gegeben. Daneben scheide eine Beeinflussbarkeit – und damit die Mitbestimmung – auch dann aus, wenn eine Beurteilungsentscheidung des Arbeitgebers zwischengeschaltet sei, denn dabei fehle es an der erforderlichen unmittelbaren Leistungsverknüpfung. Durch die zwischengeschaltete Bewertung werde dem Arbeitnehmer der Druck durch die Vorgabe spezifischer Ziele genommen. Auch für den Bereich sog. „Phasenverschiebungen“[1103], bei denen laufende, für den folgenden Zielvereinbarungszeitraum feste Zulagen an die Zielfeststellung angeschlossen werden und erst mit der nächsten Zielüberprüfung neu festgesetzt werden, sei kein Mitbestimmungsrecht gegeben, da die Unmittelbarkeit der Leistungsbeziehung unterbrochen werde. Gleiches gelte bei der Konstruktion von zielbeeinflussten Gehaltsbändern.[1104]

Schließlich verneinen wiederum andere Autoren das Mitbestimmungsrecht auch generell, denn es handele sich nicht um eine der Prämie oder dem Akkord vergleichbare Vergütung. Dabei gehen sie davon aus, dass es bei Zielvereinbarungssystemen grundsätzlich an einer spezifischen unmittelbaren Beeinflussbarkeit des Arbeitsergebnisses durch den Arbeitnehmer fehle. Außerdem seien keine Vergleichsmöglichkeiten zu anderen Bezugswerten oder einer Normalleistung möglich.[1105]

Berücksichtigt man auch hier den separat synallagmatischen Charakter von variabler Vergütung aus Zielvereinbarungen[1106], so muss man zu einer umfassenden Anwendbarkeit des Mitbestimmungsrechtes aus § 87 Abs. 1 Nr. 11 BetrVG kommen. Auch zeigt die Abgrenzung zum Akkord- und Prämienlohn, dass es sich bei variabler Vergütung aus Zielvereinbarungen um eine im weitesten Sinne ähnliche

---

1101 *Rieble/Gistel*, BB 2004, S. 2462, 2463; Schaub, AR-HB – *Linck* § 77 , Rn. 24; *Linck/Koch*, FS Bepler, S. 373.

1102 Erfurter Kommentar – *Kania,* § 87 BetrVG, Rn. 126; *Löwisch/Kaiser*, BetrVG, § 87, Rn. 141; *LAG Bremen* vom 27.10.1978, AP Nr. 1 zu § 87 BetrVG 1972 Lohngestaltung.

1103 *Schang*, Die Mitbestimmung des Betriebsrats bei neuen Formen der Leistungsvergütung 2002, S. 294.

1104 Zum ganzen Abschnitt *Trittin/Fischer*, AuR 2006, S. 261, 263; *Preis*, Der Arbeitsvertrag, II A 75, Rn. 24; *Deich*, Die rechtliche Beurteilung von Zielvereinbarungen im Arbeitsverhältnis 2004, S. 329ff.

1105 *Berwanger*, BB 2003, 1499, 1502; Röder/Baeck/Jaeger/Kreßel, Praxishandbuch Betriebsverfassungsrecht – *Kreßel*, Kap. 20, Rn. 8.

1106 Siehe Kapitel B. IV.

Leistungsvergütung handelt[1107]. Diese Sichtweise wird auch durch den Schutzzweck der Vorschrift gestützt, denn einige rechtstatsächliche und psychologische Untersuchungen zeigen, dass auch Zielvereinbarungssysteme eine drucksteigernde Wirkung mit den entsprechenden gesundheitlichen Folgen auf Arbeitnehmer haben[1108]. Die Frage der Mitbestimmung von der Vereinbarung von Messgrößen abhängig zu machen, erscheint vor dem Hintergrund dieses Schutzzweckes der Norm und der Tatsache, dass es sich bei variabler Vergütung aus Zielvereinbarungen gerade um die Gegenleistung des Arbeitgebers für die erfolgreiche Zielerreichungsbemühung des Arbeitnehmers, also ein darauf bezogenes Leistungsentgelt handelt, nicht sinnvoll. Somit ist die daran anknüpfende Meinung abzulehnen. Die Sichtweise von *Mohnke* hingegen verkennt ebenso wie die auf die Beeinflussbarkeit abstellende Perspektive, dass es sich bei der Vereinbarung von Unternehmenszielen, die vom Arbeitnehmer nicht beeinflussbar sind, der Rechtsnatur nach nicht mehr um variable Vergütung aus Zielvereinbarungen handelt, sondern um eine Tantieme oder Erfolgsbeteiligung. Für eine Zielvereinbarung fehlt es nämlich schon an der erforderlichen und grundlegenden Motivations- und Führungsfunktion bei der Festlegung von nicht beeinflussbaren Zielen. Eine entsprechende Regelung wäre somit trotz der Bezeichnung „Zielvereinbarung" als Tantieme einzuordnen[1109]. Damit ist weder die Differenzierung nach der Frage ob ein Unternehmensziel vorliegt, noch die Differenzierung danach, ob das Ziel vom Arbeitnehmer beeinflussbar ist, hilfreich, denn im Falle einer entsprechenden Annahme scheidet bereits die Zuordnung zur Zielvereinbarung aus. Dies verkennt auch die Meinung, die zwar mit der Beeinflussbarkeit auf ein entscheidendes Kriterium abstellt, jedoch nicht erkennt, dass bei fehlender Beeinflussbarkeit auch keine Zielvereinbarung (so auch bei der „Phasenverschiebung" oder den zielbeeinflussten Gehaltsbändern) mehr gegeben ist. Die Auffassung, eine Beeinflussbarkeit sei bei Zielvereinbarungssystemen nie gegeben, widerspricht nicht nur deren Grundkonstruktion und ihrer Rechtsnatur, sondern auch der spezifisch bezweckten Motivationsstruktur von Zielvereinbarungen und entbehrt damit jeglicher Grundlage. Sie ist somit auch abzulehnen. Im Ergebnis ist also davon auszugehen, dass „echte" Zielvereinbarungen stets mitbestimmungspflichtig nach § 87 Abs. 1 Nr. 11 BetrVG sind.

ee) § 87 Abs. 1 Nr. 13 BetrVG: Gruppenziele

Bei der Vereinbarung von Gruppenzielen in der Zielvereinbarung kommt auch eine Mitbestimmung nach § 87 Abs. 1 Nr. 13 BetrVG in Betracht. Danach sind die Grundsätze über die Durchführung von Gruppenarbeit mitbestimmungspflichtig. Gruppenarbeit im Sinne der Vorschrift liegt vor, wenn im Rahmen des betrieblichen Arbeitsablaufes eine Gruppe von Arbeitnehmern eine ihr übertragene Gesamtaufgabe im Wesentlichen eigenverantwortlich erledigt. Es fallen allerdings nicht alle Formen

---

1107 Siehe Kapitel B. II. 2. b), c) und f).
1108 Siehe hierzu Kapitel B. I. 2. c).
1109 Zur Abgrenzung siehe Kapitel B. II. 2. e).

der Gruppenarbeit, wie etwa Arbeitsteams, Projektgruppen, Problemlösungsgruppen, Werkstattkreise, Gruppenakkord oder Montagetrupps unter den Mitbestimmungstatbestand[1110]. Hintergrund ist auch hier der Schutz der Arbeitnehmer vor einer „Selbstausbeutung" und Ausgrenzung leistungsschwächerer Arbeitnehmer[1111]. Dabei sind die Wahl eines Gruppensprechers, dessen Stellung und Aufgaben, Verfahren zur Kommunikation, Meinungsbildung, Zusammenarbeit und Konfliktlösung sowie Grundsätze über die Berücksichtigung von Leistungsschwächen erfasst[1112]. Entscheidendes Kriterium zur Abgrenzung ist jedoch die Teilautonomie der gesamten Gruppe, bzw. die Eigenverantwortlichkeit im Verhältnis zum Arbeitgeber[1113]. Bei der bloßen Vereinbarung von gruppenabhängigen Zielen in der individuell-konkreten Zielvereinbarung fehlt gerade dieses teilautonome Element[1114]. Keinesfalls werden durch solch eine Vereinbarung die Weisungsrechte des Arbeitgebers generell aufgehoben. Nur im Ausnahmefall kann bei der Einräumung von speziellen Freiräumen wie der Wahl eines Gruppenleiters, von Weisungsbefugnissen oder einer Vereinbarung einer gemeinsamen Gruppen-Zielvereinbarung das Mitbestimmungsrecht des § 87 Abs. 1 Nr. 13 BetrVG ausgelöst werden.[1115]

ff) § 94 Abs. 1 BetrVG: Personalfragebögen

Hinsichtlich der Mitbestimmung bei der Gestaltung von Arbeitsplätzen, dem Arbeitsablauf und der Arbeitsumgebung kommt hier zunächst das Mitbestimmungsrecht aus § 94 Abs. 1 BetrVG hinsichtlich der Verwendung von Personalfragebögen in Frage. Personalfragebögen sind formularmäßig gefasste Zusammenstellungen von Fragen, die ein Arbeitnehmer beantworten soll[1116]. Dazu gehören auch solche standardisierten Bewertungsbögen, die durch die Art der Fragen dem Arbeitgeber Rückschlüsse auf die Person und die Fähigkeiten des befragten Arbeitnehmers erlauben[1117]. Bei Zielvereinbarungen kann also die Verwendung eines Zielvereinbarungsformulars oder eines Zielfeststellungsformulars mitbestimmungsbegründend wirken, denn diese Formulare erlauben gerade einen Rückschluss auf die Person und die Fähigkeiten des befragten Arbeitnehmers, weil sie seine Leistung genauestens beschreiben und bewerten[1118]. Verwendet der Arbeitgeber in seinem

---

1110 *Fitting*, BetrVG, § 87, Rn. 565.

1111 *Fitting*, BetrVG, § 87, Rn. 563.

1112 *Fitting*, BetrVG, § 87, Rn. 576.

1113 *Fitting*, BetrVG, § 87, Rn. 567, 568.

1114 So auch *Mohnke*, Zielvereinbarungen im Arbeitsverhältnis 2006, S. 218.

1115 Zum ganzen Abschnitt *Olbert*, AuA 2006, S. 84, 86; *Mohnke*, Zielvereinbarungen im Arbeitsverhältnis 2006, S. 217ff.

1116 *Fitting*, BetrVG, § 94, Rn. 6.

1117 *Breisig*, Zielvereinbarungen 2013, S. 92; *Deich*, Die rechtliche Beurteilung von Zielvereinbarungen im Arbeitsverhältnis 2004, S. 334.

1118 *Berwanger*, BB 2003, S. 1499, 1502; *Breisig*, Zielvereinbarungen 2013, S. 28; *Deich*, Die rechtliche Beurteilung von Zielvereinbarungen im Arbeitsverhältnis 2004, S. 335.

Zielvereinbarungssystem also solche formalisierten Standardfragebögen, so besteht somit auch ein Mitbestimmungsrecht des Betriebsrates nach § 94 Abs. 1 BetrVG.[1119]

gg) § 94 Abs. 2 BetrVG: Allgemeine Beurteilungsgrundsätze

Außerdem ist noch auf ein Mitbestimmungsrecht des Betriebsrates wegen der Regelung allgemeiner Beurteilungsgrundsätze nach § 94 Abs. 2 Var. 2 BetrVG einzugehen. Auch hierbei geht es um den Schutz des Persönlichkeitsrechtes des Arbeitnehmers, wobei ein einheitliches Vorgehen bei der Beurteilung und einheitliche Beurteilungsmaßstäbe erreicht werden sollen. Ziel dieser Beurteilungsgrundsätze ist es, festzustellen, ob der Arbeitnehmer im Rahmen seiner Aufgaben optimal arbeitet, ob er für andere Aufgaben geeignet ist und ob eine Fort- oder Weiterbildung in Betracht kommt[1120]. Das Mitbestimmungsrecht ist unabhängig davon, welche Zwecke der Arbeitgeber verfolgt; somit wird auch ein Entgeltsystem, das Beurteilungsgrundsätze enthält, erfasst. Folglich ist auch bei der Aufstellung von Grundsätzen über die Beurteilung von Arbeitnehmern in Rahmenvereinbarungen von Zielvereinbarungssystemen die Mitbestimmung nach § 94 Abs. 2 Var. 2 BetrVG zu beachten. Allerdings findet das Mitbestimmungsrecht seine Grenzen dort, wo es um rein arbeitsplatzbezogene Bewertungen oder um einzelne Beurteilungsvorgänge, etwa in den Zielfeststellungsgesprächen, geht. Auch kommt dem Betriebsrat kein Initiativrecht zu, und auch das „Ob“ der Einführung von Zielvereinbarungen ist nicht erfasst[1121]. Auf die Streitfrage, wie sich § 94 Abs. 2 Var. 2 BetrVG zu § 87 Abs. 1 Nr. 10 BetrVG verhält soll hier nicht näher eingegangen werden, denn im Rahmen dieses Streites stellt sich für Zielvereinbarungssysteme nur die Frage, ob sie nach § 94 Abs. 2 Var. 2 und § 87 Abs. 1 Nr. 10 BetrVG zu behandeln sind oder ob letzterer § 94 Abs. 2 Var. 2 BetrVG bei Entgeltrelevanz trotz Eingreifen verdrängt[1122]. Bei Zielvereinbarungen ist also gleich welcher Meinung man folgt immer ist ein Mitbestimmungsrecht gegeben. Somit besteht ein Mitbestimmungsrecht nach § 94 Abs. 2 Var. 2 BetrVG, wenn in der Rahmenvereinbarung zur variablen Vergütung aus Zielvereinbarungen allgemeine Beurteilungsgrundsätze geregelt werden.[1123]

1119 Zum ganzen Abschnitt auch *Däubler,* AiB 2001, S. 208, 213ff.; *Trittin/Fischer,* AuR 2006, S. 261, 262; *Mohnke,* Zielvereinbarungen im Arbeitsverhältnis 2006, S. 217ff.

1120 Hess/Schlochauer/Worzalla/Glock/Nicolai/Rose, BetrVG – *Glock,* § 94, Rn. 19; GK-BetrVG – *Kraft,* § 94, Rn. 27.

1121 *Breisig,* Zielvereinbarungen 2013, S. 93; *Jedzig,* DB 1991, 753ff.

1122 Für eine Verdrängung *Jedzig,* DB 1991, 753; GK-BetrVG – Kraft, § 94, Rn. 13; Hess/Schlochauer/Worzalla/Glock/Nicolai/Rose, BetrVG – *Glock,* § 94, Rn. 30; *Richardi,* BetrVG, § 94, Rn. 58; Dagegen *Fitting,* BetrVG, § 94, Rn. 28; *Löwisch,* DB 1973, 1746, 1750f.

1123 Zum ganzen Abschnitt *Berwanger,* BB 2003, S. 1499, 1502; *Däubler,* AiB 2001, S. 208, 213ff., 219; *Olbert,* AuA 2006, S. 84ff.; *Rieble/Gistel,* BB 2004, S. 2462, 2463f.; *Trittin/Fischer,* AuR 2006, S. 261, 263; *Fitting,* BetrVG, § 94, Rn. 29; *Richardi,* BetrVG, § 94, Rn. 54; *Mohnke,* Zielvereinbarungen im Arbeitsverhältnis 2006, S. 220; *Deich,* Die rechtliche Beurteilung von Zielvereinbarungen im Arbeitsverhältnis 2004, S. 336.

hh) § 111, 112 BetrVG: Betriebsänderung

Auch im Rahmen einer Betriebsänderung oder eines Sozialplanes kommt ein Mitbestimmungsrecht des Betriebsrates aus den §§ 111, 112 BetrVG bei Zielvereinbarungssystemen in Betracht. Nach § 111 S. 1 BetrVG hat der Unternehmer mit in der Regel mehr als 20 wahlberechtigten Arbeitnehmern den Betriebsrat über geplante Betriebsänderungen, die wesentliche Nachteile für die Belegschaft zur Folge haben können, rechtzeitig und umfassend zu unterrichten und diese Änderungen mit dem Betriebsrat zu beraten. § 111 S. 3 Nr. 4 BetrVG erfasst dabei exemplarisch grundlegende Änderungen der Betriebsorganisation, des Betriebszwecks und der Betriebsanlagen. Nach § 111 S. 3 Nr. 5 BetrVG gelten als Betriebsänderungen auch die Einführung grundlegend neuer Arbeitsmethoden und Fertigungsverfahren. Der Sozialplan nach § 112 BetrVG dient dann als Ausgleich oder Milderung der wirtschaftlichen Nachteile, die den Arbeitnehmern infolge der Betriebsänderung entstehen. Die Verpflichtung zur Aufstellung eines Sozialplans besteht bei jeder Betriebsänderung unabhängig davon, ob der Arbeitgeber einen Interessenausgleich versucht oder erreicht hat, sogar noch nach der Durchführung der Betriebsänderung[1124].

Im Hinblick auf Zielvereinbarungssysteme stellt sich zunächst die Frage, ob bei der Einführung solcher Systeme eine Betriebsänderung nach § 111 BetrVG stattfindet. Da § 111 S. 3 Nr. 4 BetrVG nur den Bereich der Änderung der sächlichen Arbeitsmittel erfasst, kommt allenfalls eine Anwendung von § 111 S. 4 Nr. 5 in Betracht, der speziell den Einsatz der menschlichen Arbeitskraft betrifft[1125]. Arbeitsmethode im Sinne der Vorschrift ist die Art und Weise, wie die menschliche Arbeitskraft zur Erfüllung des Betriebszwecks betriebstechnisch eingesetzt wird, wobei beispielsweise neue technische Hilfsmittel oder der Übergang von der Einzel- zur Gruppenarbeit erfasst wird[1126]. Entscheidend ist, dass der Arbeitgeber ein bestimmtes Konzept zur Vornahme einer Betriebsänderung entwickelt hat, in dem technische und organisatorische Fragen der Arbeitsleistung geregelt werden[1127]. Die Bewertung der Frage, ob eine grundlegende Änderung vorliegt, erfordert dabei eine qualitative Bewertung im Einzelfall[1128]. Handelt es sich um eine Einführung eines Zielvereinbarungssystems im Zusammenhang mit einem umfassenden Controlling-System wie der „Balanced-Scorecard", bei dem umfangreich Verantwortung delegiert, Kennzahlenmessungen eingeführt und Organisationshierarchien abgeflacht werden, so liegt auch eine technische und organisatorische Änderung der Arbeitsleistung vor und damit ein Mitbestimmungsrecht nach den §§ 111 S. 1, S. 3 Nr. 5, 112 BetrVG. Ist ein Personalabbau mit der Einführung verbunden, so sind auch die

1124 *BAG* vom 15.10.1979, AP Nr. 5 zu § 111 BetrVG 1972; *Fitting*, BetrVG § 112, 112a, Rn. 97; GK-BetrVG – *Oetker*, § 112, Rn. 137.

1125 *Däubler*, AiB 2001, S. 208, 213ff., 216; *Fitting*, BetrVG, § 111, Rn. 97.

1126 *Fitting*, BetrVG, § 111, Rn. 98; *Richardi*, BetrVG, § 111, Rn. 120.

1127 *Richardi*, BetrVG, § 111, Rn. 122.

1128 *Fitting*, BetrVG, § 111, Rn. 101; GK-BetrVG – *Oetker*, § 111, Rn. 160.

Beschränkungen aus § 112a BetrVG zu beachten. Werden hingegen nur kleinteilige Änderungen vorgenommen scheidet ein Mitbestimmungsrecht aus.[1129]

ii) Sonstige diskutierte Mitbestimmungsrechte

Eher fernliegend sind zudem Mitbestimmungsrechte nach den §§ 87 Abs. 1 Nr. 3 BetrVG und §§ 97, 98 BetrVG, die aber auch im Schrifttum erwähnt werden und hier der Vollständigkeithalber erwähnt werden.[1130]

b) Mitwirkungsrechte

Neben den Mitbestimmungsrechten kommen bei Zielvereinbarungen noch zahlreiche „schwächere" Mitwirkungsrechte in Betracht. Diese können allgemeine oder besondere Informationsrechte des Betriebsrates sein, Anhörungs- oder Anwesenheitsrechte, Beratungsrechte sowie Widerspruchs- oder Zustimmungsverweigerungsrechte. Die Informations- und Unterrichtungsrechte des Betriebsrates erfassen dabei die einseitige Verpflichtung des Arbeitgebers selbst oder durch einen Beauftragten, dem Betriebsrat Auskünfte über die betreffenden betrieblichen Angelegenheiten zu geben. Die Anwesenheitsrechte des Betriebsrates hingegen ermöglichen es dem Betriebsrat, an bestimmten Treffen im Rahmen des Zielvereinbarungsprozesses – auch auf Wunsch einzelner Arbeitnehmer – teilzunehmen. Bei der Anhörung geht es hingegen darum, dass der Betriebsrat die Gelegenheit erhält, sich zu einem Vorgang zu äußern und der Arbeitgeber verpflichtet ist, diese Äußerung zur Kenntnis zu nehmen und sich mit den Anmerkungen und Einwendungen auseinanderzusetzen. Weitergehend besteht bei den Beratungsrechten die Pflicht, nicht nur die Äußerungen zur Kenntnis zu nehmen, sondern mit dem Betriebsrat gemeinsam den Verhandlungsgegenstand zu erörtern und die wechselseitigen Gründe abzuwägen. Die stärksten Mitwirkungsrechte sind Widerspruchs- oder Zustimmungsverweigerungsrechte, bei denen der Arbeitgeber gehindert ist, die betreffende Maßnahme vorzunehmen, ohne dass die Zustimmung des Betriebsrates vorliegt bzw. der Betriebsrat widersprochen hat.[1131]

1129 Zum ganzen Abschnitt *Däubler,* AiB 2001, S. 208, 213ff., 216; *Deich,* Die rechtliche Beurteilung von Zielvereinbarungen im Arbeitsverhältnis 2004, S. 338f. *Mohnke,* Zielvereinbarungen im Arbeitsverhältnis 2006, S. 226f.

1130 Näheres dazu bei *Berwanger,* BB 2003, S. 1499, 1502; *Mohnke,* Zielvereinbarungen im Arbeitsverhältnis 2006, S. 202ff., 222ff.

1131 Zum ganzen Abschnitt *v. Hoyningen-Huene,* Betriebsverfassungsrecht, § 11 I, S. 207ff.; Schaub, AR-HB – *Koch* § 230 , Rn. 2 ff.; *Deich,* Die rechtliche Beurteilung von Zielvereinbarungen im Arbeitsverhältnis 2004, S. 341ff.; *Mohnke,* Zielvereinbarungen im Arbeitsverhältnis 2006, S. 229ff.

aa) § 80 Abs. 2 BetrVG: Allgemeines Informationsrecht

Das allgemeine Informationsrecht des Betriebsrats ergibt sich aus § 80 Abs. 2 S. 1 BetrVG. Danach ist der Betriebsrat zur Durchführung seiner Aufgaben nach dem BetrVG rechtzeitig und umfassend vom Arbeitgeber zu unterrichten. Hintergrund ist das Gebot der vertrauensvollen Zusammenarbeit; es sollen der Rechtsfrieden im Betrieb gefördert und überflüssige Verfahren vermieden werden. Das allgemeine Informationsrecht aus § 80 Abs. 2 S. 1 BetrVG besteht dabei neben den spezielleren Informationsrechten aus Sondervorschriften. Der erforderliche Aufgabenbezug besteht bei der Wahrnehmung aller Mitbestimmungsrechte und hinsichtlich der in § 80 Abs. 1 BetrVG genannten allgemeinen Aufgaben. Umgekehrt ist der Aufgabenbezug nur dann zu verneinen, wenn ein Beteiligungsrecht offenkundig auszuschließen ist. Wie bereits gezeigt, werden bei Zielvereinbarungssystemen zahlreiche Mitbestimmungsrechte betroffen, weshalb regelmäßig auch ein umfangreiches Informationsrecht nach § 80 Abs. 2 S. 1 BetrVG besteht[1132]. Außerdem besteht gerade bei durch Betriebsvereinbarung geregelten zielvereinbarungsbasierten Vergütungssystemen eine Information über die Durchführung und Einhaltung dieser Regelungen. Dabei muss der Arbeitgeber dem Betriebsrat auch Auskunft über die vereinbarten Tätigkeitsziele, die Einhaltung der Einzelziele, die Beeinflussbarkeit durch den Arbeitnehmer und den Anteil der Gruppenziele erteilen. Mit Bezug zur Überwachung des allgemeinen Gleichbehandlungsgrundsatzes muss der Arbeitgeber den Betriebsrat ferner über die jeweils vereinbarten Ziele und den jeweiligen Zielerreichungsgrad informieren. Nach § 80 Abs. 2 S. 2 HS. 1 BetrVG sind dem Betriebsrat auf Verlangen jederzeit die zur Durchführung seiner Aufgaben erforderlichen Unterlagen zur Verfügung zu stellen. § 80 Abs. 2 S. 2 HS. 2 BetrVG erfasst schließlich auch ein Einsichtnahmerecht in die Lohn- und Gehaltslisten, also auch in diejenigen Listen, in denen die variable Vergütung aus Zielvereinbarungen erfasst wird. Klarzustellen ist aber auch, dass der Auskunftsanspruch nicht die individuellen Zielvereinbarungen oder Gesprächsprotokolle erfasst, da es sich dabei um vertrauliche Personaldaten der Arbeitnehmer handelt[1133].[1134]

bb) § 90 BetrVG: Unterrichtungs- und Beratungsrecht bei der Gestaltung des Arbeitsplatzes, Arbeitsablaufes und der Arbeitsumgebung

Außerdem kommt ein Unterrichtungs- und Beratungsrecht des Betriebsrates nach § 90 Abs. 1 Nr. 3 BetrVG hinsichtlich der Planung von Arbeitsverfahren und Arbeitsabläufen bei der Verwendung von Zielvereinbarungssystemen in Betracht.

1132 Siehe oben Kapitel D. I. 1. a).

1133 *Rieble/Gistel*, BB 2004, S. 2462, 2465ff.

1134 Zum ganzen Abschnitt *BAG* vom 21.10.2003; 1 ABR 39/02; AP Nr. 62 zu § 80 BetrVG 1972; *Berwanger*, BB 2003, S. 1499, 1502; *Trittin/Fischer*, AuR 2006, S. 261f.; *Rieble/Gistel*, BB 2004, S. 2462; *Fitting*, BetrVG, § 80, Rn. 48, 51; Richardi, BetrVG – *Thüsing* § 80, Rn. 47, 50; *Deich*, Die rechtliche Beurteilung von Zielvereinbarungen im Arbeitsverhältnis 2004, S. 341; *Mohnke*, Zielvereinbarungen im Arbeitsverhältnis 2006, S. 231.

Unter Planung von Arbeitsablauf ist die räumliche und zeitliche Folge des Zusammenwirkens von Mensch, Arbeitsmittel, Stoff, Energie und Information in einem Arbeitssystem zu verstehen[1135]. Hierunter fallen zum einen die unter das Mitbestimmungsrecht aus § 87 Abs. 1 Nr. 13 BetrVG fallende Gruppenarbeit, aber auch die Rationalisierungsmaßnahmen sowie die Einführung und Anwendung von Qualitätsmanagement-Systemen, wobei die Gesamtheit der qualitätsbezogenen Tätigkeiten und Zielsetzungen erfasst wird[1136]. Ob ein Informationsrecht bei der Einführung bzw. Planung eines Zielvereinbarungssystems ausgelöst wird oder nicht hängt also davon ab, ob derartige Maßnahmen in diesem Zusammenhang mit eingeführt werden. Berücksichtigt man, dass vor allem bei der „Balanced Scorecard" stark auf die Messbarkeit mittels Kennzahlen geachtet wird, so ist bei derartigen Systemen in der Regel von einem Informations- und Beratungsrecht aus § 90 Abs. 1 Nr. 3 BetrVG auszugehen.[1137]

cc) § 92, 92a 96 ff. 99 ff. BetrVG Personalplanung, Beschäftigungssicherung, Berufsbildung und Einzelmaßnahmen

Auch im Bereich der personellen Angelegenheiten ergeben sich weitere Mitwirkungsrechte. So hat der Betriebsrat nach § 92 Abs. 1, Abs. 2 BetrVG dann ein Unterrichtungs- und Vorschlagsrecht, wenn sich aus der Einführung eines Zielvereinbarungssystems ein Umschulungsbedarf ergibt oder dadurch personelle Veränderungen bewirkt werden[1138]. Auch kommen auf Zielvereinbarungssysteme bezogene Vorschläge des Betriebsrates nach § 92a BetrVG in Betracht, die insbesondere eine flexible Gestaltung der Arbeitszeit, das Arbeiten mit dem Zielvereinbarungssystem als neuer Form der Arbeitsorganisation oder Änderungen der Arbeitsabläufe sowie die Qualifizierung von Arbeitnehmern erfassen können. Sofern es zu Berufsbildungsmaßnahmen kommt, kann auch ein Beratungsrecht nach § 96 Abs. 1 S. 2 BetrVG, ein Beratungsrecht nach § 97 Abs. 2 BetrVG oder ein Vorschlagsrecht nach § 98 Abs. 3, Abs. 4 BetrVG hinsichtlich des Bedarfes, der Einrichtung, der Ausstattung und des Vorschlags der teilnehmenden Arbeitnehmer entstehen. Im Bezug auf die mit der Durchführung beauftragten Personen kann sogar ein Widerspruchsrecht nach § 98 Abs. 2, Abs. 5 BetrVG gegeben sein. Selbst ein Informations- und Zustimmungsverweigerungsrecht nach § 99 BetrVG kann in Betracht kommen, wenn eine Einstellung, Ein- oder Umgruppierung oder Versetzung mit der Zielsetzung oder der Erfüllung der Zielvereinbarung gegeben ist. Dieses Recht kann vor allem dann eine besondere Bedeutung gewinnen, wenn ein kollektives Entgeltschema zur variablen Vergütung gebildet wird und Arbeitnehmer erstmalig eingeordnet oder überführt

---

1135 *Fitting*, BetrVG, § 90, Rn. 24; *LAG Hamm*, EzA § 90 BetrVG 1972 Nr. 1.

1136 *Fitting*, BetrVG, § 90, Rn. 25ff.

1137 Zum ganzen Abschnitt *Däubler*, AiB 2001, S. 208, 213ff., 217; *Deich*, Die rechtliche Beurteilung von Zielvereinbarungen im Arbeitsverhältnis 2004, S. 342; *Mohnke*, Zielvereinbarungen im Arbeitsverhältnis 2006, S. 233f.

1138 Siehe auch *Berwanger*, BB 2003, S. 1499, 1502.

werden, jedoch bleibt die konkret individuelle Zielvereinbarung und ihre Überprüfung mitwirkungsfrei. Allerdings kann der Betriebsrat nach § 101 BetrVG beim Arbeitsgericht beantragen, dass ein Arbeitnehmer ein- oder umgruppiert wird[1139]. Auch kann bei einer Zielvereinbarung – im Einzelfall – die Zuweisung eines neuen Aufgabenbereiches und damit eine Versetzung im Sinne von § 99 Abs. 1 BetrVG gegeben sein. Dies kann gerade dann passieren, wenn dem Arbeitnehmer mehr Verantwortung übertragen wird, was ja im Zielvereinbarungsprozess ausdrücklich gewünscht ist[1140]. Allerdings muss eine gewisse Erheblichkeitsschwelle überschritten sein, denn nicht in jeder Anwendung von Zielvereinbarungen kann eine Versetzung liegen. Es muss also eine erhebliche Änderung des Arbeitsaufgabenbereiches gegeben sein. Außerdem scheidet eine Versetzung im Sinne der §§ 95 Abs. 3, 99 Abs. 1 S. 1 BetrVG dann aus, wenn dem Arbeitnehmer auf seinen eigenen ausdrücklichen Wunsch hin oder mit seinem Einverständnis ein anderer Arbeitsbereich zugewiesen wird, denn ein Schutz vor dem eigenen Willen ist nicht notwendig[1141]. Hiergegen wird zwar eingewandt, dass es bei dem Zustimmungsrecht des Betriebsrates nur um den abstrakten Vorgang der Versetzung ohne dessen individuelle Grundlage gehe[1142]. Dabei erstrecke sich der Schutz auch auf die möglicherweise betroffenen Kollegen[1143]. Diese Argumentation überzeugt nicht, da sie das Zustimmungsrecht von dem Schutz der individuellen Arbeitnehmer löst und in ein allgemeines Beteiligungsrecht bei Veränderungen wandelt. Gerade bei der Versetzung handelt es sich um einen Tatbestand, der naturgemäß besonders individuelle Auswirkungen auf den einzelnen Arbeitnehmer hat und deswegen zustimmungspflichtig ist[1144]. Eine Lösung würde damit dem Wortlautverständnis des Begriffs der „Versetzung" als einer individuellen Neuzuweisung eines neuen Arbeitsbereiches[1145] und dem Sinn und Zweck der Vorschrift widersprechen. Indem die gegenläufige Auffassung auf einen abstrakten Schutzzweck abstellt, verkennt sie diesen individuellen Schutzzweck. Gerade bei Zielvereinbarungen ist das Einverständnis des Arbeitnehmers aber Voraussetzung des Prozesses, sodass gerade dort regelmäßig keine Versetzung anzunehmen ist. Allenfalls in besonderen Ausnahmefällen ist von einer Versetzung

---

1139 *BAG* vom 20.12.1988, 1 ABR 68/87, NZA 1989, 518; *BAG* vom 09.02.1993, 1 ABR 51/92, NZA 1993, 664; GK-BetrVG – *Kraft*, § 99, Rn. 45.

1140 Siehe dazu Kapitel B. I. 1.

1141 *BAG* vom 20.09.1990, 1 ABR 37/90, BB 1991, 550, 551; *BAG* vom 19.02.1991, 1 ABR 36/90, NZA 1991, 565; *Richardi*, BetrVG, § 99, Rn. 109; a.A. *v. Hoyningen-Huene/Boemke*, Versetzung 1991, S. 135f.; *Mohnke*, Zielvereinbarungen im Arbeitsverhältnis 2006, S. 241f.

1142 *V. Hoyningen-Huene/Boemke*, Versetzung 1991, S. 135f.; *Mohnke*, Zielvereinbarungen im Arbeitsverhältnis 2006, S. 241.

1143 *V. Hoyningen-Huene/Boemke*, Versetzung 1991, S. 135f.; *Mohnke*, Zielvereinbarungen im Arbeitsverhältnis 2006, S. 241.

1144 *BAG* vom 20.09.1990, 1 ABR 37/90, BB 1991, 550, 551; *BAG* vom 19.02.1991, 1 ABR 36/90, NZA 1991, 565; *Richardi*, BetrVG, § 99, Rn. 109.

1145 *Creifelds*, Rechtswörterbuch, S. 1273.

auszugehen, wenn andere Umstände als die bloße Zielvereinbarung hinzukommen. Insgesamt kann man also festhalten, dass auch bei den personellen Angelegenheiten umfangreiche Mitwirkungsrechte des Betriebsrates bestehen, wobei das Zustimmungsrecht aus § 99 Abs. 1 BetrVG durch die Art und Weise des Vorgangs der Zielvereinbarung im Bezug auf die Versetzung reduziert ist.[1146]

dd) §§ 106, 108 Abs. 5 BetrVG: Wirtschaftliche Angelegenheiten

Abschließend kommt auch noch eine Mitwirkung im Bereich der wirtschaftlichen Angelegenheiten nach § 106 BetrVG in Betracht. Nach § 106 Abs. 2 S. 1 BetrVG ist der nach § 106 Abs. 1 BetrVG zu bildende Wirtschaftsausschuss rechtzeitig und umfassend über die wirtschaftlichen Angelegenheiten des Unternehmens unter Vorlage der erforderlichen Unterlagen zu unterrichten, sofern dadurch nicht die Betriebs- oder Geschäftsgeheimnisse des Unternehmens gefährdet werden. Außerdem sind die sich daraus ergebenden Auswirkungen auf die Personalplanung darzustellen. Variable Vergütungssysteme mit Zielvereinbarungen können dabei eine neue Arbeitsmethode im Sinne von § 106 Abs. 3 Nr. 5 BetrVG oder eine Änderung der Betriebsorganisation im Sinne von § 106 Abs. 3 Nr. 9 BetrVG sein. Wie schon beim Mitbestimmungsrecht nach § 111 BetrVG ist auch hier eine Bewertung im Einzelfall nötig, wobei bei der Einführung eines umfassenden Controlling Systems (etwa der „Balanced Scorecard") von einer entsprechenden Mitwirkung auszugehen ist[1147]. Daneben kommt noch eine Erläuterung der jeweiligen Ziele und der Struktur der Zielvereinbarungen im Zusammenhang mit der Pflicht, den Jahresabschluss nach § 108 Abs. 5 BetrVG zu erläutern, in Betracht, wenn die variable Vergütung oder die betreffende Zielvereinbarung hierfür relevant ist. Gerade bei Unternehmen im Anwendungsbereich der Vergütungsverordnungen wird dies regelmäßig der Fall sein, was insbesondere die entsprechenden Informations- und Offenlegungsvorschriften (§§ 4, 11, 13, 16 InstitutsVergV, 3 Abs. 1, 4 Abs. 8 VersVergV) zeigen.[1148]

ee) § 82 Abs. 2 S. 2, 83 Abs. 1 S. 2 BetrVG: Hinzuziehungsrecht des Arbeitnehmers

Bedeutsam nicht nur für die kollektivrechtliche, sondern auch für die individualarbeitsrechtliche Ebene von variabler Vergütung aus Zielvereinbarungen ist das Recht des Arbeitnehmers ein Mitglied des Betriebsrats zur Erläuterung der Berechnung und Zusammensetzung seines Arbeitsentgelts sowie der Einsichtnahme in seine Personalakte hinzuzuziehen. Dieses ergibt sich aus den §§ 82 Abs. 2 S. 2, 83 Abs. 1

1146 Zum ganzen Abschnitt *Mohnke,* Zielvereinbarungen im Arbeitsverhältnis 2006, S. 234ff.

1147 Siehe Kapitel D. I. 1. a) jj).

1148 Zum ganzen Abschnitt *Däubler,* AiB 2001, S. 208, 213ff.; *Rieble/Gistel,* BB 2004, S. 2462, 2464f.; *Mohnke,* Zielvereinbarungen im Arbeitsverhältnis 2006, S. 246f.

S. 2 BetrVG[1149]. Sinn und Zweck ist die Unterstützung des Arbeitnehmers durch ein von ihm ausgewähltes Mitglied des Betriebsrates, auch um etwaig vorhandene Wissens- oder Verständnisdefizite auszugleichen. Dabei kann das Betriebsratsmitglied auch im Gespräch Vorschläge machen und Fragen stellen. Allerdings kann das Betriebsratsmitglied oder der Betriebsrat insgesamt den Anspruch des Arbeitnehmers nicht selbstständig geltend machen, wobei trotzdem ein Unterlassensanspruch oder ein Verfahren nach § 23 BetrVG wegen der Verletzung der Rechte aus dem BetrVG in Betracht kommen.[1150]

c) Ausgewählte Beispiele aus der Praxis

Nachdem nun die Mitbestimmungs- und Mitwirkungsrechte bei der Regelung von zielvereinbarungsbasierten variablen Vergütungssystemen in Betriebsvereinbarungen dargestellt wurden, soll hier eine vergleichende Vorstellung der Regelungen in zwei großen deutschen Unternehmen aus den für den Bereich der Zielvereinbarungen herausragenden praktischen Bereichen der Bankenbranche und der Automobilindustrie vorgenommen werden.

aa) Regelungen einer deutschen Großbank

Bei einer deutschen Großbank werden die tariflichen Rahmenbedingungen des LEV-TV[1151], die einen weiten Gestaltungsspielraum für die betriebliche Ebene zulassen, durch mehrere zusammenwirkende Betriebsvereinbarungen aufgegriffen: Zunächst wird in einer Betriebsvereinbarung über die Grundsätze der ergebnis- und leistungsorientierten variablen Vergütung für tarifliche Mitarbeiter[1152] der Rahmen festgesetzt. Hinzu kommen eine allgemeine Betriebsvereinbarung über die Leistungsbeurteilung[1153] und eine allgemeine Betriebsvereinbarung über Zielvereinbarungen für tariflich vergütete Mitarbeiter[1154] sowie eine spezielle Betriebsvereinbarung über die Ziel- und Leistungsbeurteilungen in der Zentrale[1155]. Schließlich

---

1149 Zum Auskunftsrecht siehe Kapitel C. X. 2. c).

1150 Zum ganzen Abschnitt *Kandaouroff/Rose*, DB 2008, S. 1210f.; *Fitting*, BetrVG, § 82, Rn. 12ff.; *Deich*, Die rechtliche Beurteilung von Zielvereinbarungen im Arbeitsverhältnis 2004, S. 237ff.; *Mohnke*, Zielvereinbarungen im Arbeitsverhältnis 2006, S. 307ff.

1151 Näheres dazu in Kapitel D. I. 1 b) aa), 2.

1152 Betriebsvereinbarung der Commerzbank AG über die Grundsätze der ergebnis- und leistungsorientierten Vergütung für tarifliche Mitarbeiter (Leistungsbonus) vom 01.10.2001.

1153 Betriebsvereinbarung der Commerzbank AG über die Leistungsbeurteilung vom 01.08.2001.

1154 Betriebsvereinbarung der Commerzbank AG über Zielvereinbarungen für tariflich vergütete Mitarbeiter vom 01.08.2001.

1155 Betriebsvereinbarung der Commerzbank AG über die Ziel- und Leistungsbewertung in der Zentrale Frankfurt vom 20.12.2006.

regelt noch eine Anlassbetriebsvereinbarung eine einmalige Ausgleichszahlung für tarifliche Mitarbeiter[1156]. Hier soll sich auf die Vorstellung der für variable Vergütung aus Zielvereinbarungen relevanten Regelungen beschränkt werden.

(1) Betriebsvereinbarung über die Grundsätze der ergebnis- und leistungsorientierten variablen Vergütung für tarifliche Mitarbeiter (Leistungsbonus)

In der noch vor dem Abschluss des LEV-TV datierenden Betriebsvereinbarung zum Leistungsbonus wird zunächst in § 1 auf das Geschäftsjahr als maßgeblichem Bezugszeitraum abgestellt. Vom Geltungsbereich in § 2 werden sodann alle tariflich vergüteten Mitarbeiter erfasst, die nicht einer spezielleren Bonusregelung unterliegen.

In § 3 wird dann das Leistungsvolumen festgelegt. Es setzt sich aus 2/3 „Leistungstopf" und 1/3 „Ergebnistopf" zusammen. Dabei ist der Prozentsatz des Leistungstopfanteils im Verhältnis zum Grundgehalt in allen Bereichen gleich hoch, während der Ergebnistopf am Ergebnis der jeweiligen Sparte – ermittelt aus Kennzahlen – ausgerichtet ist. Dabei wird jedoch den zentralen Bereichen ein dem Durchschnitt der operativen Einheiten entsprechender „Topf" garantiert. Insgesamt besteht eine umfassende Informationspflicht gegenüber dem Betriebsrat über die jährliche Höhe des Leistungsvolumens und seine Zusammensetzung. Die Bewertung der individuellen Leistungen erfolgt nach § 4 vorrangig durch Zielvereinbarungen und nachrangig durch Leistungsbeurteilungen.

In § 5 wird die Auszahlung des Leistungsbonus geregelt. Dieser wird nach Absatz 3 an Mitarbeiter ausgezahlt, die eine Mindestpunktzahl im Rahmen der Leistungsbewertung von 11 Punkten bzw. 15 Punkten bei Führungskräften oder einen Zielerreichungsgrad von 3,0 bei Zielvereinbarungen aufweisen. Diese Werte ergeben sich aus den betreffenden Betriebsvereinbarungen zur Leistungsbeurteilung[1157]. Betragsmäßig wird der Leistungsbonus auf mindestens 500 Euro und maximal 2.500 Euro festgelegt. Eine Kürzungsmöglichkeit auf 250 Euro besteht, wenn nicht an alle Mitarbeiter 500 Euro ausgezahlt werden können. Für solche Mitarbeiter, die im Rahmen der Leistungsbewertung 14 oder mehr, bei Führungskräften 19 oder mehr Punkte erreichen oder deren Zielerreichungsgrad mindestens 3,5 beträgt, wird der Bonus verdoppelt. Auch kann der Vorgesetzte die Beträge um 250 Euro aufstocken oder absenken, um Differenzen in der Abteilung auszugleichen, sofern dadurch nicht die Untergrenze von 500 Euro unterschritten wird. Daneben findet sich auch eine Klausel, nach der die Zahlung als Anerkennung für die im abgelaufenen Geschäftsjahr geleistete Arbeit und im Hinblick auf erwartete Betriebstreue gezahlt wird. Auch findet sich eine Stichtagsklausel, die die Auszahlung an das Bestehen

---

1156 Betriebsvereinbarung der Commerzbank AG über eine einmalige Ausgleichszahlung für tarifliche Mitarbeiter vom 19.01.2012.

1157 Siehe sogleich unter Kapitel D. I. 1. c) aa) (2).

des ungekündigten Arbeitsverhältnisses zum 20.Mai koppelt. Bei Eintritt bis spätestens 01.Juli findet ebenso eine anteilige Auszahlung statt wie bei Mutterschutz, Vorruhestand, Pension, Erziehungsurlaub und Wehr- oder Zivildienst. Ansonsten ist eine Bonuszahlung bei unterjährigem Austritt ausgeschlossen.

§ 6 regelt sodann die Zuständigkeit des jeweiligen Betriebsrates und ein allgemeines Informationsrecht über die Höhe und den Umfang der Bonuszahlungen.

(2) Betriebsvereinbarung über die Leistungsbeurteilung

Nach § 4 erfolgt die Leistungsbeurteilung durch den direkten Vorgesetzten. Er hat zu Beginn einer Beurteilungsperiode dem Mitarbeiter dessen Aufgaben darzustellen. Diese Darstellung bildet dann die Grundlage der Beurteilung. Die eigentliche Beurteilung erfolgt dann im Beurteilungsgespräch nach § 5. Gemäß § 6 erstellt die Bank einen Ablaufplan für die entgeltrelevanten Leistungsbeurteilungsgespräche, den sie dem Betriebsrat zukommen lassen muss. § 7 legt als Leistungskriterien Arbeitsqualität, Arbeitsquantität, ergebnisorientierte Zusammenarbeit und Führungsleistung fest. Für jedes Kriterium können bis zu 5 Punkte erworben werden. Ein zusätzlicher Punkt ist für Mitarbeiter, die die Aus- und Fortbildung betreuen, vorgesehen. § 8 widmet sich schließlich der Dokumentation, die mittels eines unterschriebenen Beurteilungsbogens erfolgt, welcher der Personalakte beigefügt wird.

§ 9 enthält eine Konfliktlösungsregelung. Danach kann der Beurteilte zunächst ein Betriebsratsmitglied zum Beurteilungsgespräch hinzuziehen. Innerhalb von 14 Tagen nach dem Gespräch kann er ein Anschlussgespräch verlangen, falls er die Leistungsbeurteilung für offensichtlich falsch hält. Verstreicht diese Frist, so wird davon ausgegangen, dass kein Gesprächsbedarf besteht. Über die Beschwerde entscheidet sodann der Vorgesetzte und dokumentiert dies. Nach dem Gespräch kann der Mitarbeiter binnen drei Tagen eine Schlichtung verlangen. Diese wird dann durch einen Vertreter des Personalbereichs und einen Betriebsrat einvernehmlich durchgeführt, wobei das Ergebnis erneut dokumentiert wird. § 10 regelt abschließend ein umfassendes Informationsrecht des Betriebsrates sowie eine Teilnahme eines Betriebsratsmitgliedes an Anschlussgesprächen nach § 9, sofern der Mitarbeiter der Teilnahme nicht ausdrücklich widerspricht.

(3) Betriebsvereinbarung über Zielvereinbarungen für tariflich vergütete Mitarbeiter

Nach § 2 der Betriebsvereinbarung über Zielvereinbarungen für tariflich vergütete Mitarbeiter können Tarif-Mitarbeiter über 55 Jahre außerdem auf ausdrücklichen Wunsch auf die Durchführung entgeltrelevanter Zielvereinbarungen verzichten.

Nach § 3 werden die Ziele im Zielvereinbarungsgespräch zwischen dem einzelnen Mitarbeiter und seinem direkten Vorgesetzten vereinbart. Teamziele können für Mitarbeiter mit weitgehend gleicher Zielsetzung vereinbart werden, wobei die Zielerreichung ohne Bewertung des individuellen Beitrags mit dem gleichen Zielerreichungsgrad berücksichtigt wird. Vor dem Zielvereinbarungsgespräch sind dem Mitarbeiter die erforderlichen Unterlagen rechtzeitig zuzuleiten. Ein Ablaufplan für die Gespräche ist dem Gesamtbetriebsrat mitzuteilen. Die Gespräche und eventuelle Schlichtungen sind rechtzeitig vor dem Zahlungstermin durchzuführen.

§ 4 regelt sodann eine „Qualitätskontrolle“ durch den Personalbereich und den Betriebsrat, bei der festgestellt werden soll, ob die Formalia einer Zielvereinbarung eingehalten wurden. In § 5 wird festgelegt, dass mindestens ein unterjähriges Zwischengespräch stattfinden soll, in dem gegebenenfalls die Ziele angepasst werden können.

Gemäß § 6 wird die Zielerreichung zunächst durch einen Zielerreichungsgrad in %-Werten um die 100 % festgestellt. Diesem werden dann bis maximal 4 Punkte zugewiesen, wobei bis 85 % ein Punkt, von 85 % bis 95 % zwei Punkte, von 95 % – 105 % drei Punkte und darüberhinaus 4 Punkte vergeben werden. Dann wird mittels einer gewichtenden Gesamtbetrachtung der Gesamtzielerreichungsgrad ermittelt. Mitarbeiter, die in der Aus- oder Fortbildung tätig sind, erhalten 0,25 Bonuspunkte.

Zur Dokumentation wird nach § 7 ein unterzeichneter Standardzielvereinbarungsbogen verwendet. Auf diesem wird auch die Zielerreichung am Ende dokumentiert, und er wird sodann in die Personalakte aufgenommen.

§ 8 enthält eine Konfliktlösungsregelung, wonach bei Dissens zunächst der Vorgesetzte des Vorgesetzten und der Betriebsrat zu informieren sind. Innerhalb von 14 Tagen nach dem Zielerreichungsgespräch kann der Mitarbeiter ein Anschlussgespräch verlangen, falls er die Leistungsbeurteilung für offensichtlich falsch hält. Über eine solche Beschwerde entscheidet sodann der unmittelbare Vorgesetzte und dokumentiert dies. Nach dem Gespräch kann der Mitarbeiter binnen drei Tagen eine Schlichtung verlangen. Diese wird dann durch einen Vertreter des Personalbereichs und einen Betriebsrat einvernehmlich durchgeführt, wobei das Ergebnis erneut dokumentiert wird. § 9 enthält ein umfassendes Informationsrecht zugunsten des Betriebsrates. Zudem ist der Betriebsrat danach in Fällen des Anschlussgespräches nach § 8 zwingend zu beteiligen, es sei denn der Mitarbeiter widerspricht dem ausdrücklich.

Verstreicht dagegen diese Frist, so wird davon ausgegangen, dass kein Gesprächsbedarf besteht.

(4) Betriebsvereinbarung über die Ziel- und Leistungsbeurteilungen in der Zentrale

Die Betriebsvereinbarung über die Ziel- und Leistungsbeurteilung in der Zentrale bezweckt die Zusammenführung der Betriebsvereinbarungen über die Leistungsbeurteilung und über Zielvereinbarungen für die Mitarbeiter in der Konzernzentrale. Ihr Geltungsbereich gemäß § 1 erfasst daher alle Mitarbeiter, die nicht leitende Angestellte im Sinne des § 5 Abs. 3, Abs. 4 BetrVG sind.

Nach § 2 wird zunächst in einem Gespräch zwischen Vorgesetztem und Mitarbeiter festgelegt, inwieweit die Position des Mitarbeiters für den Bewertungszeitraum aufgaben- oder zielbezogen ist und in welchem Verhältnis beide Bezüge prozentual zu 100% der Positionstätigkeit zueinander gewichtet sind. § 3 bestimmt sodann, dass die Aufgabenerfüllung die gesamte Stelle betrachtet, wobei Basis der Betrachtung die Leistung des Mitarbeiters ist. Diese wird nach § 4 durch den direkten Vorgesetzten beurteilt, wobei die Beurteilung zu dokumentieren ist. Wird eine Aufgabenerfüllung von weniger als 86 % erreicht, so muss zwingend ein Gespräch stattfinden. In § 5 werden sodann die bekannten Leistungskriterien, Arbeitsqualität, Arbeitsquantität, ergebnisorientierte Zusammenarbeit und Führungsleistung festgelegt, wobei keine Einzelpunktevergabe mehr stattfindet, sondern ein Gesamterfüllungsgrad von 0 % bis 200 % unter Einbeziehung der Kriterien erfolgt.

§ 6 widmet sich dann der Vereinbarung von Zielen in einem Zielvereinbarungsgespräch zwischen Mitarbeiter und direktem Vorgesetzten. Dabei wird für bestimmte Projektarbeiten und herausgehobene Tätigkeiten eine grundsätzliche Pflicht zur Zielvereinbarung festgelegt. Auch Teamziele sind bei Mitarbeitern mit weitgehend gleicher Zielsetzung möglich, wobei die Bewertung erneut ohne Betrachtung des individuellen Beitrags erfolgt. Allerdings dürfen Teamziele grundsätzlich maximal 30 % der Gesamtziele ausmachen und müssen besonders ausgewiesen werden. Ein höherer Teamzielanteil von bis zu 70 % ist nur in rein teamstrukturierten Einheiten möglich. Generell sind den Mitarbeitern wieder rechtzeitig vor dem Gespräch die erforderlichen Unterlagen zur Verfügung zu stellen. Es sind maximal 5 Ziele zu vereinbaren, wobei jedem Einzelziel darunter eine Gewichtung von minimal 10 % und von maximal 50 % zukommen darf.

Anschließend regelt § 7 eine „Qualitätskontrolle" der Formalia der Zielvereinbarungen. In § 8 folgt sodann die Feststellung der Zielerreichung, die in einem Prozentsatz anzugeben ist, bei dem 100 % die Erreichung des Ziels darstellen. Dieser wird für jedes Ziel errechnet und dann entsprechend der Gewichtung für das Gesamtergebnis berücksichtigt. In § 9 ist ein Minimum von einem Zwischengespräch im Beurteilungszeitraum festgelegt, wobei eine Dokumentationspflicht für eventuelle Änderungen angeordnet wird.

Die Gesamtbewertung von Leistungsbeurteilung und Zielvereinbarungen erfolgt nach § 10 durch Zusammenführung der gewichteten Teilbereiche. Sie wird nach § 11 dem Mitarbeiter in einem möglichst zeitnah nach Ende des Beurteilungszeitraums liegenden Beurteilungsgespräch mit dem direkten Vorgesetzten mitgeteilt. § 12 regelt eine umfassende Dokumentation durch zu unterzeichnende Formulare. Dabei ist bemerkenswert, dass die Daten mit Auszahlung des Bonus zu löschen sind.

Gemäß § 13 kann der Mitarbeiter ein Mitglied des örtlichen Betriebsrats zu den Gesprächen hinzuziehen. Ein Dissens im Gespräch ist zu dokumentieren und dem zuständigen Betriebsrat mitzuteilen. Innerhalb von 14 Tagen nach dem Gespräch kann der Mitarbeiter ein Anschlussgespräch verlangen, infolgedessen der direkte Vorgesetzte erneut entscheidet und dies dokumentiert. In einer Frist von drei Tagen nach dem Anschlussgespräch kann der Mitarbeiter dann eine Schlichtung fordern. Diese wird einvernehmlich durch einen Vertreter des Personalbereichs und des Betriebsrats durchgeführt und dokumentiert.

Gemäß § 14 ist der Betriebsrat umfassend zu informieren. Ein Mitglied des Betriebsrates hat zudem an dem Anschlussgespräch teilzunehmen, es sei denn, der Mitarbeiter widerspricht dem ausdrücklich.

(5) Betriebsvereinbarung über eine einmalige Ausgleichszahlung für tarifliche Mitarbeiter

Die Betriebsvereinbarung über eine einmalige Ausgleichszahlung für bestimmte tarifliche Mitarbeiter ordnet eine solche in Höhe von 75 % des sich aus dem Tarifvertrag für das private Bankgewerbe und die öffentlichen Banken ergebenden Grundgehalts an. Sie ist damit die einzige Betriebsvereinbarung, die den Tarifvertrag direkt anspricht. Regelungen zu variabler Vergütung aus Zielvereinbarungen enthält sie hingegen nicht.

(6) Zusammenfassung

Insgesamt zeigt sich bei den Betriebsvereinbarungen dieser deutschen Großbank, dass der Tarifvertrag wenig direkte Bezugnahme findet und dass die Betriebsvereinbarungen relativ unabhängig von diesem konstruiert sind. Dies hat wohl in den weitreichenden Öffnungsklauseln im betreffenden Tarifvertrag seine Ursache[1158]. Auch fällt auf, dass eine klare Trennung in die unterschiedlichen Bereiche Leistungsbeurteilung und Zielvereinbarung gegeben ist. Diese soll jedoch langfristig aufgehoben werden, wie sich an der neueren Betriebsvereinbarung für die Zentrale erkennen lässt. Dabei ist eine Umstellung von einem Punktesystem hin zu einem an Prozentwerten orientierten System zu erkennen. Bemerkenswert sind auch die Verwendung von Stichtagsklauseln und der umfassende Ausschluss bestimmter Mitarbeitergruppen. Schließlich fällt auf, dass besonders auf die Dokumentation des gesamten Zielvereinbarungsprozesses Wert gelegt wird, was verdeutlicht, dass die Verwendung von variabler Vergütung aus Zielvereinbarungen selbst auf betrieblicher Ebene noch äußerst vielschichtig ist.

bb) Regelungen in einem deutschen Automobilkonzern

Ein großer deutscher Automobilkonzern hat die tariflichen Vorgaben des ERA-Tarifvertrages[1159] in seinen Gesamtbetriebsvereinbarungen zur Leistungsvergütung und zur Vergütung der Ebene 4[1160] folgendermaßen umgesetzt, wobei nur die variablen Vergütungsregelungen betrachtet werden sollen:

(1) Gesamtbetriebsvereinbarung zur Leistungsvergütung

Zunächst differenziert die Gesamtbetriebsvereinbarung zur Leistungsvergütung in I. zwischen einem allgemeinen Standardsystem und einem spezielleren Optionsmodell zur Durchführung der Leistungsvergütung aus dem ERA-TV NB/NW. Für das Standardmodell wird in II.1. das Kalenderjahr als maßgeblicher Zielzeitraum festgelegt und die Beurteilung des Arbeitsergebnisses und des Arbeitsverhaltens durch den

---

1158 Näheres dazu in Kapitel D. I. 1 b) bb).

1159 Näheres dazu in Kapitel D. I. 1 b) bb).

1160 Gesamtbetriebsvereinbarung zum ERA-Leistungsentgelt der Daimler AG vom 10.05.2007 und Gesamtbetriebsvereinbarung Vergütung Ebene 4 vom 21.09.1999.

Vorgesetzten als Grundlage festgesetzt. Dabei werden nach II.2. die Komponenten Arbeitsergebnis und Arbeitsverhalten zu je 50% gewichtet.

Das Arbeitsergebnis wird nach II.3. dabei entweder auf der Grundlage einer individuell festgelegten Leistungserwartung oder einer individuellen freiwilligen Zielvereinbarung bewertet und schriftlich dokumentiert. Die Zielvereinbarung enthält maximal fünf Einzelziele. Die Dokumentation der Zielvereinbarung ist verbindlich und beinhaltet für jedes Ziel die Zielbeschreibung sowie einen Messwert und/oder einen Termin. Nach Möglichkeit sollen im Zielvereinbarungsgespräch auch die Maßstäbe und Kriterien für Zielüberschreitung und Zielunterschreitung und der Eckwerte besprochen und festgehalten werden. Die einzelnen Ziele können auch im Vereinbarungsgespräch gewichtet werden. Es können zudem Gruppenziele beim Arbeitsergebnis berücksichtigt werden, wenn die Gruppe einstimmig zustimmt oder die Gruppe mehrheitlich und der Betriebsrat zusätzlich zustimmt. Das Arbeitsverhalten wird nach II.4. anhand der Kriterien Initiative, Zusammenarbeit und verantwortliches Handeln beurteilt.

Die Beurteilung erfolgt sodann über ein mehrstufiges Punktesystem, indem für das Arbeitsergebnis in sieben und für das Arbeitsverhalten in fünf Stufen Punkte vergeben werden, wobei für die Beurteilung festgelegte Leitfragen zur Orientierung herangezogen werden.

Im Abschnitt III. der Vereinbarung wird sodann der Ablauf des Führungsprozesses beschrieben. Im Rahmen dessen führt der Vorgesetzte zu Beginn der Beurteilungsperiode mit dem Mitarbeiter oder der Gruppe ein sog. „Start-Führungsgespräch" über die Leistungserwartungen und über die zu vereinbarenden Ziele sowie Entwicklungs- und Qualifizierungsmöglichkeiten. Im dritten Quartal der Beurteilungsperiode ist sodann mindestens ein Zwischenbilanzgespräch zu führen. Nach III.3. ist zudem eine zu dokumentierende Mitteilung spätestens drei Monate vor Ablauf der Beurteilungsperiode an den Mitarbeiter oder die Gruppe zu machen, wenn sich ein Leistungsergebnis abzeichnet, das im Vergleich zur letzten Beurteilung zu einem niedrigeren Leistungsentgelt führen würde. Dabei ist der Betriebsrat über diese Fälle und auch über die Fälle, in denen tatsächlich ein geringeres Entgelt erzielt wird, zu informieren. Am Ende des Führungsprozesses steht dann das Abschluss-Führungsgespräch. Das Ergebnis der Beurteilung ist dem Mitarbeiter darin durch den Vorgesetzten bekannt zu geben und hinsichtlich aller Beurteilungskriterien schriftlich zu begründen. Der Mitarbeiter hat dies in geeigneter Form zu bestätigen. In III.5. wird schließlich geregelt, dass bei einer Reklamation ein weiteres Gespräch innerhalb von zwei Wochen zu führen ist. Gelingt keine Einigung, so ist innerhalb von drei Wochen seit Bekanntgabe der Beurteilung diese beim Personalbereich zu reklamieren, welcher der Beschwerde nachgehen muss und das Ergebnis dem Mitarbeiter und dem Betriebsrat mitzuteilen hat.

Nach Abschnitt IV. wird zum 1. Januar die Berechnung des Leistungsentgelts durchgeführt. Es beträgt zwischen 0 und 30 % des individuellen tariflichen Grundentgelts, wobei die Summe der Leistungsentgelte durchschnittlich 15 % der Grundentgeltsumme bezogen auf den Betrieb ist. Die Unternehmensleitung ist verpflichtet, dem Betriebsrat jährlich zum 30. November nachzuweisen, dass die tariflichen Bestimmungen aus § 21 ERA-TV NB/NW eingehalten worden sind.

Abschnitt V. regelt sodann das speziellere Optionsmodell, welches zwei andere Verfahren zur Leistungsbestimmung vorsieht, wobei das Kalenderjahr wiederum maßgeblicher Beurteilungszeitraum ist. Das erste Verfahren legt ein fixes Leistungsentgelt von 15 % fest. Das zweite Verfahren bestimmt ein fixes Leistungsentgelt von 9 % aus dem Arbeitsergebnis und ein variables Leistungsentgelt von 0 % bis 12 % aus dem Arbeitsverhalten. Letzteres wird durch den Vorgesetzten beurteilt. Dabei vereinbaren örtlicher Betriebsrat und Werkleitung im Grundsatz das erste Verfahren, können sich aber ausdrücklich auch auf das zweite Verfahren einigen. Bei diesem zweiten Verfahren wird der Führungsprozess dahingehend modifiziert, dass das Optionsmodell und das Verfahren im erstmaligen Start-Führungsgespräch vom Vorgesetzten vorzustellen und das Zwischenbilanzgespräch am beobachteten Arbeitsverhalten zu orientieren ist.

Abschnitt VI. erfasst letztlich die Erstbeurteilung bei neuen Mitarbeitern, die im Rahmen des vierten bis sechsten Monats der Tätigkeit erfolgt und im Folgemonat entgeltwirksam wird. Die zweite Beurteilung erfolgt dann turnusgemäß.

Bei dieser betrieblichen Umsetzung ist ebenfalls ein Punktesystem gegeben. Die Aufspaltung in Arbeitsverhalten und Arbeitsergebnis ist ebenfalls beachtenswert, da dabei unterschiedliche Bewertungsmaßstäbe Anwendung finden. Insgesamt ist die Regelung recht schlank und stellt den Bezug zum ERA-TV NB/NW her. Dies wird bereits durch die Bezeichnung als „Umsetzung“ deutlich. Interessant ist auch, dass hier ein betriebliches Optionsmodell, welches das Zielvereinbarungssystem faktisch aushebelt, vorgesehen ist.

(2) Gesamtbetriebsvereinbarung Vergütung Ebene 4

Die Gesamtbetriebsvereinbarung Vergütung Ebene 4 regelt die Vergütung der Mitarbeiter der untersten Führungsebene, die noch dem Anwendungsbereich des ERA-Tarifvertrages unterfallen, weil sie keine leitenden Angestellten im Sinne des § 5 Abs. 3 BetrVG sind.

Nach 3.1.2 setzt sich das Ziel-Jahreseinkommen aus einer fixen und einer variablen Vergütung zusammen, die grundsätzlich im Verhältnis 90 % Fixvergütung und 10 % variable Vegütung zueinander stehen. Dabei ist eine Abweichung von 2 % im Jahr der Ernennung zulässig. Das Zieljahreseinkommen wird auf der Basis der Gesamteinschätzung durch den Vorgesetzten festgelegt. Eine Reduzierung der bisherigen Monatsvergütung ist ausgeschlossen.

Nach 3.1.3 setzt sich die variable Vergütung aus einer „Tantieme“ für die individuelle Leistung und einer Erfolgsbeteiligung für den Unternehmenserfolg zusammen. Diese stehen im Verhältnis 70 % „Tantieme“, 30% Unternehmenserfolg zueinander. Die „Ist-Tantieme“ wird für die Erreichung der individuell vereinbarten Ziele festgelegt. Werden diese Ziele über- oder unterschritten, erhöht oder vermindert sich die „Ziel-Tantieme“ um jeweils max. 50 %. Die Erfolgsbeteiligung wird auf der Basis des für das Geschäftsjahr geplanten Operating Profit der jeweiligen Geschäftseinheit festgelegt. Wird dieser über- oder unterschritten, erhöht oder vermindert sich die Erfolgsbeteiligung um max. 100 %. Die variable Vergütung wird jährlich für das zurückliegende Jahr ausgezahlt.

In 3.1.4 findet sich eine Teil-/Vollanrechnungsklausel, die in Einzelfällen eine Anrechnung oder Erhöhung regelt, wenn aus Gründen individueller Leistungsentwicklung eine strukturelle Neupositionierung erforderlich ist.

In der ergänzenden Protokollnotiz vom 13.02.2008 wurde für das Bezugsjahr 2007 dahingehend modifiziert, dass die für die Erfolgsbeteiligung maßgebliche Größe der EBIT ist und die Beteiligung aus der für den unmittelbaren Vorgesetzten maßgeblichen Geschäftseinheit bemessen wird. In einer weiteren Protokollnotiz vom 15.12.2008 wurde eine weitere identische Übergangsregelung für die Erfolgsbeteiligung 2008 getroffen. Auch für die Erfolgsbeteiligung 2009 wurde eine entsprechende Protokollnotiz vom 25.02.2010 getroffen.

Anlage 1 zur Gesamtbetriebsvereinbarung Vergütung Ebene 4 enthält dann Regelungen zum Zielvereinbarungsprozess. Bereits in der Präambel wird festgehalten, dass eine Delegation von Verantwortung ermöglicht und dem Mitarbeiter bei der Wahrnehmung seiner Aufgabenstellung entsprechende Gestaltungsspielräume eröffnet werden sollen. Als „wesentliche Spielregeln" für Zielvereinbarungen werden die einvernehmliche und nicht bloß einseitige Zielvereinbarung, die Setzung realistischer, nicht zu schwerer, aber herausfordernder Ziele und die Tatsache, dass die Zielvereinbarung wesentliche Grundlage für die Festsetzung der variablen Vergütung sein soll, festgelegt. Weiter wird ein Vermittlungsprozess für den Fall von Meinungsverschiedenheiten bei der Zielvereinbarung oder der Zielfeststellung unter Einbeziehung des nächsthöheren Vorgesetzten, des Personalbereiches und des Betriebsrats geregelt.

In Anlage 4 wird zur Ermittlung der „Tantieme" eine fünfstufige Skala mit Werten zwischen 50 % und 150 % zur Gesamtzielbewertung geregelt. Die Skala reicht von 50–74 % bei erheblichem Unterschreiten, über 75–94 % bei Unterschreiten, über 95–105 % bei Erreichen, über 106–125 % bei Übertreffen bis hin zu 126–150 % bei erheblichem Übertreffen. Die Ermittlung des Zielerreichungsgrades erfolgt im Rahmen einer summarischen Gesamteinschätzung in 5 %-Abstufungen, wobei Vorgesetzter und Mitarbeiter in einem gemeinsamen Rückblick ermitteln, welche der vereinbarten Ziele erreicht wurden. Vor der endgültigen Festlegung der auszuzahlenden Tantieme wird die Plausibilität der Bewertungsergebnisse in einer Integrationsrunde auf der zweiten Führungsebene diskutiert und abgewogen. Ferner hat der Vorgesetzte die Gesamteinschätzung gegenüber dem Mitarbeiter zu begründen.

In einer weiteren Ergänzung zur Gesamtbetriebsvereinbarung vom 10.11.2010 wird sodann geregelt, dass bei festgestellten Compliance-Verstößen bestimmte Prozentpunkte je nach Intensität des Verstoßes abgezogen werden. Für Verstöße, die zu einer schriftlichen Ermahnung führen 0–20 %, für Verstöße, die zu einer Abmahnung führen 20–50 %, für Verstöße, die zu einer ordentlichen Kündigung führen 50–80 % und für Verstöße, die zu einer außerordentlichen Kündigung führen 80–100 %. Dabei darf jedoch die in der Gesamtbetriebsvereinbarung vorgesehene Mindestzielerreichung von 50 % nicht unterschritten werden. Bei der Festlegung der konkreten Reduzierung sollen sodann die Kriterien „Schwere des Verstoßes", „Höhe des entstandenen Schadens einschließlich Rufschädigung" und „Umfang der persönlichen Bereicherung" herangezogen werden. Als Compliance-Verstoß werden Verstöße gegen die Daimler-Verhaltensrichtlinie, die anti-korruptionsbezogenen Konzernleitlinien und Konzernrichtlinien sowie gegen gesetzliche Straftatbestände definiert.

In dieser Regelung fällt zunächst auf, dass die variable Vergütung aus Zielvereinbarungen als „Tantieme" bezeichnet wird, wobei sich dieser Begriff in eine andere Richtung entwickelt hat. Statt der heute darunter zuverstehenden Erfolgsbeteiligung ist damit hier die variable Vergütung aus Zielvereinbarungen gemeint. Die zunächst einzig enthaltene Variabilisierungsklausel war die Anrechnungsklausel in 3.1.4. Später wurde dann eine Kürzungsmöglichkeit ausgedrückt in Prozentpunkten des Zielerreichungsgrades aufgrund von Compliance-Verstößen entgegen bestimmter Konzernrichtlinien bzw. aufgrund von Straftatbeständen eingeführt.

cc) Vergleichende Betrachtung

Bei dem Beispiel aus dem Bankenbereich fällt auf, dass der LEV-TV den Finanzinstituten einen großen Spielraum hinsichtlich der Gestaltung einräumt und diese davon sehr frei Gebrauch machen, ja diesen nur am Rande zu berücksichtigen scheinen. Die Betriebsvereinbarungen in diesem Sektor sind dann allerdings sehr ausdifferenziert und komplex. Sie kombinieren variable Vergütung aus einer Leistungsbeurteilung mit solcher aus Zielvereinbarungen und einem ergebnisabhängigen Vergütungsanteil. Dabei ist festzuhalten, dass der Dokumentation ein wichtiger Stellenwert eingeräumt wird. Interessant sind auch die Verwendung von Stichtagsklauseln und die Änderung von einem Punktesystem hin zu einem Bewertungssystem in Prozenten. Der Variabilisierungsgrad ist mit 8 % überraschend niedrig.

Im Bereich der Metall- und Elektroindustrie ist der Tarifvertrag weitaus differenzierter und macht sehr genaue Vorgaben, wie die Leistungsvergütung auszugestalten ist. Somit ist die betriebliche Umsetzung im Beispielunternehmen viel näher an diese tariflichen Vorgaben angelehnt. Dabei ist zu bemerken, dass die Regelung sich insgesamt stringenter darstellt als diejenige im Bankenbereich. Erstaunlich sind auch der doppelt so hohe Variabilisierungsgrad von 16 % und die obligatorische Konsultation, wenn 14 % unterschritten werden. Somit ist in diesem Modell mehr variable Vergütung aus Zielvereinbarungen möglich.

Gemeinsam ist beiden Bereichen, dass die variable Vergütung entweder auf der Basis von Zielvereinbarungen oder Leistungsbeurteilungen erreicht werden kann. Auch kennen beide Bereiche ein alternatives Modell, wobei dieses im Bereich der Metall- und Elektroindustrie deutlicher ausgestaltet ist, allerdings faktisch auf eine Fixvergütung hinausläuft. Auch beinhalten beide Bereiche Informations- und Dokumentationspflichten sowie ein jeweils individuell ausgestaltetes Konfliktlösungsinstrumentarium.

Im Bezug auf die verwendeten Variabilisierungsinstrumente kann man feststellen, dass nicht viele der Optionen zur Variabilisierung genutzt werden. Zum Teil finden sich nicht weiter spezifizierte Kürzungsvorbehalte, die an eine allgemeine Gesamtbetrachtung aller Mitarbeiter und der finanziellen Lage des Institutes oder eine nicht näher konkretisierte Einschätzung durch den Vorgesetzten geknüpft sind. Auch Stichtagsklauseln, die an die erwartete Betriebstreue geknüpft sind, finden sich. In der Regel wird auch eine Vereinbarung, die neu eintretende Mitarbeiter während der Probezeit ausnimmt, verwendet. In dem Beispiel aus dem Automobilbereich finden sich nur ein Anrechnungsvorbehalt und ein Kürzungsvorbehalt für den Fall von Compliance-Verstößen von tariflichen Führungskräften.

d) Zusammenfassung

Insgesamt kann man also sagen, dass zahlreiche Mitbestimmungs- und Mitwirkungsrechte des Betriebsrates dessen Beteiligung gewährleisten und nahezu alle Aspekte von Systemen variabler Vergütung aus Zielvereinbarungen durch Mitbestimmungsrechte erfasst sind. Außerdem kann festgestellt werden, dass die Kontrolle durch den Betriebsrat stark ausgeprägt ist. Dieses Kontrollspektrum zeigt, dass es sich bei variabler Vergütung aus Zielvereinbarungen um ein Thema handelt, das sehr gut auf kollektiver Ebene geregelt werden kann, um einheitliche Standards zu verwenden und die ohnehin bestehenden mitwirkungsrelevanten Punkte zu regeln. Auch zeigen die praktischen Beispiele, dass in den für die variable Vergütung aus Zielvereinbarung wichtigsten Bereichen der Wirtschaft umfangreich von den Tariföffnungsklauseln Gebrauch gemacht wird und mitunter sehr detaillierte betriebliche Regelungen getroffen werden. Damit besteht ein weiter Gestaltungsraum für die Regelung von variabler Vergütung aus Zielvereinbarungen auf betrieblicher Ebene, der jedoch in den beiden Beispielsfällen nicht umfassend genutzt wird. Nur im Automobilbereich findet sich eine Variabilisierungsmöglichkeit bei Compliance-Verstößen bei tariflichen Führungskräften.

3. Inhaltskontrolle von Betriebsvereinbarungen

Somit stellen sich nunmehr die Fragen, welche inhaltlichen Anforderungen bei einer Regelung auf der betrieblichen Ebene bestehen und welche Besonderheiten sich im Verhältnis zur individuellen Inhaltskontrolle nach den §§ 305ff., 242 BGB und bei der Auslegung nach den §§ 133, 157 BGB bei variablen Vergütungssystemen aus Zielvereinbarungen in Betriebsvereinbarungen ergeben.

a) Keine Inhaltskontrolle nach den §§ 305ff. BGB

Betrachtet man zunächst die Vorschrift des § 310 Abs. 4 S. 1 BGB, so findet nach dem Wortlaut bei Betriebsvereinbarungen keine Inhaltskontrolle nach den §§ 305ff. BGB statt. Vielmehr sind diese gemäß § 310 Abs. 4 S. 3 BGB den Rechtsvorschriften im Sinne des § 307 Abs. 3 BGB gleichstehend anzusehen.

Hintergrund dieser Bereichsausnahme ist zum einen die unmittelbare und zwingende Wirkung der Betriebsvereinbarungen nach § 77 Abs. 4 S. 1 BetrVG, aber auch die Berücksichtigung der stärkeren Stellung der kollektiven Arbeitnehmervertretungen und die Anerkennung dieser Stellung durch den Gesetzgeber. In diesem normsetzenden Bereich würde nach herrschender Auffassung eine echte Inhaltskontrolle das System der Tarifautonomie, zu dem letztlich auch die Betriebsverfassung gehört, konterkarieren und müsse deswegen – auch mit Blick auf die Gesetzesbegründung – unterbleiben.[1161]

b) Rechts- und Billigkeitskontrolle nach § 75 Abs. 1 BetrVG

Allerdings unterliegt die Regelungsbefugnis der Betriebsparteien sog. „Binnenschranken", die sich aus dem vorrangigen zwingenden Verfassungs-, Gesetzes- und Richterrecht, den Individualrechten der Arbeitnehmer, dem Verhältnismäßigkeitsgrundsatz sowie dem Tarifvorrang ergeben. Außerdem haben die Betriebsparteien nach § 75 Abs. 1 BetrVG darüber zu wachen, dass alle im Betrieb tätigen Personen nach den Grundsätzen von Recht und Billigkeit behandelt werden. Daraus folgerte das *BAG* zunächst, dass eine umfangreiche Rechts- und Billigkeitskontrolle stattfinden müsse, die im Ergebnis einer faktischen Inhaltskontrolle gleichkommt[1162]. Begründet wurde dies, neben dem Wortlaut des § 75 Abs. 1 BetrVG, mit einer Übermacht des Arbeitgebers im Verhältnis zum abhängigen und nicht streikberechtigten Betriebsrat, einer entsprechenden Anwendung der §§ 315, 317, 319, 242 BGB oder einer entsprechenden Anwendung von § 76 Abs. 5 S. 3 BetrVG[1163]. In den Fällen ging es um die nachträgliche Änderung einer Ruhegeld- und Hinterbliebenenversorgungsvereinbarung, die Änderung eines durch Betriebsvereinbarung geregelten betrieblichen Versorgungswerkes, einen Sozialplan bei einer Teilstillegung eines Unternehmens und eine Stichtagsklausel in einer Betriebsvereinbarung zu Gratifikationen.

Letztgenannte Entscheidung bestätigte die grundsätzliche Zulässigkeit von Stichtagsklauseln in Betriebsvereinbarungen für eine als „Weihnachtsgeld" bzw. „Gratifikation" bezeichnete Sonderzahlung. Das *BAG* entschied aber auch, dass eine umfangreiche Billigkeitskontrolle des Inhaltes der Betriebsvereinbarung stattzufinden habe. Maßstab der Kontrolle sei die Verpflichtung der Betriebsorgane, dem Wohl des Betriebes und seiner Arbeitnehmer unter Berücksichtigung des Gemeinwohls zu dienen. Innerhalb dieser Verpflichtung haben sie den billigen Ausgleich zwischen den Interessen der Belegschaft und dem Betrieb sowie den Ausgleich zwischen den

---

1161 *Albicker/Wiesenecker*, BB 2008, S. 2631, 2633; *Rolfs*, RdA 2006, 349, 355; BT-Drucksache 14/6857, S. 53.

1162 *BAG* vom 30.01.1970, 3 AZR 44/68, BB 1970, 1097; *BAG* vom 08.12.1981, 3 ABR 53/80, AP § 1 BetrAVG Ablösung Nr. 1; *BAG* vom 09.12.1981, 5 AZR 549/79, AP Nr. 14 zu § 112 BerVG 1972 Nr. 14; *BAG* vom 25.04.1991, 6 AZR 183/90, NZA 1991, 765.

1163 *BAG* vom 30.01.1970, 3 AZR 44/68, BB 1970, 1097; *BAG* vom 08.12.1981, 3 ABR 53/80, AP § 1 BetrAVG Ablösung Nr. 1; *BAG* vom 09.12.1981, 5 AZR 549/79, AP Nr. 14 zu § 112 BerVG 1972 Nr. 14; *BAG* vom 25.04.1991, 6 AZR 183/90, NZA 1991, 765; MüKo BGB – *Roth/Schubert*, § 242, Rn. 476.

verschiedenen Teilen der Belegschaft zu suchen. Die gerichtliche Billigkeitskontrolle beziehe sich auf den Inhalt der getroffenen Regelungen selbst. Es gehe darum, ob die von den Betriebspartnern vereinbarte Regelung in sich der Billigkeit entspricht oder ob einzelne Arbeitnehmer oder Gruppen von ihnen in unbilliger Weise benachteiligt werden.[1164]

Allerdings sprechen nicht nur § 310 Abs. 4 BGB sowie die bereits genannte Gesetzesbegründung sondern auch das Erfordernis der Rechtssicherheit betrieblicher Rechtsnormen, eine mangelnde Erforderlichkeit wegen eines ausreichenden Schutzes der Arbeitnehmer durch die Betriebsverfassung und die Tatsache, dass eine Rechtskontrolle ausreichend ist, um diesen Schutz zu gewährleisten, gegen eine Billigkeitskontrolle[1165]. Deshalb hat sich in der Praxis der Prüfung auf „Recht und Billigkeit" durch das *BAG* eine formell auf die Rechtskontrolle beschränkte Prüfung durchgesetzt[1166]. Dabei steht die Frage im Vordergrund, ob die betriebliche Regelung den gesetzlichen Grundentscheidungen widerspricht, den grundgesetzlichen und den betrieblichen Gleichbehandlungsgrundsatz beachtet, wobei den Betriebsparteien ein weiter Beurteilungsspielraum hinsichtlich der Bewertung der Interessen des Arbeitgebers und der Arbeitnehmer eingeräumt wurde[1167]. Zuletzt ist jedoch gerade in Bezug auf Zielvereinbarungen wieder eine stärker inhaltlich wertende Kontrolle unter Verwendung rechtlicher, vor allem grundgesetzlicher Vorschriften, als Ansatzpunkt zu beobachten[1168]. Im Verhältnis zur Inhaltskontrolle nach den §§ 305ff. BGB ist zunächst festzuhalten, dass keine vergleichbare Transparenzkontrolle stattfindet, sondern eine der Inhaltskontrolle im Rahmen von § 307 Abs. 2 Nr. 1 BGB ähnliche Kontrolle, ob von wesentlichen Grundgedanken des Grundgesetzes, des sonstigen Gesetzesrechtes und des Richterrechtes abgewichen wird. Eine Prüfung der Frage, ob die Arbeitnehmer unangemessen benachteiligt werden oder ihre wesentlichen Rechte und Pflichten eingeschränkt werden wie in § 307 Abs. 1, Abs. 2 Nr. 2 BGB findet hingegen nicht ausdrücklich statt. Allerdings werden entsprechende Wertungen vor dem Hintergrund der Rechtskontrolle vollzogen. So hat das *BAG* in seinen neueren Entscheidungen zu Stichtagsklauseln in betriebsvereinbarungsbasierten Zielvereinbarungssystemen entschieden, dass die Verpflichtung des Arbeitgebers

---

1164 Zum ganzen Abschnitt *BAG* vom 25.04.1991, 6 AZR 183/90, NZA 1991, 765.

1165 *Albicker/Wiesenecker*, BB 2008, S. 2631, 2633; *Rolfs*, RdA 2006, 349, 354; *Linsenmaier*, RdA 2008, S. 1, 8f.; Erfurter Kommentar – *Preis*, §§ 305–310 BGB, Rn. 12; *Fitting*, BetrVG, § 77, Rn. 233; MüHB zum Arbeitsrecht – *Matthes*, § 239, Rn. 83ff.; *Richardi*, BetrVG, § 77, Rn. 117ff.

1166 *BAG* vom 21.01.1992, 3 AZR 21/91, NZA 1992, 659; *BAG* vom 26.10.1994, 10 AZR 482/93, NZA 1995, 266; *BAG* vom 12.11.2002, 1 AZR 58/02, NZA 2003, 1287; *BAG* vom 01.02.2006, 5 AZR 187/05, BB 2006, 1057; *BAG* vom 12.12.2006, 1 AZR 96/06, NZA 2007, 453; GK-BetrVG – *Kreutz*, § 77, Rn. 305f.; *Richardi*, BetrVG, § 77 Rn. 118.

1167 So etwa in der Entscheidung des *BAG* vom 26.10.1994, 10 AZR 482/93, BB 1995, 156; oder *BAG* vom 24.08.2004, 1 ABR 23/03, BB 2005, 1631.

1168 *BAG* vom 12.04.2011, 1 AZR 698/09; *BAG* vom 07.06.2011, 1 AZR 807/09; *BAG* vom 05.07.2011, 1 AZR 94/10.

zur Gegenleistung aus § 611 Abs. 1 BGB gegenüber dem vorleistungspflichtigen Arbeitnehmer als gesetzliche Wertung auch die Betriebsparteien binde[1169].[1170]

c) *Generelle Ablehnung einer Inhaltskontrolle von Betriebsvereinbarungen?*

Dem entgegengesetzt finden sich in der Literatur seit der Schuldrechtsreform auch stärker werdende Stimmen, die einer Inhaltskontrolle von Betriebsvereinbarungen generell ablehnend gegenüberstehen[1171]. Die auf eine Inhaltskontrolle hinauslaufende Rechts- und Billigkeitskontrolle sei unvereinbar mit der in § 310 Abs. 4 S. 1 BGB angeordneten Gleichstellung von Tarif- und Betriebsvereinbarungen, darin bestehe eine ausdrückliche Ausnahme von einer Inhaltskontrolle durch den Gesetzgeber[1172]. Damit bleibe kein Raum für eine Inhaltskontrolle nach § 75 Abs. 1 BetrVG, §§ 305ff. BGB und auch nicht nach § 242 BGB[1173].

d) *Die Rechts- und Billigkeitskontrolle bei variabler Vergütung aus Zielvereinbarungen*

Berücksichtigt man diese allgemeinen Ausführungen zur Rechts- und Billigkeitskontrolle nach § 75 Abs. 1 BetrVG und überträgt die darin enthaltenen Aussagen auf Betriebsvereinbarungen zur variablen Vergütung aus Zielvereinbarungen, so ergeben sich ein nur geringfügige Besonderheiten im Verhältnis zu einer individualvertraglichen Regelung der Rahmenvereinbarung zu variabler Vergütung aus Zielvereinbarungen.

Hinsichtlich der Kürzung bei Fehlzeiten mit Lohnfortzahlung basiert die dort gefundene Auslegung und Zulässigkeit von Variabilisierungsvereinbarungen auf dem Entgeltfortzahlungsrecht sowie den anderen gesetzlichen Regelungen zur Durchbrechung des Grundsatzes „ohne Arbeit kein Lohn“ und den darin getroffenen Wertungen. Auf gerade diese grundlegenden Wertungen des Gesetzes greift auch die Rechtskontrolle nach § 75 As. 1 BetrVG zurück, sodass sich hierbei keine Besonderheiten zur Zulässigkeit im Individualarbeitsrecht ergeben. Gleiches gilt auch für die Kürzungen durch Klauseln im Bereich der durch gesetzliche Vorschriften berechtigten Fehlzeiten, wobei hier aus der Rechtsnatur der Zielvereinbarung und damit der Auslegung der Betriebsvereinbarung selbst abzuleiten ist, dass eine Kürzung nicht stattfinden kann, wenn Zielerreichung gegeben ist. Allerdings könnte man

---

1169 *BAG* vom 12.04.2011, 1 AZR 698/09; *BAG* vom 07.06.2011, 1 AZR 807/09; *BAG* vom 05.07.2011, 1 AZR 94/10; Siehe zu den genauen Klauseln C. V. 1.

1170 Zum ganzen Abschnitt *Albicker/Wiesenecker,* BB 2008, S. 2631, 2633; *Rolfs*, RdA 2006, 349ff.; *Fitting*, BetrVG, § 77, Rn. 52ff.; § 75 Rn. 25ff; Schaub, AR-HB – *Koch,* § 231, Rn. 10.

1171 Vor allem *Rolfs*, RdA 2006, 349, 354.

1172 *Rolfs*, RdA 2006, 349, 354.

1173 *Rolfs*, RdA 2006, 349, 356.

bei unberechtigten Fehlzeiten ohne Lohnfortzahlung auch zu dem Ergebnis kommen, dass dort, wo gerade keine gesetzliche Wertung eine Kürzung verhindert, eine Kürzungsanordnung unbegrenzt und auch bei Zielerreichung möglich ist. Dennoch setzt sich auch hier die in der Betriebsvereinbarung inkorporierte Rechtsnatur der variablen Vergütung aus Zielvereinbarungen durch, sodass eine solche Klausel nur ausdrücklich vereinbart wirksam sein kann. Dabei ist auch hier eine Kürzung bei Zielerreichung bei berechtigten vereinbarten Fehlzeiten, wie der Freistellung nicht möglich, denn sie widerspricht der Rechtsnatur der Zielvereinbarungen. Einzig bei unberechtigten Fehlzeiten kommt somit eine Kürzung der variablen Vergütung durch eine entsprechend den individualvertraglichen Klauseln gestaltete Vereinbarung in Betracht. In die Bewertung der Schutzbedürftigkeit des Arbeitnehmers ist dabei die verbesserte Vertretung durch den Betriebsrat miteinzubeziehen.[1174]

Fraglich ist auch der Umfang der Rechtskontrolle mit Blick auf Widerrufsvorbehalte, Freiwilligkeitsvorbehalte, Befristungen, Stichtagsklauseln, „Clawback"- und Rückforderungsgestaltungen, denn dabei entstammen die gefundenen Wertungen allesamt den gemäß § 310 Abs. 4 S. 1 BGB nicht anwendbaren §§ 305ff., 307 BGB. In den Entscheidungen zu Stichtagsklauseln hat das *BAG* unter Anwendung der Grundsätze der §§ 611, 622 Abs. 6 BGB, Art. 12 Abs. 1 GG jedoch eine Inhaltskontrolle vorgenommen[1175]. Für diesen Fall existiert damit eine richterrechtliche und sich aus der Verfassung und dem einfachen Gesetzesrecht herleitende Grundlage für eine daran orientierte Inhaltskontrolle. Hinzu kommt, dass die gefundenen Wertungen über § 242 BGB auch bei Individualvereinbarungen greifen, womit sich eine Anwendung derselben Grundsätze wie im Individualarbeitsvertrag auch bei der Kontrolle der Klauseln einer Betriebsvereinbarung ergibt. Berücksichtigt man aber, dass die Vertretung des Arbeitnehmers durch den Betriebsrat gerade im Rahmen der zahlreichen Beteiligungsrechte zu einer deutlich gestärkten Verhandlungsposition führt, so ist dies in die Interessenabwägung bei § 242 BGB miteinzubeziehen. Es ist also ein Umstand in der Gesamtabwägung gegeben, der einen leicht erhöhten Gestaltungsspielraum zugunsten des Arbeitgebers ermöglicht. Auch für die übrigen Variabilisierungen durch Fälligkeitsverschiebungen, Vertragsstraferegelungen, Anrechnungsvorbehalte, „Bonuspool"-Gestaltungen und Probezeitvereinbarungen in Betriebsvereinbarungen gilt dasselbe.

Eine Besonderheit besteht allerdings im Bereich der Befristungen, denn hier bewirkt die kollektive Vereinbarung, dass eine voraussetzungslose Befristung des gesamten variablen Vergütungssystemes durch die jeweilige Regelung, also hier die Betriebsvereinbarung, möglich ist[1176].

1174 Siehe dazu Kapitel C. I.

1175 *BAG* vom 12.04.2011, 1 AZR 412/09, NZA 2011, S. 989; *BAG* vom 07.06.2011, 1 AZR 807/09, NZA 2011, S. 1234; *BAG* vom 05.07.2011, 1 AZR 94/10.

1176 *Heiden,* Entgeltrelevante Zielvereinbarungen 2007, S. 219 ff., 220, Fn. 1145.

e) *Die Auslegung von Betriebsvereinbarungen zur variablen Vergütung aus Zielvereinbarungen*

Die Auslegung von Betriebsvereinbarungen richtet sich wegen des sich aus § 77 Abs. 4 S. 1 BetrVG ergebenden normativen Charakters nach den Grundsätzen der Gesetzesauslegung. Es kommt also auf den Wortlaut, den sich daraus ergebenden Wortsinn, den systematischen Regelungszusammenhang, die Entstehungsgeschichte und vor allem den Sinn und Zweck der Regelung an. Auch ist die Praktikabilität denkbarer Auslegungsergebnisse zu berücksichtigen, wobei derjenigen Auslegung der Vorzug gebührt, die zu vernünftigen, sachgerechten, zweckorientierten und praktischen Handhabungen führt[1177]. Dabei sind die Betriebsvereinbarungen zudem nach Möglichkeit verfassungs- und gesetzeskonform auszulegen[1178]. Ebenso sind sie natürlich auch unionsrechtskonform und richtlinienkonform auszulegen[1179]. Eine Auslegung nach den §§ 133, 157 BGB kommt also nur hinsichtlich des schuldrechtlichen Teils der Betriebsvereinbarung in Betracht[1180]. Allerdings folgen Gesetzesinterpretation und Vertragsauslegung keineswegs völlig unterschiedlichen Grundsätzen. Der maßgebliche Unterschied ergibt sich nicht aus den Interpretationsmitteln, sondern aus dem Interpretationsobjekt. Die Nähe zum Gesetz tritt nur ein, weil im Gegensatz zur Vertragsinterpretation Objekt nicht die Gesamtheit des Verhaltens der Vertragsparteien ist, sondern die von den Betriebsparteien festgelegte Regelung, bei der wegen der Normengeltung stets nur eine Rolle spielen kann, wie die Regelung aus der Sicht der Normunterworfenen zu verstehen ist. Maßgeblich ist also der objektive Erklärungswert und nicht der subjektive Parteiwille.[1181]

Ein wichtiger Fall der Auslegung sind Variabilisierungsklauseln in Zielvergütungssystemen, die die Kürzung bei Fehlzeiten erfassen[1182]. Hinsichtlich dieser Auslegung greifen auch hier dieselben Grundsätze, denn letztlich entscheidend sind dort die Wertungen und Grundprinzipien der Entgeltfortzahlung, die sich auch im Bereich der betriebsverfassungsrechtlichen Regelung nicht ändern. Insofern erfolgt hier zwar keine Auslegung nach den §§ 133, 157 BGB, sondern nach den Grundsätzen der Gesetzesauslegung. Das Ergebnis bleibt aber identisch.

1177 *BAG* vom 12.11.2002, 1 AZR 632/01, NZA 2003, 676; *BAG* vom 21.01.2003, 1 ABR 5/02, NZA 2003, 810; *BAG* vom 22.07.2003, 1 AZR 496/02.

1178 *BAG* vom 12.11.2002, 1 AZR 632/01, NZA 2003, 676; *BAG* vom 01.07.2003, 1 ABR 22/02, NZA 2003, 1209; *BAG* vom 13.02.2007, 1 ABR 18/06, NZA 2007, 640.

1179 Hess/Schlochauer/Worzalla/Glock/Nicolai/Rose, BetrVG – *Worzalla*, § 77, Rn. 24.

1180 MüHB zum Arbeitsrecht – *Matthes*, § 239, Rn. 4.

1181 *BAG* vom 27.07.2010, 1 AZR 874/08, AP § 242 BGB Gleichbehandlung Nr. 212; *BAG* vom 12.04.2011, 1 AZR 698/09; *BAG* vom 07.06.2011, 1 AZR 807/09; *BAG* vom 05.07.2011, 1 AZR 94/10; Erfurter Kommentar – *Kania*, § 77 BetrVG, Rn. 30f.; *Fitting*, BetrVG, § 77 Rn. 15ff.; *Richardi*, BetrVG, § 77, Rn. 115ff.

1182 Siehe Kapitel C. I.

5. Zusammenfassung

Abschließend kann man also sagen, dass der Vorteil der Regelung der Rahmenbedingungen variabler Vergütung aus Zielvereinbarungen in Betriebsvereinbarungen im geringfügig erweiterten Anwendungsbereich und in der Standardisierung für den jeweiligen Betrieb liegt. Dabei ergeben sich im Rahmen der Rechts- und Billigkeitskontrolle nach § 75 BetrVG keine wesentlichen neuen Gestaltungsspielräume im Verhältnis zu individualarbeitsrechtlichen Klauseln. Allerdings ist im Rahmen dieser Kontrolle zu berücksichtigen, dass der Betriebsrat als kollektive Arbeitnehmervertretung eine stärkere Verhandlungsposition gegenüber dem Arbeitgeber hat. Diese kann bei der Abwägung im Einzelfall dazu führen, dass ein geringfügig größerer Spielraum bei der Variabilisierung möglich ist. Bei Befristungen führt die kollektive Vereinbarung dazu, dass eine voraussetzungslose Befristung des gesamten variablen Vergütungssystems möglich wird.

II. Sprecherausschussvereinbarungen

Auch Sprecherausschussvereinbarungen sollen hier in einem gesonderten Kapitel dargestellt werden, denn bereits die Entwicklung der Zielvereinbarungssysteme hat gezeigt, dass diese für den Bereich der leitenden Angestellten eine besonders große Bedeutung haben. Auch spielt der bereits auf individualarbeitsrechtlicher Ebene dargestellte Proportionalitätsgrundsatz hier eine besondere Rolle, denn die leitende Funktion und die damit verbundene Risikosteigerung der Tätigkeit von leitenden Angestellten führt hier ebenfalls zu einer wesentlichen Änderung der Bewertung. Auch sind Sprecherausschussvereinbarungen in § 310 Abs. 4 S. 1 BGB nicht genannt, womit sich die Frage stellt, nach welchen Maßstäben bei ihnen eine eventuelle Prüfung des Inhaltes stattfindet.

Auch hier soll zunächst die allgemeine Funktionsweise des Sprecherausschusses und seiner Vereinbarungen und Richtlinien mit Bezug zu variabler Vergütung aus Zielvereinbarungen nach § 28 SprAuG dargestellt werden, bevor auf die speziellen Fragen der Inhaltskontrolle von derartigen Vereinbarungen und der dabei bestehenden Besonderheiten eingegangen werden soll.

1. Allgemeines zum Sprecherausschuss und zu den Sprecherausschussvereinbarungen

Nach § 5 Abs. 3 BetrVG sind die leitenden Angestellten vom Anwendungsbereich des BetrVG ausgenommen, obwohl auch bei ihnen ein Bedürfnis nach kollektiver Interessenwahrnehmung und Regelung bestehen kann. Deswegen wird durch das SprAuG die Mitwirkung und Information sowie die Regelung der Arbeitsbedingungen der leitenden Angestellten geregelt. Nach § 1 SprAuG können Sprecherausschüsse in Betrieben mit in der Regel mindestens zehn leitenden Angestellten gewählt werden. Dabei werden nach § 1 Abs. 2 SprAuG die leitenden Angestellten in Betrieben mit weniger als zehn leitenden Angestellten dem räumlich nächstgelegenen Betrieb desselben Unternehmens zugerechnet. Die Mitwirkung beschränkt sich – anders als beim Betriebsrat – auf Information und Beratung, wobei weitergehende Mitwirkungs- oder Mitbestimmungsrechte nicht vorgesehen sind. Allerdings ist trotz fehlender ausdrücklicher Regelung im Gesetz davon auszugehen, dass der Sprecherausschuss ein Initiativrecht in dem Sinne hat, dass er von sich aus dem Arbeitgeber Vorschläge für den Abschluss von Vereinbarungen unterbreiten kann[1183]. Auch im Verhältnis des Arbeitgebers zum Sprecherausschuss besteht eine Verpflichtung zur vertrauensvollen Zusammenarbeit nach § 2 Abs. 1 SprAuG. Insbesondere hat der Arbeitgeber vor dem Abschluss einer Betriebsvereinbarung oder einer sonstigen Vereinbarung mit dem Betriebsrat, welche die rechtlichen Interessen der leitenden Angestellten berührt, den Sprecherausschuss rechtzeitig zu hören. Verstößt der Arbeitgeber dagegen, ist jedoch nur äußerst selten – bei vorsätzlichem Verstoß – eine Behinderung des Sprecherausschusses nach § 34 Abs. 1 S. 2 SprAuG gegeben, sodass dies weitgehend konsequenzenlos bleibt.[1184]

Bereits die Grundnorm des § 2 Abs. 1 SprAuG über die Information zu Betriebsvereinbarungen zeigt, dass es auch denkbar ist, dass leitende Angestellte nur von Betriebsvereinbarungen für außertarifliche Mitarbeiter erfasst werden und sonst keine Regelung getroffen wird. Allerdings können auch nach § 28 SprAuG Arbeitgeber und Sprecherausschuss Richtlinien über den Inhalt, den Abschluss oder die Beendigung von Arbeitsverhältnissen der leitenden Angestellten schriftlich vereinbaren. Gerade die Richtlinien, die sich auf den Inhalt des Arbeitsverhältnisses beziehen, können neben Haftungsfragen, Wettbewerbsverboten, Verschwiegenheitspflichten, Versorgungseinrichtungen und Beförderungsgrundsätzen auch Vergütung, insbesondere variable Vergütung regeln. Dabei können insbesondere die Grundsätze des Gehaltssystems, die Gehaltshöhe, Zusatzvergütungen, Tantiemen, Sachleistungen und Bemessungsparameter behandelt werden[1185]. Anders als das BetrVG in den §§ 77 Abs. 3, 87 Abs. 1 BetrVG enthält das SprAuG keinen Tarifvorrang oder Tarifvorbehalt, die Befugnisse des Sprecherausschusses entfallen also nicht, wenn eine tarifliche Regelung besteht oder üblich ist. Ein Tarifvorrang kommt nur in dem Fall in Betracht, dass ein Tarifvertrag in seinem persönlichen Anwendungsbereich speziell die leitenden Angestellten erfasst. Da tarifliche Bestimmungen aber derartige Regelungen überwiegend nicht enthalten, spielt der Tarifvorrang hier nicht dieselbe Rolle wie bei Betriebsvereinbarungen.[1186]

1183 MüHB zum Arbeitsrecht – *Joost*, § 235, Rn. 12.

1184 Zum ganzen Abschnitt MüHB zum Arbeitsrecht – *Joost*, § 233, Rn. 1ff., 16ff., 24ff., § 235, Rn. 1ff.; *Richardi*, BetrVG, § 5, Rn. 269ff.; Schaub, AR-HB – *Koch*, § 245, § 246, § 249; *Heiden*, Entgeltrelevante Zielvereinbarungen 2007, S. 123.

1185 MüHB zum Arbeitsrecht – *Joost*, § 235, Rn. 19.

1186 Zum ganzen Abschnitt MüHB zum Arbeitsrecht – *Joost*, § 233, Rn. 1ff., § 235, Rn. 1 ff.; *Richardi*, BetrVG, § 5, Rn. 269ff.; Schaub, AR-HB – *Koch*, § 249.

2. Rechts- und Billigkeitskontrolle von Sprecherausschussvereinbarungen

Eine dem § 75 Abs. 1 BetrVG vergleichbare Norm findet sich im SprAuG nicht, sodass sich die Frage stellt, welche Art einer Inhaltskontrolle im weiteren Sinne bei Richtlinien und Sprecherausschussvereinbarungen stattfindet. Nach § 28 Abs. 2 S. 1 SprAuG wirkt eine Sprecherausschussrichtlinie unmittelbar und zwingend, soweit dies zwischen Arbeitgeber und Sprecherausschuss vereinbart ist. Der Klarheit halber soll im Rahmen dieser Arbeit eine nicht normativ bindende Vereinbarung als Richtlinie und die normativ wirkende Vereinbarung als Sprecherausschussvereinbarung bezeichnet werden[1187]. Wird eine entsprechende Vereinbarung getroffen, so besteht die Verpflichtung des Arbeitgebers, die leitenden Angestellten entsprechend der Vereinbarung zu behandeln. Dabei muss sich der Wille von Sprecherausschuss und Arbeitgeber, die unmittelbare und zwingende Wirkung der Sprecherausschussvereinbarung herbeizuführen, aus der geschlossenen Vereinbarung deutlich und zweifelsfrei ergeben[1188]. Der Vereinbarung widersprechende Arbeitsverträge bzw. deren Klauseln unterliegen dann der normativen Wirkung. Gerade bei Inhaltsrichtlinien, um die es im Zusammenhang mit variabler Vergütung aus Zielvereinbarungen geht, werden entgegenstehende arbeitsvertragliche Klauseln verdrängt.[1189]

Wird keine entsprechende Vereinbarung zur normativen Wirkung getroffen, so entsteht nur eine schuldrechtliche Wirkung. Widerspricht ein einzelner Arbeitsvertrag nur schuldrechtlich wirkenden Richtlinien, so ist der Vertrag wirksam, jedoch kann der Sprecherausschuss im Wege des Beschlussverfahrens nach § 2a ArbGG die Einhaltung der Richtlinie gegenüber dem Arbeitgeber durchsetzen[1190]. Auch darf der Arbeitgeber wegen des allgemeinen betrieblichen Gleichbehandlungsgrundsatzes bei bestehender Richtlinie nicht willkürlich einzelne leitende Angestellte schlechter behandeln.[1191]

Bei der nur schuldrechtlich wirkenden Richtlinie kommt durchaus eine Inhaltskontrolle nach den §§ 305ff. BGB in Betracht, denn es fehlt gerade an der normativen Wirkung, die eine solche bedingt. Insofern würde sich an der Inhaltskontrolle derartiger Richtlinien im Verhältnis zur individualarbeitsrechtlichen Ebene grundsätzlich nichts ändern[1192]. Einzige Modifikation ist, dass im Rahmen der Interessenabwägung eine geringere Schutzwürdigkeit des Arbeitnehmers anzunehmen ist, da er zum einen leitender Angestellter ist und zum anderen die kollektivrechtliche Vereinbarung

---

1187 So auch MüHB zum Arbeitsrecht – *Joost*, § 235, Rn. 6.

1188 *BAG* vom 10.02.2009, NZA 2009, 970.

1189 Zum ganzen Abschnitt MüHB zum Arbeitsrecht – *Joost*, § 235, Rn. 1ff.; *Richardi*, BetrVG, § 5, Rn. 287ff.; Schaub, AR-HB – *Koch*, § 250, Rn. 5.

1190 *Kaiser*, Sprecherausschüsse für leitende Angestellte 1995, Rn. 223; *Löwisch*, SprAuG, § 28, Rn. 6.

1191 Zum ganzen Abschnitt MüHB zum Arbeitsrecht – *Joost*, § 235, Rn. 1ff.; *Richardi*, BetrVG, § 5, Rn. 287ff.; Schaub, AR-HB – *Koch*, § 250, Rn. 5.

1192 Siehe Kapitel C.

eine stärkere Verhandlungsbasis zugunsten der Arbeitnehmer bietet und daher von einer ausgewogeneren Regelung auszugehen ist.[1193]

Zur Anwendung eines Systems variabler Vergütung aus Zielvereinbarungen eignet sich jedoch die Regelung der Rahmenbedingungen in einer normativ bindenden Sprecherausschussvereinbarung besser, da nicht die Gefahr einer – auch unbewussten – Abweichung in einzelnen Verträgen besteht, die das System letztlich aushöhlen würden. Dies gilt insbesondere im Anwendungsbereich der Vergütungsverordnungen, da sich durch die normative Wirkung nicht nur ein einheitlicher Maßstab generieren lässt, sondern auch im Rahmen des Risikomanagements eine Vermeidung von ungewollten Abweichungen im Einzelfall bewirken lässt[1194]. Zudem erfasst die Sprecherausschussvereinbarung gerade leitende Führungskräfte, bei denen ohnehin ein gesteigertes Risiko von finanziellen Einwirkungen durch die Vergütung auf das Unternehmensergebnis und von Entscheidungen auf die Unternehmensentwicklung besteht. Deswegen ist die Sprecherausschussvereinbarung das Mittel der Wahl, um die Vorgaben der Vergütungsverordnungen für leitende Führungskräfte umzusetzen. Eine Inhaltskontrolle nach den §§ 305 ff. BGB findet dabei ebenso wie bei Betriebsvereinbarungen grundsätzlich nicht statt[1195]. Zwar wird die Sprecherausschussvereinbarung in § 310 Abs. 4 S. 1 BetrVG nicht genannt, es gelten jedoch dieselben Grundsätze wie bei der Rechts- und Billigkeitskontrolle einer Betriebsvereinbarung[1196], denn es handelt sich um eine normativ wirkende Kollektivvereinbarung. Somit findet bei der normativ wirkenden Sprecherausschussvereinbarung ebenfalls nur eine Rechtskontrolle statt. Diese orientiert sich somit am Gesetzes- und Richterrecht, den Individualrechten der Arbeitnehmer, dem Verhältnismäßigkeitsgrundsatz sowie dem (allerdings nur im reduzierten Maße relevanten) Tarifvorrang.[1197]

Die Rechtskontrolle von Sprecherausschussvereinbarungen im Bereich variabler Vergütung richtet sich somit letztlich nach denselben Grundsätzen wie die Rechtskontrolle von Betriebsvereinbarungen. Besonderheit bei der Bewertung im Rahmen von § 242 BGB ist jedoch, dass es hier sowohl eine leitende Funktion, als auch die kollektive Vereinbarung an sich einen im Rahmen der Abwägung zu berücksichtigenden gesteigerten Flexibilisierungsspielraum eröffnet. Auch bei Sprecherausschussvereinbarungen besteht daneben die Möglichkeit der voraussetzungslosen Befristung des Vergütungssystems bzw. einzelner Teilelemente davon[1198].

Im Hinblick auf die Auslegung ist auch hier festzuhalten, dass sich die Auslegung der schuldrechtlichen Richtlinien nach den §§ 133, 157 BGB ergibt, während die

---

1193 Zum ganzen Abschnitt MüHB zum Arbeitsrecht – *Joost*, § 235, Rn. 1ff., Rn. 25f.; *Richardi*, BetrVG, § 5, Rn. 287ff.; Schaub, AR-HB – *Koch*, § 250, Rn. 1ff.

1194 Siehe Kapitel B. III.

1195 Schaub, AR-HB – *Koch*, § 250, Rn. 4.

1196 Siehe Kapitel D. I. 2.

1197 Zum ganzen Abschnitt MüHB zum Arbeitsrecht – *Joost*, § 235, Rn. 1ff., Rn. 25f.; *Richardi*, BetrVG, § 5, Rn. 287ff.; Schaub, AR-HB – *Koch*, § 250, Rn. 1ff., 4.

1198 *Heiden*, Entgeltrelevante Zielvereinbarungen 2007, S. 217.

Auslegung der normativ wirkenden Sprecherausschussvereinbarungen ebenso wie bei Betriebsvereinbarungen nach den Maßstäben der Gesetzesauslegung erfolgt[1199]. Im Bezug auf variable Vergütungssysteme aus Zielvereinbarungen ergeben sich dabei keine Besonderheiten zur Betriebsvereinbarung oder zum Individualrecht[1200].

3. Zusammenfassung

Insgesamt lässt sich also mit Blick auf die Sprecherausschussvereinbarungen sagen, dass bei ihnen grundsätzlich dieselben Regeln gelten wie bei der Bewertung von Betriebsvereinbarungen zu variabler Vergütung aus Zielvereinbarungen. Allerdings ist hier zusätzlich zum kollektiven Vereinbarungscharakter noch die herausgehobene Führungsposition der betroffenen Arbeitnehmer zu berücksichtigen, was für die Abwägung vor dem Hintergrund des § 242 BGB einen geringfügig weiteren Variabilisierungsspielraum eröffnet. Ebenso wie bei Betriebsvereinbarungen ist zudem die voraussetzungslose Befristung zulässig.

III. Zusammenfassung zu den kollektivarbeitsrechtlichen Variabilisierungsmöglichkeiten

Abschließend kann man festhalten, dass bei kollektivarbeitsrechtlichen Variabilisierungsmöglichkeiten im Wesentlichen die gleiche Ausgangslage besteht wie bei der individualarbeitsrechtlichen Variabilisierung von Vergütung aus Zielvereinbarungen. Dabei erfolgt die Kontrolle des Inhaltes der Vereinbarungen im Rahmen einer Rechts- und Billigkeitskontrolle. Bei Betriebsvereinbarungen richtet sich diese nach § 75 BetrVG, bei Sprecherausschussvereinbarungen und Tarifverträgen ergibt sie sich aus dem höherrangigen Gesetzes-, Richter- und Verfassungsrecht, sowie dem europäischen Primärrecht.

Im Rahmen dieser Kontrolle ist die gestärkte Verhandlungsposition der Arbeitnehmer durch die kollektive Vereinbarung und im Fall der Sprecherausschussvereinbarung durch die Funktion als leitende Angestellte im Einzelfall zu berücksichtigen. Insoweit ergibt sich ein geringfügig erweiterter Gestaltungsspielraum. Außerdem ist auf allen drei Ebenen eine voraussetzungslose Befristung des variablen Vergütungssystems und seiner Teilelemente möglich.

1199 Schaub, AR-HB – *Koch,* § 250, Rn. 4.
1200 Siehe schon zur Betriebsvereinbarung Kapitel B. I. 2. d).

E. Ergebnisse und Ausblick

Nachdem nun die wesentlichen Änderungen im Bankenaufsichtsrecht dargestellt, die Rechtsnatur variabler Vergütung aus Zielvereinbarung erörtert sowie die individual- und kollektivarbeitsrechtlichen Variabilisierungsinstrumente aufgezeigt wurden, sollen kurz thesenmäßig zusammengefasst die wesentlichen Ergebnisse genannt werden, bevor eine abschließende Einschätzung mit einem Ausblick auf die zukünftige Entwicklung der variablen Vergütung aus Zielvereinbarungen aus Sicht des Verfassers erfolgt.

I. Zusammenfassung der wesentlichen Ergebnisse

- Variable Vergütung aus Zielvereinbarungen ist eine eigenständige, sich beständig fortentwickelnde Vergütungsform im Arbeitsrecht.
- Die bankenaufsichtsrechtliche Regulation infolge der Finanzkrise, vor allem die CRD IV-Richtlinie, die Änderungen im KWG und VAG sowie die Vergütungsverordnungen haben die Rahmenbedingungen variabler Vergütung aus Zielvereinbarungen in einem wesentlichen Wirtschaftsbereich stark verändert.
- Diese Änderung hat Auswirkungen auf die Betrachtung der Rechtsnatur variabler Vergütung aus Zielvereinbarungen, deren Auslegung nach den §§ 133, 157 BGB und auf die Beurteilung der Zulässigkeit verschiedener Variabilisierungsinstrumente im Rahmen der Inhaltskontrolle nach den §§ 242, 307 Abs. 1 BGB.
- Variable Vergütung aus Zielvereinbarungen steht in einem separaten Synallagma zur Zielerreichungsbemühung des Arbeitnehmers. Es handelt sich also dabei um eine separat synallagmatische Entgeltleistung im Arbeitsverhältnis.
- Das Separate Synallagma der variablen Vergütung aus Zielvereinbarungen ist nach anderen Regeln zu bewerten, als die reguläre Grundvergütung.
- Eine Übertragung fester Grenzwerte aus der Sittenwidrigkeitsprüfung der Grundvergütung nach § 138 BGB ist nicht möglich. Es bedarf einer eigenständigen Betrachtung, die nur an das Verhältnis der Variablen zur Grundvergütung anknüpft.
- Die Bewertung der Zulässigkeit individualvertraglicher Variabilisierungsinstrumente richtet sich in erster Linie nach den §§ 242 und 307 BGB.
- Die Kürzung bei Fehlzeiten ist grundsätzlich durch Auslegung nach den §§ 133, 157 BGB und dem Grundsatz „Ohne Arbeit kein Lohn“ zu ermitteln. Eine Kürzung bei Zielerreichung ist generell nicht zulässig. Bei Zielverfehlung kommt eine Kürzung für Zeiten mit Lohnfortzahlung nicht in Betracht. Bei berechtigten und unberechtigten Zeiten ohne Lohnfortzahlung findet im Rahmen der Auslegung nur eine proportionale Kürzung bei Zielverfehlung statt. Durch Vereinbarung eines speziell daran anknüpfenden anderen Variabilisierungsinstrumentes

oder gerade darauf abstellender Ziele ist bei unberechtigten Fehlzeiten hingegen auch eine überproportionale Kürzung bei Zielverfehlung zulässig.

- Eine klauselmäßige Vereinbarung einer überproportionalen Kürzung ist bei unberechtigten Fehlzeiten ohne Lohnfortzahlung im Rahmen einer Inhaltskontrolle nach den §§ 242, 307 Abs. 1 BGB zulässig.
- Die wichtigste Variabilisierungsmöglichkeit ist der Widerrufsvorbehalt. Bei der Bewertung seiner Zulässigkeit nach den §§ 242, 307 Abs. 1 BGB ist die Stellung des Arbeitnehmers im Unternehmen, das Risiko seiner Tätigkeit, eventuelle Pflichtverstöße, die Höhe seiner Grundvergütung und die wirtschaftliche Lage des Arbeitgebers zu berücksichtigen.
- Als Widerrufsgründe kommen möglichst konkret bezeichnete wirtschaftliche, verhaltens- oder leistungsbedingte Gründe in Betracht.
- Der zulässige Umfang der Kürzung beim Widerrufsvorbehalt ist im Rahmen einer Proportionalitätsbetrachtung ausgehend von einem wert von 25 % der Grundvergütung zu ermitteln. Dieser Wert kann im Einzelfall abhängig von der Hierarchieebene, der Tätigkeit und dem Umfang der Grundvergütung gesteigert werden.
- Bei allen anderen individualarbeitsrechtlichen Variabilisierungsinstrumenten gelten grundsätzlich dieselben Maßstäbe, wie beim Widerrufsvorbehalt für die Bewertung nach den §§ 242, 307 Abs. 1 BGB.
- In diesen Grenzen sind also auch Freiwilligkeits- und Anrechnungsvorbehalte, Befristungen, Probezeitklauseln, Rückforderungs- und „Clawback"-Klauseln zulässig.
- Fälligkeitsverschiebungen oder „deferral periods" sind im Anwendungsbereich der Vergütungsverordnungen zulässig, jedoch nur unter großem praktischen Aufwand zu realisieren.
- Auch bei sog. „Bonuspool"-Gestaltungen sind im Rahmen der Bewertung nach § 315 BGB dieselben Grundsätze, wie beim Widerrufsvorbehalt anzuwenden.
- Speziell aus der Zielvereinbarung kann eine Kürzung noch bei der Zielverfehlung an sich erfolgen. Dies ergibt sich im Rahmen der Auslegung nach den §§ 133, 157 BGB.
- Unterbleibt die Zielvereinbarung oder wirkt eine der Parteien störend auf das separate Synallagma ein, so kommt auch ein Schadenersatzanspruch nach den §§ 280 Abs. 1, Abs. 3, 281, 283, 254 BGB in Betracht.
- Auf kollektiver Ebene findet eine eine Kontrolle der Variabilisierungsinstrumente im Rahmen einer Rechts- und Billigkeitskontrolle statt, die sich ebenfalls an den im Rahmen der Widerrufsvorbehaltsprüfung geltenden Werten orientiert.
- Eine Regelung auf kollektivrechtlicher Ebene bietet abseits praktischer Vorteile nur den Vorteil, dass in die Abwägung miteinzubeziehen ist, dass die Verhandlungsposition des Arbeitnehmers durch die Mitwirkung der kollektiven Vertretung durch den Betriebsrat, den Sprecherausschuss oder die Gewerkschaft gestärkt ist. Eine Befristung der Vergütungsregelung ist hier zudem voraussetzungslos möglich.

II. Abschließende Einschätzung und Ausblick

Betrachtet man sich die Änderungen der variablen Vergütung aus Zielvereinbarungen nach der Finanzkrise, so kann man festhalten, dass die rechtliche Durchdringung und Beschränkung dieses Bereiches der Vergütung weiter fortgeschritten ist.

Die Gesetzgebung im Finanzbereich verfolgt dabei das Ziel diese Vergütungsform restriktiver zu gestalten und setzt mit den Vergütungsverordnungen hohe Voraussetzungen für die Gestaltung von Systemen variabler Vergütung aus Zielvereinbarungen. Gleichzeitig zeigen diese Sonderregelungen, dass hier ein eigenständiger Bereich der Vergütung, in dem andere Regeln gelten, entstanden ist.

Auch die Anforderungen der Arbeitsgerichte an variable Vergütung aus Zielvereinbarungen, und insbesondere die Zulässigkeit von Variabilisierungsinstrumenten, sind deutlich gestiegen.

Dabei bedienen sich Gesetzgebung und Gerichte unterschiedlicher Mittel. Während die Gesetzgebung vor allem aufsichtsrechtliche Maßnahmen nutzt, um die Systeme variabler Vergütung zu beschränken, steigert die Rechtsprechung das Risiko des Arbeitgebers bei der Verwendung von variabler Vergütung aus Zielvereinbarungen. Der darin liegende Gegensatz kommt in der Anwendung nicht zum tragen, da unterschiedliche Bereiche durch beide Maßnahmen betroffen sind, nämlich einerseits das Aufsichts- und andererseits das – vor allem individuelle – Arbeitsrecht. Insofern ist das eingangs beschriebene Spannungsfeld dadurch aufzulösen, dass unterschiedliche rechtliche Bereiche betroffen sind und dadurch insgesamt die Regulierung im Bereich variabler Vergütung aus Zielvereinbarungen verstärkt wird. Lediglich im Rahmen der Bewertung nach den §§ 133, 157, 242, 307 Abs. 1 BGB können die Wertungen der gesetzgeberischen Regelung im Finanzbereich mittelbar in die arbeitsrechtliche Bewertung einbezogen werden.

Man kann zudem feststellen, dass sich die variable Vergütung aus Zielvereinbarungen mittlerweile als festes Element in Arbeitsverträgen etabliert hat. Dabei sind nach fast allen Sichtweisen diesbezüglich besondere Regelungen zu treffen. Nach der hier vertretenen Ansicht besteht ein separates Synallagma, innerhalb dessen der besonderen Konstellation bei variabler Vergütung aus Zielvereinbarung besser entsprochen werden kann, als bei einer Einbeziehung in ein einheitliches Synallagma.

Die Entwicklung immer schärferer Voraussetzungen, bei denen zudem vielfach Einzelfallerwägungen im Rahmen von Generalklauseln eine Rolle spielen, bringt für die Rechtspraxis zunächst eine erhebliche Unsicherheit bei der Gestaltung des – ohnehin schon komplexen – Systems variabler Vergütung aus Zielvereinbarungen. Die damit verbundene Unsicherheit, zusammen mit dem gesteigerten Aufwand, wird daher voraussichtlich oder zumindest kurzfristig zu einer reduzierten Anwendung von variabler Vergütung aus Zielvereinbarungen führen. Wahrscheinlich wird es zu einer Begrenzung auf bestimmte Bereiche, bei denen sich der Aufwand eines derart komplexen Systems lohnt, kommen.

In den übrigen Bereichen werden sich angesichts der einfacheren Regelung und des gleichbleibenden Risikos wahrscheinlich Systeme durchsetzen, die nicht auf den Leistungsanreiz setzen, sondern einen reinen Ermessensbonus im Rahmen von § 315

BGB gewähren. Hierbei ist vor allem an die Gestaltung von ermessensabhängigen „Bonuspool"-Systemen zu denken.[1201]

Gerade bei solchen Systemen bleibt aber die psychologische Motivationswirkung, die eigentlich mit der variablen Vergütung aus Zielvereinbarungen bezweckt werden soll, auf der Strecke.

Bedenkt man die restriktiven Tendenzen, so ist festzuhalten, dass nach einer Periode, in der variable Vergütungen aus Zielvereinbarungen starken Anklang gefunden haben, nun ein Umdenken stattgefunden hat. Eine ähnliche Entwicklung gab es bereits in den Anfängen des „Management by Objectives"[1202].

Es bleibt abzuwarten, ob in Zukunft erneut eine Erweiterung des Systems der variablen Vergütung aus Zielvereinbarungen, unter Berücksichtigung der neuen Vorgaben aus Gesetzgebung und Rechtsprechung, folgen wird oder ob diese separate Vergütungsform auf bestimmte Bereiche beschränkt bleibt.

1201 So etwa *Wensing/Boensch*, BB 2014, 2358ff.; *Zürn/Böhm*, BB 2014, 1269ff.; zweifelnd *Salomon*, NZA 2014, 465, 471.

1202 Siehe Kapitel B. I. 1. und 2.

Literaturverzeichnis

Ahlers, Elke, Belastungen am Arbeitsplatz und betrieblicher Gesundheitsschutz vor dem Hintergrund des demografischen Wandels, WSI-Diskussionspapier Nr. 175, 2011.

Albicker, Steffen, Neues zu Stichtagsklauseln, Arbeit und Arbeitsrecht, 2012, S. 20–21.

Albicker, Steffen/Wiesenecker, Philipp, Sonderzahlungen und Stichtagsklauseln in Betriebsvereinbarungen, Betriebs Berater, 2008, S. 2631–2635.

Annuß, Georg, Arbeitsrechtliche Aspekte von Zielvereinbarungen in der Praxis, Neue Zeitschrift für Arbeitsrecht, 2007, S. 290–296.

Annuß, Georg/Sammet, Sebastian, Anforderungen an Vergütungssysteme in Versicherungsunternehmen, Betriebs Berater, 2011, S. 115–119.

Ascheid, Reiner/Preis, Ulrich/Schmidt, Ingrid (Hrsg.), Kündigungsrecht, 4. Auflage 2012, München (zitiert: Ascheid/Preis/Schmidt, Kündigungsrecht – *Bearbeiter,* § , Rn.).

Bartholomä, Ute, Sonderzahlungen mit sog. Mischcharakter können nicht vom Erreichen eines Stichtages abhängig gemacht werden – BB Kommentar zu BAG Uteil vom 18.1.2012 – 10 AZR 612/10, Betriebs Berater, 2012, S. 2251–2252.

Baeck, Ulrich/Diller, Martin, Rettungsfonds für Banken: Welche Opfer müssen die Arbeitnehmer bringen?, Der Betrieb, 2008, S. 2423–2425.

Bahnmüller, Reinhard, Stabilität und Wandel der Entlohnungsformen, 1. Auflage 2001, Mehring.

Bahnmüller, Reinhard, Stabilität und Wandel der Entlohnungsformen, WSI-Mitteilungen, 2001, S. 426–433.

Bartel, Karen/Bilobrk, Betina/Zopf, Andreas, Auslegungshilfe zu den Anforderungen an Vergütungssysteme in der Versicherungswirtschaft gemäß der VersVergV, Betriebs Berater, 2011, S. 1269–1277.

Bauer, Jobst-Hubertus/Diller, Martin/Göpfert, Burkard, Zielvereinbarungen auf dem arbeitsrechtlichen Prüfstand, Betriebs Berater, 2002, S. 882–887.

Bauer, Jobst Hubertus, Zielvereinbarungen auf dem arbeitsrechtlichen Prüfstand, Deutsches Anwaltsinstitut e.V., Brennpunkte des Arbeitsrechts, 2003, S. 93–111.

Bauer, Jobst Hubertus/ Chwalisz, Patrizia, Instrumente zur Entgeltflexibilisierung, Zeitschrift für Arbeitsrecht, 2009, S. 339–360.

Bauer, Jobst Hubertus/von Medem, Andreas, Rettet den Freiwilligkeitsvorbehalt – oder schafft eine Alternative!, Neue Zeitschrift für Arbeitsrecht, 2012, S. 894–896.

Baumgärtel, Gottfried/Laumen, Hans-Willi/Prütting, Hanns, Handbuch der Beweislastpraxis im Privatrecht. Bürgerliches Gesetzbuch Allgemeiner Teil §§ 1–240, 3. Auflage 2007, Köln (zitiert: *Baumgärtel/Laumen/Prütting,* Beweislastpraxis, Rn.).

Becker, Klaus-Detlev/Hering, Manfred, Zielvereinbarungen, Leistung und Lohn – Zeitschrift für Arbeitswirtschaft, Ausgabe 2, 2014.

Behrens, Walther/Rinsdorf, Hauke, Am Ende nicht am Ziel? – Probleme mit der Zielvereinbarung nach einer Kündigung, Neue Zeitschrift für Arbeitsrecht, 2006, S. 830–837.

Behrens, Walther/Rinsdorf, Hauke, Beweislast für die Zielerreichung bei Vergütungsansprüchen aus Zielvereinbarungen, Neue Zeitschrift für Arbeitsrecht, 2003, S. 364–366.

Bergmann, Günther/Kolb, Meinulf, Führen mit Zielen – die (Ohn-)Macht des Geldes, In Führen mit Zielen – Konzepte – Erfahrungen – Erfolgsfaktoren, Hrsg. *Schwaab, Markus-Oliver; Bergmann, Günther; Gairing, Fritz; Kolb, Meinulf,* 3. Auflage 2010, Wiesbaden (zitiert: *Bergmann/Kolb,* Führen mit Zielen, S.).

Berwanger, Jörg, Zielvereinbarungen und ihre rechtlichen Grundlagen, Betriebs Berater, 2003, S. 1499–1504.

Berwanger, Jörg, Noch einmal: Zielvereinbarungen auf dem Prüfstand, Betriebs Berater, 2004, S. 551–554.

Bieder, Marcus, Arbeitsvertragliche Gestaltungsspielräume für Entgeltflexibilisierung, Neue Zeitschrift für Arbeitsrecht, 2007, S. 1135–1139.

Bieder, Marcus, Grundfragen der Auslegung arbeitsrechtlicher Willenserklärungen, Recht der Arbeit, 2011, S. 142–154.

Bispinck, Reinhard/Schulten, Thorsten, Verbetrieblichung der Tarifpolitik? Aktuelle Tendenzen und Einschätzungen aus Sicht von Betriebs- und Personalräten, WSI-Mitteilungen, 2003, S. 157–166.

Birk, Rolf, Die Zielvereinbarung – ein arbeitsrechtlicher Problemfall, In Festschrift für Hansjörg Otto, *Hrsg. Krause, Rüdiger/Schwarze, Roland,* 1. Auflage 2008, Berlin, S. 17–28 (zitiert: *Birk* in FS Otto, S.).

Boewer, Dietrich, Das Initiativrecht des Betriebsrats in sozialen Angelegenheiten, Der Betrieb, 1973, 522–528.

Bordet, Katharina/Raif, Alexander, Arbeitsvertragliche Gestaltung von Zielvereinbarungen, Arbeitsrecht Aktuell, 2011, S. 607.

Boos, Karl-Heinz/Fischer, Reinfrid/Schulte-Mattler, Hermann, Kreditwesengesetz KWG, 4. Auflage 2012, München (zitiert: Boos/Fischer/Schulte-Mattler, KWG – *Bearbeiter,* § , Rn.).

Brandi, Tim Oliver/Gieseler, Konrad, Persönliche Voraussetzungen, Sanktionen und Ausschüsse nach geltendem Recht und CRD IV, Neue Zeitschrift für Gesellschaftsrecht, 2012, S. 1321–1332.

Brandi, Tim Oliver/Gieseler, Konrad, Vorschläge der EU-Kommission zur einheitlichen Bankenaufsicht in der Eurozone, Betriebs Berater, 2012, S. 2646–2650.

Brecht, Hans-Theo, Entgeltfortzahlung an Feiertagen und im Krankheitsfall – Entgeltfortzahlungsgesetz, 1. Auflage 2000, München (zitiert: *Brecht,* Entgeltfortzahlung, Rn.).

Breisig, Thomas, Entgelt nach Leistung und Erfolg, 1. Auflage 2003, Frankfurt am Main (zitiert: *Breisig,* Entgelt 2003, S.).

Breisig, Thomas, Vergütung nach Leistung und Erfolg, Arbeitsrecht im Betrieb, 2004, S. 389–394.

Breisig, Thomas, Grundsätze und Verfahren der Personalbeurteilung, 1. Auflage 2012, Frankfurt am Main (zitiert: *Breisig,* Personalbeurteilung 2012, S.).

Breisig, Thomas, Zielvereinbarungen im Fokus von Betriebs- und Personalräten, 4. Auflage 2013, Frankfurt am Main (zitiert: *Breisig,* Zielvereinbarungen 2013, S.).

Breisig, Thomas/König, Susanne/Rehling, Mette/Ebeling, Michael, Vertriebssteuerung in Banken, 1. Auflage 2010, Düsseldorf.

Brors, Christiane, Die individualarbeitsrechtliche Zulässigkeit von Zielvereinbarungen, Recht der Arbeit, 2004, S. 273–281.

Bungard, Walter/Kohnke, Oliver, Zielvereinbarungen erfolgreich umsetzen: Konzepte, Ideen und Praxisbeispiele auf Gruppen- und Organisationsebene, 2. Auflage 2002, Wiesbaden.

Ceruti, Nadine, Endlich Klarheit: Zur Wirksamkeit der Stichtagsklauseln in Bonusvereinbarungen, Der Betrieb, 2014, S. 2167–2171.

Chwalisz, Patrizia/Poschitz, Thomas, Darlegungs- und Beweislast des Arbeitgebers bei variabler Vergütung nach billigem Ermessen, Gesellschafts- und Wirtschaftsrecht, 2013, S. 96–97.

Conze, Peter, Zur Zulässigkeit von Betriebsvereinbarungen für AT-Angestellte über materielle Arbeitsbedingungen, Der Betrieb, 1978, S. 490–495.

Creifelds, Carl (Hrsg.), Rechtswörterbuch, 19. Auflage 2007, München.

Crisolli, Christoph/Zaumseil, Frank, BB-Rechtsprechungsreport zum arbeitsrechtlichen AGB-Recht, Betriebs Berater, 2012, S. 1281–1287.

Däubler, Wolfgang, Balanced Scorecard und Betriebsverfassung, Arbeitsrecht im Betrieb, 2001, S. 208–224.

Däubler, Wolfgang, Zielvereinbarungen und AGB-Kontrolle, Zeitschrift für Wirtschaftsrecht (ZIP) 2004, S. 2209–2214.

Däubler, Wolfgang, Zielvereinbarungen als Mitbestimmungsproblem, Neue Zeitschrift für Arbeitsrecht, 2005, S. 793–797.

Däubler, Wolfgang, Gläserne Belegschaften, 5. Auflage 2009, Frankfurt am Main.

Däubler, Wolfgang (Hrsg.), Tarifvertragsgesetz, 3. Auflage 2012, Baden-Baden (zitiert: Däubler, TVG – *Bearbeiter,* § , Rn.).

Däubler, Wolfgang/Kittner, Michael/Klebe, Thomas/Wedde, Peter, BetrVG: Betriebsverfassungsgesetz, 13. Auflage 2012, Frankfurt am Main (zitiert: Däubler/Kittner/Klebe/Wedde, BetrVG – *Bearbeiter*, § , Rn.).

Deich, Svenja, Die rechtliche Beurteilung von Zielvereinbarungen im Arbeitsverhältnis – Schwerpunkt Individualarbeitsrecht, 1. Auflage 2004, Berlin.

Deich, Svenja, Flexibler durch Zielvereinbarungen, Arbeit und Arbeitsrecht, 2004, S. 8–14.

Deilmann, Barbara /Otte, Sabine, Auswirkungen des VorstAG auf die Struktur der Vorstandsvergütung, Gesellschafts- und Wirtschaftsrecht, 2009, S. 261–264.

Dieterich, Thomas, Die Grundrechtsbindung von Tarifverträgen, in: Tarifautonomie für ein neues Jahrhundert (Festschrift für Günter Schaub zum 65. Geburtstag), 1. Auflage 1998, München, S. 117–135 (zitiert: *Dieterich*, FS Schaub, S.).

Dieterich, Thomas, Bindung der Tarifvertragsparteien an den Gleichheitssatz, Recht der Arbeit, 2001, S. 112–118.

Drucker, Peter F., The Practice of Management, 1. Auflage, 1955, Kingswood Surrey.

Kaiser, Heinrich/Dunkl, Hans/Hold, Dieter/Kleinsorge, Georg, Entgeltfortzahlungsgesetz, 4. Auflage 1999, Köln (zitiert: Kaiser/Dunkl/Hold/Kleinsorge, EFZG – *Bearbeiter,* § , Rn.).

Dzida, Boris/ Naber, Sebastian, Risikosteuerung durch variable Vergütung, Betriebs Berater, 2011, S. 2613–2617.

Ehlscheid, Christoph/Meine, Hartmut/Ohl, Kay, Handbuch Arbeit Entglet Leistung, 4. Auflage 2004, Frankfurt am Main (Zitiert: *Ehlscheid/Meine/Ohl,* Handbuch, S.).

Ege, Andreas, Programme für Aktienoptionen richtig umsetzen, Arbeit und Arbeitsrecht, 2010, S. 574–577.

Erez, Miriam/Zidon, Isaac, Effect of Goal Acceptance on the Relationship of Goal Difficulty to Performance, Journal of Applied Psychology, 1984, S. 69–78 (zitiert: *Erez/Zidon,* JAP 1984, S.).

Feichtinger, Peter/Malkmus, Hans, Entgeltfortzahlungsrecht, 2. Auflage 2010, Baden-Baden (zitiert: *Feichtinger/Malkmus,* EFZR, Rn.).

Fitting, Karl (Begr.), Betriebsverfassungsgesetz, 27. Auflage 2014, München (zitiert: *Fitting,* BetrVG, §, Rn.).

Fonk, Hans-Joachim, Vergütungsrelevante Zielvereinbarungen und -vorgaben versus Leitungsbefugnis des Vorstands, Neue Zeitschrift für Gesellschaftsrecht, 2011, S. 321–327.

Frankfurter Allgemeine Sonntagszeitung, Banker unter Beobachtung, Artikel vom 06.01.2013.

Frankfurter Allgemeine Sonntagszeitung, Wie steht es um die Boni der Banker?, Artikel vom 06.01.2013.

Franzen, Martin/Oetker, Hartmut/Raab, Thomas/Kraft, Alfons/Kreutz, Peter/Weber, Christoph/Wiese, Günther, Gemeinschaftskommentar zum Betriebsverfassungsgesetz: GK-BetrVG, 9. Auflage 2010 (zitiert: GK-BetrVG – *Bearbeiter,* § , Rn.).

Fuchs-Wegner, Gertrud, Management-by-Konzepte, aus *Kieser, Alfred/Reber, Gerhard/Wunderer, Rolf (Hrsg.)*: Handwörterbuch der Führung, 2. Auflage 1987, Stuttgart, Sp. 1366–1372 (zitiert: *Fuchs-Wegner,* Management-by-Konzepte in *Kieser/Reber/Wunderer,* Handwörterbuch der Führung 1987, Sp.).

Gaul, Björn, Berechnung leistungs- oder erfolgsbezogener Jahressonderzahlungen bei Betriebsratsmitgliedern, Betriebs Berater, 1998, S. 101–105.

Gaul, Björn, Rauf, Birte, Bonusanspruch trotz unterlassener Zielvereinbarung – oder: Von den Risiken arbeitgeberseitiger Untätigkeit, Der Betrieb, 2008, S. 869–874.

Gebert, Diether, Führung im MbO-Prozeß, aus *Kieser, Alfred/Reber, Gerhard/Wunderer, Rolf (Hrsg.)*: Handwörterbuch der Führung, 2. Auflage 1995, Stuttgart, Sp. 426–436 (zitiert: *Gebert,* Führung im MbO-Prozeß in Kieser/Reber/Wunderer, Handbuch der Führung 1995, Sp.).

Geffken, Rolf, Zielvereinbarungen – Eine Herausforderung für Personalwesen und Arbeitsrecht, Neue Zeitschrift für Arbeitsrecht, 2000, S. 1033–1039.

Gehlhaar, Daniel, Rechtsfolgen unterbliebener Zielvereinbarungen und Zielvorgaben – eine Übersicht, Neue Zeitschrift für Arbeitsrecht – Rechtsprechungs-Report, 2007, S. 113–117.

Ginal, Jens, Abweichende Leistungsbestimmung bei Zielvereinbarung nur bei Vorliegen außergewöhnlicher Umstände, Gesellschafts- und Wirtschaftsrecht, 2013, S. 29–30.

Goette, Wulff/Habersack, Mathisa/Kalss, Susanne (Hrsg.), Münchener Kommentar zum Aktiengesetz, Band 4, 3. Auflage 2011, München (zitiert: MüKo-AktG – *Bearbeiter,* § , Rn.).

Goos, Wolfgang, Technische Überwachungsmöglichkeit durch EDV ?, Betriebs Berater, 1983, S. 581–584.

Göpfert, Burkard, Zielvereinbarungen, Arbeit und Arbeitsrecht, 2003, S. 28–30.

Gornik, Andreas, Grundrechtsbindung in der Rechtsprechung des BAG, Neue Zeitschrift für Arbeitsrecht, 2012, S. 1399–1404.

Grau, Timon/Sittard, Ulrich, BAG: Keine erfolgsabhängige Vergütung in einer Betriebsvereinbarung, Betriebs Berater, 2011, S. 2811–2816.

Greenwood, Ronald G., Management by objectives: As developed by Peter Drucker, Academy of Management Review, 1981, S. 225–230 (zitiert: *Greenwood,* AMR 1981, S. 225).

Greiner, Stefan, Familienfreundliches Arbeitsrecht? – Die Erkrankung des Kindes als Gegenstand widersprüchlicher Regelungen, Neue Zeitschrift für Arbeitsrecht, 2007, S. 490–495.

von der Groeben, Hans/Schwarze, Jürgen/Hatje, Armin, Europäisches Unionsrecht – Band 3, 7. Auflage 2015, Baden-Baden (zitiert: von der Groeben/Schwarze/Hatje, Europäisches Unionsrecht – *Bearbeiter*, Art., Rn.)

Grobys, Marcel, Variable Vergütung – Besonderheiten aus arbeitsrechtlicher Sicht, Neue juristische Wochenschrift – Spezial, 2004, S. 177–178.

Gutzeit, Martin, Die Mitbestimmung des Betriebsrats bei Fragen der Arbeitszeit, Betriebs Berater, 1996, 106–112.

Hanau, Hans, Individualautonomie und Mitbestimmung in sozialen Angelegenheiten, 1. Auflage 1994, Köln.

Hanau, Peter, Allgemeine Grundsätze der betrieblichen Mitbestimmung, Recht der Arbeit, 1973, S. 281–294.

Hanau, Peter/Hromadka, Wolfgang, Richterliche Kontrolle flexibler Entgeltregelungen in Allgemeinen Arbeitsbedingungen, Neue Zeitschrift für Arbeitsrecht, 2005, S. 73–78.

Hanau, Peter/Adomeit, Klaus, Arbeitsrecht, 14. Auflage, 2007, Neuwied.

Hanau, Peter, Entgeltrelevante Zielvereinbarungen aus arbeitsrechtlicher Sicht, Recht der Arbeit, 2008, S. 127.

Hannemann, Ralf/Schneider, Andreas/Weigl, Thomas, Mindestanforderungen an das Risikomanagement (MaRisk), 4. Auflage 2013, Stuttgart (zitiert: *Hannemann/Schneider/Weigl*, Mindestanforderungen an das Risikomanagement, S.).

Haug, Ulrich, Tarifvorrang und innerbetriebliche Regelungsmechanismen, Betriebs Berater, 1986, S. 1921–1931.

Heiden, Ralph, Grenzen der Entgeltvariabilisierung am Beispiel zielvereinbarungsgestützter Vergütung, Der Betrieb, 2006, S. 2401–2406.

Heiden, Ralph, Entgeltrelevante Zielvereinbarungen aus arbeitsrechtlicher Sicht, 1. Auflage 2007, Köln.

Heiden, Ralph, Entgeltvariabilisierung durch Zielvereinbarungen, Der Betrieb, 2009, S. 1705–1709.

Heiden, Ralph, Unterjährige Zielanpassung und Feststellung der Zielerreichung bei entgeltrelevanten Zielvereinbarungen, Der Betrieb, 2009, S. 2714–2718.

Heiden, Ralph, Zielvereinbarungen und Zielvorgaben im individualarbeitsrecht, Probleme und Lösungen im bestehenden und entgeltrelevanten System „Führen durch Ziele", Recht der Arbeit, 2009, S. 264.

Heiden, Ralph, Neue Entwicklungen im Recht der Sonderzahlungen, Recht der Arbeit, 2012, S. 225–236.

Hellfeier, Martin, Die Leistungszeit im Arbeitsverhältnis, 1. Auflage 2003, Frankfurt am Main.

Henssler, Martin/Moll, Wilhelm/Bepler, Klaus, (Hrsg.) Der Tarifvertrag – Handbuch für das gesamte Tarifrecht, 1. Auflage 2013, Köln (zitiert: Henssler/Moll/Bepler, Der Tarifvertrag – *Bearbeiter,* Teil , Rz.).

Henssler, Martin/Willemsen, Heinz Josef/Kalb, Heinz-Jürgen, (Hrsg.), Arbeitsrecht Kommentar, 4. Auflage 2010, Köln, S. 1449–1450 (zitiert: Henssler/Willemsen/Kalb, Arbeitsrecht Kommentar – *Bearbeiter,* § , Rn.).

Henssler, Martin, Arbeitsrecht und Schuldrechtsreform, Recht der Arbeit, 2002, S. 129–140.

Herschel, Wilhelm, Daten- und Informationsschutz im Arbeitsverhältnis, Betriebs Berater, 1982, S. 2128–2130.

Hess, Harald/Schlochauer, Ursula/Worzalla, Michael/Glock, Dirk/Nicolai, Andrea/Rose, Franz-Josef, BetrVG – Kommentar zum Betriebsverfassungsgesetz, 8. Auflage 2011, München (zitiert: Hess/Schlochauer/Worzalla/Glock/Nicolai/Rose, BetrVG – *Bearbeiter,* § , Rn.).

Hidalgo, Martina/Rid, Claudia, Wie flexibel können Zielbonussysteme sein?, Betriebs Berater, 2005, S. 2686–2691.

Hollenbeck, John R./Klein, Howard J., Goal commitment and the goal-setting process: Problems, prospects and proposals for future research, Journal of Applied Psychology, 1987, S. 212–220 (zitert: *Hollenbeck/Klein,* JAP 1987, S.).

Hölters, Wolfgang (Hrsg.), Aktiengesetz: AktG, 1. Auflage 2011, München (zitiert: Hölters, Aktiengesetz – *Bearbeiter,* §, Rn.).

Hopt, Klaus J./Wohlmannstetter, Gottfried (Hrsg.), Handbuch Corporate Governance von Banken, 1. Auflage 2011, München (zitiert: Hopt/Wohlmannstetter, Handbuch Corporate Governance von Banken – *Bearbeiter,* Stichwort, S.).

Horcher, Michael, Inhaltskontrolle von Zielvereinbarungen, Betriebs Berater, 2007, S. 2065–2070.

Hoß, Axel, Variable Vergütung im Arbeitsverhältnis – Gestaltungs- und Eingriffsmöglichkeiten, In Verantwortlichkeit im Wirtschaftsrecht, *Hrsg. Matuschke-Beckmann, Annemarie, Beckmann, Roland Michael,* 1. Auflage 2002, Karlsruhe (zitiert: *Hoß,* in Verantwortlichkeit im Wirtschaftsrecht 2002, S.).

von Hoyningen-Huene, Gerrick/Boemke, Burkhard, Die Versetzung, 1. Auflage 1991, Heidelberg.

von Hoyningen-Huene, Gerrick, Betriebsverfassungsrecht, 6. Auflage 2007, München.

Hromadka, Wolfgang, Betriebsvereinbarung über mitbestimmungspflichtige soziale Angelegenheiten bei Tarifüblichkeit – Zwei-Schranken-Theorie ade?, Der Betrieb, 1987, S. 1991–1994.

Hromadka, Wolfgang/Maschmann, Frank, Arbeitsrecht, 5./6. Auflage 2012/2013, Heidelberg (zitiert: *Hromadka/Maschmann,* ArbR , §, Rn.).

Hromadka, Wolfgang, Das Leistungsbestimmungsrecht des Arbeitgebers, Der Betrieb, 1995, S. 1609–1615.

Hromadka, Wolfgang, Schuldrechtsmodernisierung und Vertragskontrolle im Arbeitsrecht, Neue juristische Wochenzeitschrift, 2002, S. 2523–2530.

Hueck, Götz, Betriebsvereinbarung, 1. Auflage 1952.

Hüffer, Uwe, Aktiengesetz, 10. Auflage 2012, München (zitiert: *Hüffer,* Aktiengesetz, §, Rn.).

Hümmerich, Klaus, Zielvereinbarungen in der Praxis, Neue juristische Wochenschrift, 2006, S. 2294–2299.

Insam, Alexander/Hinrichs, Lars/Hörtz, Martin, Vergütungssysteme nach der Institutsvergütungsverordnung, Der Betrieb, 2012, S. 1568–1572.

Jahnke, Volker, Zur Mitbestimmung des Betriebsrats bei der Anwendung technischer Überwachungseinrichtungen, Der Betrieb, 1978, S. 1691–1694.

Jahnke, Volker, Tarifautonomie und Mitbestimmung, 1. Auflage 1984, München.

Jedzig, Jochim, Mitbestimmung des Betriebsrats bei der Durchführung von Betriebsvereinbarungen über Leistungsbeurteilungen von Arbeitnehmern, Der Betrieb, 1991, S. 859–864.

Joost, Detlev, Betriebliche Mitbestimmung bei der Lohngestaltung im System von Tarifautonomie und Privatautonomie, Zeitschrift für Arbeitsrecht, 1993, S. 257–278.

Kaiser, Dagmar, Sprecherausschüsse für leitende Angestellte, 1. Auflage 1995, Frankfurt am Main.

Kandaouroff, Katrin Ines/Rose, Franz-Josef, Personalgespräch: Darf der Arbeitnehmer dritte Personen mitbringen, Der Betrieb, 2008, S. 1210–1215.

Kaplan, Robert S./Norton, David P., The Balanced Scorecard – Measures That Drive Performance, Harvard Business Review, 1992, S. 71–79.

Kaplan, Robert S./Norton, David P., Balanced Scorecard – Strategien erfolgreich umsetzen – aus dem Amerikanischen von Péter Horváth, Beatrix Kuhn-Würfel, Claudia Vogelhuber, 1. Auflage, 1997, Stuttgart (zitiert: *Kaplan/Norton,* Balanced Scorecard 1997, S.).

Kaplan, Robert S./Norton, David P., Strategy Maps – Der Weg von immateriellen Werten zum materiellen Erfolg – aus dem Amerikanischen von Péter Horváth und Bernd Gaiser unter Mitarbeit von Dirk Steffens, 1. Auflage 2004 Stuttgart (zitiert: *Kaplan/Norton,* Strategy Maps 2004, S.).

Kempen, Otto Ernst, Betriebsverfassung und Tarifvertrag, Recht der Arbeit, 1994, S. 140–152.

Kempen, Otto Ernst/Zachert, Ulrich, Tarifvertragsgesetz, 4. Auflage 2006, Frankfurt am Main (zitiert: Kempen/Zachert, TVG – *Bearbeiter,* §, Rn.).

Kirchner, Dieter, Die Sperrwirkung von Tarifvertrag und Tarifübung für die Verwirklichung des Mitbestimmungsrechts des Betriebsrates nach § 87 BetrVG, Betriebs Berater, 1972, S. 1279–1282.

Kittner, Michael/Zwanziger, Bertram/Deinert, Olaf, Arbeitsrecht – Handbuch für die Praxis, 6. Auflage 2011, Köln (zitiert: Kittner/Zwanziger/Deinert, Arbeitsrecht – *Bearbeiter,* §, Rn.).

Klasen, Evelyn/Krebs, Thomas/Michel, Marcus/Weber, Max, Personalmanagement und InstitutsVergV, *Hrsg. Becker, Axel,* 1. Auflage 2012, Heidelberg (zitiert: Klasen/Krebs/Michel/Weber, Personalmanagement und InstitutsVergV – *Bearbeiter,* S.).

Klein, Oliver, Anspruch auf variable Vergütung trotz abredewidrig unterbliebener Vereinbarung konkreter Ziele?, Neue Zeitschrift für Arbeitsrecht, 2006, S. 1129–1132.

Klein-Schneider, Hartmut, Leistungs- und erfolgsorientiertes Entgelt, 1999, Düsseldorf.

König, Katja, Bonusanspruch in der Krise – Aktuelle Rechtsprechung zu Zielvereinbarungen und Zielbonus im Jahr 2011, Neue Zeitschrift für Arbeitsrecht – Rechtsprechungs-Report, 2012, S. 449–455.

Köhler, Matthias/Bausewein, Christoph, Bonusanspruch – Stichtagsregelungen in Betriebsvereinbarungen, Besprechungsaufsatz zum BAG-Urteil vom 12.04.2011–1 AZR 412/09, Der Betrieb, 2012, S. 59–62.

Kolmhuber, Martin, Konfliktfälle bei Zielvereinbarungen, Arbeitsrechtsberater, 2003, S. 117–119.

Konzen, Horst, Tarifvertragliche und innerbetriebliche Normsetzung, Betriebs Berater, 1977, S. 1307–1312.

Köppen, Martina, Rechtliche Wirkungen arbeitsrechtlicher Zielvereinbarungen, Der Betrieb, 2002, S. 374–379.

Krause, Ulrich H., Zielvereinbarungen und leistungsorientierte Vergütung, 1. Auflage 2003, Wiesbaden.

Kreutz, Peter, Grenzen der Betriebsautonomie, 1. Auflage 1979, München.

Küttner, Wolfdieter (Begr.), Personalbuch, 21. Auflage 2014, München (zitiert: Küttner, Personalbuch – *Bearbeiter,* Stichwort, Rn.).

Lakies, Thomas, Das Ende des arbeitsvertraglichen Freiwilligkeitsvorbehalts und Alternativen, Arbeitsrecht Aktuell, 2012, S. 496.

Leder, Tobias, Aktuelles zur Flexibilisierung von Arbeitsbedingungen, Recht der Arbeit, 2010, S. 93–100.

Latham, Gary P./ Locke, Edwin A., A Theory of Goal Setting & Task Performance, 1. Auflage 1990, New Jersey.

Latham, Gary P./ Locke, Edwin A., Self-regulation through goal setting, Organisational Behaviour and Human Decision Process, 1991, S. 212–247.

Latham, Gary P./ Locke, Edwin A., Zielsetzung als Führungsaufgabe, aus *Kieser, Alfred/Reber, Gerhard/Wunderer, Rolf (Hrsg.)*: Handwörterbuch der Führung, 2. Auflage 1995, Stuttgart, Sp. 2222–2234 (zitiert: *Latham/Locke,* Zielsetzung als Führungsaufgabe 1995, Sp.).

Leitherer, Stephan (Hrsg.), Kasseler Kommentar zum Sozialversicherungsrecht, 80. Ergänzungslieferung, Stand: 01.12.2013, München (zitiert: Kasseler Kommentar – *Bearbeiter,* §, Rn.).

Lembke, Mark, Die Gestaltung von Vergütungsvereinbarungen, Neue juristische Wochenschrift 2010; S. 257 -263; S. 321–326.

Lembke, Mark, Konsequente Fortführung der BAG-Rechtsprechung – BB Kommentar zu LAG Düss vom 30.04.2009–11 Sa 1504/08, Betriebs Berater, 2009, S. 2038–2040.

Leuering, Dieter/Rubner, Daniel, Das Gesellschaftsrecht beim 68. Deutschen Juristentag, Neue juristische Wochenschrift – Spezial, 2010, S. 655–656.

Lindemann, Achim/Simon, Oliver, Flexible Bonusregelungen im Arbeitsvertrag, Betriebs Berater, 2002, S. 1807–1814.

Lindemann, Claudia, Die Zulässigkeit von Bindungsklauseln in der Rechtsprechung des BAG, Arbeitsrecht Aktuell, 2012, S. 446.

Lindemann, Viola, Flexible Gestaltung von Arbeitsbedingungen nach der Schuldrechtsreform, 1. Auflage 2003, Köln.

Lindemann, Viola, Einseitige Leistungsbestimmungsrechte auf dem Prüfstand, Arbeit und Recht, 2004, S. 201–208.

Lingemann, Stefan, Angemessenheit der Vorstandsvergütung – Das VorstAG ist in Kraft, Betriebs Berater, 2009, S. 1918–1924.

Lingemann, Stefan/Gotham, Meike, Freiwilligkeits-, Stichtags- und Rückzahlungsregelungen bei Bonusvereinbarungen – was geht noch?, Neue Zeitschrift für Arbeitsrecht, 2008, S. 509–513.

Lingemann, Stefan/Gottschalk, Saskia, Vertragsstrafengestaltung im Arbeitsrecht – ein kurzer Leitfaden, Deutsches Steuerrecht, 2011, S. 774–779.

Link, Rüdiger/Koch, Ulrich, Die Mitbestimmung des Betriebsrats bei Zielvereinbarungen, in: Festschrift für Klaus Bepler zum 65. Geburtstag, *Hrsg. Thüsing, Gregor/Creutzfeldt, Malte/Hanau, Peter/Wißmann, Hellmut,* 1. Auflage 2012, München, S. 365–380 (zitiert: *Linck/Koch,* FS Bepler, S.).

Linsenmaier, Wolfgang, Normsetzung der Betriebsparteien und Individualrechte der Arbeitnehmer, Recht der Arbeit 2008, S. 1–13.

Lischka, Sabine, Führen und Entlohnen mit Zielvereinbarungen – Rechte und Pflichten des Arbeitgebers, Betriebs Berater, 2007, S. 552–556.

Loritz, Karl-Georg, Variable erfolgsbezogene Vergütungen der Mitarbeiter, Arbeit und Arbeitsrecht, 1997, S. 224–228.

Loritz, Karl-Georg, Die Koppelung der Arbeitsentgelte an den Unternehmenserfolg, Recht der Arbeit, 1998, 257–265.

Löw, Hans-Peter/Kunz, Moritz, Variable Vergütung und Bonuszahlung, Arbeit und Arbeitsrecht, 2012, S. 103–105.

Löwisch, Manfred, Die Mitbestimmung des Betriebsrats bei der Gehaltsfestsetzung für Angestellte nach Arbeitsplatzrangfolge und Leistungsbeurteilung, Der Betrieb, 1973, S. 1746–1752.

Löwisch, Manfred, Möglichkeiten und Grenzen der Betriebsvereinbarung, Arbeit und Recht, 1978, S. 97–108.

Löwisch, Manfred, Sprecherausschußgesetz, 2. Auflage 1994, Frankfurt am Main (zitiert: *Löwisch,* SprAuG, § , Rn.).

Löwisch, Manfred, Anmerkungen zur Entscheidung des BAG vom 05.10.1999, 4 AZR 668/98, Recht der Arbeit, 2000, S. 310–314.

Löwisch, Manfred/Rieble, Volker, Tarifvertragsgesetz, 3. Auflage 2012, München (zitert: Löwisch/Rieble, TVG, §, Rn.).

Löwisch, Manfred/Kaiser, Dagmar, Betriebsverfassungsgesetz, 6. Auflage 2010, Frankfurt am Main (zitiert: *Löwisch/Kaiser,* BetrVG, § , Rn.).

Lunk, Stefan/Leder, Tobias, Teilbefristungen – Neues Recht und alte Regeln?, Neue Zeitschrift für Arbeitsrecht, 2008, S. 504–509.

von Mangold, Herrmann/Klein, Friedrich/Starck, Christian (Hrsg.), Kommentar zum Grundgesetz: GG, 6. Auflage 2010, München (zitiert: v. Mangoldt/Klein/Starck, GG - *Starck,* Art. , Rn.).

Maschmann, Frank, Arbeitsverträge und Verträge mit Selbstständigen, 1. Auflage 2001, Berlin.

Maslow, Abraham H., Motivation and Personality, 1. Auflage 1954, New York.

Mauer, Reinhold, Zielbonusvereinbarungen als Vergütungsgrundlage im Arbeitsverhältnis, Neue Zeitschrift für Arbeitsrecht, 2002, S. 540–549.

Maunz, Theodor/Dürig, Günther (Begr.), Grundgesetz, 70. Auflage 2014, München (zitiert: Maunz/Dürig, GG – *Bearbeiter,* Art. , Rn.).

von Medem, Andreas, Tantieme gemäß eines Partnervergütungssystems, Arbeitsrecht Aktuell, 2013, S. 101–102.

Melot de Beauregard, Paul/Schwimmbeck, Andrea/Gleich, Christian, Variable Vergütung im Trennungsprozess mit Geschäftsführern und Vorständen, Der Betrieb, 2012, S. 2853–2857.

McGregor, Douglas, The Human Side of Enterprise, 1. Auflage 1960, New York, Toronto, London.

Mohnke, Lars, Zielvereinbarungen im Arbeitsverhältnis – Unter besonderer Berücksichtigung von Zielbonussystemen, 1. Auflage 2006, Hamburg.

Mohnke, Lars, Bonusausschluss bei Tod des Mitarbeiters – Kommentar zu BAG vom 06.05.2009–10 AZR 443/08, Betriebs Berater, 2009, S. 2040.

Moll, Wilhelm (Hrsg.), Münchener Anwaltshandbuch Arbeitsrecht, 3. Auflage 2012, München (zitiert: Moll, MüAHB Arbeitsrecht – *Bearbeiter,* §, Rn.).

Motive zum Entwurf eines Bürgerlichen Gesetzbuchs für das Deutsche Reich, Band 2 Vertragliche Schuldverhältnisse, 1896, Berlin (zitiert: Motive, Band 2, S.).

Mujan, Susanne, Neue Anforderungen an Boni in Fonds- und Portfolioverwaltungen – Institutsvergütungsverordnung 2.0?, Betriebs Berater, 2013, S. 1653–1659.

Müller, Susanne Gesa, Trendbegriff Balanced Scorecard, Die Mitbestimmung, 2000, Band 7, S. 62–63.

Müller-Bonanni, Thomas/Mehrens, Christian, Neue Vergütungsregeln für Banken – Entwurf der Instituts-Vergütungsverordnung, Neue Zeitschrift für Arbeitsrecht, 2010, S. 792–797.

Müller-Glöge, Rudi/Preis, Ulrich/Schmidt, Ingrid, Erfurter Kommentar zum Arbeitsrecht, 13. Auflage 2013, München (zitiert: Erfurter Kommentar – *Bearbeiter,* §, Rn.).

Nipperdey, Hans-Carl/Hueck, Alfred/Säcker, Franz Jürgen, Lehrbuch des Arbeitsrechts, 2 Kollektives Arbeitsrecht, 7. Auflage 1970, Berlin (zitiert: *Hueck/Nipperdey/Säcker,* Arbeitsrecht II/2, S.).

Odiorne, George S., Management by Objectives – Führungssysteme für die achtziger Jahre – übersetzt von Wolfgang Maaß, 1. Auflage, 1980, München (zitiert: *Odiorne,* Management by Objectives 1980, S.).

Olbert, Hans, Zielvereinbarungen gestalten – Mitbestimmungspflichten beachten, Arbeit und Arbeitsrecht, 2006, S. 84–87.

Otto, Björn/Walk, Werner, Entgeltflexibilisierung als Weg aus der Krise, Betriebs-Berater, 2010, S. 373–378.

Palandt, Otto (Begr.), Bürgerliches Gesetzbuch, 73. Auflage 2014, München (zitiert: Palandt, BGB – *Bearbeiter,* §, Rn.).

Pelzer, Sebastian, Stichtagsregelungen in Bezug auf Bonusansprüche, Lohn und Gehalt 2012, S. 58–59.

Picker, Eduard, Betriebsverfassung und Arbeitsverfassung, Recht der Arbeit 2001, S. 259–292.

Picker, Eduard, Tarifautonomie – Betriebsautonomie – Privatautonomie, Neue Zeitschrift für Arbeitsrecht 2002, S. 761–770.

Pfisterer, Bartholomäus, Zielvereinbarung, Arbeitsrecht im Betrieb, 1999, S. 375–379.

Plander, Harro, Die Rechtsnatur arbeitsrechtlicher Zielvereinbarungen, Zeitschrift für Tarifrecht, 2002, Band 4, S. 155–162.

Preis, Ulrich, AGB-Recht und Arbeitsrecht – Eine Zwischenbilanz, Neue Zeitschrift für Arbeitsrecht Beilage Nr. 3, 2006, S. 114–115.

Preis, Ulrich/Sagan, Adam, Der Freiwilligkeitsvorbehalt im Fadenkreuz der Rechtsgeschäftslehre, Neue Zeitschrift für Arbeitsrecht, 2012, S. 697–707.

Preis, Ulrich/Sagan, Adam, Wider die Wiederbelebung des Freiwilligkeitsvorbehalts!, Neue Zeitschrift für Arbeitsrecht, 2012, S. 1077–1079.

Preis, Ulrich (Hrsg.), Der Arbeitsvertrag – Handbuch der Vertragsgestaltung, 4. Auflage 2011, Köln (zitiert: Preis, Der Arbeitsvertrag – *Bearbeiter,* Röm. Ziffer Stichwort, Rz.).

Pritchard, Robert D. /Curts, Michael I., The Influence of Goal Setting and Financial Incentives on Task Performance, Organisational Behavior and Human Performance, 1973 (zitiert: *Pritchard/Curts,* OBHP 1973, S.).

Range-Ditz, Daniela, Balanced Scorecard (BSC) – Flexibilisierung zusätzlichen Arbeitsentgelts, Arbeitsrechtsberater, 2003, S. 123–127.

Rauscher, Thomas/Wax, Peter/Wenzel, Joachim (Hrsg.), Münchener Kommentar zur Zivilprozessordnung, 4. Auflage 2004, München (zitiert: MüKo-ZPO – *Bearbeiter,* § , Rn.).

Reichel, Christian/Böhm, Verena, U.a. spezielle Regelungen für Kredit- und Finanzinstitute sowie Versicherungen – Ausgestaltung und Änderung variabler Vergütungssysteme, Arbeit und Arbeitsrecht, 2010, S. 568–572.

Reinecke, Gerhard, Flexibilisierung von Arbeitsentgelt und Arbeitsbedingungen nach dem Schuldrechtsmodernisierungsgesetz, Neue Zeitschrift für Arbeitsrecht, 2005, S. 953–961.

Reinecke, Gerhard, Zur AGB-Kontrolle von Arbeitsentgeltvereinbarungen, Betriebs Berater, 2008, S. 554–557.

Reinfelder, Waldemar, Leistungsgerechtes Entgelt – Gestaltung und Umgestaltung, Neue Zeitschrift für Arbeitsrecht, 2014, Beilage, S. 10–16.

Reiserer, Kerstin, Zielvereinbarung – ein Instrument der Mitarbeiterführung, Neue juristische Wochenschrift, 2008, S. 609–613.

Reiserer, Kerstin, Flexible Vergütungsmodelle – AGB-Kontrolle, Gestaltungsvarianten, Neue Zeitschrift für Arbeitsrecht, 2007, S. 1249–1253.

Reiserer, Kerstin, Atmendes Entgelt, atmende Arbeitszeit, Neue Zeitschrift für Arbeitsrecht, 2010, Beilage, S. 39–44.

Reiserer, Kerstin/Fallenstein, Diana, Mitarbeiterbindung und leistungsabhängige Bonussysteme: ein Widerspruch oder zulässige Praxis?, Deutsches Steuerrecht, 2011, S. 1572–1576; S. 1624–1629.

Reiter, Christian, Der neue Entgeltrahmentarifvertrag (ERA) für die Metallindustrie und die Eingriffsbefugnisse der Tarifvertragsparteien in bestehende Betriebsvereinbarungen, Betriebs Berater, 2004, S. 437–441.

Richardi, Reinhard, Kollektivgewalt und Individualwille bei der Gestaltung des Arbeitsverhältnisses, 1. Auflage 1968, München.

Richardi, Reinhard, Die Mitbestimmung des Betriebsrats bei der Regelung des Arbeitsentgelts, Zeitschrift für Arbeitsrecht, 1976, S. 1–44.

Richardi, Reinhard; Wlotzke, Ottfried; Wißmann, Hellmut; Oetker, Hartmut (Hrsg.), Münchener Handbuch zum Arbeitsrecht, 3. Auflage 2009, München (zitiert: MüHB zum Arbeitsrecht – *Bearbeiter,* §, Rn.).

Richardi, Reinhard (Hrsg.), Betriebsverfassungsgesetz, 14. Auflage 2014, München (zitiert: *Richardi,* BetrVG (- ggf. *Bearbeiter*) § , Rn.).

Ricken, Oliver, Die Rechtsprechung des Bundesarbeitsgerichtes im Jahre 2011, Zeitschrift für Arbeitsrecht, 4/2012, S. 615–617.

Rieble, Volker, Flexible Gestaltung von Entgelt und Arbeitszeit im Arbeitsvertrag, Neue Zeitschrift für Arbeitsrecht, 2000, Beilage S. 34–44.

Rieble, Volker/Gistel, Cornelia, Betriebsratszugriff auf Zielvereinbarungen, Betriebs Berater, 2004, S. 2462–2467.

Rieble, Volker/Gutzeit, Martin, Individualarbeitsrechtliche Kontrolle erfolgsabhängiger Vergütungsformen, Jahrbuch des Arbeitsrechts (*Hrsg. Dieterich, Thomas*), Band 37, 2001, S. 41–57.

Rieger, Reinhard, Zur rechtlichen Einordnung von Zielvereinbarungen, blickpunkt personal 2000, S. 22–29.

Riesenhuber, Karl/von Steinau-Steinrück, Robert, Zielvereinbarungen, Neue Zeitschrift für Arbeitsrecht, 2005, S. 785–793.

Röder, Gerhard/Baeck, Ulrich/Jaeger, Georg/Kreßel, Eckhard/ et. al. , Praxishandbuch Betriebsverfassungsrecht, 1.Auflage 2003, München (zitiert: Röder/Baeck/Jaeger/Kreßel, Praxishandbuch Betriebsverfassungsrecht – *Bearbeiter,* Kap. , Rn.).

Röder, Gerhard/Göpfert, Burkhard, Aktien statt Gehalt, Betriebs Berater, 2001, S. 2002–2006.

Rolfs, Christian/Giesen, Richard/Kreikebohm, Ralf/Udsching, Peter, Beck'scher Online Kommentar – Arbeitsrecht; Stand 01.03.2014 – Edition 31, München (zitiert: Beck-OK – *Bearbeiter,* § , Rn.).

Rolfs, Christian, Die Inhaltskontrolle arbeitsrechtlicher Individual- und Betriebsvereinbarungen, Recht der Arbeit, 2006, S. 349–356.

Rubner, Daniel, Das Gesellschaftsrecht beim 68. Deutschen Juristentag, Neue Juristische Wochenschrift – Spezial, 2010, S. 655–656.

Rubner, Daniel, Anforderungen an Vergütungssysteme im Finanzsektor, Neue Zeitschrift für Gesellschaftsrecht, 2010, S. 1288–1291.

Sachs, Michael, Grundgesetz: GG, 6. Auflage 2011, München (zitiert: Sachs, GG – *Bearbeiter,* Art., Rn.).

Säcker, Franz-Jürgen, Gruppenautonomie und Übermachtkontrolle im Arbeitsrecht, 1. Auflage 1972, Berlin.

Säcker, Franz Jürgen/Rixecker, Roland, Münchener Kommentar zum bürgerlichen Gesetzbuch, 6. Auflage 2012, München (zitiert: MüKo – *Bearbeiter,* §, Rn.).

Salomon, Erwin, Mitarbeitersteuerung durch erfolgs- und bestandsabhängige Gestaltung von Vergütungsbestandteilen, Neue Zeitschrift für Arbeitsrecht, 2010, S. 314–319.

Salomon, Erwin, Grenzen und Gestaltungen der Einbindung von Sonderzahlungen in das Synallagma, Neue Zeitschrift für Arbeitsrecht, 2013, S. 590–596.

Salomon, Erwin, Einseitige Leistungsbestimmungsrechte bei variablen Entgelten, Neue Zeitschrift für Arbeitsrecht 2014, S. 465–471.

Schang, Friederike, Die Mitbestimmung des Betriebsrats bei neuen Formen der Leistungsvergütung, 1. Auflage 2002, Frankfurt am Main.

Schaub, Günter, Das Entgeltrahmenabkommen der Metall- und Elektroindustrie und aktuelle Rechtsprechung zu den Übergangsvorschriften, Recht der Arbeit, 2006, S. 374–378.

Schaub, Günter (Hrsg.), Arbeitsrechts-Handbuch, 14. Auflage 2011, München (zitiert: Schaub, AR-HB – *Bearbeiter* §, Rn.).

Schimansky, Herbert/Bunte, Herrmann-Josef/Lwowski, Hans Jürgen, Bankenrechts-Handbuch, 4. Auflage 2011, München (zitiert: Schimansky/Bunte/Lwowski, Bankenrechts-Handbuch – *Bearbeiter,* §, Rn.).

Schlachter, Monika, Bewährung und Reformbedürftigkeit des Betriebsverfassungsrechts, Recht der Arbeit, 1993, S. 313–327.

Schlachter, Monika, Casebook Europäisches Arbeitsrecht, 1. Auflage 2005, Baden-Baden.

Schlodder, Antje, Der Arbeitsvertrag im neuen Schuldrecht: Auswirkungen des Schuldrechtsmodernisierungsgesetzes auf das Arbeitsrecht, 1. Auflage 2004, Frankfurt am Main.

Schmidt, Wibke/von Hören, Martin, Systeme anwendungssicher einführen und handhaben – Flexibel vergüten mit Einsatz von Zielvereinbarungen, Arbeit und Arbeitsrecht, 2008, S. 726–729.

Schmiedl, Wolfgang, Variable Vergütung trotz fehlender Zielvereinbarung, Betriebs Berater, 2004, S. 329–332.

Schmiedl, Wolfgang, Variable Vergütung trotz fehlender Zielvereinbarung – neue höchstrichterliche Rechtsprechung, Betriebs Berater, 2006, S. 2417–2419.

Schmiedl, Wolfgang, Freiwilligkeits- und Widerrufsvorbehalt – überkommene Rechtsinstitute?, Neue Zeitschrift für Arbeitsrecht, 2006, S. 1195–1199.

Schmitt, Jochem, Entgeltfortzahlungsgesetz und Aufwendungsausgleichsgesetz: EFZG AAG, 7. Auflage 2012, München (zitiert: *Schmitt,* EFZG, §, Rn.).

Schönhöft, Andreas, Zur Frage der Initiativlast bei unterbliebener Zielvereinbarung, Betriebs Berater, 2013, S. 1529–1533.

Schrader, Peter/Schubert, Jens M., AGB-Kontrolle von Arbeitsverträgen, Neue Zeitschrift für Arbeitsrecht-Rechtsprechungsreport 2005, S. 169–179 und S. 225–237.

Schrader, Peter/Müller, Jonas, Flexible Vergütungsvereinbarungen – Welche Spielräume lassen Gesetz und Rechtsprechung des Bundesarbeitsgerichts?, Recht der Arbeit, 2007, S. 145–153.

Schuster, Doris-Maria, Clawback-Klauseln – probates Mittel zukunftsgerechter Gestaltung von Bonus-Vereinbarungen?, In Festschrift für Jobst-Hubertus Bauer zum 65. Geburtstag, *Hrsg. Baeck, Ulrich/Preis, Ulrich/Röder, Gerhard/Hauk, Friedrich/Rieble, Volker/Schunder, Achim,* 1. Auflage 2010, München, S. 973–988 (zitiert: *Schuster* in Festschrift Bauer 2010, S.).

Sievers, Jochen, Individualrechtliche Möglichkeiten und Grenzen einer Entgeltreduzierung, Neue Zeitschrift für Arbeitsrecht, 2002, S. 1182–1188.

Simon, Oliver/Hidalgo, Martina/Koschker, Maximilian, Flexibilisierung von Bonusregelungen – eine unlösbare Aufgabe?, Neue Zeitschrift für Arbeitsrecht, 2012, S. 1071–1077.

Söllner, Alfred, Der verfassungsrechtliche Rahmen für Privatautonomie im Arbeitsrecht, Recht der Arbeit, 1989, S. 144–150.

von Staudinger, Julius (Begr.), Kommentar zum bürgerlichen Gesetzbuch, zitiert nach Beck online, Stand der Neubearbeitung: 2011 (zitiert: Staudinger, BGB, – *Bearbeiter,* § Gesetz, Rn.).

von Steinau-Steinrück, Robert/Ziegler, Katharina, Rechtsfolgen einer unterlassenen Zielvereinbarung, Neue juristische Wochenschrift – Spezial, 2008, S. 722–723.

Stoffels, Markus, AGB-Recht, 2. Auflage 2009, München.

Stoffels, Markus/Bieder, Marcus, AGB-rechtliche Probleme der arbeitsvertraglichen Bezugnahme auf mehrgliedrige Zeitarbeitstarifverträge, Recht der Arbeit, 2012, S. 27–40.

Strick, Kerstin, Freiwilligkeitsvorbehalt und Widerrufsvorbehalt – Der Wille als Bedingung, Neue Zeitschrift für Arbeitsrecht, 2005, S. 723–726.

Stroebe, Rainer W./Stroebe, Guntram H., Führungsstile – Situatives Führen und Management by Objectives, 5. Auflage 1999, Heidelberg (zitiert: *Stroebe,* Führungsstile: Management by Objectives und situatives Führen 1999, S.).

Stürner, Rolf (Hrsg.), Jauernig – Bürgerliches Gesetzbuch, 15. Auflage 2014, München (zitiert: Jauernig, BGB – *Bearbeiter,* § , Rn.).

Taylor, Frederick Winslow, The Principles of Scientific Management, 1. Auflage 1911, New York, London.

Thüsing, Gregor/Braun, Axel, Tarifrecht – Handbuch, 1. Auflage 2011, München (zitiert: Thüsing/Braun, Tarifrecht – *Bearbeiter,* Kap. , Rn.).

Thüsing, Gregor, Das Gesetz zur Angemessenheit der Vorstandsvergütung, Arbeitsgemeinschaft Arbeitsrecht 2009, S. 517–529.

Thüsing, Gregor/Bodenstedt, Kai, Arbeit und Recht, 2004, S. 369–374.

Thüsing, Gregor/Traut, Johannes, Zur begrenzten Reichweite der Koalitionsfreiheit im Unionsrecht, Recht der Arbeit, 2012, S. 65–73.

Tondorf, Katrin, Zielvereinbarungen – Zum Mitbestimmungspotential eines dezentralen Regulierungsmodus, WSI-Mitteilungen, 1998, S. 386–392.

Tondorf, Katrin, Zielvereinbarungen – die Basis von Beurteilung und Leistungsvergütung, Arbeitsrecht im Betrieb, 1998, S. 322–327.

Tschöpe, Ulrich, Sind Entgeltabreden der Inhaltskontrolle nach §§ 305 ff. BGB unterworfen?, Der Betrieb, 2002, S. 1830–1834.

Treichel, Stefan, Die Zielvereinbarung als variabler Vergütungsbestandteil im Arbeitsrecht: Ein Ausblick, Neue juristische Online Zeitschrift, 2012, 1097–1101.

Trittin, Wolfgang, Zum Mitbestimmungsrecht bei übertariflichen Zulagen, Arbeit und Recht, 1991, S. 329–340.

Trittin, Wolfgang, Umbruch des Arbeitsvertrags: Von der Arbeitszeit zum Arbeitsergebnis, Neue Zeitschrift für Arbeitsrecht, 2001, S. 1003–1011.

Trittin, Wolfgang/Fischer, Esther, Mitbestimmung bei individuellen Zielen? Zu den Rechten des Betriebsrats bei Zielvereinbarungen, Arbeit und Recht, 2006, S. 261–264.

Ulmer, Peter/Brandner, Hans Erich/Hensen, Horst-Diether/Bieder, Marcus/Christensen, Guido/Ernst, Stefan/Fuchs, Andreas/Habersack, Mathias/Schäfer, Carsten/Schmidt, Harry/Witt, Alexander, AGB-Recht: Kommentar zu den §§ 305–310 BGB und zum UKlaG, 12. Auflage 2016, Köln (zitiert: Ulmer/Brandner/Hensen, AGB-Recht – *Bearbeiter,* §, Rn.).

Ulrici, Bernhard, Zulässige Kürzungen von Bonuszahlungen für Bankmitarbeiter – Urteilsbesprechung zu LAG Frankfurt vom 20.09.2010–7 Sa 2082/09, jurisPR-ArbR 12/2011 Anm. 1.

Veit, Barbara, Die funktionelle Zuständigkeit des Betriebsrats, 1. Auflage 1998, München.

Vogelsang, Hinrich, Entgeltfortzahlung, 1. Auflage 2003, München.

Vroom, Victor, H., Work and Motivation, 1. Auflage 1964, New York.

Wahl, Rainer/Masing, Johannes, Schutz durch Eingriff, Juristenzeitung, 1990, S. 533–563.

Waltermann, Raimund, Rechtsetzung durch Betriebsvereinbarung zwischen Privatautonomie und Tarifautonomie, 1. Auflage 1996, Tübingen.

Wank, Rolf, Änderung von Arbeitsbedingungen, Neue Zeitschrift für Arbeitsrecht, 2012, S. 41–49.

Watson Wyatt, Maßstäbe für Vergütung und Leistungsbeurteilung, Personalwirtschaft 1997, S. 34–37.

Weber, Martin, Die Entwicklung des Kapitalmarktrechts im Jahre 2012, Neue juristische Wochenschriftt, 2013, S. 275–282.

Wedde, Peter/Kunz, Olaf, Entgeltfortzahlungsgesetz, 3. Auflage 2003, Frankfurt am Main (zitiert: *Wedde/Kunz,* EFZG, §, Rn.).

Wensing, Hans-Hubert/Boensch, Fabian, § 315 BGB: Das Instrument zur Flexibilisierung arbeitsvertraglicher Sonderzahlungen, Betriebs Berater, 2014, S. 2358–2363.

Wiedemann, Herbert, Freiwillige Leistungen – Enttäuschte Erwartungen – Besprechung des Urteils des BAG vom 30.07.2008, 10 AZR 606/07, Recht der Arbeit, 2009, S. 186–189.

Wiedemann, Herbert (Hrsg.), Tarifvertragsgesetz, 7. Auflage 2007, München (zitiert: Wiedemann, TVG – *Wank,* §, Rn.).

Willemsen, Heinz Josef/Grau, Timon, Alternative Instrumente zur Entgeltflexibilisierung im Standardarbeitsvertrag, Neue Zeitschrift für Arbeitsrecht, 2005, S. 1137–1142.

Willemsen, Heinz Josef/Jansen, Jan-Philip, Die Befristung von Entgeltbestandteilen als Alternative zu Widerrufs- und Freiwilligkeitsvorbehalten, Recht der Arbeit, 2010, S. 1–10.

Wißmann, Hellmut, Europäisches Arbeitsrecht – Sockel oder Deckel?, RdA 2015, S. 301–302.

Wolf, Manfred/Lindacher, Walter F./Pfeiffer, Thomas, AGB-Recht, 6. Auflage 2013, München (zitiert: Wolf/Lindacher/Pfeiffer, AGB–Recht – *Bearbeiter;* §, Rn.).

Wunderer, Rolf/Grunwald, Wolfgang, Führungslehre – Band 1: Grundlagen der Führung, 1. Auflage 1980, Berlin.

Zöller, Richard (Begr.), Zivilprozessordnung: ZPO, 29. Auflage 2012, Köln (zitiert: Zöller, ZPO – *Bearbeiter,* § , Rn.).

Zöllner, Wolfgang, Die Nutzung DV-gestützter Personalinformationssysteme im Schnittpunkt von Datenschutzrecht und Betriebsverfassung, Der Betrieb, 1984, S. 241–246.

Zundel, Frank, Die Entwicklung des Arbeitsrechts im Jahr 2012, Neue juristische Wochenschrift, 2013, S. 352–357.

Zürn, Andreas/Böhm, Wolf-Tassilo, Neue Regeln für die Vergütung in Banken – Arbeitsrechtliche Umsetzung der Änderungen der Instituts-Vergütungsverordnung, Betriebs Berater, 2014, S. 1269–1274.

Zürn, Andreas/Rappensperger, Gabriele/Brämswig, Oliver, Instituts-Vergütungsverordnung: Referentenentwurf der Novelle, Der Betrieb, 2013, S. 2681–2685.

Verzeichnis der Internetquellen

Basel Committee of Banking Supervision, About, abrufbar unter http://www.bis.org/bcbs/index.htm am 01.05.2014.

Basel Committee of Banking Supervision, BCBS 188, abrufbar unter http://www.bis.org/publ/bcbs188_de.pdf am 01.05.2014.

Basel Committee of Banking Supervision, BCBS 189, abrufbar unter http://www.bis.org/publ/bcbs189_de.pdf am 01.05.2014.

Basel Committee of Banking Supervision, BCBS 194, abrufbar unter http://www.bis.org/publ/bcbs194.pdf am 01.05.2014.

Bundesanstalt für Finanzdienstleistungsaufsicht, Erläuterungen zu den MaRisk, abrufbar unter http://www.bafin.de/SharedDocs/Downloads/DE/Rundschreiben/dl_rs1210_erlaeuterungen_ba.pdf?__blob=publicationFile&v=3 am 01.05.2014.

Bundesanstalt für Finanzdienstleistungsaufsicht, Merkblatt zur Kontrolle von Mitgliedern von Verwaltungs- und Aufsichtsorganen gemäß KWG und VAG, abrufbar unter http://www.bafin.de/SharedDocs/Veroeffentlichungen/DE/Merkblatt/mb_121203_kontrolle_ar_vr_ba_va.html am 01.05.2014.

Bundesanstalt für Finanzdienstleistungsaufsicht, Rundschreiben zu den Mindestanforderungen an die Compliance-Funktion und die weiteren Verhaltens-, Organisations- und Transparenzpflichten nach §§ 31 ff. WbHG für Wertpapierdienstleistungsunternehmen (MaComp), abrufbar unter http://www.bafin.de/SharedDocs/Downloads/DE/Rundschreiben/dl_rs_1004_MaComp_Fassung_nov_2012.pdf?__blob=publicationFile&v=2 am 01.05.2014.

Bundesanstalt für Finanzdienstleistungsaufsicht, MaRisk vom 14.12.2012, abrufbar unter http://www.bafin.de/SharedDocs/Veroeffentlichungen/DE/Rundschreiben/rs_1210_marisk_ba.html?nn=2819248 am 01.05.2014.

Bundesanstalt für Finanzdienstleistungsaufsicht, Begründung zur InstitutsvergV vom 06.10.2010, abrufbar unter http://www.bafin.de/SharedDocs/Aufsichtsrecht/DE/Verordnung/InstitutsVergV_Begruendung_ba.html am 29.01.2013.

Bundesanstalt für Finanzdienstleistungsaufsicht, Auslegungshilfe zur Verordnung über die aufsichtsrechtlichen Anforderungen an Vergütungssysteme von Instituten vom 01.01.2014, abrufbar unter http://www.bafin.de/SharedDocs/Veroeffentlichungen/DE/Auslegungsentscheidung/BA/ae_140101_institutsvergv.html;jsessionid=299F7203831F8B5859337DF0E666CF72.1_cid290 am 01.05.2014.

Bundesministerium der Justiz, Gesetz zur Errichtung eines Finanzmarktstabilisierungsfonds, abrufbar unter http://www.gesetze-im-internet.de/bundesrecht/fmstfg/gesamt.pdf am 01.05.2014.

Bundesministerium der Justiz, Verordnung zur Durchführung des Finanzmarktstabilisierungsfondsgesetzes, abrufbar unter http://www.gesetze-im-internet.de/bundesrecht/fmstfv/gesamt.pdf am 01.05.2014.

Bundesministerium der Justiz, Gesetz zur Angemessenheit der Vorstandsvergütung abrufbar unter http://www.bmj.de/SharedDocs/Downloads/DE/pdfs/Gesetz_zur_Angemessenheit_der_Vorstandsverguetung.pdf?__blob=publicationFile am 28.01.2013.

Buzer, Gesetz über die aufsichtsrechtlichen Anforderungen an die Vergütungssysteme von Instituten und Versicherungsunternehmen (VergAnfG), abrufbar unter http://www.buzer.de/gesetz/9353/index.htm am 01.05.2014.

De Larosière, Jaques/Balcerowicz, Leszek/Issing, Otmar/Masera, Rainer/Mc Carthy, Callum/ Nyberg, Lars/Pérez, José/Ruding, Onno, Report of the High-Level Group on Financial Supervision in the EU, vom 25.02.2009, abrufbar unter http://ec.europa.eu/internal_market/finances/docs/de_larosiere_report_de.pdf am 28.01.2013.

Deutsche Bundesbank, MaRisk in der Fassung vom 14.08.2009, abrufbar unter http://www.bundesbank.de/Redaktion/DE/Standardartikel/Kerngeschaeftsfelder/Bankenaufsicht/risikomanagement_marisk_2009.html am 01.05.2014.

Deutsche Bundesbank, BaFin Anschreiben an die Verbände vom 21.12.2009, abrufbar unter http://www.bundesbank.de/Redaktion/DE/Downloads/Kerngeschaeftsfelder/Bankenaufsicht/Rundschreiben_Bafin/2009_22_rundschreiben_aufsichtsrechtliche_anforderungen_an_die_verguetungssysteme_von_instituten.pdf?__blob=publicationFile am 01.05.2014.

Deutscher Bundestag, Stellungnahme des DGB zum Gesetzesentwurf S. 5, abrufbar unter http://www.bundestag.de/bundestag/ausschuesse17/a07/anhoerungen/2010/017/Stellungnahmen/04_DGB.pdf am 31.01.2013.

European Banking Authority, CEBS High-level principles for remuneration policies, abrufbar unter http://eba.europa.eu/getdoc/34beb2e0-bdff-4b8e-979a-5115a482a7ba/High-level-principles-for-remuneration-policies.aspx am 28.01.2013.

European Banking Authority, CEBS Guidelines on Remuneration Policies and Practices http://www.eba.europa.eu/cebs/media/Publications/Standards%20and%20Guidelines/2010/Remuneration/Guidelines.pdf am 28.01.2013.

European Banking Authority, EBA Guidelines On the Remuneration Benchmarking Exercise, abrufbar unter http://www.eba.europa.eu/cebs/media/Publications/Standards%20and%20Guidelines/2012/EBA-GL-2012-04---GL-4-on-remuneration-benchmarking-exercise-.pdf am 28.01.2013.

Europäische Kommission, Empfehlung der Kommission vom 30. April 2009 zur Ergänzung der Empfehlungen 2004/913/EG und 2005/162/EG zur Regelung der Vergütung von Mitgliedern der Unternehmensleitung börsennotierter Gesellschaften; abrufbar unter http://www.europarl.europa.eu/meetdocs/2009_2014/documents/empl/dv/2009-385-ec_/2009-385-ec_de.pdf am 28.01.2013.

Europäische Kommission, CRD IV Kommissionsentwurf vom 20.07.2011, abrufbar unter http://ec.europa.eu/internal_market/bank/regcapital/new_proposals_en.htm am 01.05.2014

Europäische Union, RL 2010/76/EU vom 24.11.2010, abrufbar unter http://eur-lex.europa.eu/LexUriServ/LexUriServ.do?uri=OJ:L:2010:329:0003:0035:DE:PDF am 01.05.2014.

Financial Stability Forum/Financial Stability Board, About, abrufbar unter http://www.financialstabilityboard.org/about/history.htm am 01.05.2014.

Financial Stability Forum/Financial Stability Board, Members, abrufbar unter http://www.financialstabilityboard.org/about/fsb_members.htm am 01.05.2014.

Financial Stability Forum/Financial Stability Board, Mandate, abrufbar unter http://www.financialstabilityboard.org/about/mandate.htm am 01.05.2014.

Financial Stability Forum/Financial Stability Board, Principles for Sound Compensation Practices, abrufbar unter http://www.financialstabilityboard.org/publications/r_0904b.pdf am 01.05.2014.

Financial Stability Forum/Financial Stability Board, Principles for Sound Compensation Practices – Implementation Standards, abrufbar unter http://www.financialstabilityboard.org/publications/r_090925c.pdf am 01.05.2014.

Frankfurter Allgemeine Zeitung, Strategievorschläge zur Bewältigung der Subprime-Krise, abrufbar unter http://www.faz.net/aktuell/finanzen/fonds-mehr/strategievorschlaege-zur-bewaeltigung-der-subprime-krise-1236418.html, am 04.12.2012.

Frankfurter Allgemeine Zeitung, Kompromiss in Brüssel – EU begrenzt erstmals Banker Boni, abrufbar unter http://www.faz.net/aktuell/wirtschaft/wirtschaftspolitik/kompromiss-in-bruessel-eu-begrenzt-erstmals-banker-boni-12097376.html am 11.03.2013.

Frankfurter Allgemeine Zeitung, Managergehälter – Unternehmen bauen Vergütung um, abrufbar unter http://www.faz.net/aktuell/wirtschaft/unternehmen/managergehaelter-unternehmen-bauen-verguetung-um-1919080.html am 11.03.2013.

Frankfurter Allgemeine Zeitung, Sonderprüfungen geplant – Die Aufsicht kontrolliert die Boni-Banker, abrufbar unter http://www.faz.net/aktuell/wirtschaft/unternehmen/sonderpruefungen-geplant-die-aufsicht-kontrolliert-die-boni-banker-12015334.html a, 11.03.2013.

Frankfurter Allgemeine Zeitung, Managergehälter – Deutschland einig Bonusland, abrufbar unter http://www.faz.net/aktuell/wirtschaft/wirtschaft-in-zahlen/managergehaelter-deutschland-einig-bonus-land-12861624.html am 09.04.2014.

Handelsblatt, Urteil zu Dresdener-Kleinwort – Commerzbank muss Bankern Millionen-Boni zahlen, abrufbar unter http://www.handelsblatt.com/unternehmen/banken/urteil-zu-dresdner-kleinwort-commerzbank-muss-bankern-millionen-boni-zahlen/6609588.html, am 04.12.2012.

Handelsblatt, Erfolgsprämien – EU schlägt großzügige Regelung für Banker Boni vor, abrufbar unter http://www.handelsblatt.com/politik/international/erfolgspraemien-eu-schlaegt-grosszuegige-regelung-fuer-banker-boni-vor/7374764.html, am 11.03.2013.

Handelsblatt, Commerzbank und DZ-Banken müsen Bonus Regeln verschärfen, abrufbar unter http://www.handelsblatt.com/unternehmen/banken/commerzbank-und-dz-bank-banken-muessen-bonus-regeln-verschaerfen/9724196.html am 09.04.2014.

www.ingramcontent.com/pod-product-compliance
Ingram Content Group UK Ltd.
Pitfield, Milton Keynes, MK11 3LW, UK
UKHW021913290926
8980IPUK00015B/1241

9 783631 700044